JN357493

역사상 수많은 설교자들이 사도행전을 설교했고, 지금도 사도행전에 대한 책들이 쏟아져 나오고 있음에도 우리가 마틴 로이드 존스의 『사도행전 강해설교』에 주목해야 할 분명한 이유가 있다. 첫째, 사도행전 강해는 마틴 로이드 존스가 자신의 사역 마지막 시기에 주일 저녁마다 전했던 그의 전도설교의 백미이기 때문이다. 그는 사도행전 강해에서 참된 기독교와 복음이 무엇인지를 선명하게 보여주었다. 나는 이 복음이야말로 오늘 우리 시대 설교자들이 잃어버린 본질이라고 생각한다. 둘째, 부흥에 대한 로이드 존스의 간절한 갈망이 이 책 곳곳에 녹아 있기 때문이다. 1981년 로이드 존스를 처음 읽기 시작했을 때, 나는 부흥에 대한 그의 갈망에 온전히 공감할 수 없었다. 그 당시 한국교회는 큰 어려움 없이 계속 성장하고 있었기 때문이다. 그로부터 수십 년이 지난 지금, 타락하고 무능력해진 교회를 보며 한국교회가 로이드 존스의 사도행전에 다시금 귀 기울여야 할 때임을 절감한다. 20세기 후반 영국교회의 현실을 보며 하나님의 주권적인 영적 부흥 없이는 인간의 그 어떤 노력으로도 교회를 회복할 수 없다고 느꼈던 그의 심정을 지금의 한국교회를 보며 절절히 이해하게 되었기 때문이다. 21세기 한국교회의 신실한 성도들과 설교자들에게 이 책을 강력하게 추천한다.

김형익, 벧샬롬교회 담임목사

교회는 말씀의 창조물이므로 영적 활기를 잃어버린 이 땅의 교회를 회복시킬 유일한 길은 말씀의 회복이다. 그리고 그 말씀의 능력을 자신의 설교 사역을 통해 가장 강력하게 증언한 인물이 있다면, 바로 지난 세기 위대한 설교자 마틴 로이드 존스일 것이다. 그의 사역이 가장 완숙했던 시기에 선포된 이 사도행전 강해는 본문에 기록된 성령의 강림과 교회의 탄생, 담대한 복음 선포와 살아 역사하는 교회의 역동성을 생생하게 펼쳐 보인다. 특히 설교문 곳곳에서 드러나는 인간의 본질적 상태와 당시 서구 교회 현실에 대한 통찰은 시대와 장소를 초월하여 오늘날 교회에도 여전히 큰 울림을 준다. 불붙은 논리와 확신에 찬 선포, 복음에 대한 거룩한 집착이 깃든 이 설교는 무기력한 이 시대의 교회를 향한 하나님의 처방이자 호소다. 교회와 강단의 회복을 바라는 설교자들과 영광스러운 복음 앞에 다시 서고자 하는 성도들은 지금, 로이드 존스의 목소리에 귀 기울여야 한다.

조광현, 고려신학대학원 설교학 교수

마틴 로이드 존스의 『사도행전 강해설교』 첫 장은 내게 상당히 큰 충격을 주었다. 이 한 장이 이후 내 모든 사역과 삶을 결정했다고 해도 과언이 아니다. 그중 내 마음을 사로잡은 문장은 다음과 같다. "기독교는 가르침이 아니라 인물(person)입니다. 기독교는 단순히 정치에 적용돼야 할 도덕사상이 아닙니다. 기독교는 역사적 인물에서 시작됩니다.……여러분은 사도행전을 읽으면서, 주님의 제자들이 항상 '예수와 부활'을 전파했다는 사실을 발견할 것입니다(행 17:18). 이들은 사람들에게 가서 그분을 전했습니다. 이것이 제자들이 가르친 전부였습니다."

기독교는 인물이다! 이것은 단순한 설명이 아니라, 내 생각의 기초를 흔들어 놓은 선언이었다. 나는 기독교를 전한다는 것은 일종의 '올바른 삶' 또는 '일련의 교리체계'를 전하는 것이라 생각했다. 물론 삶도 중요하고 교리도 중요하지만, 이 모든 것이 예수 그리스도라는 인물(이자 하나님)을 가리키지 않는다면 무용하다는 사실, 그리고 예수 그리스도를 드러내고 가르치는 것으로부터 모든 삶과 교리가 나온다는 사실은 충격과 동시에 기쁨으로 다가왔다. 그래서 나는 내 삶과 사역의 목적을 "예수 그리스도를 높이고 전하는 것"으로 정했다.

이후 나는 로이드 존스의 다양한 설교집을 통해 이러한 목적을 성취하기 위한 설교의 기술을 더욱 확실히 배우게 되었다. 로이드 존스를 열정적으로 좋아하는 사람이라도 그에 관해 잘 모르는 사실이 하나 있다. 그가 매 주일 오전과 저녁, 금요일에 설교를 했으며 각 시간마다 설교의 목표가 달랐다는 사실이다. 주일 오전에는 신자들을 위한 양육설교(에베소서 강해, 산상설교 등)를 했고, 주일 저녁에는 비신자들을 위한 전도설교(요한복음 강해, 여러 짧은 강해 설교들)를 했으며, 금요일 저녁에는 교리적 설교(교리강좌 시리즈, 로마서 강해)를 했다.

이번에 출간 20주년 기념 개정판으로 새롭게 출간되는 『사도행전 강해설교』는 주일 저녁예배 설교였다. 그렇기 때문에 주로 비신자들을 대상으로 한 설교다. 로이드 존스는 언제 복음전도 집회나 캠페인을 하는지 묻는 질문에 "매주 한 번씩 하지요"라는 말로 응수했는데, 저녁예배 때마다 그렇게 설교했기 때문이다.

기독교 신자 가운데 누군가는 이 설교들이 자신에게 덜 유익할 것이라 생각할 것이다. 하지만 절대 그렇지 않다. 나는 산상설교나 에베소서 강해를 통해서도 유익을 얻었지만, 그의 저녁예배 설교를 통해 더없이 큰 유익을 얻었다. 실제로 1960년대 당시 웨스트민스터 채플에서 진행된 모든 예배 중 저녁예배 때 가장 많은 청중들이 참석했다. 왜 그랬을까? 그것은 이 설교들이 신자와 비신자를 동시에 겨냥했기 때문이다. 누구든 이 설교들을 통해 많은 유익한 적용과 영적 통찰을 얻을 수 있었을 뿐 아니라, 복음의 의미와 진면목을 지속적으로 확인할 수 있었기 때문이다. 나는 정말 많은 사람들에게 『사도행전 강해설교』를 포함한 그의 저녁예배 설교를 권했는데, 이 설교들을 읽은 사람들은 한결같이 이렇게 고백했다. "지금까지 저는 복음을 제대로 알지 못하고 있었군요!"

왜 그러한 일이 일어날까? 복음은 비신자를 회심시키는 동시에 신자를 양육하기 때문이다. 기독교의 본질은 도덕이나 윤리, 교리가 아닌 예수 그리스도라는 인물인데, 그분이 어떤 분이신지와 어떤 일을 하셨는지를 알아감으로써 신자들은 성장한다. 신자들의 선한 행위는 결코 지적으로 몰랐던 것을 알게 됨으로써 나오는 것이 아니다. 오히려 그리스도의 아름다운 성품과 사역을 봄으로써 나온다. 로이드 존스는 지치지 않고 그리스도와 그분이 하신 일을 매번 설교를 통해 선포했고, 그 결과 나는 신자와 비신자를 동시에 겨냥하는 설교를 터득할 수 있었다(팀 켈러와 존 스토트 또한 마찬가지였다).

그러한 의미에서, 나는 누구든 이 『사도행전 강해설교』를 진지하게 읽기를 바란다. 비록 로이드 존스가 사도행전 8장까지만 강해하고 은퇴했지만, 우리는 이 책을 통해 사도행전을 이해할 뿐만 아니라, 사도행전의 주인이신 예수 그리스도를 볼 수 있다. 이 책을 읽는 독자들은 누구나 다음과 같이 고백하게 될 것이다. "똑같은 복음의 메시지, 예수 그리스도를 가리키는 메시지를 듣는데 왜 매번 새로운 감동과 깨달음이 있을까?"

참고로 나는 여섯 권으로 구성된 이 강해 시리즈를 끝까지 읽었다. 같은 물 한 모금이라도 갈증이 심할 때 더 큰 청량감을 주듯, 이 책의 매 장은 복음에 목말라 있던 내게 한결같이 시원한 생수와 같았다. 누구든 이 책을 읽으라. 그러면 로이드 존스가 던지는 다음의 질문에 강한 확신으로 "예!"라고 답하게 될 것이다. "예수께서 이 세상에 오신 것은, 우리를 지옥에서, 여러분과 제가 우리의 죄 때문에 마땅히 받아야 할 형벌에서 구원하시기 위해서라는 것을 여러분은 깨닫습니까? 기독교의 본질은 여러분에게 무엇을 하라고 요구하는 것이 아니라 예수께서 여러분을 위해 무엇을 하러 이 땅에 오셨는지 말해 주는 그 무엇이라는 사실을, 이제 여러분은 깨닫습니까?"

이정규, 시광교회 담임목사

도전하는 기독교

D. Martyn Lloyd-Jones

Triumphant Christianity

도전하는 기독교

마틴 로이드 존스 지음 | 정상윤 옮김

복 있는 사람

도전하는 기독교

2007년 6월 28일 1판 1쇄 발행
2011년 10월 17일 2판 1쇄 발행
2025년 7월 10일 3판 1쇄 인쇄
2025년 7월 23일 3판 1쇄 발행

지은이 마틴 로이드 존스
옮긴이 정상윤
펴낸이 박종현

(주) 복 있는 사람
주소 서울특별시 마포구 연남동 246-21(성미산로23길 26-6)
전화 02-723-7183(편집), 7734(영업·마케팅)
팩스 02-723-7184
이메일 hismessage@naver.com
등록 1998년 1월 19일 제1-2280호

ISBN 979-11-7083-269-0 04230
ISBN 979-11-7083-264-5 04230 (세트)

Triumphant Christianity
by D. Martyn Lloyd-Jones

Copyright © 2006 by Lady Catherwood and Mrs Ann Beatt
Originally published in English under the title
Authentic Christianity Vol.5 by D. Martyn Lloyd-Jones
by The Banner of Truth Trust, Edinburgh EH12 6EL, UK
All rights reserved.

Translated and used by the permission of The Banner of Truth Trust
through the arrangement of rMaeng2, Seoul, Republic of Korea.
Korean Translation Copyright © 2007, 2011, 2025 by The Blessed People Publishing Inc., Seoul,
Republic of Korea.

이 한국어판의 저작권은 알맹2 에이전시를 통하여 The Banner of Truth Trust와 독점 계약한 (주)복
있는 사람에 있습니다. 신저작권법에 의하여 한국 내에서 보호받는 저작물이므로 무단 전재와 무단
복제를 금합니다.

목이 곧고
마음과 귀에 할례를 받지 못한 사람들아,
너희도 너희 조상과 같이 항상 성령을 거스르는도다

차례

7:29-30	01	개입하시는 하나님	8
7:30-33	02	구원의 기적	34
7:30-35	03	하나님이 내려오셨다	56
7:35-36	04	완전한 승리	78
7:37-38	05	하나님이 말씀하셨다	96
7:37-38	06	하나님의 살아있는 말씀	118
7:37-38	07	하나님의 메시지	140
7:37-38	08	율법을 주신 목적	160
7:37-38	09	선지자, 제사장, 왕	182

7:37-38	10 성령강림	202
7:37	11 그의 말을 들으라	220
7:37	12 복음을 들으라	244
7:39-41	13 불신앙의 본질	264
7:39-43	14 인간의 어리석음	286
7:42-43	15 하나님이 포기하셨다	308
7:42-50	16 경건	328
7:51-54, 57-59	17 마음과 귀에 할례를 받지 못한 사람들	348
7:54-60	18 주 예수	370

01

개입하시는 하나님

모세가 이 말 때문에 도주하여 미디안 땅에서 나그네되어 거기서 아들 둘을 낳으니라. 사십 년이 차매 천사가 시내산 광야 가시나무 떨기 불꽃 가운데서 그에게 보이거늘.

사도행전 7:29-30

오늘 본문에서 우리는 최초의 기독교 순교자 스데반이 산헤드린이라는 예루살렘 대공회 공회원들 앞에서 자신을 변호하며 자신의 행동에 대해 해명한 위대한 진술을 계속 살펴보고자 합니다. 그는 그리스도인이었기 때문에, 나사렛 예수야말로 하나님의 아들이라고 말했기 때문에, 그 하나님의 아들이 모든 인간을 구원하기 위해 세상에 오셨으며 그들을 위해 갈보리 십자가에 못박혀 죽으셨다가 그들을 의롭게 하려고 부활하심으로써 놀랍게 구원을 이루셨다고 말했기 때문에 지금 심문을 받고 있습니다. 스데반을 비롯하여 이 메시지를 믿고 전했던 이들은 모두 예수가 하나님의 아들이요 구주라고 말했으며, 그것도 유일한 구주라고 말했습니다. "다른 이로써는 구원을 받을 수 없나니"^{행 4:12}.

그래서 스데반은 지금 심문을 받으면서 자신을 변호하고 있고, 앞서 보여드렸듯이[1] 이스라엘 자손의 긴 역사를 짧게 개관하며 개괄하고 있습니다. 산헤드린에 모인 자들은 유대인들로 자신들의 역사에 큰 자부심을 가지고 있었기 때문에, 스데반은 바로 그 이야기를 꺼내 사실은 그들이 역사를 전적으로 오해하고 있으며 구주되신 하나님의 아들에 관한 이 메시지를 거부함으로써 슬프게도 조상들의 수많은 전철을 되풀이하고 있음을 밝히려 합니다. 스데반이 어떻게 아브라함과 요셉의 예를 통해 그 점을 밝혔는지는 이미 살펴보았고, 이제 세번째로 모세의 예를 살펴보려 합니다.

우리는 모세의 이야기가 여러 단계로 이루어져 있다는 사실을 알

---

1   사도행전 7:1-29을 다루고 있는 『영광의 기독교』를 보라. 이 책에 실린 설교들은 1967년 3월 5일에서 7월 9일까지 전해졌다.

았습니다. 그리고 가장 먼저 그의 출생이 어떻게 이루어졌는지 잠시
고찰해 보았습니다. 그러고 나서 40세가 된 그의 모습을 살펴보았습
니다. 애굽 공주의 슬하에서 성장한 모세는 전도가 유망한 인물이었
습니다. 그런데 하나님이 그에게 말을 거셨고, 무언가를 마음에 심어
주셨습니다. 그의 앞길을 막아서며 백성의 지도자로 택했노라 말씀하
셨고, 그 백성들을 애굽의 속박과 종살이에서 끌어내라고 명하셨습니
다. 자신에게 말씀하시는 분이 하나님이라는 사실을 깨달은 모세는
그 말씀을 기꺼이 따르고자 했습니다. 그래서 모든 희생을 감수하고
자기 백성을 찾아갔습니다.

더 나아가 우리는 이 어리석은 백성이 어떻게 모세를 거절했는지
도 고찰해 보았습니다. 성경은 "그는 그의 형제들이 하나님께서 자기
의 손을 통하여 구원해 주시는 것을 깨달으리라고 생각하였으나 그들
이 깨닫지 못하였더라"고 말합니다. 생각이 어두웠을 뿐 아니라 마음
은 그보다 훨씬 더 어두웠던 백성들은 그에게 적개심을 드러냈습니다.

그중에 한 사람은 "모세를 밀어뜨려 이르되 누가 너를 관리와 재
판장으로 우리 위에 세웠느냐. 네가 어제는 애굽 사람을 죽임과 같이
또 나를 죽이려느냐"라고까지 말했습니다^{행 7:27-28}. 그 결과 모세는 목
숨이 위태로운 지경에 처하게 되었습니다. 그는 자신이 구원하고자
했던 형제들, 그렇게 큰 희생을 기꺼이 감수하면서까지 돕고자 했던
형제들이 자신을 바로와 그의 법정에 밀고하려 한다는 사실을 깨달았
습니다. 그러면 틀림없이 체포되어 사형에 처해질 것을 알았기에 살
기 위해 도망을 쳤습니다. "모세가 이 말 때문에 도주하여 미디안 땅
에서 나그네되어 거기서 아들 둘을 낳으니라"^{29절}.

구약 출애굽기로 돌아가 보면 모세와 관련된 이 모든 이야기를 자
세히 읽을 수 있습니다. 스데반은 그중에서 자신이 강조하려는 요점
에 부합되는 내용만 추려서 요약하고 있습니다. 애굽 공주의 아들로
자라면서 "애굽 사람의 모든 지혜를 배워 그의 말과 하는 일들이" 능
했던 대단한 인물 모세는 이처럼 자기 백성의 적의 때문에 일개 목자
로 전락해 버렸습니다^{행 7:22}. 그후 40년 동안 그는 그렇게 목자로 살았

습니다.

그러다가 갑자기 30절의 사건이 벌어지는데, 우리가 지금 고찰하려는 부분이 바로 이 부분입니다.

"사십 년-목자로 살았던 사십 년-이 차매 천사가 시내산 광야 가시나무 떨기 불꽃 가운데서 그에게 보이거늘."

그다음에 나오는 말씀은 이것입니다.

"모세가 그 광경을 보고 놀랍게 여겨 알아보려고 가까이 가니 주의 소리가 있어 나는 네 조상의 하나님 즉 아브라함과 이삭과 야곱의 하나님이라 하신대 모세가 무서워 감히 바라보지 못하더라. 주께서 이르시되 네 발의 신을 벗으라. 네가 서 있는 곳은 거룩한 땅이니라. 내 백성이 애굽에서 괴로움 받음을 내가 확실히 보고 그 탄식하는 소리를 듣고 그들을 구원하려고 내려왔노니 이제 내가 너를 애굽으로 보내리라 하시니라. 그들의 말이 누가 너를 관리와 재판장으로 세웠느냐 하며 거절하던 그 모세를 하나님은 가시나무 떨기 가운데서 보이던 천사의 손으로 관리와 속량하는 자로서 보내셨으니"행 7:31-35.

스데반의 설교뿐 아니라 모세의 실제 생애도 여기에서부터 새로운 단계로 접어드는 것이 확실합니다. 그러나 스데반은 단순히 모세의 이야기와 이스라엘 자손이 그를 어떻게 대했느냐 하는 부분만 개괄하지 않습니다. 어떤 의미에서는 자기 자신을 변호하는 입장에서 이 두 가지 이야기를 하고 있으며 그것을 주된 목적으로 삼고 있는 것이 맞지만, 그보다 훨씬 더 중요한 동기가 한 가지 더 있습니다. 그가 이 이야기를 통해 무엇보다 우선적으로 가르치려 하는 것은 구원의 큰 목적, 즉 인류를 다루시는 하나님의 방법입니다.

지금 우리가 살펴보려는 30절이 특히 이 점을 선명하게 부각하며 요약해 주고 있습니다. 30절에는 하나님의 구원 방법이 계시되어 있는데, 그 절정과 극치는 당연히 우리 주와 구주되신 예수 그리스도입니다. 이것이 얼마나 놀라운 말씀인지! 30절이 가르쳐 주는 진리가 없었다면 지금 우리는 이런 고찰을 하지도 못할 것이며, 기독교회 또한 생기지 않았을 것이고, 모든 사람이 제멋대로 살고 있을 것입니다. 세상도 이렇게 존재하지 못하고 이미 오래전에 썩어서 망해 버렸을 것이라고 저는 생각합니다. 이것은 우리 모두를 구원해 주는 말씀입니다. 우리에게 소망을 주는 말씀입니다. 지금 이 순간 우리에게 주어진 좋은 소식, 세상에 단 하나밖에 없는 좋은 소식입니다. 복음 메시지의 핵심 그 자체입니다.

스데반은 인류의 별난 특징, 즉 이 책에 기록되어 있는 이런 말씀에 반응하는 방식을 산헤드린 공회원들에게 다시금 각인시키기 위해 시내 광야에서 일어났던 큰 사건을 들추어내고 있습니다. 상황이 이런데도, 이처럼 자신들이 큰 곤경에 빠져 있고 혼란과 불행과 어려움을 겪고 있으며 비참하게 실패하고 있는데도 구원의 제안을 거절할 뿐 아니라 조롱하고 빈정거리며 그것을 똑똑한 짓으로 여기는 태도야말로 인간의 고집과 죄성을 보여주는 가장 무서운 특징입니다.

스데반은 바로 이 점을 산헤드린 공회원들에게 지적하고 있습니다. 저 또한 이 점에 여러분의 주의를 환기시키는 것은 슬프게도 인간이 여전히 같은 짓을 하고 있기 때문입니다. 스데반은 공회원들에게 옛 역사를 이야기하고 있습니다. 옛 역사에 기록된 일을 그들도 똑같이 하고 있다는 사실을 그가 밝혀냈던 것처럼, 불행히도 저 또한 같은 사실을 너무나도 쉽게 입증해 보일 수가 있습니다.

사람은 변하지 않습니다. 그래서 역사가 그토록 가치 있는 것입니다. 우리는 과거에 조상들이 저질렀던 잘못, 태초부터 저질러 온 잘못을 계속해서 되풀이하고 있습니다. 모든 역사는 동일한 것으로서, 인류 역사 최고의 비극은 그들이 이 메시지의 가장 영광스러운 부분을 거부한다는 것입니다. 이것은 심히 경악할 만한 일입니다. 사람들이 거부하는 것은 단순히 지엽적이거나 부차적인 부분이 아닙니다. 그들이 가장 심하게 반대하는 것은 복음 중에서도 가장 긴요한 진리, 구원의 진리, 세상에서 가장 놀라운 진리입니다. 스데반은 바로 이 점을 부각시키고 있습니다.

그렇다면 사람들이 가장 심하게, 완전히 놓쳐 버린 요점은 무엇일까요? 세 가지입니다. 첫째는 하나님에 대한 진리이고, 둘째는 인간에 대한 진리이며, 셋째는 구원과 해방을 얻는 방법에 대한 진리입니다. 이 세 가지보다 더 중요한 것이 있겠습니까? 하나님! 인간! 해방을 얻고 구원을 얻는 방법! 모세의 이야기에는 이 세 가지가 다 들어 있습니다. "사십 년이 차매 천사가 시내산 광야 가시나무 떨기 불꽃 가운데서 그에게 보이거늘." 여기에서부터 모든 이야기가 시작됩니다. 하나님이 말씀하십니다! 자신의 계획과 목적을 모세에게 알리시고 그것을 시행하도록 그를 보내십니다. 그리고 위대한 출애굽의 이야기가 이어집니다. 거듭 말하건대, 바로 이런 말씀을 사람들이 거부하며 불쾌히 여긴다는 것은 놀랍기 그지없는 일입니다.

제가 볼 때 이것은 아주 중요한 문제이기 때문에, 가능한 한 분명하면서도 간결하게 설명해 보겠습니다. 최근에 읽은 「리더스 다이제스트」 기사로 설명하는 것이 가장 간단할 듯합니다. 워낙 널리 읽히는 잡지이니 여러분 중에도 읽은 분이 많을 것입니다. 저는 그리스도인들뿐 아니라 특별히 비그리스도인들에게 이 이야기를 하고 싶습니다. 2월호에 미국의 유명한 노 설교자 해리 에머슨 포스딕Harry Emerson Fosdick 박사의 인터뷰가 실렸습니다. 인터뷰 주제는 지금 특히 미국에서 유행하고 있는 현대적 흐름에 대한 것이었습니다. 이른바 '사신 운동'Death of God movement이라는 것 말입니다. 이 가르침에 따르면 인간이 항상 예배해 온 하나님은 더 이상 존재하지 않습니다. 그는 죽었습니다. 이 견해를 내놓은 몇몇 저명한 신학자들은 옛 신앙에 전적으로 반대되는 내용을 가르치고 있습니다. 인격이신 하나님은 완전히 사라졌다고 말하면서 옛 신앙을 비웃고 있습니다.

포스딕 박사는 바로 이 문제에 대해 인터뷰를 하면서, 자신은 '하나님은 죽었다'는 그들의 가르침에 동의하지 않는다고 답합니다. 실제로 그들의 가르침이 자연과 피조세계에 명백히 나타나는 몇 가지 사실들을 제대로 설명하지 못한다는 점을 지적하면서 오히려 그 가르침을 비웃습니다. 그의 말을 한번 인용해 보겠습니다.

"우주의 배후에 있는 정신―이것이 하나님에 대한 그의 견해입니다―을 유일하게 대체할 수 있는 것은 공간에서 우연히 충돌하여 우주를 만들어 내는 맹목적인 양성자와 중성자-원자핵의 구성요소-밖에 없습니다. 이거냐 저거냐 둘 중에 하나지요. 둘 다 취할 수는 없습니다. 사람들이 정말로 우주체계에 아무 정신도 없고 목적도 없고 의미도 없고 운명도 없다고 믿을까요? 저는 우주의 배후에 하나의 정신이 있고 우주를 관통하는 목적이 있다고, 우주 안에 궁극적인 의미가 있고 우주를 끌고 나가는 운명이 있다고 믿습니다. 하나님을 부인한다는 것은 바로 이 네 가지를 부인하는 것으로서, 그러면 우주는 어떤 정신도 없고 의미도 없는 막다른 골목이 되어 버립니다."

다시 말해서 포스딕 박사는 '하나님은 죽었다'는 입장을 취하는 현대의 유행이 얼마나 우스꽝스러운 것인지 아주 적절하게 보여주고 있습니다. 여기까지는 좋습니다. 그러나 안타깝게도 그는 그 가르침만큼이나 아주 해로운, 그래서 처음에 했던 말을 거의 무용지물로 만들어 버리는 발언을 합니다. 그는 이렇게 말합니다.

"저는 하나님에 대한 개념 중에 많은 것들이 이제는 사라져야 한다고 생각합니다."

그 개념들이란 무엇일까요? 한 가지는 이것입니다.

"머리를 기댈 베개 같은 하나님, 만사를 보살펴 주는 하나님!"

그는 이런 하나님은 죽어야 한다고 말합니다. 두번째는 이것입니다.

"모든 사람의 선행과 악행을 적는 기록관 같은 하나님도 죽어야 합니다."

세번째는 이것입니다.

"황금 보좌에 앉아 우주를 다스리는 영광의 왕은 이제 죽고 없는 것이 확실합니다."

그는 계속해서 말합니다.

"날이 서늘할 때 동산을 거니시던 하나님도 죽었습니다. '틈새의 하나님'God of the gaps,[2] 꿈부터 뇌우에 이르기까지 인간이 이해하거나 통

---

2 생명체의 기원이나 우주의 기원처럼 과학이 설명하지 못하는 틈새를 하나님의 행동으로 설명할 수 있다고 보는 개념-옮긴이.

제할 수 없는 모든 것을 설명해 주던 존재는 완전히 죽었습니다."

그런 하나님은 이제 죽고 없다는 것입니다.

"우리 편이 되어 주는 하나님은 현대세계에서 죽어 사라져야 합니다."

그다음으로 그가 하는 말은 이것입니다.

"그러나 아마도 가장 묻어 버리기 어려운 하나님은 모든 것을 바로잡아 주는 하나님일 것입니다. 그런 하나님을 치워 버리려면 진정한 성숙이 필요합니다!"

기도에 응답하시는 하나님, 자기 백성을 위해 모든 것을 바로잡으시는 하나님은 묻어 버려야 한다는 것입니다. 그런 하나님을 제거하려면 "진정한 성숙"이 필요하지만, 어쨌든 그렇게 해야 한다는 것입니다. 그리고 나서 포스딕 박사는 우리에게 남는 개념이 무엇인지 질문합니다. 자, 그는 이렇게 말하고 있습니다.

"저는 아름다움과 사랑과 고결함과 진리가 있는 곳이라면 어디에서나 하나님께 가까이 다가갈 수 있다고 믿습니다. 사람들에게 하나님이 어디 계시느냐고 물으면 별들 사이까지 생각이 솟구쳐 올라가는 경우가 많습니다. 그러나 우리는 인간의 삶 깊숙한 곳으로 내려가서 하나님을 찾아야 합니다. 사랑으로 삶을 밝히는 곳이라면 어디에서나 신성을 발견할 수 있다는 것이야말로 단순명료한 진리입니다."

다시 말해서 우리와 별개로 계시는 하나님은 사실상 없다는 것입니다. 인간이 생각할 수 있고 이해할 수 있는 한도를 넘어 별들 사이나 하늘에서 하나님을 찾으려 하지 말고 자기 속에서 하나님을 찾으라는 것입니다. 하나님은 자기 자신 속에, 사랑과 진선미가 있는 곳에 있다는 것입니다. 물론 포스딕 박사는 자기모순에 빠져 있습니다. 그는 앞서 우주의 배후, 그 너머에 하나의 정신이 있다고 했습니다. 그러면서도 이렇게 가르치는 것입니다. 그가 계속해서 하는 말은 이것입니다.

"하나님의 말씀은 마법의 손이 나타나 벽에 글을 쓴다거나 돌판에 새기는 식으로 주어지는 것이 아니라 마음의 내적인 권고를 통해 주어진다는 사실을 깨닫기는 아주 어렵습니다."

하나님은 외적으로 말씀하시지 않는다는 것입니다. 절대 그런 식으로 말씀하시지 않는다는 것입니다. 그렇다면 포스딕 박사의 인간관은 어떤 것일까요? 그는 인간이 무서운 곤경에 빠져 있다는 데 동의합니다. 그래서 하는 일이 무엇입니까? 물론 그는 인간을 죄로 가득 찬 존재나 타락한 존재로 보지 않습니다. 그가 볼 때 인간에게 필요한 것은 가르침과 교훈입니다. 도움입니다. 본보기입니다. 포스딕 박사는 그 점을 이렇게 표현하고 있습니다.

"물리적인 결과물을 원한다면 물리적인 법칙에 따라야 합니다."

그가 연이어 하는 말은 이것입니다.

"영적인 결과물을 원한다면 영적인 조건들을 충족시켜야 하지요. 이것이 삶의 법칙입니다. 이 법칙은 엄격하면서도 숭고한 것입니다. 현대 종교가 말하는 바는 하나님의 세계로 들어가서 그의 조건을 충족시키라는 것입니다. 건강을 원하면 신체적으로 정신적으로나 영적으로나 건강의 조건을 충족시켜야 합니다. 사람은 심는 대로 거두게 되어 있습니다. 호의를 심으면 우정을 거둡니다. 이타적인 태도를 심으면 삶의 반경이 넓어지지요. 선의를 심으면 후손들에게 더 나은 세계를 물려줄 수 있습니다. 예배를 심으면, 즉 지존자를 향해 마음을 고양시키면 영원한 것들에 공명共鳴하는 열린 마음이 생깁니다."

저는 이 말이 성경 및 신앙의 메시지 전부와 하나님에 대한 현대인들의 태도를 웅변적으로 잘 보여준다고 생각합니다. 결국 요점은 하나님이 우리 속에 계시니 그를 찾고 싶으면 자기 속을 들여다보라는 것입니다. 하나님은 밖에서 말씀하시는 것이 아니라 우리 마음속에서 말씀하신다는 것입니다. 다른 이들 속에서, "진선미" 속에서, 다양한 사랑의 표현 속에서, 그 밖의 것들 속에서 말씀하신다는 것입니다. 그는 더 이상 기도의 대상이 아닙니다. 포스딕 박사가 정의하는 예배는 "지존자를 향해 마음을 고양"시키는 것입니다. 그렇게 하면, 그렇게 "마음을 고양"시키려고 애를 쓰다 보면 "영원한 것들에 공명하는 열린 마음"이 생긴다는 것입니다.

그러므로 이런 일들을 전부 해야 한다는 것이 그의 메시지입니다. 모든 것이 우리 손에 맡겨져 있습니다. 우리 스스로 구원해야 합니다. 세상 속으로 들어가 아름다운 생각을 하며 그 밖의 노력을 해야 합니다. 이것이 그가 말하는 우리의 할 일입니다! 미국에 특히 심하게 나타나고 있으며 영국에도 빠르게 다가오고 있는 전쟁과 부도덕과 악덕과 결혼의 붕괴 현상을 보면서도, 그런 현대세계의 실상을 보면서도 고작 밖에 나가서 선의를 심기만 하면 다 해결된다는 것입니다. 그렇게만 하면 후손들에게 더 나은 세상을 물려줄 수 있다는 것입니다.

90세나 된 사람이 여전히 그런 터무니없는 말을 계속 할 수 있다는 것이 저로서는 놀랍기만 합니다. 20세기는 바로 이런 종류의 말들을 아주 신물이 나게 전파하고 있으며 선전하고 있습니다. 이것은 초자연적인 구원의 복음을 부인하며, 인간은 아름다운 생각과 선행을 통해 스스로 구원해야 한다고 주장하는 구태의연한 자유주의에 불과합니다. 불쌍한 포스딕 박사는 거의 20년 전에 자신이 『모더니즘을 넘어서』*Beyond Modernism*라는 책을 썼다는 사실을 잊고 있습니다. 그는 평생 모더니즘을 전파했지만, 지난 세계대전을 통해 모더니즘으로는 충분치 않다는 확신을 얻었습니다. 그런데 이제 다시 모더니즘으로 복귀한 것입니다. 그는 오늘날과 같은 세상의 모습을 보면서도 우리 속에서 구원을 찾는 것을 전적인 해결책으로 제시하고 있습니다.

친애하는 여러분, 여러분은 어떻게 느끼는지 모르겠지만 저는 오직 사도행전 7:30 같은 구절을 만날 때에만 찬양과 기쁨으로 충만해진다는 말밖에 할 말이 없습니다. "사십 년이 차매 천사가 시내산 광야 가시나무 떨기 불꽃 가운데서 그에게 보이거늘."

감사하게도 이것은 진리입니다. 그렇지 않다면 지금 우리는 이렇게 이 말씀을 고찰하지 않을 것이며, 세상 누구도-선한 자도, 악한 자도, 무관심한 자도-소망을 찾지 못할 것입니다. 포스딕 박사의 관점에 따르면 우리는 혼자입니다. 우주의 배후에 어떤 정신이 있기는 하지만, 엄밀히 말해서 그 정신이 우리를 위해 무언가를 해주거나 우리를 구원해 주리라는 기대를 해서는 안 됩니다. 그런 하나님은 땅에 묻어 버려야 한다고 그는 말합니다. 우리를 위해 주시는 하나님, 우리 편이 되어 주시는 하나님, 우리 일에 개입하시는 하나님, 우리 문제를 해결해 주시는 하나님은 더 이상 믿지 말라는 것입니다. 절대 믿지 말라는 것입니다. 이제는 그런 믿음에서 벗어나라는 것입니다. 그것은 하나님을 한낱 머리나 기댈 베개 같은 존재로 만들어 버리는 태도라는 것입니다.

물론 다수의 그리스도인들도 하나님과 주 예수 그리스도와 그의 큰 구원에 대해 합당치 못한 생각을 할 때가 많다는 것을 기꺼이 인정합니다. 그 사실까지 인정하지 않는 것은 어리석은 일일 것입니다. 지금 우리는 그리스도인들이 완벽하다고 주장하는 것이 아닙니다. 그리스도인들도 종종 마법과 기적을 혼동하며, 감상과 하나님의 사랑을 혼동합니다. 저는 지금 그런 태도를 옹호하는 것이 아닙니다. 현대 교회에도 그런 태도가 여전히 많이 나타나고 있습니다. 저는 그렇게 감동적인 이야기나 해주면서 사람들의 감정에 호소하는 복음, 수단 방법을 가리지 않고 결단을 끌어내고자 조바심 내는 복음에는 관심이 없습니다. 그렇습니다. 지금 우리가 읽은 이 말씀은 진리입니다. 우리는 진리에 관심을 가져야 합니다.

또한 포스딕 박사의 가르침은 우리를 완전히 무력한 상태로 방치해 둔다는 점에서 비극적입니다. 심판과 죽음, 죽음 너머의 일들은 아예 다루지도 않습니다. 그것을 믿는 것 같지도 않습니다. 오직 이 세상만 믿으면서, 그저 몇 가지 행동만으로 후손들에게 더 나은 세상을 물려줄 수 있다고 주장합니다. 그러나 그것은 복음이 아닙니다. 거짓말입니다.

그렇다면 복음 메시지는 무엇일까요? 몇 가지 항목을 제시해 보겠습니다. 이번에도 제가 이미 말씀드린 세 가지 요점, 무엇보다 중요한 요점과 관련하여 먼저 질문을 던질 필요가 있습니다. 하나님이 출발점입니다! 성경이 하나님에 대해 가르치고 있는 바, 이 구절이 가르치고 있는 바가 무엇입니까? 무엇보다 하나님은 우리 밖에 계신 분, 전 우주의 밖에 계신 분이라는 것입니다. 그는 우주를 만드신 분이자 우주 배후에 있는 정신일 뿐 아니라 살아계신 하나님입니다. "사십 년이 차매 천사가 시내산 광야 가시나무 떨기 불꽃 가운데서 그에게 보이거늘." 누가 천사를 보냈습니까? 주님입니다! 접근방식 자체가 완전히 다릅니다. 제가 이 강단에서 메시지를 전할 수 있는 것은 하나님이 이미 행하신 일이 있기 때문입니다. 저는 인간이 시도했지만 실패한 일들을 전하려고 여기 서 있는 것이 아닙니다. 복음 메시지는 오직 하나님이 "그 백성을 돌보사 속량"하셨다는 것입니다눅 1:68. 그는 살아계신 하나님입니다. 생각하시는 하나님입니다. 인격적인 하나님입니다.

우리는 하나님을 이해하지 못합니다. 대체 누가 하나님을 이해할 수 있겠습니까? 하나님은 그 정의상 우리의 이해를 완전히 뛰어넘는 분입니다. 그렇지 않다면 하나님이 아닐 것입니다. 사람들은 그를 이해하지 못하기 때문에 그토록 오만하게 자기 의견을 표명하는 것입니다. 하나님을 모독하게 될까 봐 조심하는 마음조차 없이 그를 땅에 묻는다느니 어쩌느니 떠드는 것을 보면 놀랍습니다. 그렇습니다. 그들의 말은 틀렸습니다. 하나님은 분명히 **존재하십니다**. "하나님은 빛이시라. 그에게는 어둠이 조금도 없으시다는 것이니라"요일 1:5. 그는 온 우주를 만드신 하나님이며, 온 우주 위에 좌정하고 계신 하나님입니다.

우리는 인간이기 때문에 인간의 언어를 쓸 수밖에 없습니다. 다른 식으로는 말할 수가 없습니다. 성경도 마찬가지입니다. 인간의 말로, 신인동형神人同形의 방법으로 하나님을 설명합니다. 그러나 그것은 우리의 이해력이 부족한 탓입니다. 우리를 돕기 위해 그런 방법이 고안된 것입니다. 그러나 하나님은 인간의 언어 너머에 계신 분입니다! "크도다. 경건의 비밀이여"딤전 3:16. 이것이 우리의 고백입니다. 그러나 감사하게도 하나님은 자신에 대한 몇 가지 사실을 계시해 주셨으며, 자신이 우주를 만드셨을 뿐 아니라 통제하고 계심을 알려 주셨습니다. 그는 가시나무 떨기를 통제하실 수 있었습니다. 그가 통제하실 수 없는 것은 하나도 없습니다. 그는 모든 것을 하실 수 있는 분입니다. 전능하신 분입니다! 그는 전지하십니다. 모르시는 것이 하나도 없습니다. 처음부터 끝까지 다 보고 계십니다. 모든 것이 그의 손안에 있습니다.

그뿐만이 아닙니다. 하나님은 우주의 심판자이기도 합니다. 우주를 만드신 분이므로 마땅히 심판하실 권리도 있습니다. 똑똑한 인간들은 하나님이 우리 위에서 우리를 심판하신다는 개념에 반대합니다. 물론 그들은 그 개념에만 반대하는 것이 아니라 율법에도 반대합니다. 포스딕 박사도 그렇다고는 생각지 않습니다만, 그의 추종자들은 다수가 그렇습니다. 그들은 율법 자체를 믿지 않습니다. 개중에는 도덕을 믿지 않는 이들도 많이 있습니다. 각자 자기 좋은 대로 하면 된다는 것입니다.

그들은 말합니다. "왜 안 되지? 왜 그러면 안 돼? 얼마든지 즐겨. 네가 하고 싶은 대로 하라고. 동물들처럼 네 욕망과 정욕에 충실해!" 그들은 우리가 하는 말을 좋아하지 않지만, 사람들이 뭘 좋아하든 신경 쓸 필요는 없습니다. 저는 제가 좋아하는 바를 전하려고 이 자리에 서 있는 것이 아니라, 오직 세상은 하나님의 것이고 하나님이 만드신 것으로서 그가 통제하신다는 사실과 모든 사람은 그의 심판대 앞에서 각각 선악 간에 그 몸으로 행한 것을 설명해야 한다는 사실을 전하기 위해 서 있는 것입니다고후 5:10 참조.

여러분은 이 메시지가 무섭다고 말합니다. 무서운 것이 당연합니다! 하나님의 율법은 두려운 것입니다. 무서운 것입니다. 누가 소멸하는 불과 함께 거할 수 있겠습니까? 유난히 거룩한 성자 앞에 설 때 자기 자신이 얼마나 남루하게 느껴지는지 우리 모두 잘 알고 있습니다. 그들이 나서서 우리를 정죄하기 때문이 아닙니다. 이전에 만났던 어떤 사람보다 친절하고 부드럽게 대해 주는데도 그 앞에만 서면 스스로 더럽게 느껴져서 밖에 나가 몸을 씻고 깨끗한 옷으로 갈아입고 싶어집니다. 그들의 순결함 자체가 우리를 정죄하기 때문입니다. 그 경험을 무한히 확대해 보면 영원하고 거룩하신 하나님 앞에 선다는 것이 무엇인지 알 수 있습니다! 거듭 말하지만, 그것은 무서운 일입니다. 그러나 이 메시지, 이 복음은 동일하신 그 하나님이 인간을 구원하려는 계획과 목적을 가지고 계시다고 말합니다.

자, 스데반이 지금 이야기하고 있는 이스라엘 자손은 과거에 노예로 살고 있었습니다. 하나님은 그들을 구원하기 위해 아주 놀라운 방식으로 이 사람 모세를 세우셨습니다. 그런데 그들이 어떻게 모세를 거부하고 내쳐 버렸는지 이미 살펴보았습니다. 그들은 모세를 어찌나 싫어했던지 죽일 수만 있었다면 아주 기꺼이 그렇게 했을 것입니다. 그럼에도 하나님은 그들을 구원하려는 계획을 가지고 계셨습니다. 40년 후에 그는 천사를 보내 모세에게 말씀하셨습니다. 그들을 구속하려는 목적이 있었기 때문입니다. 그는 말씀하셨습니다. "나는 네 조상의 하나님 즉 아브라함과 이삭과 야곱의 하나님이라." 그는 언약을 지키시는 하나님입니다. 이스라엘 자손의 하나님입니다. 명확한 목적을 위해 한 사람을 부르시고 그로부터 한 나라를 세우신 하나님입니다. 온 우주가 이 일에 관심을 갖는 것은, 바로 이 백성을 통해 하나님과 화목하게 되기 때문입니다. 하나님은 이런 분입니다.

이처럼 복음은 하나님이 살아계신 하나님이요 참된 하나님이요 생각하시는 하나님이요 사랑하시는 하나님이라고 가르칩니다. 그는 사랑과 인자와 긍휼로 이 거역하는 완악한 백성들을 구원하기 위한 계획을 세우셨습니다. 그리고 계획만 세우신 것이 아니라 실제로 행동하셨습니다. 하나님은 행동하시는 분입니다! 그렇지 않다면 저는 여러분에게 전할 메시지가 없을 것이며, 복음도 존재하지 않을 것입니다. 포스딕 박사의 말이 옳다면 하나님이 인간의 삶에 개입하시고 간섭하신다는 말과 우리를 구원하려는 계획을 가지고 계시다는 말은 그른 것이 되며, 이 말이 그르다면 반복하건대 저는 여러분에게 전할 메시지가 없을 것이고, 복음은 존재하지 않을 것이며, 인간에게는 아무 소망도 없을 것입니다.

그러나 감사하게도 우리에게는 이 메시지가 주어져 있습니다. "사십 년이 차매 천사가 시내산 광야 가시나무 떨기 불꽃 가운데서 그에게 보이거늘." 제가 전하는 하나님은 여러분을 염려하시는 하나님, 여러분에게 관심을 갖고 계시는 하나님, 여러분을 아시며 여러분에 대한 모든 것을 아시는 하나님입니다. 우리 삶에 간섭하시는 하나님입니다. 그는 우리 삶에 개입하십니다. 더 강한 단어를 써 보겠습니다. 그는 우리의 삶을 '뚫고' 들어오십니다! 감사하게도 그렇게 하십니다. 우리는 어리석은 이스라엘 자손처럼 그것을 싫어합니다. 이를테면 하나님을 떨쳐 버리려고 애를 쓰며 온갖 방법으로 그를 치워 버리려고 애를 씁니다. 그러나 그는 계속해서 우리에게로 돌아오십니다. 우리 멋대로 하도록 내버려두시지 않습니다. 간섭하시고 돌연히 개입하시며 찾아오십니다. 이것이 메시지입니다. 성경 메시지는 전부 하나님이 행하신 일들에 대한 기록이지, 우주를 만든 후에 모조리 우리에게 양도하고 내맡겨서 "아름다운 생각"을 하고 어떤 식으로든 "지존자를 향해 마음을 고양"시키기만 하면 "영원한 것들에 공명하는 열린 마음"을 얻게 해주는 "우주 배후에 있는 정신"에 대한 기록이 아닙니다. 여러분도 포스딕 박사의 가르침대로 해보았습니까? 이런 가르침에 능숙합니까? 여러분은 이것이 의미하는 바를 알고 있습니까?

하나님의 이름으로 말하건대 이제야말로 "이 장황한 말의 의미가 뭘까?"라고 물을 때가 되지 않았습니까? 아름다운 생각을 하며 쿠에 요법Couéism[3]을 적용하는 것은 자기 자신을 속이는 일에 불과합니다. 그런 방법으로 구원받은 사람은 아무도 없으며 앞으로도 없을 것입니다. 그런 방법으로는 후손들에게 안전한 세상을 마련해 줄 수 없습니다. 아주 오랫동안 시도해 보았는데도 아무 효과가 없는 방법은 엉터리 방법입니다. 그러나 감사하게도 우리에게 주어진 메시지는 그런 것이 아닙니다. 우리에게 주어진 메시지는 이것입니다. 우리 밖에 계신 하나님이 행동하시고, 우리를 찾아와 일하십니다. 구약성경을 읽어 보면 처음부터 끝까지 그렇게 하셨던 것을 알게 됩니다. 하나님이 계속 이스라엘 자손을 찾아와 붙잡아 주시고 간섭하시며 적들을 물리쳐 주시고 그들과 교제하시며 포로로 보내셨다가 다시 인도해 오지 않으셨다면, 그들은 벌써 오래전에 땅 위에서 사라졌을 것이고 그들

---

3 자기암시 요법의 한 형태로서, 에밀 쿠에Emil Coué, 1857-1926가 처음 만들었다. 여기에서 전형적으로 사용하는 문구는 "나는 날마다, 모든 면에서 점점 좋아지고 있다"라는 것이다.

의 역사 또한 종지부를 찍었을 것입니다. 하나님은 언제나 행동하셨습니다.

또한 우리는 전에 여러 차례 강조했던 요점이 스데반의 설교 또한 관통하고 있음을 깨닫게 됩니다. 하나님은 행동하시며 우리 일에 개입하시지만, 항상 자신의 때에 그렇게 하십니다. "사십 년이 차매!" 물론 똑똑한 우리는 질문하고 싶은 것이 많습니다. 그렇지 않습니까? 하나님은 대체 왜 40년이나 기다리신 것일까요? 저는 모르겠습니다. 오직 아는 것은 그 40년이 우리가 제정신을 차리는 데 유익한 기간이라는 점뿐입니다. 하나님은 왜 그렇게 오랜 시간이 흐른 후에야 아들을 세상에 보내셨을까요? 왜 타락하자마자 보내지 않으셨을까요? 한 가지 이유는—저로서는 이 한 가지 이유만으로도 충분한데—이것입니다. 인간의 한계를 가르쳐 주시기 위해서인 것입니다. 하나님은 인간의 모든 지혜와 머리와 철학과 과학으로 이 일을 할 수 없다는 것을 가르치시기 위해 4000여 년이라는 시간을 허락하셨습니다. 하나님은 우리를 우리의 진정한 위치로 내려보내시기 위해, 우리가 어리석은 벌레 같은 존재임을 깨닫게 하시기 위해 때를 미루실 때가 아주 많습니다. "사십 년"을 미루시는 것입니다! 그러나 하나님은 모세를 미디안으로 보내실 시기를 처음부터 알고 계셨습니다. 그때까지 얼마의 시간이 걸릴지 알고 계셨습니다. 40년 동안은 애굽 공주의 아들로 살게 하셨고, 그후 40년 동안은 미디안에서 살게 하셨습니다. 그때를 정확히 맞추셨습니다. 하나님은 처음과 끝을 다 보고 계십니다.

놀라운 사실은 지금 이 순간에도 그는 우주의 역사를 끝낼 시점을 알고 계시다는 것입니다. 그때가 언제인지 저는 모릅니다. 몇몇 친구들처럼 그때를 맞혀 보려고 시간을 들인 적도 없습니다. 그들은 성공할 수 없습니다. 그들의 예측은 언제나 틀리게 되어 있습니다. 때와 기한을 맞히는 일에 시간을 낭비하지 마십시오. 주 예수 그리스도는 자신조차 그날을 알지 못하신다고, "아버지만 아신다"라고 말씀하셨습니다. 천사들도 모릅니다. 하나님 아버지는 그때를 숨겨 두셨습니다. 그러나 자신은 알고 계십니다. 만물에는 정해진 끝이 있습니다.

세상은 통제 밖에 있지 않습니다. 하나님이 여전히 존재하시면서 때를 주관하고 계십니다.

물론 하나님은 자신의 때에 행동하실 뿐 아니라 자신의 방법대로 행동하십니다. 그에게는 그만의 방법이 있습니다. 하나님이 허락하시면 이 주제를 다시 다루고 싶습니다. 이것은 경이로운 주제입니다. 그러나 친애하는 여러분, 지금은 한 가지만 물어보겠습니다. 여러분은 자신이 왜 이 건물 안에 들어와 있는지 알고 계십니까? 아마 안다고 생각할 것입니다. 그러나 제가 예언하는데 여러분 중 많은 이들이 사실은 그 이유를 몰랐다고 고백할 날, 이제야 왜 자신이 그 예배에 가게 되었는지 알게 되었노라고 고백할 날이 올 것입니다.

하나님은 신비롭게 움직이며
기사를 행하신다.
– 윌리엄 쿠퍼William Cowper

그가 홀연히 여러분을 만지시며 여러분의 삶에 간섭하십니다. 여러분은 왜 이 자리에 오게 되었을까요? 특히 젊은이들이여, 여러분은 왜 현대세계가 하지 않는 이런 예외적인 일을 하고 있는 것일까요? 왜 저처럼 하찮은 사람의 말을 듣느라 시간을 낭비하고 있는 것일까요? 왜 남들이 전부 하는 대로, 여러분이 과거에 했던 대로 하지 않는 것일까요? 여러분은 그 이유를 알고 있습니까? 아마 안다고 생각할 것입니다. 그러나 사실은 모르고 있습니다. 그 이유는 하나님의 찾아오심에 있습니다. 그가 홀연히 나타나 만지시며 간섭하시며 뚫고 들어오십니다. 수없이 다양한 방법으로 그렇게 해주십니다. 감사하게도 하나님은 우리 밖에서 우리에게 개입하십니다. 우리 가운데 행하시며 우리 스스로 할 수 없는 일들을 우리를 위해 해주십니다.

이 주제를 마무리 짓기 전에 간략하게 설명해 보겠습니다. 하나님은 언제 이런 일을 하실까요? 자, 여기에 그 답이 전부 나오고 있습니다. "사십 년이 차매 천사가 시내산 광야 가시나무 떨기 불꽃 가운데서 그에게 보이거늘." 언제나 똑같습니다. 40년이 흘렀습니다. 그 40 년은 자신들의 지도자요 해방자인 모세를 알아보지 못하고 거부해 버 린 가련한 이스라엘 자손들이 비참하고 불행한 노예로 살도록 정해진 기간이었습니다. 그들은 잔인한 적, 무서운 감독들의 손에 무력하게 잡혀 있었습니다.

그것은 죄와 악과 마귀의 손에 잡혀 있는 우리 각 사람의 모습이 기도 합니다. 우리 한 사람 한 사람은 태어날 때부터 노예였습니다. 노예로 태어나지 않은 사람이 없습니다. 우리는 술 취함과 간음과 음 행 같은 악의 노예일 뿐 아니라 정욕의 노예이며, 질투와 시기와 악의 와 악독과 원한과 미움의 노예입니다. 우리 각 사람은 노예로 태어났 고, 우리 자신도 그것을 알고 있습니다. 우리는 "점점 더 나아지고 있 다"라고 말합니다. "이러저러한 것들을 버리겠다"라고 말합니다. 그러 나 버리지 못합니다. 죄는 우리를 노예로 잡고 있습니다. 무력한 노예 들인 우리는 아무것도 할 수가 없습니다. 물론 노력은 해보았습니다. 문명에 구원을 청해 보았습니다. 그러나 문명은 우리를 구원해 주지 못합니다. 교육도 구원해 주지 못하며 온갖 도덕적인 권고도 구원해 주지 못합니다. "선의를 심는" 이 모든 허황된 방법들은 우리를 구원 해 주지 못합니다. 우리는 그런 방법들을 전부 시도하고 또 시도해 보 았습니다. 그러나 그 시도들은 완전한 실패로, 전적인 시간과 정력 낭 비로 판명이 났습니다.

우리는 아무것도 할 수 없습니다. 아름다운 생각으로 자신을 구원 할 수 있었다면 진작 그렇게 했을 것입니다. 스스로 약물 중독에서 벗 어날 수 있었다면 진작 그렇게 했을 것입니다. 그런데 많은 이들이 그 렇게 하지 못하고 너무나 비참한 단계까지 나아가 버립니다. 저도 술 의 노예가 되어 "처음부터 마시지 말걸 그랬다"라며 탄식하는 이들을 많이 알고 있습니다. 술만 끊을 수 있다면 무엇이라도 내놓겠다고 하 면서도 끊지 못합니다. 다른 영역에서도 전부 마찬가지입니다. 여러 분이 짓고 있는 개인적인 죄들을 생각해 보십시오. 여러분은 그 죄의 노예입니다. 예수 그리스도는 말씀하셨습니다. "죄를 범하는 자마다 죄의 종[노예]이라"요 8:34.

그러나 복음은 얼마나 놀라운지! 우리 힘으로는 도저히 벗어날 수 없는 철저하고 지독한 종살이를 하고 있을 때, 하나님이 찾아오십니다. 구원은 완전히, 전적으로 하나님 편에서 하시는 일입니다. 복음은 우리 스스로 구원하라고 권하지 않습니다. 그것은 우리를 조롱하는 말입니다. 복음은 우리가 그렇게 할 수 없음을 압니다. 복음은 행동하시는 하나님, 일어나 찾아오셔서 유일한 구원의 방법을 사용하시는 하나님에 대한 설명이자 선포이며 기록입니다.

저는 하나님이 개입하시는 방식과 시기와 그 모든 일을 하시는 방법을 다시금 강조하고 싶습니다. 그 일이 어디에서 일어났습니까? 자, "광야"에서 일어났습니다. "광야!" 성경에 나오는 단어는 전부 중요합니다. 이 단어의 의미를 알겠습니까? 이 사람 모세를 보십시오. 그토록 빛나는 재능과 자질을 자랑했던 사람이 일개 평범한 목자로 전락하여 40년을 지냈습니다. 자신이 과거에 어떤 사람이었으며 어떤 사람이 될 수 있었던가 하는 생각을 얼마나 자주 했겠습니까? 고통과 괴로움과 수치 속에서 노예생활을 하는 백성들 생각은 또 얼마나 자주 했겠습니까? 그런데 그가 무엇을 할 수 있었습니까? 일개 목자로서 무엇을 할 수 있었습니까? 아무것도 할 수 없었습니다! 그는 인생을 허비했고, 그 모습 그대로 죽을 것이 분명했습니다. 그리고 백성들은 완전히 무력한 상태에 처해 있었습니다. 이런 상태가 40년간 계속되면서 그는 사실상 모든 것을 포기하고 소망도 거의 버렸을 것이 틀림없습니다. 처음에는 이런 생활이 길지 않으리라고, 곧 돌아갈 수 있으리라고 생각했을 것입니다. 그런데 40년이 흐르면서 그 소망은 완전히 사라져 버렸습니다.

오, 친애하는 여러분, 잘 들으십시오! 이것이 복음의 핵심입니다. 자기 자신에 대해 소망을 잃기 시작했습니까? 자신이 사랑하는 누군가, 수년간 기도해 온 누군가, 그런데도 나아지기는커녕 더 나빠지는 것 같은 누군가 때문에 소망이 사라지고 있습니까? 거의 절망하기 직전에 이르렀습니까? "난 썩었어. 노력했지만 어쩔 수가 없었어. 소망이 없어. 이젠 그만 날 포기하겠어. 차라리 죽어 버리겠어"라는 말이 절로 나옵니까? 아시겠지만 이런 복음을 전하는 설교자로 부르심을 받았다는 것은 크고도 놀랍고 영광스러운 일입니다. 제게는 여러분에게 들려줄 복음이 있습니다! 여러분의 처지는 절망적이지 않습니다! 오직 한 가지 이유 때문에 절망적이지 않습니다. 그 이유는 바로 하나님, 우리 밖에 계시는 하나님, 행동하시는 하나님, 전능하신 하나님, 개입하시는 하나님께 있습니다. 그가 우리를 찾아오십니다.

여기 이 말씀과 누가복음 3장 서두의 말씀이 어떻게 상응하는지 보십시오. "디베료 황제가 통치한 지 열다섯 해"라는 말씀이 나오고, 아빌레네와 이두래와 나머지 지역 분봉왕들의 명단이 이어집니다. 여러분은 "그게 다 뭐지?"라고 말할 것입니다. 제가 말씀드리겠습니다.

400년 동안 이스라엘에는 선지자가 나오지 않았습니다. 마지막으로 활동했던 선지자 말라기는 400년이라는 오랜 시간이 흐른 후에 세례 요한이 태어날 것을 예언하고 가르쳤습니다. 그때까지 하나님은 아무 말씀도 주지 않으셨습니다. 죽은 듯한 침묵의 기간이 이어졌고, 이스라엘 자손은 버림받은 것처럼 보였습니다. 하나님은 패배하셨고 그것으로 다 끝장나 버린 것일까요? 아닙니다! "디베료 황제가 통치한 지 열다섯 해"에 이 사람은 이런 일을 하고 저 사람은 저런 일을 했습니다. 왕과 군주와 유력자와 주요인사들이 세간을 떠들썩하게 할 만한 일들을 했습니다. 그러나 그런 일들은 하나도 중요치 않습니다. 정말 중요한 일은 이것입니다. "하나님의 말씀이……사가랴의 아들 요한에게 임한지라." 말씀이 어디에 임했습니까? 런던에? 웨스트엔드의 클럽에? 그리스의 아카데미와 철학을 논하는 복도에? 결코 아닙니다. 말씀은 "빈 들"에 임했습니다!

언제나 그렇습니다. 하나님의 말씀은 전혀 예기치 못한 방식으로, 가장 예기치 못한 사람에게 홀연히 임합니다. 저는 이 말로 모든 내용을 요약하고자 합니다. 하나님의 말씀은 우리와 상관없이 임합니다. 우리는 말씀과 아무 상관이 없습니다. 우리는 소망을 잃고 절망의 순간에 처해 있습니다. 그런데 천사를 보내시고 사람을 일으키시며 한 아기를 나게 하시는 분은 하나님입니다. 하나님! 언제나 하나님이 행동하십니다. 하나님이 구원하십니다! 구원은 언제나 하나님으로부터 시작됩니다. 복음은 그의 구원 계획을 알려 주며, 구원하시는 능력을 알려 줍니다. 천사와 불타는 가시나무 떨기에 대해 말해 줍니다!

사도 바울은 다음과 같은 로마서의 위대한 말씀을 통해 이 점을 자신의 방식대로 설명하고 있습니다. "내가 복음을 부끄러워하지 아니하노니." 왜 부끄러워하지 않습니까? 여기 포스딕 박사와 그 무리의 주장에 완전히 반대되는 바울의 답변이 있습니다. "이 복음은 모든 믿는 자에게 구원을 주시는 하나님의 능력이 됨이라"롬 1:16. 이것이 하나님이 하신 일입니다. 바울은 "먼저는 유대인에게요 그리고 헬라인에게" 선포합니다. 무엇을 선포합니까? 그렇습니다. 믿음으로 하나님께 의를 얻는다는 사실을 선포합니다. "오직 의인은 믿음으로 말미암아 살리라"롬 1:17. 하나님이 무언가를 하셨습니다. 하나님이 개입하셨습니다. 하나님이 행동하셨습니다. 세례 요한의 아버지 사가랴의 말처럼 "그 백성을 돌보사 속량"하셨습니다눅 1:68.

이것이 메시지입니다. 40년에 걸쳐 소망을 완전히 잃은 후 가시나무 떨기에 천사를 보내 주셨던 그 하나님이 계속 개입하시면서 "때가 차매⋯⋯그 아들을 보내사 여자에게서 나게 하시고 율법 아래에 나게" 하셨습니다갈 4:4. 이것이 메시지의 전부입니다. 하나님이 그 아들을 "죄 있는 육신의 모양으로" 세상에 보내셨습니다롬 8:3. 저는 하나님이 우리와 상관없이 이 모든 일을 하신다는 사실을 강조하고 싶습니다. 우리의 어리석음에도 불구하고, 우리의 수치에도 불구하고, 우리의 불신앙에도 불구하고 이 일을 하십니다. 만약 이 일이 우리에게 달려 있다면 우리는 모두 멸망하고 말 것이며 그 누구도 소망을 찾지 못할 것입니다. 그러나 이 메시지에는 모든 사람을 위한 소망이 들어 있습니다.

하나님의 양떼를 떠나 떠돌이로 헤매던 나,
예수께서 찾아 주셨네.

−로버트 로빈슨Robert Robinson

그가 날 찾으러 오십니다! "밤낮으로", "내 마음의 미로 속으로" 달아
나는 날 좇아오는 '천국의 사냥개'는 결코 사냥감을 놓치는 법이 없습
니다. 이것이 메시지입니다. 소망을 다 버렸을 때, 죄에 굴복했을 때,
수치심에 휩싸여 있을 때, 몸부림쳐 봐야 아무 소용 없다는 생각이 들
때, 나뿐 아니라 남들도 그렇게 생각할 때, 그가 다시 찾아오십니다.
그럴 때조차 나를 포기하지 않으십니다. 40년 후에도! 40년이 지난
후에 하나님이 움직이기 시작하셨고, 애굽에서 소망 없는 속박과 종
살이에 매여 있던 비참한 이스라엘 자손들에게 소망이 생겨났습니다.

이것이 복음입니다. 물론 이것은 복음을 보여주는 하나의 그림에
지나지 않습니다. 최종적이고 완전한 모습은 주 예수 그리스도께 나
타나 있습니다. 그는 하나님의 아들입니다! "하나님이 세상을 이처럼
사랑하사 독생자를 주셨으니 이는 그를 믿는 자마다 멸망하지 않고
영생을 얻게 하려 하심이라"요 3:16. 친애하는 여러분, 이것이 메시지
입니다. 이로 인해 하나님께 감사드리십시오. 여러분은 이 사실을 알
고 있습니까? 제가 전하는 하나님은 불가능한 일을 하시는 하나님입
니다. 그 하나님이 우리에게 관심을 가지고 염려하시며 개입하신다는
것이야말로 우리의 유일한 소망입니다.

제가 여러분의 마음속에 남기고 싶은 요점은 이것이 유일한 소망
일 뿐 아니라 모든 사람, 만인의 소망이기도 하다는 것입니다. 거듭
말하지만 이 복음을 전하는 설교자가 되는 일이 그토록 놀라운 이유
가 여기 있습니다. 제 말을 듣는 여러분들 중에는−그가 누군지는 모
르겠지만−평생 죄를 짓고 하나님께 반역하며 살아온 사람이 있을 수
도 있고, 모든 의지를 상실할 만큼 비참한 형편에 처한 사람이 있을
수도 있습니다. 생각할 기력조차 없는 사람이 있을 수도 있고, 술이나
마약 같은 것에 취해 있는 사람이 있을 수도 있습니다. 그런 분들에게
말씀드리겠습니다. 오늘 런던에서 가장 훌륭한 사람 못지않게 여러분
에게도 소망이 있습니다.

이것이 메시지입니다. 주님도 친히 말씀하셨습니다. "건강한 자에게는 의사가 쓸데없고 병든 자에게라야 쓸데 있느니라.……나는 의인을 부르러 온 것이 아니요 죄인을 부르러 왔노라"마 9:12-13. 자신의 모습을 잃어버린 사람, 자신의 모든 것을 잃어버린 사람한테 아름다운 생각을 하라고 말해 봐야 무슨 소용이 있습니까? 그것은 우스운 발상입니다! 아무도 그렇게 할 수 없습니다. 훌륭하고 도덕적이고 존경할 만한 사람이나 종교적인 사람이라 해도 마찬가지입니다. 그들을 가득 채우고 있는 것은 악독과 험담입니다. 그래서 예배당들이 그렇게 텅텅 비는 것입니다. 그들은 아름다운 생각을 할 수가 없습니다. 인생의 진창에 빠져 있는 사람에게 이런 권면을 한다고 생각해 보십시오! 그것은 그를 조롱하는 짓입니다! 황당한 짓입니다!

그렇습니다. 사람이 구원을 받으려면 하나님의 능력이 있어야 합니다. 우리가 전하는 메시지는 예수 그리스도의 복음이야말로 "모든 믿는 자에게 구원을 주시는 하나님의 능력"이라는 것입니다롬 1:16. 여러분의 과거는 문제가 되지 않습니다. 여러분의 전력은 문제가 되지 않습니다. 그런 것은 아무 문제가 되지 않습니다.

아무리 오랫동안 하나님의 자비를 외면해 온 사람이라도 다음과 같이 말할 수 있습니다.

오, 그리스도여, 당신의 피가 오늘 우리를 씻어
희게 할 수 있나이다.
—오즈월드 앨런Oswald Allen

저는 이 말을 여러분의 마음에 남기고 싶습니다. 제가 앞에서 작가를 밝히지 않은 시 '천국의 사냥개'를 지은 사람은 프랜시스 톰슨Francis Thompson입니다. '천국의 사냥개!' 하나님은 우리를 놓치지 않으십니다. "밤낮으로" 우리를 쫓아오십니다. 우리 밖에서 찾아와 개입하시며 간섭하십니다.

불쌍한 프랜시스 톰슨, 그의 이야기를 알고 계십니까? 그는 죄와 악의 손아귀에 잡혀 부랑자 신세가 되었습니다. 약간의 술과 음식을 살 동전 몇 푼을 벌기 위해 채링 크로스 역 밖에서 성냥을 팔 정도로 영락했습니다. 그러나 그는 아주 놀라운 경험을 했습니다. 하나님이 찾아와 자신의 삶에 간섭하심으로써 모든 상황이 바뀌는 경험을 한 것입니다. 후에 그는 다음과 같은 시를 썼습니다. 감사하게도 그의 말은 사실입니다. 하나님은 우리 밖에 계시고 그리스도도 우리 밖에 계시지만, 그럼에도 우리에게 관심을 가지고 계시며 능히 우리를 도우실 수 있기 때문입니다.

> 그러나(더 이상 슬플 수 없을 만큼 슬플 때에도)
> 부르짖으라, 그러면 네 쓰라린 상실 위로
> 하늘과 채링 크로스 사이에 박힌
> 야곱의 사다리를 찬란히 오르내리는 모습이 보이리라.
>
> 그래, 내 영혼아, 내 딸아, 밤에도
> 부르짖으라, 하늘의 가장자리를 부여잡고.
> 그리고 보라, 그리스도가 게네사렛이 아닌
> 템즈의 물 위로 걸어오시는 것을!
> -프랜시스 톰슨

누더기를 걸친 모습 그대로, 수치스러운 모습 그대로, 궁핍한 모습 그대로, 크게 실패한 모습 그대로 채링 크로스 가에 서 있으면 그가 찾아오십니다. 그는 이미 여러분을 위해 하늘에서 땅으로 내려와 죽임을 당하시고 무덤에 묻히시고 음부까지 내려가신 분입니다. 그는 여러분이 서 있는 바로 그 자리로 찾아오십니다. 그는 "네가 아름다운 생각을 하면 아마도 나를 조금은 느끼게 되거나 아니면 영원한 것들과 공명하는 듯한 생각이 들 것이다"라고 말씀하시지 않습니다. 결코 그렇게 말씀하시지 않습니다! 그는 여러분이 있는 바로 그 자리로 찾아와 여러분을 붙잡아 주시며, 여러분을 일으켜 세우시고, 새 본성과 새 정신과 새 마음과 새 시각과 새 힘을 주십니다. 넉넉히 이기게 해 주십니다롬 8:37. 그에게 부르짖으십시오. "그러면 네 쓰라린 상실 위로" "야곱의 사다리를 찬란히 오르내리는 모습"을 보게 될 것입니다. 야곱은 잠들어 있었지만, 하나님은 그에게 말씀해 주셨으며 그를 찾아와 주셨습니다.

여러분이 실패한 바로 그 자리, 수치스러운 그 자리, 소망을 잃은 그 자리에서 주께 부르짖으십시오. 거기 계시는 하나님이 들으실 것입니다. 그는 말씀하셨습니다. "내게 오는 자는 내가 결코 내쫓지 아니하리라"요 6:37.

02

구원의 기적

사십 년이 차매 천사가 시내산 광야 가시나무 떨기 불꽃 가운데서 그에게 보이거늘 모세가 그 광경을 보고 놀랍게 여겨 알아보려고 가까이 가니 주의 소리가 있어 나는 네 조상의 하나님 즉 아브라함과 이삭과 야곱의 하나님이라 하신대 모세가 무서워 감히 바라보지 못하더라. 주께서 이르시되 네 발의 신을 벗으라. 네가 서 있는 곳은 거룩한 땅이니라.

사도행전 7:30-33

스데반이 전한 모세의 이야기에 나오는 이 본문에 다시 관심을 기울여 봅시다. 지난번에 우리는 하나님이 우리 밖에 계시기에 구원이 가능하다는 사실을 알게 되었습니다. 그는 하나님, 살아계신 하나님, 인격적인 하나님입니다. 단순한 감정이나 선과 사랑에 대한 보편적인 느낌이 아닙니다. 결코 아닙니다. 하나님은 실재하시는 분입니다. 그는 "나는 스스로 있는 자"라고 말씀하셨습니다출 3:14. 그는 행동하시고 개입하시며 홀연히 나타나십니다. 여기에 나오듯이 감사하게도 우리가 미처 생각지 못할 때 "광야"에 나타나십니다. 모세가 40년의 세월을 보내며 좌절과 실의에 빠져 소망을 잃고 거의 절망하려 할 즈음에도 시내 광야로 찾아와 위대하고 영광스러운 말씀을 해주셨습니다.

이것이 지금껏 살펴본 내용입니다. 그러나 우리는 여기에서 좀더 나아가야 합니다. 이것은 단지 출발점일 뿐이기 때문입니다. 우리가 던져야 할 두번째 질문은 이것입니다. 이 일에 대한 우리의 대응, 우리의 반응은 무엇입니까? 지금 우리는 20세기 사람들이 대부분 그리스도인이 되지 않는 이유, 기독교로 통하는 많은 것들이 사실은 기독교를 부인하고 있는 이유를 아주 실제적인 차원에서 다루고 있는 중입니다. 대중이 교회 밖에 머물러 있는 것은 혼동을 겪고 있기 때문인데, 그 혼동은 그리스도인을 자처하면서도 기독신앙의 가장 영광스러운 요점들을 부인하는 자들의 혼동에서 비롯된 것입니다. 소위 그리스도인이라는 자들이 그런 요점들을 부인하는 이유가 무엇일까요?

그 대답은 접근방식 자체가 잘못되었기 때문이라는 것입니다. 어떤 주제든 접근방식이 잘못되면 그 주제를 결코 이해할 수 없을 뿐아니라 거기에서 아무 유익도 얻을 수 없는 것이 당연합니다. 애초부터 잘못 접근하면 좋은 결과를 기대할 수가 없습니다. 편견을 가지고 접근하면 이해할 수가 없는 것입니다. 편견을 가진 사람들은 마음을 열고 깨달으려 하지 않습니다. 아무 변화도 일어날 수 없는 자리에 꼭 틀어박혀 전혀 움직이려 들지 않습니다. 산헤드린 공회원들이 스데반을 심문하는 이유, 동일한 자들이 하나님의 아들을 십자가에 못박은 이유가 여기 있습니다. 그들은 진리를 보지 못합니다. 태도와 접근방식 자체가 잘못되었기 때문입니다. 이것은 아주 중요한 요점인 동시에 기독신앙 및 큰 구원의 문제 전체와 관련하여 현대인들이 겪고 있는 어려움과 비극의 핵심이기도 합니다.

우리는 이 비극을 인식하고 있습니까? 세상은 지금 곤경에 빠져 있고 고통을 겪고 있습니다. 비극적인 사실은 우리를 구원해 주겠다는 메시지가 있는데도 여전히 그렇다는 것입니다. 이것은 구원과 해방과 소망과 자유의 메시지입니다. 그런데도 세상이 이 메시지를 보지 못하고 거부하는 이유는 그들의 접근방식 자체가 아주 심각하게, 전적으로 잘못되었기 때문입니다. 제가 말하는 접근방식이란 무엇일까요? 아주 흥미롭게도 이 또한 지속적으로 반복해서 나타나는 문제이므로, 한번 더 그 전체적인 오류를 보여주는 현대의 전형적인 표현한 가지를 말씀드려 보겠습니다. 최근에 출간된 책 중에 『내가 원하는 하나님』*The God I Want*이라는 것이 있습니다. 그 공동 저자들 중에 어떤 교단에서 안수를 받고 케임브리지 대학에서 신학을 가르치는 교수가 있는데, 그가 하는 말은 이것입니다. "내가 원하는 하나님은 전능함이라는 유아기적 환상과 혼동되지 않는 하나님이다."

무슨 뜻인지 아시겠습니까? 이 사람에게 전능하신 하나님이라는 개념은 "유아기적인" 것, 아이들이나 생각할 법한 것, 큰 도깨비나 어떤 전능하고 대단한 인물 같은 것입니다. 그는 "그렇다. 내가 원하는 하나님은 그런 것과 혼동되지 않는 하나님이다"라고 말합니다. 이것은 지난번에 「리더스 다이제스트」에 실린 포스딕 박사의 인터뷰를 인용하면서 여러분에게 설명하고자 했던 현대인의 태도를 완벽하게 보여주는 진술입니다. 실제로 이런 견해들은 모두 같은 동향에 속해 있는 것들입니다.

그러므로 간단하게 설명해 보겠습니다. 그 책은 읽을 필요가 없습니다. 제목이 모든 것을 말해 주고 있기 때문입니다. 많은 책들이 그렇지 않습니까? 제목만 보면 어느 정도 내용을 짐작할 수 있습니다. **내가 원하는 하나님**. 강조점이 어디 있습니까? "내가"에 있습니다. "내가"가 중요합니다. "나는 어떠어떠한 하나님은 받아들일 마음이 없다. 난 특정 유형의 하나님을 원한다"라는 것입니다. 그래서 자신들이 원하지 않는 내용에 대해 이런 신성모독적인 발언을 합니다.

하나님과 종교와 기독신앙과 구원 메시지의 문제 전반에 대한 이 현대적인 접근방식에 비추어 사도행전 7장에 나오는 위대한 진술을 살펴보기로 합시다. 이제부터 말씀드리겠지만, 사람들이 기독교를 거부하는 것은 성경이 여기에서 가르치고 있는 방식 대신 앞서 말한 방식으로 접근하는 탓입니다. 본문이 보여주는 참된 방식은 앞서 말한 관점과 정확히 반대됩니다.

"사십 년이 차매 천사가 시내산 광야 가시나무 떨기 불꽃 가운데서 그에게 보이거늘 모세가 그 광경을 보고 놀랍게 여겨 알아보려고 가까이 가니 주의 소리가 있어 나는 네 조상의 하나님 즉 아브라함과 이삭과 야곱의 하나님이라 하신대 모세가 무서워 감히 바라보지 못하더라. 주께서 이르시되 네 발의 신을 벗으라. 네가 서 있는 곳은 거룩한 땅이니라."

이것은 스데반이 출애굽기 3장의 이야기를 산헤드린 공회원들에게 요약 내지 상기시키고 있는 부분입니다. 출애굽기 3장을 보면 세부적인 내용이 더 나오고 있습니다.

"모세가 그의 장인 미디안 제사장 이드로의 양떼를 치더니 그 떼를 광야 서쪽으로 인도하여 하나님의 산 호렙에 이르매 여호와의 사자가 떨기나무 가운데로부터 나오는 불꽃 안에서 그에게 나타나시니라. 그가 보니 떨기나무에 불이 붙었으나 그 떨기나무가 사라지지 아니하는지라. 이에 모세가 이르되 내가 돌이켜 가서 이 큰 광경을 보리라. 떨기나무가 어찌하여 타지 아니하는고 하니 그때에 여호와께서 그가 보려고 돌이켜 오는 것을 보신지라. 하나님이 떨기나무 가운데서 그를 불러 이르시되 모세야, 모세야 하시매 그가 이르되 내가 여기 있나이다. 하나님이 이르시되 이리로 가까이 오지 말라. 네가 선 곳은 거룩한 땅이니 네 발에서 신을 벗으라"출 3:1-5.

보시다시피 이처럼 더 자세한 이야기가 있는데도 스데반은 그 핵심만 추려서 전달하고 있습니다. 그렇다면 이 이야기가 우리에게 주는 교훈은 무엇일까요? 여기에 성경적인 기독교 메시지가 있습니다. 이로 인해 하나님께 감사드리십시오! 이 메시지의 특징이 무엇입니까? 이 메시지의 첫번째 특징은 그것이 계시라는 것입니다. "사십 년이 차매 천사가……그에게 **보이거늘**." 이것은 인간에게 속한 일이 아닙니다. 모세는 일개 목자 신세로 전락했습니다. 그는 인생의 철학을 궁구하며 하나님을 찾기 위해 광야에 갔던 것이 아닙니다. 전혀 그런 것이 아닙니다. 이미 말씀드렸듯이 소망을 잃은 채 늘 하던 자기 일을 하기 위해 간 것입니다. 그런데 홀연히 무엇이 **보였습니다**!

이것은 전적으로 하나님께 속한 일이며 하나님이 허락하시는 일입니다. 인간의 사고나 재능으로 되는 일이 아닙니다. 인간의 조사나 탐색으로 되는 일도 아닙니다. 우리는 '탐구'와 추구, 연구라는 개념에 너무 사로잡혀 있고 발견과 그 결과로 이루어지는 발명에 너무 익숙해진 나머지, 매사를 우리가 노력하고 애쓴 결과로 받아들이며 우리가 가진 것은 전부 스스로 찾아낸 것이라고 생각하려는 경향이 있습니다. 그것이 제2의 천성이 되어, 이런 메시지를 들을 때 본능적으로 반발하는 것입니다. 우리가 지금까지 알았던 모든 것에 완전히 반대가 되기 때문에 쉽게 거부해 버립니다. 복음 메시지는 일방적으로 찾아오는 것이며, 전혀 예기치 못하게 찾아오는 것입니다.

저는 이 점을 강조하고 싶습니다. 여기에는 인간의 지혜와 이성과 지각이 섞여 있지 않습니다. 하나도 섞여 있지 않습니다. 이것은 전적으로 하나님께 속한 일입니다. 모세는 이 결정적인 인생의 사건에 어떤 기여도 하지 않았습니다. 이 일은 오랜 준비기간 끝에 일어난 것이 아닙니다. 전혀 아닙니다! 이 모든 일은 일방적으로 일어났습니다. 그래서 모세 자신도 크게 놀랐습니다.

가장 안전한 순간에도 저녁놀의 붓질과

꽃망울의 공상, 누군가의 죽음,

코러스로 마무리되는 에우리피데스의 극이 있으니,

그런 것만으로도 수십 가지 소망과 두려움을 갖기에 충분하다네.

로버트 브라우닝Robert Browning이 『블로우그럼 주교의 변명』Bishop Blougram's Apology에서 말한 그대로입니다. 갑자기, "가장 안전한 순간에", 가장 예기치 못한 때 이 일은 일어나며, 우리는 이 일이 일어나는 데 어떤 식의 기여도 하지 못합니다.

반복하건대 이 복음은 전적으로 우리 밖에서 오는 것, 하나님에게서 오는 것입니다. 복음은 우리의 사상을 보완해 주는 것이 아닙니다. 많은 이들이 그렇게 오해해 왔습니다. 그들은 사람이 조사할 수 있는 데까지 하다가 막다른 골목에 부닥치면 하나님이 보완해 주신다고 말합니다. 그러나 성경은 그렇게 말하지 않습니다. 성경은 인간의 생각이 전부 잘못되었다고 말합니다. 그래서 주 예수 그리스도께서 학식 높은 선생 니고데모에게 "거듭나야 하겠다"라고 말씀하신 것입니다요 3:7. 기독교는 인간의 철학을 보완해 주는 것이 아닙니다. 인간의 철학과 판이하게 다른 것입니다. 복음의 토대는 인간의 철학이나 생각이나 노력이나 그 어떤 것에 있지 않습니다. 절대 그런 것에 있지 않습니다. 복음은 계시입니다.

이 점은 절대적으로 중요합니다. 현대인들이 특히 이 점을 비난하며 반대한다는 것은 저도 압니다. 그러나 유감스럽게도 이 점을 밝히지 않을 수가 없습니다. 저도 원래 육에 속한 자였기 때문에, 사람들이 왜 이런 반응을 보이는지 잘 알고 있습니다. 그러나 저는 사람들을 기쁘게 하기 위해서가 아니라 하나님의 말씀을 전하기 위해 이 자리에 섰습니다. 왜냐하면 이 말씀만이 사람들에게 유익을 줄 수 있다는 것을 알기 때문입니다. 저도 여러분을 즐겁게 해줄 수 있고, 사람들을 즐겁게 해줄 수 있습니다. 제가 원했다면 정치인이 되었을지도 모릅니다! 그러나 저는 복음을 전하고 제 앞에 펼쳐져 있는 이 하나님의 말씀을 설명하기 위해 이 자리에 섰기 때문에, 사람들을 즐겁게 하겠다는 생각은 할 수가 없습니다. 문제는 제 말이 사람들의 영혼에 유익한가 하는 것입니다. 다른 것들은 전혀 중요치 않습니다. 그러므로 저는 하나님의 말씀이 계시라는 점을 강조하지 않을 수 없습니다. 그것은 이 말씀이 전적으로 하나님에게서 온다는 뜻일 뿐 아니라 이것이 하나의 완벽한 체계, 있는 그대로 통째로 받아들여야 하는 체계라는 뜻이기도 합니다.

하나님은 모세와 상의를 하시면서 "자, 모세야, 애굽의 속박에 갇혀 있는 네 동족을 구하는 문제에 대해 어떻게 생각하느냐?"라고 묻지 않으셨습니다. 모세도 "글쎄요, 저도 이 문제를 많이 생각해 봤는데, 제 의견은 이러이러합니다. 하나님만 괜찮으시다면 약간만 도와주시지요"라고 말하지 않았습니다. 사실은 그와 정반대였습니다! 복음도 마찬가지입니다. 성경에는 완벽하고 온전한 구원 계획이 나옵니다. 그것은 전부 하나님이 세우신 것입니다. 하나님이 계획하시고 목적하시고 세세한 부분까지 성취하셨습니다.

이제부터 보여드리겠지만, 구원은 하나님이 뜻하신 일, 처음부터 끝까지 하나님이 완성하신 일입니다. 통째로 주어지는 것이므로 통째로 받아들여야 합니다. 취사선택할 수 없습니다. 복음은 하나의 크고 완벽하고 온전한 메시지로서 우리는 거기에 어떤 기여도 한 것이 없습니다. 그렇습니다. 복음은 계시입니다! 모세는 평소에 하던 일을 하다가, 양을 몰고 산 뒤쪽으로 갔다가 이 장면을 보고 어떻게 광야에서 이런 일이 일어날까 궁금히 여겼습니다. 그것은 갑자기 일어난 일이었습니다! 그렇습니다. 그 일이 일방적으로 모세에게 일어났습니다. 하나님이 하신 일과 그가 하신 말씀이 모세 개인의 일생과 인류역사의 여정 전체를 바꾸어 버렸습니다.

두번째로 우리가 알게 되는 사실은 하나님의 행동에는 초자연성이 두드러진 특징으로 나타난다는 사실입니다. 제가 정말 문제되는 발언을 하지 않았습니까? 초자연성이라니!

어떤 이는 말할 것입니다. "초자연성이라고요? 1967년의 강단에 선 사람이 어떻게 그런 말을 할 수 있습니까?"

친애하는 여러분, 초자연적인 일들이 없었다면 저는 이 강단에 서지 못했을 것입니다. 그 대신 정치모임이나 사교모임에 가 있을 것입니다. 초자연성이야말로 이 메시지를 이 메시지답게 만들어 주는 특징입니다. 그래서 이것이 오늘날 세상의 유일한 소망이 되는 것입니다. 초자연적인 일들이 없다면 인간의 상태는 티끌만큼도 변화될 수가 없습니다.

더 유별난 짓도 해야겠습니다. 여러분이 이 복음을 들을 때 무엇을 믿어야 하는지 알려 드리겠습니다. 새사람이 되고 싶습니까? 여기 그 방법이 있습니다. 이것은 초자연적인 메시지입니다. "천사가……보이거늘." 천사! 여러분은 천사를 믿습니까? 세련되고 과학적인 현대인이 천사를 믿는다는 것이 가당키나 한 일입니까? 이것은 비웃음을 살 만한 일로서, 식자층은 천사를 공상의 산물이라고 말하고 있습니다. 물론 아이들은 천사를 믿고, 미개한 사람들도 천사를 믿습니다. 그러나 '20세기 인간'은 믿지 않습니다.

그런데 잠깐, 왜 믿지 않습니까? 20세기가 되었다고 해서 천사가 변한 것이 있습니까? 천사를 믿지 말아야 할 이유가 무엇입니까? 성경은 온통 천사들로 가득 차 있습니다. 천사들이 나타나서 메시지를 전해 줍니다. 히브리서 기자는 천사를 하나님을 섬기는 영이라고 표현하면서히 1:14, 하나님이 천사들을 시켜 사람들에게 말씀을 하시고 메시지를 전하신다고 가르칩니다. 모세의 경우에도 그러했습니다. 그렇습니다. 이것은 명백히 초자연적인 메시지로서, 영원하시며 영존하시는 하나님이 성부, 성자, 성령 삼위로 존재하신다고 말하고 있습니다. 아무도 보지 못했음에도 하나님은 존재하시며 만물을 만드셨다고, 그가 안 계시면 우주는 무너진다고 말하고 있습니다. 하나님은 영이십니다요 4:24. "본래 하나님을 본 사람이 없으되"요 1:18. 그렇습니다. 복음은 초자연적인 것입니다.

복음은 복되신 성 삼위 하나님에 대해서만 말하는 것이 아니라 무수한 천사와 천사장도 있다고 말합니다. 스랍! 그룹! 이런 존귀한 존재들이 보이지 않는 모든 영역에 살고 있습니다. 보이지 않는 영적인 세계가 우리를 둘러싸고 있다는 것, 우리와는 다른 이런 존재들이 때때로 자기가 맡은 일을 하기 위해 세상에 온다는 것이 성경의 핵심적인 내용입니다. 이것을 믿지 않으면 성경 메시지를 전혀 이해할 수가 없습니다.

물론 이에 더하여 순수한 기적의 요소도 있습니다. 기적! 이번에도 세련된 현대인들은 "정말 기적을 믿는 건 아니겠지요. 이런 과학적인 시대에"라고 말할 것입니다. 기적! 불이 붙었는데도 타지 않는 가시나무 떨기. 그렇습니다. 불이 꺼지지 않고 계속 타오릅니다. 그러다 갑자기 사라져 버립니다. 자연스럽게 꺼진 것이 아닙니다. 기적적으로 사라진 것입니다. 그리고 그 가시나무 떨기에서 한 음성이 나와 모세에게 말을 했습니다.

기적은 복음 메시지의 핵심적인 부분입니다. 기적이 거짓이라면 복음은 아예 존재하지 못했을 것이며, 인간에게도 아무 소망이 생기지 않았을 것입니다. 복음은 명백히 기적적인 것이고 초자연적인 것입니다. 복음은 하나님의 능하신 행동, 초자연적인 행동을 전하는 메시지입니다. 사람들이 오순절 날에 했던 말 그대로입니다. "우리가 다 우리의 각 언어로 **하나님의 큰일**을 말함을 듣는도다"행 2:11. 그들은 놀라고 경악했습니다. 본문은 "모세가 그 광경을 보고 놀랍게" 여겼다고 말합니다. 이것이 성경이 기록하고 있는 바, 하나님이 하시는 일의 특징입니다. 여러분은 이 사실에서부터 출발해야 합니다. 여러분은 "내가 **원하는** 하나님"이 있다고 말합니다. 그러나 성경이 말하는 하나님은 여러분에게 **필요한** 하나님, 유일하게 여러분을 구원하실 수 있는 하나님입니다.

성경이 하나님에 대해 말해 주는 바가 무엇입니까? 그 이야기라면 몇 시간이라도 계속 할 수 있습니다. 바로 이것이 성경의 전적인 메시지이기 때문입니다. 구약성경을 보십시오. "태초에 하나님이 천지를 창조하시니라.……" 이것은 기적입니다. "하나님이 이르시되 빛이 있으라 하시니 빛이 있었고"창 1:1-3. 아무것도 없었는데 하나님이 빛을 만드셨습니다. 이것은 기적입니다. 초자연적인 행동입니다.

대홍수, 소돔과 고모라의 멸망, 이 모든 것도 기적입니다. 야곱은 형을 피해 도망치다가 벧엘이라는 곳에 이르러 잠을 청했습니다. 그리고 하나님이 나타나시는 이상을 보았습니다. 잠에서 깬 그는 두려워하며 말했습니다. "여호와께서 과연 여기 계시거늘 내가 알지 못하였도다.……두렵도다. 이곳이여! 이것은 다름 아닌 하나님의 집이요 이는 하늘의 문이로다"^{창 28:16-17}. 하나님의 나타나심! 그것은 언제나 초자연적인 일입니다.

수년 후 야곱이 형 에서를 만나러 돌아올 때에도 마찬가지였습니다. 브니엘에서 한 사람이 찾아와 야곱과 씨름을 벌이다가 그의 다리를 절게 만드는 사건이 일어났습니다. 오, 그것은 야곱의 평생에 일어난 일 중에 가장 큰 일이었습니다! 한분이 나타나 그를 다루셨고 새 사람으로 만들어 주셨습니다. 야곱은 이스라엘이 되었습니다. 이것이 무엇입니까? 하나님의 개입입니다!

그리고 여기 모세의 사례가 나오고 있습니다. 모세의 이야기를 죽 읽어 보면, 그가 어떻게 이스라엘 자손을 애굽의 종살이에서 끌어냈는지 읽어 보면, 그 과정이 온통 기적의 연속이었다는 것을 알 수 있습니다. 애굽을 떠나기 전에 열 가지 재앙이 임했습니다. 그들은 경이로운 방법으로 애굽을 벗어났습니다. 그렇게 길을 가다가 갑자기 막다른 곳에 다다랐습니다. 앞은 홍해가 가로막고 있었고, 좌우에는 산들이 버티고 있었으며, 뒤에서는 바로의 군대가 쫓아오고 있었습니다. 도무지 빠져나갈 구멍이 없었습니다. 그런데 바다가 갈라졌습니다!

이것은 명백한 역사입니다. 구원의 역사입니다. 하나님이 역사 속에서 실제로 행하신 일입니다. 이것이 사실이 아니라면, 거듭 말하건대 저는 여러분에게 전할 메시지가 없을 것입니다. 그는 구원의 하나님입니다! 그가 홍해를 갈라 주셨습니다! 그것은 기적이었습니다. 그후 율법을 주실 때에도 산이 불타며 진동하는 일이 일어났습니다. 요단강을 건널 때에도 기적적인 방법으로 건넜고, 여리고 성을 무너뜨릴 때에도 기적적인 방법으로 무너뜨렸습니다. 엘리야와 엘리사도 기적을 행했습니다. 이스라엘 역사의 결정적인 순간마다 기적이 나타났습니다. 기적적인 개입과 초자연적인 간섭이 있었습니다. 이것을 떠나서는 유다 백성의 역사를 이해할 수가 없습니다. 이것이 이스라엘 역사의 핵심을 차지하고 있습니다.

신약성경에 이르면 초자연적인 특징이 훨씬 더 명확하고 분명하게 나타납니다. 마태복음과 누가복음 서두에 누가 나오는지 아십니까? 천사입니다. 어느 날, 사가랴라는 사람이 오랫동안 해 오던 대로 반열의 차례에 따라 성전에 들어갔습니다. 그는 이제 늙어서 은퇴를 할 때가 되었습니다. 그런데 갑자기 천사가 나타났습니다. 이것이 누가복음의 도입부입니다. 천사가 나타나서 말을 한 것입니다. 그는 벙어리가 되었다가 나중에 다시 입을 열게 되었습니다. 천사! 성경에서 천사를 빼면 무엇이 남겠습니까? 천사가 없으면 복음도 없고, 진정한 메시지도 없습니다. 주님의 모친 마리아의 경우에도 천사장이 나타나 말을 했습니다. "은혜를 받은 자여, 평안할지어다" 하면서 메시지를 전달했습니다눅 1:28. 천사장! 천사의 존재는 복음 메시지의 핵심 그 자체입니다. 복음 메시지는 완전히 초자연적이고 기적적인 것입니다.

그리스도의 동정녀 탄생도 마찬가지입니다. 여러분은 이런 사실들을 분명히 알아야 합니다. 나사렛 예수께서는 인간 아버지가 없었습니다. 마리아도 이 점에 걸려 넘어졌습니다. 천사장이 "네가 잉태하여 아들을 낳으리니"라고 하자 마리아가 말했습니다. "나는 남자를 알지 못하니 어찌 이 일이 있으리이까." 그것은 불가능한 일이었습니다.

그러자 천사장이 대답했습니다. "성령이 네게 임하시고 지극히 높으신 이의 능력이 너를 덮으시리니 이러므로 나실 바 거룩한 이는 하나님의 아들이라 일컬어지리라.……대저 하나님의 모든 말씀은 능하지 못하심이 없느니라"눅 1:34-37. 주님의 출생은 그 자체가 기적이었습니다. 그는 갑자기 '세상에 던져진' 단순한 인간이 아니었습니다. 결코 아니었습니다. 그는 영원한 영광을 버리고 세상에 오신 하나님의 아들, 기적적인 방법을 통해 어린 아기의 모습으로 태어나신 영원한 아들이었습니다. 이것이 신약 메시지의 핵심입니다. 신약의 저자들은 모두 이것을 전했습니다. "……여자에게서 나게 하시고 율법 아래에 나게 하신 것은"^{갈 4:4}. "……육신으로는 다윗의 혈통에서 나셨고 성결의 영으로는 죽은 자들 가운데서 부활하사 능력으로 하나님의 아들로 선포되셨으니"^{롬 1:3-4}. 그는 동정녀에게서 나셨습니다!

그리고 계속해서 나오는 내용이 무엇입니까? 그가 친히 기적을 행하셨다는 것입니다. 그는 한낱 목수로서 바리새인이 받는 교육을 받지 못했습니다. 아마 산헤드린 공회원도 될 수 없었을 것입니다. 자격이 되지 않았기 때문입니다. 그런데도 그는 모든 상황을 주도하셨으며, 무리가 그를 따라다녔습니다. 그 비결이 무엇이었을까요? 자, 그는 놀라운 말을 했습니다. 모든 사람이 그의 입술에서 나오는 은혜로운 말을 듣고 놀라워했다고 성경은 전하고 있습니다. 그러나 정말로 사람들을 동요하게 한 것은 기적이었습니다. 니고데모는 말했습니다. "우리가 당신은 하나님께로부터 오신 선생인 줄 아나이다. 하나님이 함께하시지 아니하시면 당신이 행하시는 이 표적을 아무도 할 수 없음이니이다"^{요 3:2}. "이 사람은 배우지 아니하였거늘 어떻게 글을 아느냐"라는 평을 들었던 이 무명의 목수가 하는 말에 사람들이 귀를 기울인 이유가 무엇이었다고 생각합니까?^{요 7:15} 대체 그 이유가 무엇이었을까요? 오, 기적 때문이었습니다! 한번은 이의를 제기하는 유대인들에게 주님이 이렇게 말씀하셨습니다. "아버지께서 내게 주사 이루게 하시는 역사 곧 내가 하는 그 역사가 아버지께서 나를 보내신 것을 나를 위하여 증언하는 것이요"^{요 5:36}. 이 명백한 사실들을 보십시오. 그것은 기적이었습니다. 그리스도의 생애에서 기적을 빼면 무엇이 남겠습니까? 요한은 그것을 "표적"이라고 부릅니다. "예수께서 표적을 행하셨다"라고 말하는 것입니다. 그것은 그의 위격을 입증하는 표적이었습니다.

그다음에 나오는 것은 무엇보다 큰 기적, 즉 부활입니다. 주님은 죽은 자들 가운데서 처음으로 부활하신 분입니다. "그가 사망의 줄을 끊으셨도다." 나인 성 과부의 아들이나 나사로의 경우처럼 단순히 소생하신 것이 아닙니다. 그런 것이 아닙니다. 그것은 부활이었고, "죽은 자들 가운데서 먼저 나신" 일이었으며^{골 1:18}, 큰 기적이었고, 죽음을 정복한 사건이었습니다. 그 이야기가 복음설교의 한 부분을 이루고 있습니다. 부활이 없었다면 기독교회도 생기지 않았을 것입니다. 이 큰 사건을 역설하지 않았다면 스데반도 심문을 당하지 않았을 것입니다. 그리고 이 모든 것에 더하여 오순절 성령강림이라는 큰 사건이 일어났습니다. 성령의 능력으로 충만해진 사람들은 직접 기적을 행하기 시작했습니다.

사도행전 앞부분을 읽어 보십시오. 스데반이 체포되기 전에도 사도들은 한번 이상 감옥에 갇힌 적이 있었습니다. 그들이 곤경에 빠진 이유가 무엇이었습니까? 어느 날 오후 기도 시간에 성전에 올라가던 베드로와 요한은 미문 밖 길바닥에 앉아 있는 불쌍한 사람을 만났습니다. 그는 평생 한번도 걸어 본 적 없는 사람이었습니다. 그렇게 40년이 넘도록 살았지만 아무도 그를 도와주지 못했습니다. 그는 다른 많은 사람들에게 그렇게 했듯이 베드로와 요한에게도 적선을 기대했습니다. 그러나 누가는 이렇게 쓰고 있습니다. "베드로가 요한과 더불어 주목하여 이르되 우리를 보라 하니." 그는 두 사람을 보았습니다.

"베드로가 이르되 은과 금은 내게 없거니와 내게 있는 이것을 네게 주노니 나사렛 예수 그리스도의 이름으로 일어나 걸으라 하고"^{행 3:4, 6}. 그 즉시 그는 자리에서 일어나 "걷기도 하고 뛰기도 하며 하나님을 찬송"했습니다^{8절}. 이런 능력이 없었다면 교회는 생겨나지 못했을 것입니다. 기독교도 생겨나지 못했을 것입니다. 이것이 메시지의 핵심입니다. "천사가……보이거늘", "떨기나무에 불이 붙었으나 그 떨기나무가 사라지지 아니하는지라." 기적! 초자연성!

우리에게 주어진 구원의 방법도 마찬가지입니다. 기독교가 제공하는 것이 무엇입니까? 더 나은 삶을 위한 권면입니까? "술을 끊으라. 간음하지 말라. 이런저런 일을 하지 말라. 열심히 마음을 추스르라. 좋은 책을 읽으라. 도덕수준을 높이라. 점점 더 나은 사람이 되도록 노력하라"라는 설교입니까? 천만의 말씀입니다! 그런 것은 메시지가 아닙니다. 우리는 그 권면을 따를 능력이 없습니다.

그렇다면 복음 메시지는 무엇입니까? 자, 앞에서 보았듯이 주님은 니고데모에게 "거듭나야 하겠다"라고 분명히 말씀하셨습니다. 이것이 메시지입니다. 이 일은 기적과 관련되어 있습니다. 우리는 개선될 수 없는 사람들입니다. 우리에게는 거듭남과 중생, 새 본성과 새 창조라는 기적이 필요합니다. 태초에 만물을 창조하신 하나님은 우리를 새롭게 창조하여 새사람으로 만들고자 하십니다. 여기에 우리의 소망, 유일한 소망이 있습니다. 복음이 선포하는 것은 도덕적 개선이 아니라 중생과 성령 안에 있는 생명입니다. 복음은 새롭게 출발할 수 있게 해주며 새롭게 시작할 수 있게 해줍니다. 새로운 능력, "구원을 주시는 하나님[그분 자신]의 능력"을 줍니다. 세상에서 남은 생을 살아갈 수 있는 힘을 주며, 마지막 순간에도 동일하게 죽음을 정복하고 영광스럽게 부활할 것과 하나님 앞에서 영원히 살게 될 것을 약속합니다.

복음은 교육체계나 도덕체계, 윤리체계가 아닙니다. 정치체계도 아닙니다. 복음은 전능하신 하나님의 재창조 사역, 바로 그것입니다. 복음은 기적입니다. 초자연적인 것입니다. 처음부터 끝까지 하나님이 행하시는 것입니다. 이것이 기독교 복음의 구원 메시지입니다.

그렇다면 그다음으로 던져야 할 긴요한 질문은 이것입니다. 우리는 이 메시지에 어떤 태도와 반응을 보이고 있습니까? 산헤드린은 하나님의 아들과 그가 전하신 말씀을 거절했습니다. 지금 우리는 그들이 스데반을 비롯한 집사들을 거절하는 모습을 보고 있습니다. 오늘날 세상도 이 지점에서 아주 잘못된 길을 가고 있으며, 슬프지만 교회도 이 지점에서 잘못된 길로 가는 한없이 부끄러운 짓을 하고 있습니다. 이런 신학자들과 선생들은 복음을 희석해서 교회 밖에 있는 사람들에게 호소해 보겠다는 생각을 가지고 있습니다. 기적과 초자연적인 요소를 제거함으로써, 신적인 요소를 제거함으로써 사람들을 얻겠다고 생각한다면, 그들은 심각하게 착각하고 있는 것입니다. 복음의 핵심을 부인하는 것은 사실상 사람들을 교회에서 쫓아내는 짓이기 때문입니다.

이 메시지에 잘못 반응하는 태도는 어떤 것일까요? 불행히도 모세 또한 처음에는 잘못 반응했습니다. 모세도 신이 아닌 인간이었기에, 우리와 똑같은 인간이었기에 불타는 가시나무 떨기를 보았을 때 "내가 돌이켜 가서 이 큰 광경을 보리라. 떨기나무가 어찌하여 타지 아니하는고"라고 말했던 것입니다출 3:3. 아시겠지만 이것은 과학적인 현대인의 전형적인 반응입니다! 신기한 현상이 나타납니다! 아, 그렇다면 먼저 조사를 해봐야 합니다. 이 현상의 정체는 대체 무엇일까요? 나는 나의 모든 재능을 동원해서 그것을 알아보려 합니다. 모세도 호기심에 끌려 그 현상을 파악해 보려는 욕망을 느꼈고, 설명해 보고 싶은 마음을 느꼈습니다. 니고데모도 똑같았습니다. 주님이 "거듭나야 하겠다"라고 하셨을 때 그는 "사람이 늙으면 어떻게 날 수 있사옵나이까?"라고 물었습니다. 그는 스스로 이해해 보려 했습니다. 자신의 비판력을 동원했습니다. "어찌 이런 일이 있을 수 있나이까?"

모세가 불타는 가시나무 떨기를 보았을 때 인간의 능력과 지각에 대한 자신감을 가지고 '내가 원하는 하나님'을 내세우는 인간적인 태도로 나아갔던 것처럼, 니고데모도 인간의 전형적인 자신감을 가지고 나아갔습니다. 자기가 직접 하나님을 조사해 보겠다는 것입니다. 검토에 착수하겠다는 것입니다. "난 이런 걸 원치 않는다. 저런 것도 원치 않는다. 난 유아기적 환상은 원치 않는다. 내가 원하는 하나님은 이러이러한 하나님이다. 내 지시와 요구에 맞지 않는 하나님은 받아들이지 않겠다"라는 것입니다. 이것이 현대인의 전형적인 태도입니다. 인간이 모든 문제의 최종 판결자이며 권위자입니다. 심지어 하나님에 대해서까지 판결의 권리를 주장합니다!

오, 친애하는 여러분, 모세가 배워야만 했던 교훈을 여러분도 배워야 합니다. 그는 자신의 생각이 얼마나 잘못된 것인지 알게 되었습니다. 그가 막 나아가서 조사해 보려고 할 때, 가시나무 떨기에서 갑자기 한 음성이 들려왔습니다. "모세야! 모세야! 뒤로 물러서거라!" 무슨 말입니까? 그의 태도가 전적으로 잘못되었다는 것입니다. 그는 그 사실을 알았어야 했습니다. "모세가 그 광경을 보고 놀랍게 여겨." 그것은 경이로운 광경이었습니다. 이 구절은 "모세가 이 광경을 보고 경이롭게 여겨"라고도 번역될 수 있습니다. 경이로운 광경을 보면 당연히 겸손한 마음이 들어야 하지 않습니까? 평범치 않은 것을 보면 자신 있게 돌진하는 대신 놀라서 물러서게 되는 법입니다. 모세도 그랬어야 했습니다. 그렇게 비상한 상황에 부닥쳤으면 마땅히 움찔했어야 합니다.

우리가 이런 태도를 가져야 하는 이유들을 살펴보면 이 점을 좀더 명확히 이해하게 될 것입니다. 지금 우리가 관심을 기울이고 있는 주제가 무엇입니까? 영원하시며 영존하시는 하나님의 본성입니다. 하나님은 **스스로 계신** 분입니다. 여러분의 머리로 하나님을 생각해 낼 수가 있습니까? "본래 하나님을 본 사람이 없으되"요 1:18. 여러분이 하나님을 헤아릴 수가 있습니까? 그 절대적인 특질들에 대해 생각할 수가 있습니까? 전지하심과 전능하심과 편재하심에 대해 생각할 수가 있습니까? 당연히 못합니다. 그 앞에서 우리의 정신은 잔뜩 움츠러듭니다. "크도다. 경건의 비밀이여"딤전 3:16. 그런데도 현대인들은 어리석게 하나님을 조사하겠다고 다가서는 것입니다. 자신들의 짧은 잣대를 들이대는 것입니다! 무한하고 절대적이며 영원하신 하나님과 대면하여 감히 그를 이해하려 드는 것입니다. 얼마나 어리석은 자들입니까! '하나님'이라는 말 자체가 그 일이 얼마나 불가능한지 보여주고 있습니다. 내가 헤아리고 이해할 수 있는 존재라면 그는 하나님이 아니라 내 정신의 크기보다 작은 존재일 것입니다. 이것이 첫번째 주된 이유입니다.

이제 두번째 이유를 살펴봅시다. 두번째 이유는 인간 그 자체에서, 인간의 전적인 무능함에서 찾아볼 수 있습니다. 인간은 유한한 존재입니다. 아주 유한하고 아주 왜소한 존재입니다. 여러분은 "하지만 20세기에 우리가 배우고 발견한 것들을 전부 보라!"라고 말할 것입니다. 그러나 여러분이 여전히 모르고 있는 것들을 생각해 보십시오. 특별히 자기 자신에 대해, 살아가는 법에 대해 얼마나 심각하게 무지한지 생각해 보십시오. 사람을 우주에 보낸 것을 자랑하고 수억만 마일 떨어진 장소나 수억만 년의 시간에 대해 떠든다 해도, 그에 비해 자신이 얼마나 왜소하고 무의미한 존재이며 인간의 조건이 얼마나 유한한 것인지 깨닫지 못한다면 그 모든 자랑이 다 무슨 소용이 있겠습니까? 우리는 우리의 교만한 자랑이나 허풍과 얼마나 모순되는 자리에 있는지 모릅니다.

이처럼 우리는 유한할 뿐 아니라 죄로 가득 차 있는 존재입니다. 우리는 똑바로 사고할 수가 없습니다. 최선을 다해 노력해도 안 되는 무언가가 있습니다. 우리는 치우쳐 있고 명료하지 않으며, 우리의 정신은 열려 있지 않고 자유롭지 않습니다. 자유로운 사고라는 것은 애초에 존재하지 않습니다. 우리의 모든 사고는 편견과 선입견으로 가려져 있습니다. 우리는 죄로 가득 차 있으며 더 나아가 왜곡되어 있습니다. 우리는 거짓말쟁이로서 사실을 이리저리 비틀고 왜곡하며 어떻게 해서든지 진실을 얼버무리려 듭니다. "우리는 건강한 데가 없다." 그런데도, 그럼에도 불구하고 우리는 모세처럼 조사하려 듭니다. 그만큼 어리석기 때문에 항상 거부하고 거부당하면서 계속 불행과 실패와 수치 속에 살아가는 것입니다. 하나님의 초자연적인 개입에 이런 식으로 반응하는 것은 잘못된 일입니다.

그렇다면 제대로 반응하는 길은 무엇일까요? 감사하게도 오늘 본문이 그 답을 아주 분명하게 알려 주고 있습니다. 그러나 먼저 주목할 점이 있습니다. 인간은 문제에 접근하는 법과 말씀을 듣는 법조차 따로 배워야 할 정도로 심각한 상태에 빠져 있습니다. 그런 것도 모르는 수준이니 기적적이고 초자연적이고 신적인 일을 어떻게 이해하겠습니까? 우리는 정말 소망 없는 사람들로서, 말씀을 들을 때 어떻게 행동하고 처신해야 하는지까지 따로 교육을 받아야 합니다. 우리는 우리의 지식에 자부심을 가지고 있습니다. 스스로 만물을 측정할 능력이 있는 과학적인 탐구자들이라고 생각하고 있습니다. 그래서 이를테면 하나님을 실험대 위에 올려놓습니다. 위대한 조사, 위대한 분석을 할 채비를 합니다. '내가 원하는 하나님'을 찾으려 하는 것입니다! 그렇게 막 조사를 시작하려 할 때, 우리를 소리쳐 부르시며 "멈추어라!"라고 명령하시는 소리가 들립니다. "사람아, 지금 네가 무슨 짓을 하고 있는지 아느냐"라고 묻는 소리가 들립니다. "모세야, 모세야"출 3:4. 모세는 저지당했습니다. 가만히 있으라는 명령을 받았습니다. 이 위대한 말씀은 신약성경에도 나오고 있습니다. 하늘에서 나사렛 예수의 주장을 확증하는 소리가 세 번 들렸습니다. 그 소리는 이렇게 말했습니다. "이는 내 사랑하는 아들이니 너희는 그의 말을 들으라." 들으라! 하나님은 저에게 이렇게 명령하고 계십니다. 지금 우리 각 사람에게 이렇게 명령하고 계십니다.

하나님이 하시는 말씀이 무엇입니까? "너의 태도는 전부, 완전히 잘못되었다. 멈추어라! 물러서거라! 네가 누구기에 감히 내게 다가와 검토하고 조사하고 분석하려 드는 것이냐? 물러서거라!"라는 것입니다. "네가 거듭나야 하겠다." 모세는 그것이 권위 있는 소리, 하나님의 소리라는 것을 알고 그 말을 따랐습니다.

경탄에는 두 종류가 있습니다. 잘못된 경탄과 바른 경탄이 있는 것입니다. 호기심을 가지고 조사하게 만드는 경탄은 잘못된 것입니다. 주님이 "놀랍게 여기지 말라"라고 하셨을 때 가리키신 것이 바로 이것입니다요 5:28. 그러나 참된 경탄, 모세가 이제 막 경험하고 있는 경탄이 있습니다. 그는 소리를 들었습니다. 성경은 이렇게 기록하고 있습니다. "모세가 무서워 감히 바라보지 못하더라." 그는 손으로 얼굴을 가렸습니다. 감히 하나님을 쳐다보지 못했습니다. 이것이 제대로 된 반응입니다. 자신이 영원하시며 영존하시는 하나님 앞에 있음을 깨달아야 하는 것입니다. 모세는 무서워했습니다! 무섭고 두려운 마음과 경외감으로 가득 찼습니다. 겸손해졌습니다. "네 발의 신을 벗으라. 네가 서 있는 곳은 거룩한 땅이니라." 하나님께 나아갈 때에는 자부심이 무너져야 하고 영혼이 무너져야 합니다. "경건함과 두려움"이 있어야 합니다히 12:28. 왜 그렇습니까? 하나님의 하나님되심 때문입니다. 그는 영광의 하나님입니다. 거룩하신 하나님입니다. 능력의 하나님입니다.

여러분, 여러분이 하나님의 손안에 있음을 모르겠습니까? 여러분이 조사하려 드는 하나님은 여러분에게 생명을 주어 존재하게 하신 하나님일 뿐 아니라 원한다면 순식간에 여러분을 멸하실 수도 있는 하나님입니다. 여러분의 호흡은 그의 손안에 있습니다. 그에 대해 여러분이 할 수 있는 일은 아무것도 없습니다. 번개와 우레와 노한 바다를 통제할 수 없는 것처럼 하나님도 통제할 수가 없습니다. 만유 위에 계신 하나님 앞에 여러분은 아무것도 아닙니다. "네 발의 신을 벗으라." 그런데 감히 하나님을 판단하겠다는 것입니까? 여러분은 '내가 원하는 하나님'에 대해 이야기합니다. "전능한 신이라는 유아기적 환상의 요소를 가진 하나님, 어떤 식으로든 그런 환상이 섞여 있는 하나님은 믿지 않겠다"라고 말합니다. 그렇지 않습니까? 여러분이 그런 말을 하든 하지 않든 간에 여러분의 기한은 그의 손안에 있으며, 모든 사람은 죽은 후에 그 앞에 서야 합니다. 더 검토하고 조사하며 자기가 원하는 하나님에 대한 **요구사항**과 선결조건들을 내세우기 전에, 권하건대 자기 자신이 어떤 존재인지부터 깨닫기 바랍니다. 여러분은 아무것도 아니라는 것, 죽어가고 있고 소멸되고 있는 벌레라는 것, 장차 전능하신 하나님 앞에 서야 하는 존재라는 것을 깨닫기 바랍니다.

결국 중요한 것은 여러분의 견해가 아니라 여러분의 전반적인 태도입니다. 여러분의 책 제목이 여러분을 정죄하고 있습니다. 하나님 앞에 내세우는 자기의, 자기신뢰, 자기확신이 여러분을 정죄하고 있습니다. "가까이 오지 말라! 네 발의 신을 벗으라. 네가 서 있는 곳은 거룩한 땅이니라."

모세의 본보기를 따르고 좇으십시오. 그는 들을 준비를 했습니다. 감히 쳐다보기를 두려워했습니다. 그는 하나님의 임재를 느꼈습니다. 바로 이것이 사람을 그리스도인 되게 하는 것입니다. 어떤 모양, 어떤 형태로든 이런 경험 없이 그리스도인이 되는 사람은 아무도 없습니다. 모세의 경우처럼 늘 극적인 것은 아니지만, 전능하신 하나님 앞에서 자신의 왜소함과 하찮음과 악함과 소망 없음을 알고 떠는 경험 없이 그리스도인이 될 수 있는 사람은 아무도 없습니다.

자, 여기 모세가 있습니다. 이 자리에서 모세가 무엇을 할 수 있겠습니까? 자, 그는 단지 들을 준비만을 했습니다. 그는 자신이 아무것도 할 수 없음을 알았습니다. 이것이 메시지입니다. 그는 들을 준비를 했습니다. 이해가 되는지 안 되는지를 떠나서 더 이상 질문을 던지지 않았습니다. 하나님과 직접 대면했기 때문입니다. 하나님의 임재를 인식하는 순간 여러분도 모세처럼 하게 됩니다. 손으로 얼굴을 가린 채 감히 쳐다볼 생각을 하지 못하게 됩니다. 하나님이 잔인한 분이어서가 아닙니다. 오히려 자비로운 분이기 때문에, 순결한 분이기 때문에, 거룩한 분이기 때문에 자기의 악함이 느껴지는 것입니다.

욥의 이야기를 기억하십니까? 불쌍한 욥! 그는 선하고 경건하고 의로운 사람이었는데도 고통을 겪다가 기진해 버렸습니다. 그는 불평하고 원망하며 하나님을 비난했고, 해서는 안 될 말들을-물론 딱한 친구들보다야 훨씬 나았지만-많이 했습니다. 그런데 하나님이 홀연히 나타나시자, 불쌍한 욥은 그 앞에서 "손으로 내 입을 가릴 뿐이로소이다"라고 고백했습니다^{욥 40:4}. 자기 입으로 경솔한 말을 뱉었다고 고백한 것입니다. "내가 주께 대하여 귀로 듣기만 하였사오나 이제는 눈으로 주를 뵈옵나이다"^{욥 42:5}. 그래서 그는 손으로 입을 가렸습니다.

이처럼 입을 다물게 되기 전까지는, 심한 부끄러움을 느끼게 되기 전까지는, 성전에 기도하러 간 바리새인과 세리의 비유에서 주님이 말씀하신 세리처럼 되기 전까지는, 아무 소망이 없습니다. 자부심 넘치는 바리새인은 자신 있게 앞으로 나서면서 "감사하나이다"라고 말했습니다. 스스로 하나님과 동등한 입장에서 말할 수 있을 정도로 선한 사람이라고 생각했습니다. 그럼에도 축복을 받지 못하고 돌아갔습니다. 아주 당연하게도 저주를 받고 돌아갔습니다.

그러면 축복을 받은 사람은 누구였습니까? 자기의 죄와 수치를 절감하고 가슴을 치던 불쌍한 세리였습니다. 그는 감히 고개도 들지 못한 채 그저 괴로워하며 "하나님이여, 불쌍히 여기소서. 나는 죄인이로소이다"라고 부르짖었습니다^{눅 18:13}. 그는 조사하지 않았습니다. 오히려 자신이 조사받고 선고를 기다려야 하는 존재임을 알았습니다. 그는 변명할 말도, 호소할 말도 없었습니다. 그는 자신이 아무것도 모른다는 것을 알았기에 그저 입을 다물었습니다.

이것이 회개입니다. 자기 죄와 수치를 인정하는 태도이며, 하나님께 아무것도 받을 자격이 없음을 인정하는 태도입니다. 있는 모습 그대로 하나님께 자신을 내맡긴 채 귀를 기울이는 태도입니다. 이렇게 하는 순간, 하나님은 시내 광야 불타는 가시나무 떨기에서 천사를 통해 모세에게 들려주신 말씀을 여러분에게도 들려주실 것입니다. 구원의 메시지를 전해 주실 것입니다. 영원한 사랑으로 여러분을 사랑하신다고, 여러분을 몹시 사랑해서 독생자를 세상에 보내 죽게 하셨다고, 그러므로 여러분은 멸망하지 않고 영생을 얻을 것이라고 말씀해 주실 것입니다.

03

하나님이 내려오셨다

사십 년이 차매 천사가 시내산 광야 가시나무 떨기 불꽃 가운데서 그에게 보이거늘 모세가 그 광경을 보고 놀랍게 여겨 알아보려고 가까이 가니 주의 소리가 있어 나는 네 조상의 하나님 즉 아브라함과 이삭과 야곱의 하나님 이라 하신대 모세가 무서워 감히 바라보지 못하더라. 주께서 이르시되 네 발의 신을 벗으라. 네가 서 있는 곳은 거룩한 땅이니라. 내 백성이 애굽에서 괴로움 받음을 내가 확실히 보고 그 탄식하는 소리를 듣고 그들을 구원하려고 내려왔노니 이제 내가 너를 애굽으로 보내리라 하시니라. 그들의 말이 누가 너를 관리와 재판장으로 세웠느냐 하며 거절하던 그 모세를 하나님은 가시나무 떨기 가운데서 보이던 천사의 손으로 관리와 속량하는 자로서 보내셨으니.

사도행전 7:30-35

스데반이 모세의 이야기를 가지고 산헤드린 앞에서 연설했던 것처럼, 저도 지금 같은 일을 하고자 애쓰고 있습니다. 스데반이 살았던 1세기나 지금이나 세상은 여전히 똑같기 때문입니다. 세상은 여전히 자기의 구주를 거부하고 있습니다. 종려주일 저녁에 모인 우리는 사람들이 '수난주간'과 '성금요일'이라고 부르는 기간을 앞에 두고 있습니다. 이 말들에 담긴 의미가 무엇입니까? 이날들이 표상하는 바가 무엇입니까? 이 나라의 평범한 사람들에게 의미하는 바가 무엇입니까? 더 즐길 수 있는, 이른바 더 만끽할 수 있는 공휴일이라는 것 외에 다른 의미가 있습니까? 이 말들이 나타내는 바는 무엇이며 그 의의는 무엇입니까? 우리는 그 답을 잘 알고 있습니다. 이 말들은 대부분의 사람들에게 아무 의미도 갖지 못한다는 것을 말입니다.

그러나 이날들은 수세기에 걸쳐 기념되어 왔습니다. 이날들은 우리가 지금 관심을 가지고 있는 바로 이 신약성경에서 유래된 것으로서, 과거에 일어났던 사건들을 우리에게 상기시켜 주고 있습니다. 이날들은 사람이 상상해서 만들어 낸 것이 아니라, 역사적인 사건의 증거이자 기념일로 생겨난 것입니다. 역사에 근거한 확실한 것입니다. 우리 마음에 들든 들지 않든 이것이 사실입니다.

종려주일은 나사렛 예수께서 나귀를 타고 예루살렘에 입성하신 일을 상기시키는 날입니다. 백성들이 종려나무 가지를 꺾어 길에 깔고 옷을 벗어 깔며 환호하면서 "호산나 다윗의 자손이여"라고 외친 일을 상기시키는 날입니다. 그러나 우리는 바로 그 백성들이 대제사장과 바리새인과 서기관 등의 선동을 받아 불과 며칠 안에 위험한 군중으로 돌변해서 "없이하소서. 그를 십자가에 못박게 하소서"라고 똑같이 큰 소리로 외친 일도 기억하고 있습니다.

이것은 전부 실제로 일어난 일들입니다. 저는 "왜 올해를 1967년이라고 부를까요?"라는 질문을 던지면서, 바로 종려주일에 나귀를 타고 예루살렘에 입성하신 바로 이분 때문임을 종종 지적하곤 합니다. 우리는 지금 역사적인 사건들과 그 의의를 살피고 있습니다. 그러나 거듭 말하건대 이런 일들이 대다수 사람들에게는 아무 의미도 갖지 못한다는 것, 그야말로 아무 의미도 갖지 못한다는 것이야말로 인류의 주된 비극이 아닐 수 없습니다. 인류의 전적인 문제는 가장 중요한 주제들에 대해 무지하다는 것입니다. 다른 일들에는 엄청난 시간과 관심을 쏟으면서 정작 가장 큰 일, 가장 영광스러운 일은 알지도 못할 뿐 아니라 관심도 없고 이해하지도 못하며 그 의의도 깨닫지 못합니다.

어느 시대에나 그러했습니다. 복음서 서두에 나오는 예수의 탄생 기사를 다시 읽어 보십시오. 이 점을 집약적으로 완벽하게 보여주는 실례가 나오고 있습니다. 성경은 요셉과 그의 정혼녀 마리아가 베들레헴에 도착했다고 말합니다. 그들이 베들레헴을 찾아간 것은 로마치하의 모든 지역 백성들에게 세금을 부과하라는 황제의 칙령 때문이었습니다. 그래서 모든 사람이 원래 고향으로 돌아가 호적 신고를 해야 했습니다. 로마인들은 대단한 계획가들이었습니다. 지방행정에 관한 한 우리가 가르칠 것이 하나도 없을 정도입니다. 오늘날 우리가 열심히 매달리고 있는 분야에 그들은 이미 통달해 있었습니다. 그리하여 그 당시 사람들은 모두 고향을 찾아 떠났고, 요셉과 마리아도 베들레헴이라는 작은 마을을 찾아가야 했습니다. 그러나 아시다시피 베들레헴에 도착한 그들은 숙소를 구할 수가 없었습니다. "여관에 있을 곳이 없음이러라"눅 2:7. 그래서 마구간에서 밤을 보내야 했습니다.

이것은 완벽한 그림입니다. 여관에서 온통 세금 이야기를 하느라 여념이 없는 사람들이 눈에 선하지 않습니까? 그들은 이 조치를 반기지 않았으며, 부당하다고 느끼고 있었습니다. 이런 정치적인 불만이 대화의 주제를 이루었고 큰 흥분을 불러일으켰습니다. 마구간에서 일어난 일을 언급하는 사람은 아무도 없었습니다. 우주 역사상 가장 중대하고 엄청난 사건이 벌어졌는데도 그것을 아는 사람이 아무도 없었습니다. 가난한 여자가 막 아이를 낳으려 한다는 소식은 그들도 들었을 것입니다. 그러나 자신들은 이미 몇 달 전부터 방을 잡아 두었기 때문에 양보할 이유가 없었습니다. 절대 없었습니다! 그들에게는 자기 숙소를 고수할 완벽한 권리가 있었습니다. 그들은 그 여자가 자기 힘으로 문제를 해결해야 한다고 생각했습니다. 진작 방을 잡아 두었어야 한다고 생각했습니다. 이처럼 그들은 그 당시 자기들 옆에서 무슨 일이 벌어지고 있는지 알지 못했고, 그에 대한 이야기도 하지 않았습니다.

세상은 지금도 여전히 그 이야기를 하지 않습니다. 여러분은 요즘 사람들의 화젯거리가 무엇인지 알 것입니다. 사람들은 런던경제대학의 딱한 학생들[1]과 그 밖의 다른 문제들에 대해 이야기하고 있습니다. 이렇게 사회에 부각된 문제들에 대해서는 저마다 말을 하고 글을 읽고 의견을 표명하면서도, 이 위대한 사건들은 이해도 하지 못하고 언급도 하지 않으며 그 의의도 깨닫지 못하는 것입니다.

여기에서 즉시 떠오르는 질문은 이것입니다. 왜 그럴까요? 무엇보다 중요한 이 사건들을 사람들이 망각하고 무시하며 이해하지 못하는 이유가 무엇일까요? 우리는 여기에서 인간이 안고 있는 문제의 핵심, 저와 여러분의 세상이 안고 있는 문제의 핵심에 도달하게 됩니다. 학생들은 왜 그렇게 끊임없이 시위를 하는 것일까요? 또 다른 딱한 젊은이들은 왜 마약에 빠져드는 것일까요? 우리는 왜 이렇게 가공할 무기들을 비축하는 것일까요? 국제사회에는 왜 계속 위기가 조성되는 것일까요? 세상에는 왜 이 모든 고통과 괴로움과 고난이 발생하는 것일까요? 대체 무엇이 문제입니까? 우리에게는 아예 소망이 없는 것입니까? 대처할 방법이 하나도 없는 것입니까?

자, 제 앞에 있는 성경에 이 모든 문제의 진정한 답, 유일한 답이 나와 있습니다. 인간의 진정한 문제점은 자신들의 상황을 제대로 모

---

1 교직원 임명에 반발하여 시위를 했던 학생들이 정학을 당하자 이에 항의하는 연좌농성과 시위가 잇따랐다.

른다는 것입니다. 사람들은 자신들의 가장 깊은 문제, 가장 깊은 필요를 모르고 있습니다. 정말로 어려운 중심 문제는 직시하지 않은 채 단편적인 징후와 증상들만 어설프게 만지작거리며 문제의 표면에서 세월을 허송하고 있습니다. 이것이 어려운 점입니다. 사람들이 문자 그대로 인류의 역사에 일어난 이 영광스럽고 놀랍고 중대한 사건과 사실들에 관심을 갖지 않는 것은 이처럼 자신들의 문제가 얼마나 깊은 것인지, 자신들이 얼마나 절망적인 처지에 놓여 있는지 모르는 탓입니다. 인류는 한번도 자신들의 필요를 본 적이 없습니다! 이 두 가지 현상은 늘 함께 나타나게 되어 있습니다. 자신이 얼마나 절망적인 병에 걸렸는지 알아야 전문가를 찾는 법입니다. 무언가 결정적으로 잘못된 데가 있다는 것을 깨닫기 전까지는 그저 증상을 완화시키는 데만 만족하게 마련입니다. 문제의 심각성을 깨달은 후에야 깜짝 놀라면서 "최고의 치료를 받아야겠다"라고 말하는 것입니다. 인류도 똑같습니다. 자신들의 문제와 필요를 이해하지 못하기 때문에 하나님이 그 무한한 은혜로 우리와 우리의 구원을 위해 행하신 일들을 인식하지 못하는 것입니다.

이것이 제가 여러분과 함께 고찰하고자 하는 주제로서, 이번에도 모세의 이야기를 통해 이 주제를 살펴보고자 합니다. 스데반은 모세의 이야기를 하는 것이 산헤드린 공회원들에게 이 주제를 제시하는 데 가장 좋은 방법임을 알았습니다. 저도 이보다 나은 방법을 생각해낼 수가 없습니다. 사람들, 무관심한 사람들, 지도자들은 지금도 여전히 그리스도를 거부하고 있습니다. 다시 일깨우는 바, 산헤드린은 나라에서 가장 중요한 인물들로 구성된 곳이었습니다. 종교 지도자와 정치 지도자들이 함께 섞여 있는 곳이었습니다. 그들은 메시아를 거부했고, 오늘날에도 사람들은 그들처럼 그리스도를 거부하고 있습니다. 그러니 그들이 한 짓이 정확히 무엇인지, 또 그 이유가 무엇인지 살펴보도록 합시다.

스데반은 모세의 사례를 다룸으로써 자기 백성을 구원하기 위한 하나님의 큰 계획과 목적을 보여주었습니다. 우리가 지금까지 고찰해 온 본문에는 이를테면 모세의 생애 전체에서 절정을 이루고 있는 특별한 전환점, 하나님의 메시지가 분명하게 주어지고 위임된 시점이 나오고 있습니다. 모세가 애굽 궁전에서 온갖 허례허식을 누리며 공주의 아들로 살고 있었을 때, 천재적인 군인이요 지혜로운 인물로 인정받으면서 세상을 호령하고 있었을 때, 하나님이 어떻게 그에게 말씀하셨는지는 이미 살펴보았습니다. 하나님이 그에게 말을 거셨고, 그의 백성이 누구인지 일깨워 주셨으며, 하나님의 명령에 따를 뿐 아니라 그 백성을 구원하기 위해 번쩍이는 모든 자랑거리들을 버릴 준비를 시키셨습니다.

그러나 모세는 백성에게 거절당했고, 목숨을 부지하기 위해 미디안 땅으로 도망쳐야 했습니다. 성경은 모세가 거기에서 40년간 천한 목자 일을 하며 살았다고 말합니다. 그러던 어느 날 오후, 아마도 별일을 기대하지 않았을 지루하고 단조로운 오후에 그는 자기가 치던 양떼를 몰고 산 뒤편으로 가게 되었습니다. 오, 지겨운 일상이여! 그런데 거기에서 그는 기이한 현상을 보았습니다. 가시나무 떨기에 불이 붙어 있는데도 타지 않는 광경을 본 것입니다. 그는 어찌 된 일인지 조사해 보려고 가까이 다가갔다가 한 음성, 가시나무 떨기 속에서 나오는 천사의 음성을 들었습니다.

우리는 이 불타는 가시나무 떨기를 고찰하면서, 해방과 구원은 하나님의 행동이자 기적적이고 초자연적이고 신적인 일이라는 것이야말로 성경 메시지의 핵심임을 알게 되었습니다. 이제 모세에게 주어진 메시지를 정면으로 다룰 차례입니다. "나는 네 조상의 하나님 즉 아브라함과 이삭과 야곱의 하나님이라." 그러고 나서 하나님이 하신 말씀이 무엇입니까? "내 백성이 애굽에서 괴로움 받음을 내가 확실히 보고 그 탄식하는 소리를 듣고 그들을 구원하려고 내려왔노니 이제 내가 너를 애굽으로 보내리라."

여기에 메시지가 있습니다. 모세는 하나님이 독생자 예수 그리스도의 위격 안에서 행하신 최고의 일을 예표하고 있습니다. 저는 바로 이 메시지를 제시하고 전하는 특권을 가지고 있습니다. 이제 이 말씀을 살펴봅시다. 여기에서 발견하게 되는 것이 무엇입니까? 무엇보다 우선적으로 발견하게 되는 것은 하나님이 세상을 잊거나 버리지 않으셨다는 사실입니다. 그 사실을 믿지 않았다면 저는 이 강단에 서지 않았을 것이며, 여러분에게 전할 메시지도 없었을 것이고, 비관론자 중에서도 극심한 비관론자가 되었을 것입니다. 그러나 제게는 '하나님이 세상을 버리지 않았다고 친히 선포하셨다'는 메시지가 있습니다.

하나님은 자신에 대해 이렇게 묘사하고 계십니다. "나는 네 조상의 하나님 즉 아브라함과 이삭과 야곱의 하나님이라." 역사를 익히 알고 있었던 모세는 이 말씀의 의미를 정확히 이해했습니다. 그것은 하나님이 언약의 하나님이며 약속의 하나님이라는 뜻이었습니다. 이것은 성경 전체의 메시지이기도 합니다. 지금 세상은 곤경에 빠져 있습니다. 그 모든 원인이 무엇입니까? 세상은 언제나 이런 상태에 있지 않았습니까? 세상이 진화의 과정을 거치면서 점차 고통에서 벗어나 완벽해지고 있습니까? 아니, 그렇지 않습니다. 오히려 정반대입니다. 하나님은 세상을 완벽하게 만드셨습니다. 그런데 인간이 죄를 짓고 반역함으로써 무질서와 혼란이 들어왔고 불행이 시작되었습니다. 하나님이 그 상태 그대로 내버려두셨다면 지금 우리는 이렇게 존재하지 못할 것이고 세상도 오래전에 곪아서 사라져 잊혀 버렸을 것입니다. 지금 우리가 이렇게 존재하고 있는 이유는 단 한 가지입니다. 이 세상을 만드신 크신 하나님, 이 세상의 주인이신 하나님이 여전히 세상에 관심을 가지고 세상을 염려하시며 전 우주를 구속하기로 굳게 맹세하셨기 때문인 것입니다. 하나님은 약속하셨습니다. 에덴동산에서 처음 약속하셨고, 아브라함과 그 아들 이삭과 또 그 아들 야곱에게 특히 분명하게 약속하셨습니다. 그리고 여기에서 이 사람 모세에게 새롭게 약속하시며 그 약속을 상기시키고 계십니다.

하나님은 세상에 대해 계획과 목적을 가지고 계시는데, 정작 세상은 그것을 모르고 있습니다. 세상은 철학자나 정치가들의 말에 귀를 기울입니다. 한때는 정치가들을 우상으로 삼기도 했습니다. 자서전을 통해 그 실상을 간파하게 된 오늘날에는 오히려 경멸하고 있지만 말입니다. 오늘날의 우상은 철학자들입니다. 자, 철학자들도 자서전을 쓰고 있으니 그것을 읽고 나면 그들에 대한 평가도 약간은 낮아지리라 생각합니다. 그러면 이제 누구를 의지할 셈입니까? 바로 이것이 우리의 현실입니다. 소망이 전혀 없습니다. 그러나 하나님은 우주를 구속하고 구원할 목적과 계획을 가지고 계십니다. 그는 모세에게 말씀하셨습니다. "나는 이러이러한 하나님이다. 나는 약속을 잊지 않았다." 그는 불변하시는 하나님입니다. 아브라함과 이삭과 야곱 때와 동일하신 하나님, 영존하시며 영원하신 하나님입니다.

더 나아가 하나님은 자신을 여호와라고 부르시며, 그 이름으로 모세에게 자신을 계시하셨습니다. 그리고 전에는 그 이름으로 자신을 알리지 않았다고 말씀하셨습니다^{출 6:3 참조}. '여호와'는 '나는 나다'I am what I am라는 뜻입니다. 또한 '앞으로도 나는 나다'I shall be what I shall be라는 뜻이기도 합니다. 영원하신 하나님, 변하지 않으시며 변할 수 없는 하나님이 만유 위에 계시면서 약속을 지킬 것을 맹세하고 서약하셨다는 사실을 아는 것보다 더 큰 위로는 세상에 없습니다. 그는 이렇게 말씀하셨고, 저는 지금 그 메시지를 여러분에게 전하고 있습니다. 물론 지체하실 수는 있습니다. "사십 년이 차매!" 그는 40년간 모세를 목자로 살게 하셨습니다. 그러나 약속은 절대로 잊지 않으십니다. 여러분은 물을 것입니다. "하나님은 대체 뭘 하시는 거지? 벌써 잊어버리신 게 분명해. 약속도 다 좋지만 이미 40년이나 지났잖아. 그건 긴 세월이야. 하나님은 은혜 베푸시기를 잊으신 거야."

사람들은 자주 이렇게 말합니다. 성경은 아주 솔직한 책입니다. 여러분은 시편기자들이 때때로 고통 중에 하나님을 향해 "하나님이 그가 베푸실 은혜를 잊으셨는가"라는 식의 말을 하는 것을 보게 됩니다^{시 77:9}. 이것은 하나님께 얼마나 큰 모욕인지 모릅니다! 하나님은 자신의 허락 하에 많은 일들이 일어나도록 허용하시지만 결코 그 목적을 잊지는 않으십니다. 약속을 잊지는 않으십니다. 그 약속은 영원무궁히 확실한 것으로서, 그의 때가 되면 반드시 이루어집니다. 그리고 여기 놀라운 말씀이 나오고 있습니다. 그는 모세에게 말씀하셨습니다. "내 백성이 애굽에서 괴로움 받음을 내가 확실히 보고." 누구를 말하는 것입니까? 모세를 거절하고 그가 구원자로 찾아왔을 때 거칠게 반발했던 이스라엘 자손, 애굽에서 비참하게 살고 있는 이스라엘 자손을 말하는 것입니다. "내 백성이!"

이 또한 분명한 사실입니다. 이것이 사실이 아니라면 우리는 지금 이 말씀들을 고찰하고 있지 않을 것입니다. 하나님은 우리와 상관없이 우리를 구원하려는 목적을 가지고 계십니다. 그에게 반역했는데도, 그 거룩한 얼굴에 침을 뱉으려 했는데도, 교만하게 그에 대한 견해들을 표명하며 하나님은 이래야 하느니 저래서는 안 되느니 떠들었는데도, 지옥에 떨어져 영원한 고통과 멸망을 당하는 것이 지극히 마땅한데도, 그 모든 것에도 불구하고 "내 백성"이라고 불러 주십니다! "하나님이 세상—있는 모습 그대로의 세상, 그의 백성들이 살고 있는 세상—을 이처럼 사랑하사 독생자를 주셨으니 이는 그를 믿는 자마다 멸망하지 않고 영생을 얻게 하려 하심이라"요 3:16.

사도 바울이라는 위대한 사람을 그 존재 깊은 곳에서부터 떨게 만든 진리가 바로 이것이었습니다. "곧 우리가 원수되었을 때에 그의 아들의 죽으심으로 말미암아 하나님과 화목하게 되었은즉"롬 5:10. 바울은 그리스도를 미워했고 "이 예수"를 신성모독자로 비난했습니다. 그러나 은밀히 모이고 있던 그리스도인들의 작은 모임을 뿌리 뽑기 위해 "위협과 살기가 등등하여" 예루살렘에서 다메섹으로 내려가던 길에 홀연히 그를 만났습니다행 9:1. 바울은 충격을 받았습니다. 주님은 그에게 물으셨습니다. "사울아, 사울아, 네가 어찌하여 나를 박해하느냐." 바울은 몇 년 후 갈라디아교회에 편지를 쓰면서 "나를 사랑하사 나를 위하여 자기 자신을 버리신 하나님의 아들"이라는 표현을 사용합니다갈 2:20. 또 디모데에게는 자신이 변화되었는데 어떻게 그렇게 변했는지 이해할 수가 없다고 말하기도 합니다. "내가 전에는 비방자요 박해자요 폭행자였으나 도리어 긍휼을 입은 것은"딤전 1:13. 즉, "그가 나를 자비롭게 보아 주셨다. 나의 모습과 상관없이 나를 구원해 주셨다"라고 말한 것입니다.

하나님이 세상을 버리지 않으셨다는 이것이야말로 첫번째로 알아야 할 중대한 말씀으로서, 이 말씀을 듣는 즉시 우리에게는 소망이 생겨납니다. 오직 이것만이 우리의 소망입니다. 하나님은 우리의 모습과 상관없이, 여기 모인 사람 중에 가장 악한 자라 해도 개의치 않고 구속해 줄 것을 약속하셨습니다. 그분 안에 영원한 소망이 있습니다. 얼마나 놀라운 복음입니까!

이 본문이 아주 분명하게 보여주는 두번째 요점은, 하나님이 오직 그 사랑과 자비와 불쌍히 여기는 마음 때문에 이 약속을 하시고 놀라운 구속의 계획을 세우셨다는 것입니다. 정말 감격적인 말씀이 여기 나오고 있습니다. "내 백성이 애굽에서 괴로움 받음을 내가-영원히 스스로 존재하시는 분이-보아 왔고 또 보아 왔으며"KJV. "내가 보아 왔고 또 보아 왔으며"라는 히브리어 문장은 "내가 확실히 보고",² "내가 보아 왔고 또 보고 있으며"라고 달리 번역될 수도 있습니다. 그뿐 아니라 그는 "그 탄식하는 소리를 듣고"라고 말씀하십니다. 하나님, 영원 전부터 계신 하나님, 우리 같은 존재가 전혀 필요치 않으신 하나님, 우리 없이도 얼마든지 사실 수 있는 하나님이 이렇게 우리에게 관심을 갖고 우리를 염려하시며 지켜보고 주목하고 우리 소리를 귀 기울여 들으신다는 것은 거의 믿어지지 않는 일입니다. '하나님의 불쌍히 여기심', 이것이야말로 하나님의 아들 나사렛 예수 안에 나타나는 구속의 위대한 드라마를 설명해 주는 말입니다. 이것이야말로 그 모든 일들을 설명해 주는 말입니다. 하나님은 하늘에서 세상을 "굽어보셨고" 죄와 악이 자신이 창조하신 사람들의 원래 모습을 어떻게 망가뜨려 놓았는지 보셨습니다. 그는 주목하여 보셨으며 그 "탄식하는 소리"를, "인간의 조용하고 슬픈 음악"을 들으셨습니다.

다시 말해서 죄가 인간에게 무슨 짓을 했는지 보신 것입니다. 죄가 무슨 짓을 했습니까? "괴로움"을 만들어 냈습니다³⁴절. 이 말에 담긴 뜻이 무엇일까요? **억압**입니다. 성경은 주님이 육신을 입고 이 땅

---

2 우리말 개역성경은 이렇게 번역하고 있다.

에서 사실 때 사람들-오늘날 우리 같은 사람들-을 돌아보셨다고, 그렇게 돌아보시며 "그 목자 없는 양 같음"을 보셨다고 말합니다^{막 6:34}. 그 당시 목자 없는 양들은, 근동 지역을 떠돌아다니며 언제든지 불쌍한 양들을 공격하고 괴롭힐 채비를 하고 있는 난폭하고 광포한 개들의 습격에 그대로 노출되어 있었습니다. 양들은 어디로 가야 필요한 먹이를 얻을 수 있는지 알지 못했습니다. 그렇게 사냥감이 되어 개들에게 쫓겨 다니느라 헐떡거렸고, 먹지 못해 비쩍 마른 채 기력을 잃고 쇠약해졌습니다.

이것이 "괴로움"이라는 말에 담긴 온전한 의미로서, 주님은 인간이 그렇게 괴로움당하는 것을 보셨습니다. 그래서 세상에 오셨습니다. 하나님은 죄의 폭정과 속박을 보셨습니다. 그는 우리가 모두 노예로 태어나 욕망과 충동과 정욕에 휘둘리며 사는 것을 아십니다. 우리 중에 자유로운 사람은 아무도 없습니다. 저는 육신의 욕망만 말하는 것이 아닙니다. 사도 바울은 정신의 욕망에 대해서도 말하고 있습니다. 어쩌면 정신의 욕망이 육신의 욕망보다 더 심각할 것입니다. 육신의 욕망은 어쨌든 어느 정도는 자연스러운 것이라고 할 수 있지만, 정신의 욕망-질투 시기, 악의, 자만심, 증오-은 인간을 사로잡는 악이기 때문입니다. 오늘날 세상은 이런 욕망에 사로잡힌 노예들로 가득차 있습니다.

물론 사람들은 그 사실을 모릅니다. 이것이 비극입니다. 그들은 스스로 자유롭다고 생각합니다. 특히 종교의 악몽에서 자유롭다고, 그래서 일요일에도 교회에 가지 않고 유력한 일요신문들과 인생을 이해하게 해주는 훌륭하고 세련된 기사들을 마음껏 읽을 수 있다고 생각합니다! 정말 그럴까요? 자, 이제 이상한 제안을 한 가지 하겠습니다. 그런 신문들을 한번 읽어 보십시오. 그 대단한 사상가들의 글을 읽어 보십시오. 저는 최근 신문들을 꼭 읽으라고까지 말하고 싶습니다. 지적 파산이 무엇인지, 그에 덧붙여서 도덕적 파산이 무엇인지 알고 싶다면 그 사람들의 글을 읽어 보십시오. 저는 그들의 솔직함에 찬사를 보내는 바입니다. 솔직한 사람들에게는 언제나 소망이 있습니다. 그러나 그들 모두의 증언은 성경이 늘 이야기하는 내용과 다르지 않습니다. 즉, 그리스도 없는 삶은 노예가 되어 속박당하고 휘둘리며 통제당하는 삶이라는 것입니다. 우리는 비천한 사람들로서 스스로 자유로워질 수가 없습니다. 성경은 말합니다. "사악한 자의 길은 험하니라"잠 13:15. 하나님은 세상을 굽어보셨으며 이러한 현실을 보셨습니다. 인간이 세상과 육신과 마귀의 노예로 사는 모습을 보신 것입니다.

오, 인간이 오늘날처럼 심각하게 종살이를 했던 적은 없습니다. 유행의 노예가 되어 있는 모습을 보십시오. 어리석기 짝이 없는 그 모습을 보십시오. 전쟁 전에 사람들은 한 특정 정치 지도자를 도저히 함께 일할 수 없는 사람, 어떤 일도 해내지 못하는 사람으로 치부하면서 재야로 밀어내려 했고, 실제로 그렇게 했습니다. 그런데 불과 몇 년후에 태도가 돌변해서 그를 거의 신처럼 숭배했습니다. 동일한 인물에게 그렇게 했다는 것을 기억하십시오. 그것은 정말 어리석은 짓입니다. 생각하고 하는 짓이 아닙니다. 사람들은 자기가 읽는 글에 사로잡히며, 남들의 말과 행동에 사로잡힙니다. 그래서 광고가 그토록 큰 영향력을 행사하는 것입니다. 광고하는 이들은 그 점을 잘 알고 있습니다. 일반인들은 자기가 다루는 문제의 진짜 핵심을 보지 못한 채 겉으로 드러난 모습만을 보기 때문에, 그것을 자극하고 이용해서 성공을 거두는 것입니다. 그렇습니다. 성경에는 이미 이런 설명이 나와 있습니다. 사람들은 죄의 노예로서 스스로 자유로워질 수가 없습니다.

죄는 종살이라는 괴로움만 만들어 낸 것이 아니라 비참함이라는 괴로움도 만들어 냈습니다. 하나님은 그 모습만 보신 것이 아니라 탄식하는 소리도 **들으셨습니다**. 오, 세상의 불행과 고통과 비참함과 비통함이여. 친애하는 여러분, 생각해 보십시오. 어떤 이들이 이 자리에 모여 있는지 저는 모릅니다. 그러나 비통한 마음으로 앉아 있는 이들이 있다는 것은 압니다. 점잖은 옷을 차려입거나 유행에 맞는 옷을 차려입었어도 그 속에는 고통스러운 불행과 비통한 마음이 있습니다. 우주는, 특히 인간은 탄식하고 있습니다. 그렇기 때문에 제가 선포하는 이 메시지가 영광스러운 것입니다. 하나님은 그 소리를 들으실 수 있으며, 이미 그 소리를 들으셨습니다. 탄식하는 소리, 비참하고 수치스럽고 불행하고 고통스러운 소리를 들으셨습니다. 그는 우리의 두려움과 아픔과 절망을 알고 계십니다. 그 모든 것을 보고 들으시며 우리를 불쌍히 여기고 계십니다.

영원한 분의 가슴은
놀랍도록 인자하도다.
−F. W. 페이버F. W. Faber

이렇게 보고 들으신 하나님은 이제 무언가를 하겠다고 말씀하십니다. "그들을 구원하려고 내려왔노니 이제 내가 너를 애굽으로 보내리라." 이것이 모세에게 주신 메시지입니다. 또한 오늘날 예수 그리스도의 복음이 우리에게 주는 메시지이기도 합니다. 이것이 우리의 유일한 소망입니다. 산헤드린은 이 메시지를 거부했고, 사람들은 지금도 여전히 이 메시지를 거부하고 있습니다. 그들은 말합니다. "종려주일이라니, 그게 무슨 의미가 있지? 말도 안 되는 소리야! 그런 쓰레기 같은 말을 믿어선 안 돼. 한 사람이 다른 사람을 위해 죽는다느니 어쩌느니 하는 끔찍한 소리는 하지 말라고." 세상은 지금도 이런 태도를 보이며, 하나님이 말씀하시고 행하신 일에 대한 이 영광스러운 메시지를 놓치고 있습니다. 이 메시지의 내용이 무엇입니까?

제가 요약해 드리겠습니다. 앞으로 며칠 동안 이 내용으로 여러분의 생각을 통제해 보십시오. 그러면 이제껏 세상이 알지 못했고 알 수도 없었던 가장 영광스러운 소식을 접하게 될 것입니다. 그 소식이란 바로 이것입니다. **하나님이 구원하러 오십니다.** 그는 "내 백성이 애굽에서 괴로움 받음을 내가 확실히 보고 그 탄식하는 소리를 듣고 그들을 구원하려고 내려왔노니"라고 말씀하십니다. 그렇습니다. 영광 중에 계신 하나님, 하늘에 계신 하나님이 내려오십니다. 그는 우리를 잊지 않으셨으며, 버리지 않으셨고, 포기하지 않으셨습니다.

오, 고민하고 있고 절망하고 있고 실패하고 있는 여러분, 여러분이 이 소망을 볼 수만 있다면! 하나님은 여러분의 불행을 알고 계십니다. 그래서 내려오셨습니다. 인간이 길을 잃은 이후 계속해서 그들을 찾아 내려오셨습니다. 창세기 3장을 읽어 보십시오. 그 사실을 보게 될 것입니다. 아담과 하와가 하나님께 반역하고 죄를 지은 후에, 홀연히 "그날 바람이 불 때 동산에 거니시는 여호와 하나님의 소리"가 들려왔습니다. 그가 내려오신 것입니다. 그는 두 사람이 저지른 짓을 알고 계셨습니다. 그들의 불행을 알고 계셨습니다. 그들은 죄를 짓는 순간 불행해졌습니다. 죄를 짓고서도 계속 행복할 수는 없습니다. 그것은 불가능한 일입니다. 죄를 지으면 고통을 겪는 것이 절대적인 법칙입니다. 세상은 죄 때문에 불행해졌습니다. 그러나 하나님이 내려오셨습니다. 그는 모든 사정을 알고 계셨습니다.

아담과 하와는 나무 뒤에 숨었고, 하나님은 그들을 소리쳐 부르셨습니다. "아담아, 네가 어디 있느냐?" '내가 너와 이야기하려고 내려왔다'는 것입니다. 바로 이것, 하나님이 내려와 말씀하시는 것이 복음의 시작입니다. 구약성경을 읽어 보면 하나님이 다양한 방식으로 계속해서 내려오셨던 것을 알게 됩니다. 자기 백성이 곤경과 곤란을 겪을 때 하나님은 천사, 즉 "언약의 사자"를 보내 주셨습니다. 그는 다름 아닌 성육신하시기 전의 예수 그리스도입니다. 그가 구원하기 위해 내려오셨습니다. 소돔이 멸망하기 전에도 내려오셨고, 이스라엘 군대가 곤경에 빠졌을 때에도 내려오셨습니다. 어느 날 밤, 여호수아는 심각한 문제에 부닥쳤습니다. 모든 백성이 전멸할 수도 있는 상황에서 어찌할 바를 모르고 있었습니다. 그런데 갑자기 어떤 존재감이 느껴졌습니다. 그것이 무엇이었습니까? "나는 여호와의 군대 대장으로 지금 왔느니라"수 5:14. 하나님이 내려오셨습니다. 그가 나타나 큰 승리를 안겨 주셨습니다.

이 모든 일이 의미하는 바를 알고 싶다면 주 예수 그리스도 안에서 완벽하게 이루어진 하나님의 구원을 보십시오. 하나님이 내려와 우리를 구원하신 일에 대해 바울이 뭐라고 말하고 있는지 들어 보십시오.

"너희 안에 이 마음을 품으라. 곧 그리스도 예수의 마음이니 그는 근본 하나님의 본체시나 하나님과 동등됨을 취할 것으로 여기지 아니하시고 오히려 자기를 비워 종의 형체를 가지사 사람들과 같이 되셨고 사람의 모양으로 나타나사 자기를 낮추시고 죽기까지 복종하셨으니 곧 십자가에 죽으심이라"빌 2:5-8.

"지금 왔느니라." 그는 영원하신 하나님의 아들, 요한이 "태초에 말씀이 계시니라. 이 말씀이 하나님과 함께 계셨으니 이 말씀은 곧 하나님이시니라"라고 말했던 바로 그분입니다. 찬송가 작사자인 레지널드 히버Reginald Heber는 "성 삼위일체 우리 주로다"라고 썼습니다.[3] 성부, 성자, 성령은 순전하고 영원한 영광을 누리고 계십니다. 그런데 한 어린이 찬송가에 나오는 것처럼, 정해진 때에 성자가 "이 땅에 내려와 거하셨"습니다.

> 천사가 들려주는 애기
> 듣고 싶어요.
> 영광의 왕이 어떻게
> 이 땅에 내려와 거하셨는지.
> ─에밀리 헌팅던 밀러Emily Huntingdon Miller

이것이 베들레헴의 아기가 의미하는 바입니다. 그는 세상에 내려오신 하나님의 아들입니다. 그는 하늘의 궁전을 떠나오셨습니다.

> 가장 높은 영광의 궁전에서
> 가장 깊은 저주의 십자가로.
> ─로버트 로빈슨

이것이 나사렛 예수께서 베들레헴 작은 마을에 태어나셨을 때 일어난

---

3 찬송가 8장 1절.

일입니다. 영원하신 성자 하나님이 "죄 있는 육신의 모양으로" 사람과 같이 되어 내려오셨습니다 롬 8:3. 그는 자신을 낮추셨습니다. 영원한 영광의 표시와 휘장을 떼어 버리셨습니다. 오, 그것이 무엇을 의미하는지 보십시오! 모세에게 "내가 너를 애굽으로 보내리라"라고 말씀하신 것처럼, 하나님은 자신의 독생자를 이 세상이라는 애굽으로, 제가 이미 설명한 고통과 수치와 속박과 괴로움과 곤경의 땅으로 보내셨습니다. 단 하나뿐인 아들을 우리의 삶이라는 애굽으로 보내셨습니다.

그 아들을 보십시오. 연약하고 무력한 어린 아기를 보십시오. 만물이 그를 통해 창조되었습니다. 만유가 그를 통해 유지되고 있습니다. 그런데 그런 분이 극도로 연약한 아기로 태어나 완전히 무력한 모습으로 구유에 누워 있는 것입니다. 그가 얼마나 가난하게 태어나셨는지 보십시오. 마리아와 요셉은 제물로 양 한 마리도 마련할 수가 없어서 어린 비둘기 두 마리밖에 바치지 못했습니다. 마구간에서 태어나시다니! 구유에 누우시다니! 하나님의 아들이! 그는 이 정도까지 자기를 낮추셨습니다. 우리와 같이 되셨습니다. 하나님은 모세에게 "내가 너를 애굽으로 보내리라"라고 말씀하셨습니다. 그리고 아들에게도 똑같이 말씀하셨습니다. "내려가라! 내려가서 그들과 어울려 살면서 그들 중에 하나가 되어라."

주님은 그렇게 하셨습니다. 우리와 같이 되셨습니다. 목수로 손수 일을 하면서 평범하게 사셨습니다. 사람들이 남들에 대해 늘어놓는 온갖 잔인하고 무정한 소리와 험담과 수다와 잡담을 들으셨습니다. 그들은 주님께도 같은 짓을 했습니다. 주님은 그 모든 것을 아셨고, 그 모든 것 속에서 사셨으며, 그 모든 것을 함께 겪으셨습니다. 그는 자발적으로 우리의 삶이라는 애굽으로 내려오셔서 우리의 모든 짐과 문제들을 나누셨습니다.

애굽으로 간 모세에게 무슨 일이 일어났습니까? 출애굽기를 읽어 보십시오. 바로나 애굽 술객들과 충돌하고 싸운 이야기를 읽어 보십시오. 그 무서운 싸움의 연속에 대해 읽어 보십시오. 하나님이 아들을 세상에 보내셨다는 것은 곧 충돌의 장소에 보내셨다는 뜻입니다. 그는 무엇과 싸워야 했습니까? 마귀와 싸워야 했습니다. 그는 40일 동안 밤낮으로 광야에서 시험을 받으셨습니다. 마귀는 그를 시험했으며, 그를 넘어뜨리고 끌어내리기 위해 할 수 있는 모든 일을 다 했습니다. 그는 그런 마귀와 싸우셨습니다. 또 바리새인과 서기관과 헤롯당원들과 싸우신 것도 보십시오. 사복음서에서 얼마나 많은 부분이 그 싸움에 할애되어 있는지 보십시오. 그들은 그와 논쟁했으며, 꼬투리를 잡기 위한 질문들을 던졌습니다. 얼마나 어리석고 부끄러운 일입니까! 그러나 그는 그런 일들을 기꺼이 당하셨습니다. 그런 일들을 전부 겪으셨습니다. 우리에게 그런 일들이 일어날 것을 아셨기에 자신도 같은 일을 당하셨습니다. 우리의 삶에 동참하셨습니다.

또한 그를 따르던 자들의 답답하고 어리석고 더딘 모습을 보십시오. 요점을 알아채지 못하고 계속해서 똑같은 질문, 어리석은 질문을 던지는 우둔한 제자들을 보십시오. 그들은 이해하지 못했습니다. 그중에서도 특히 가장 영광스러운 일, 주님의 십자가 죽음을 오해했습니다. 그리고 주님이 가까이에 두고 다른 제자들을 대할 때처럼 마음을 열고 대해 주셨던 유다는 그를 배반하기까지 했습니다. 유다는 단순히 돈을 위해 그를 배반하여 팔았으며, 자신의 사악한 생각과 계획에 그를 이용했습니다. 유다! 배반! 수치! 변절! 주님은 이 모든 것들을 경험하기 위해 세상에 태어나셨습니다. 자발적으로 이 모든 것들을 경험하기 위해 세상을 찾아오셨습니다. 자기 백성들도 이런 일을 당하고 겪어야 한다는 것을 아셨기 때문입니다. 또한 그는 "제자들이 다 예수를 버리고 도망"하는, 무엇보다 끔찍한 일을 겪으셨습니다 막 14:50. 가장 가까운 친구들이 그를 버렸고, 베드로는 저주하고 맹세하며 부인하기까지 했습니다. 이것은 역사입니다. 문자 그대로 일어난 사건입니다. 하나님의 아들은 이 모든 일을 겪으셨습니다.

그러나 마지막 고비가 아직 남아 있습니다. 이 지점에서 모세는 그 빛을 잃습니다. 그는 예수 그리스도의 **모형**이지만, 이제부터 다룰 지점에서는 완전히 사라져 버립니다. 모세는 그 결정적이고 극적인 유월절 날 밤에 하나님이 이스라엘 백성을 학대한 애굽 사람들을 벌하러 오신다는 말을 전하도록 지시를 받았습니다. 애굽의 모든 장자들이 역병으로 죽게 될 것입니다. 그런데 이스라엘 자손은 어떻게 구원받을 수 있습니까? 그 방법은 이것입니다. 매 가족마다 양을 한 마리 잡아 그 피를 모았다가 우슬초 가지에 적셔 집 문설주와 인방에 바르라는 것입니다. 그러면 죽음의 천사가 애굽 땅을 지나갈 때 그 피를 보고 넘어간다는 것입니다. 이것이 그들이 받은 메시지였는데, 실제로 그대로 실현되었습니다. 그 극적인 날 밤, 중대한 날 밤에 이스라엘 자손은 애굽을 벗어났습니다.

이것은 하나님이 독생자 안에서 여러분과 저를 위해 이루실 일을 미리 보여주는 하나의 그림에 지나지 않습니다. 하나님의 아들은 세상에 오시기만 한 것이 아니었고, "사람들과 같이" 되시기만 한 것도 아니었으며빌 2:7, 자기를 낮추어 종의 형체를 가지기만 하신 것도 아니었습니다. 그렇습니다. 그는 그 이상의 일을 하셨습니다. "죽기까지 복종하셨으니 곧 십자가에 죽으심이라"빌 2:8. 그는 십자가에서 죽기 위해 오셨습니다. 피흘리기 위해 오셨습니다. 그 이유가 무엇입니까? 오, 바로 이 목적 때문입니다. 그 피를 바른 사람으로 하여금 심판을 면하고 죄사함을 받으며 해방되게 하기 위해서입니다. 그는 바로 이일을 하기 위해 오셨습니다. 하나님의 어린양으로 오신 것입니다!

사도 베드로는 첫번째 서신에서 다음과 같은 말로 그리스도인들에게 이 점을 상기시키고 있습니다.

"너희가 알거니와 너희 조상이 물려 준 헛된 행실에서 대속함을 받은 것은 은이나 금같이 없어질 것으로 된 것이 아니요 오직 흠 없고 점 없는 어린양 같은 그리스도의 보배로운 피로 된 것이니라. 그는 창세 전부터 미리 알린 바 되신 이나 이 말세에 너희를 위하여 나타내신 바 되었으니"벧전 1:18-20.

이것이 하나님의 구원 방법입니다. 그는 아들을 세상에 보내 나무 위에 달려서 여러분의 죄를 감당하게 하셨습니다. 이것이 성찬의 의미입니다. 십자가에 못박히시기 전날 밤에 주님은 떡을 들어 떼시며 "이것은 너희를 위하는 내 몸"이라고 말씀하셨습니다고전 11:24. '내 생명을 너희에게 주고 내 몸을 너희에게 주겠다'는 것입니다. 그러고 나서 포도주를 따르시며 말씀하셨습니다. "이것은 많은 사람을 위하여 흘리는 나의 피 곧 언약의 피니라[언약의 피를 나타내는 것이니라]" 막 14:24. '너희의 허물로 인해 흘리는 피, 이것을 믿는 너희로 형벌을 받지 않게 하기 위해 흘리는 피'라는 것입니다. '이제 너희가 받을 형벌을 내가 대신 지겠다'는 것입니다. '너희를 위해 나를 바치겠다'는 것입니다. '하나님의 어린양으로 너희를 구원하기 위해 잡혀 죽겠다'는 것입니다. '내 피는 너희를 구속하고 대속하고 사서 애굽의 비참한 속박과 종살이에서 해방하기 위한 대가이며, 애굽을 벗어나 젖과 꿀이 흐르는 가나안을 기업으로 받게 하며, 하나님의 약속과 사랑과 자비와 긍휼을 알고, 하나님이 너희를 자녀로 영접하시고 가족으로 입양하시며 그 축복을 쏟아부어 주심을 알게 하기 위해 치르는 대가'라는 것입니다.

이것이 메시지입니다. 이것이 종려주일의 의미입니다. "예루살렘을 향하여 올라가기로 굳게 결심하시고"눅 9:51. 그의 죽음은 평화주의자의 죽음이 아니었습니다. 본인만 원했다면 그 모든 일을 피할 수도 있었습니다. 주님도 친히 그렇게 말씀하셨습니다. 그렇습니다. 그의 죽음은 자발적인 것이었습니다. 그는 죽기 위해 세상에 오셨습니다. 이것이 온전한 요점입니다. 하나님이 아들을 믿는 모든 자를 속량하고 구원하고 구속하기 위해 그를 보내신 것입니다. 아들이 피를 흘리신 것은, 이를테면 그 피로 우리를 덮어 하나님이 받으시게 하기 위해서입니다. 심판을 면하게 하고, 우리가 마땅히 받아야 할 영원한 재앙과 불행을 면하게 하기 위해서입니다. 오히려 하나님의 자녀요 빛의 성도로서 기업을 받아 누리며, 하나님을 직접 뵙는 복을 기대할 수 있게 하기 위해서입니다. "마음이 청결한 자는 복이 있나니 그들이 하나님을 볼 것임이요"마 5:8. 이것이야말로 절대적이고 궁극적이며 가장 중요한 일입니다. 그는 우리를 정결케 하실 수 있습니다.

그의 피는 가장 추한 자도 정결케 하니

나 또한 정결케 하리라.[4]

−찰스 웨슬리Charles Wesley

친애하는 여러분, 들으십시오! 여러분이 과거에 어떻게 살았느냐는
문제가 되지 않습니다. 얼마나 깊은 죄에 빠졌느냐, 어떤 부끄러운 짓
을 했느냐, 어떤 타락한 짓을 했느냐, 육체적으로나 정신적으로나 다
른 면에서 어떤 사람이었느냐는 문제가 되지 않습니다. 전혀 문제가
되지 않습니다. 스스로 구원할 수 있는 사람은 아무도 없습니다. 세상
에서 가장 도덕적인 사람이라고 해도 여러분보다 나을 것이 하나도
없습니다. "모든 사람이 죄를 범하였으매 하나님의 영광에 이르지 못
하더니"롬 3:23. "의인은 없나니 하나도 없으며"롬 3:10. 종교적인 사람이
다른 사람들보다 낫다는 것은 헛소리이며 바리새적인 생각으로서 기
독교와 배치되는 것입니다. 그렇습니다. 우리는 아무것도 아닙니다.
정말 아무것도 아닙니다. 그런데 하나님이 '거저' 구원을 베풀어 주시
고, 우리의 모든 죄를 용서하고 사해서 자신과 화목하게 하시며, 그
자녀들에게 허락하시는 모든 약속을 주시는 것입니다. 하나님은 지금
과 같은 이런 모습을 지닌 여러분에게 아무 조건 없이 이것을 주십니
다. 여러분이 해야 할 일은 아무것도 없습니다.

믿기만 하면 보게 되리라,
그리스도가 너의 모든 것 중에 모든 것 되심을.

−J. S. B. 몬셀J. S. B. Monsell

바울과 실라가 그 옛날 빌립보 간수에게 전한 메시지도 이것이었습니
다. 간수는 혼란과 번민과 두려움에 싸여 소리쳤습니다. "선생들이여,
내가 어떻게 하여야 구원을 받으리이까." 이 질문에 대한 대답은 한
가지뿐입니다. "주 예수를 믿으라. 그리하면 너와 네 집이 구원을 받

---

4 찬송가 23장 4절.

으리라"^행 16:30-31.

영존하시며 영원하신 하나님, 별들을 아무것도 아닌 듯 운행하시는 하나님이 나에게 관심을 갖고 계시고, 나를 보고 계시며, 나에 대한 모든 것, 나의 실패, 죄, 수치, 소망 없음, 절망을 전부 아시고, 나의 탄식 소리를 들으신다는 것을 제가 알듯이 여러분도 알게 되는 것이야말로 경이롭고 놀라운 일 아닙니까?

그는 여러분의 탄식 소리를 들으십니다. 오직 믿음으로 그를 의지하고, 그에게 감사드리며, 그가 여러분의 죄를 사하시고 자신과 화목하게 하시기 위해 그 아들을 세상에 보내서 십자가에 죽게 하셨다는 이 메시지를 완전히 이해하지는 못하지만 믿는다고 말씀드리십시오. 그것을 믿는다고, 그것을 더욱더 이해하고 싶다고 말씀드리십시오. 그러면 여러분을 지금 있는 모습 그대로 받아 주실 것입니다. 이것이 메시지입니다.

세상에 이만큼 중요한 메시지가 있습니까? 이 메시지는 여러분에게 즉각적인 평안과 즉각적인 안식과 즉각적인 만족을 줄 것이며, 지각과 힘과 능력의 삶을 새로이 펼쳐줄 것이고, 종국에는 죽음을 넘어 영원한 영광으로, 아브라함의 하나님, 이삭의 하나님, 야곱의 하나님, 우리 주와 구주되신 예수 그리스도의 아버지되신 하나님을 뵙는 자리로 인도해 줄 것입니다.

04

완전한 승리

그들의 말이 누가 너를 관리와 재판장으로 세웠느냐 하
며 거절하던 그 모세를 하나님은 가시나무 떨기 가운데
서 보이던 천사의 손으로 관리와 속량하는 자로서 보내
셨으니 이 사람이 백성을 인도하여 나오게 하고 애굽과
홍해와 광야에서 사십 년간 기사와 표적을 행하였느니
라.

사도행전 7:35-36

지난번에는 하나님이 어떻게 모세에게 말씀하시고 위대한 메시지를 주셨는지 살펴보았습니다. "내 백성이 애굽에서 괴로움 받음을 내가 확실히 보고 그 탄식하는 소리를 듣고 그들을 구원하려고 내려왔노니 이제 내가 너를 애굽으로 보내리라"[34절]. 이제부터 살펴볼 35절과 36절에서 스데반은 하나님이 모세를 통해 이루신 큰 구원의 이야기를 요약해 주고 있습니다.

스데반은 왜 이 모든 이야기를 하는 것일까요? 여러분은 "이 모든 이야기가 산헤드린과 무슨 상관이 있단 말인가? 스데반은 왜 1400년 전의 이야기를 되풀이하는 것인가?"라고 물을 것입니다. 그 목적을 모르시겠습니까? 스데반은 산헤드린을 향해 "너희는 하나님의 아들을 거절함으로써 선조들이 했던 짓을 그대로 재연하고 있다"라고 말하고 있는 것입니다. "메시지는 언제나 동일하다. 행동의 주체는 언제나 하나님이다. 모세시대에 행동하신 분도 하나님이고, 지금 행동하시는 분도 동일하신 하나님이다. 모세는 그리스도를 예표하는 인물에 지나지 않는다. 여기 구주와 그의 큰 구원이 있다. 너희는 바로 그것을 거절하는 것이다."

이처럼 스데반은 유대 지도자들의 거절이 얼마나 어리석고 무분별한 것인지 밝히기 위해 부수적으로 구원의 복음을 설교하고 있습니다. 제가 이 이야기, 이 사건을 활용하는 방식도 동일합니다. 스데반의 바람이 곧 저의 간절한 바람인 것입니다. 아시다시피 이 큰 구원의 예표는 모세시대에 이미 다 주어졌습니다. 구원은 전부 하나님께 속한 일이며 하나님이 주시는 메시지이자 하나님이 행하시는 일로서, 항상 기적적이고 초자연적인 성격을 갖는다는 사실을 우리는 알았습니다. 또한 유월절이 그리스도의 십자가 죽음을 보여주는 그림이라는 것도 알았습니다. 그는 "세상 죄를 지고 가는 하나님의 어린양"입니다 요 1:29. 그러나 이것이 전부는 아닙니다. 모세의 이야기에는 이보다 더 크고 놀라운 요소, 또 하나의 결정적인 측면이 있는데, 그것은 바로 원수를 이기고 하나님의 자녀들을 해방시키는 것, 곧 **승리**라는 중대한 요소입니다. 이 모든 내용이 우리가 함께 살펴보려는 이 두 구절에 완벽하게 제시되어 있습니다.

이 일의 그림 역할을 하고 있는 모세를 보십시오. 하나님이 우리 주와 구주되신 독생자 예수 그리스도의 위격 안에서 단번에 이루신 일에 비하면 모세 이야기는 아주 희미한 그림자에 지나지 않는다는 사실을 알게 될 것입니다. 성경은 "그들의 말이 누가 너를 관리와 재판장으로 세웠느냐 하며 거절하던 그 모세를 하나님은……관리와 속량하는 자로서 보내셨으니"라고 말합니다. 백성들은 거절했지만 모세는 여전히 하나님이 구원을 위해 택하신 자였고, 하나님은 40년 후에 다시 그를 불러 사명을 주시고 천사를 함께 보내심으로써 능력과 힘을 더해 주셨습니다. 이처럼 모세는 하나님이 맡기신 일을 수행하도록 애굽으로 보냄을 받았습니다.

출애굽기를 직접 읽어 보십시오. 1장부터 14장까지 죽 읽어 보십시오. 그 부분은 충분히 숙독할 가치가 있습니다. 하나님이 모세를 보내셨습니다. 몹시 겸손하고 온유한 성격에 말도 유창하게 하지 못하는 모세가 바로와 그의 온 군대와 병거 및 마병과 대결하는 불가능한 임무를 수행하기 위해 보냄을 받았습니다. 모세가 가진 것은 하나도 없었습니다. 칼 한 자루 없었습니다. 그가 받은 것이라고는 오직 지팡이 하나, 막대기 하나뿐이었습니다. 그야말로 터무니없고 우스꽝스러운 발상 아닙니까? 그런데 실제로 이렇게 가라고 하셨습니다. 이런 모습으로 애굽에 가서 이러저러한 말을 하라고 하셨습니다. 모세는 그 명령에 계속해서 저항했습니다.

"제가 뭘 할 수 있겠습니까? 제가 무슨 대단한 사람이나 됩니까? 제가 어떻게 가서 그 강력한 바로를 대면할 수 있겠습니까? 그것은 도저히 있을 수 없는 일입니다!"

그러나 하나님은 말씀하셨습니다.

"가거라! 내가 명한 대로 하거라."

그래서 모세는 가서 하나님이 명하신 대로 했습니다. 물론 그 결과 엄청난 싸움을 벌여야 했습니다. 그는 바로와 싸웠고, 그의 술사와 점성가와 선견자와 현자들과 싸웠습니다.

모세가 어떻게 그 싸움을 할 수 있었을까요? 그 상황에서 그가 할 수 있는 일이 무엇이었을까요? 우리는 그 답을 알고 있습니다. "이 사람이 백성을 인도하여 나오게 하고……기사와 표적을 행하였느니라." 출애굽기를 읽어 보면 열 가지 표적을 전부 찾아볼 수 있습니다. 모세는 기적을 행하는 능력을 받았습니다. 그는 티끌로 이를 만들 수 있었고, 하수에서 개구리를 불러올릴 수 있었으며, 강물로 피를 만들 수 있었습니다. 그 이야기, 열 가지 재앙의 이야기, "기사와 표적"의 이야기를 읽어 보십시오. 여기까지는 애굽의 술사들도 경합을 벌일 수 있었습니다. 그들도 능력이 없지 않았습니다. 우리가 대결해야 하는 상대는 아주아주 강력한 세력입니다. 그 시합이 어찌나 대단했던지 모세는 번번이 낙심하고 좌절했습니다.

그러나 그때마다 하나님이 다시 그를 보내시고 더 큰 능력을 주셔서 마침내 표적과 기사로 바로를 저지하여 이스라엘 자손들을 해방시키도록, 적어도 예배드리러 가는 것만큼은 허용하도록 만드셨습니다. 하나님이 모세에게 주신 능력이 바로와 애굽 온 군대의 능력을 합친 것보다 더 크다는 사실이 입증되었습니다. 모세는 "기사와 표적"으로 바로의 손에서 이를테면 양보를 받아냈습니다. "기사와 표적을 행하였느니라."

그러나 뭐니 뭐니 해도 가장 큰 위기라 할 만한 사건을 서둘러 살펴봅시다. 성경에 기록된 사건 중에서도 가장 크고 극적인 사건에 속하는 이 출애굽기 열네 장의 일들을 읽고서도 아무 느낌이 들지 않는다면, 정말이지 유감스러운 일이 아닐 수 없습니다. 저는 1940년 6월 프랑스가 함락되던 주에 주일예배를 드리면서 이 강단에서 읽은 말씀을 결코 잊지 못합니다. 그때 이곳에서 저와 함께 예배를 드렸던 작은 무리도 우리에게 거듭 말씀하시는 하나님의 음성을 들었을 것이라고 생각합니다. 그때는 모든 것이 끝난 것 같은 위기 상황이었습니다! 그러나 모세와 함께하신 하나님이 우리와도 함께하셨습니다.

이 엄청난 이야기를 한번 재구성해 보겠습니다. 여기에서 일어나고 있는 일이 눈앞에 그려집니까? 애굽을 막 벗어난 이스라엘 자손에게는 막대기도, 칼도, 창도, 병거도, 아무것도 없습니다. 그들은 노예입니다. 급히 떠나느라 빵도 발효시킬 틈 없이 도망치고 있는 중입니다. 그들은 바로와 그의 군대가 쫓아온다는 것을 알고 있습니다. 그런데 갑자기 엄청난 위기가 닥칩니다. 비하히롯과 바알스본이라는 두 산 사이에 갇혀 버린 것입니다. 출애굽기 14:3은 "바로가 이스라엘 자손에 대하여 말하기를 그들이 그 땅에서 멀리 떠나 광야에 갇힌 바 되었다 하리라"라고 말하고 있습니다. 저쪽에도 빠져나갈 길이 없고 이쪽에도 빠져나갈 길이 없습니다. 뒤에서는 바로와 그 군대와 병거와 마병이 쫓아오고 있습니다. 뒤로 물러설 수가 없으니 앞으로라도 나가야 하는데, 앞은 홍해가 가로막고 있습니다. 이제 어떻게 해야 합니까? 그들은 꼼짝없이 갇힌 채 완전한 절망에 휩싸였습니다.

늘 그랬듯이 이스라엘 자손들은 불평하기 시작했습니다. "애굽에 매장지가 없어서 당신이 우리를 이끌어 내어 이 광야에서 죽게 하느냐"출 14:11. "애굽을 떠나는 건 무모하고 미련하기 짝이 없는 것이라고 했잖아? 큰 재난을 만나 전멸할 거라고 했잖냐고? 우리가 왜 당신 말을 들었을까! 이젠 너무 늦었어. 꼼짝없이 갇혀 버렸어"라는 것입니다.

그런데 성경이 실제로 전해 주는 말은-이것이 이 이야기에서 아주 흥미로운 부분인데-모세가 하나님 앞에 엎드렸다는 것입니다. 불쌍한 모세! 그는 혼자 이 불가능한 임무를 전부 떠안고 있었습니다. 그는 몹시 온유하고 겸손한 사람이었다는 것을 기억하십시오. 그가 할 수 있는 일이 무엇이 있었겠습니까? 그는 확실하게 하나님 앞에 엎드렸습니다. 그것밖에는 할 수 있는 일이 없었기 때문입니다. 그러자 하나님이 말씀하셨습니다. "너는 어찌하여 내게 부르짖느냐. 이스라엘 자손에게 명령하여 앞으로 나아가게 하고"출 14:15. 이 말씀을 하신 후에 기적이 일어났습니다. 그들이 앞으로 나아갈 때 바다가 갈라진 것입니다. 출애굽기 14장의 극적인 기록에 묘사되어 있는 대로 그들은 마른 땅을 밟고 건너갔습니다.

그다음에 일어난 일이 무엇입니까? 그 굉장한 날 밤에 이스라엘 자손이 전진하는 모습을 목격한 애굽 군대는 '그래, 바다로 가는구나. 이제 너희는 잡혔다'라고 생각하고 돌진하기 시작합니다. 그러나 즉시 극심한 혼란에 빠져 버립니다. 병거 바퀴가 모래와 진창에 빠져 꼼짝도 하지 않기 때문입니다.

그때 하나님이 지팡이를 다시 내밀라고 명령하십니다. 그러자 바닷물이 다시 흐르기 시작합니다. 애굽 군대는 한 명도 빠짐없이 물에 빠져 몰살해 버립니다. 그 이야기는 이 말씀으로 끝나고 있습니다. "이스라엘이 바닷가에서 애굽 사람들이 죽어있는 것을 보았더라"30절. 오래된 원수, 오래된 압제자, 오래된 감독, 숱한 세월 동안 이스라엘 자손을 탄식하고 땀 흘리며 울부짖게 만들었던 자들이 전부 죽어서 바닷가에 널브러져 있습니다! 이제 그들은 자유입니다! 기적으로 모든 원수를 정복했으니 이제 자유롭게 약속의 땅 가나안으로 나아가면 됩니다.

이것이 모세의 이야기입니다. 이 지도자들, 산헤드린 공회원들은 이 옛날이야기를 이미 알고 있었기 때문에 스데반은 몇 마디로 요약하면서 핵심만 제시하고 있습니다. 스데반은 왜 이 이야기를 하는 것일까요? 이 사건이 예표하고 있는 구원은, 이 사건을 아무것도 아닌 무의미한 것으로 퇴색시켜 버릴 정도로 굉장한 것이기 때문입니다.

이제 여러분은 우리 주와 구주되신 복되신 분의 엄청난 이야기에 도달했습니다. 하나님의 아들! 나사렛 예수! 그가 세상에 오신 이유가 무엇입니까? 성육신에 담긴 의미가 무엇입니까? 사복음서가 기록하고 있는 위대한 이야기의 의미가 무엇입니까? 이것은 온 우주에서 가장 경이로운 일입니다! 우리에게 자유를 주기 위해 주님이 세상에 오셨습니다. 우리를 해방시키기 위해 그가 오셨습니다. 이 두 사건의 유사성을 보십시오. 모세가 하나님의 세우심을 받아 이스라엘 자손의 해방자가 된 것처럼, 하나님의 아들도 세상에 와서 우리를 자유롭게 해주셨습니다.

그 일에 대해 성경이 말하는 바가 무엇입니까? 제가 읽어 보겠습니다. "그는 멸시를 받아 사람들에게 버림받았으며 간고를 많이 겪었으며 질고를 아는 자라"사 53:3. "자기 땅에 오매 자기 백성이 영접하지 아니하였으나"요 1:11. 산헤드린 공회원들이 그를 거부했듯이 세상도 그를 거부했습니다. 그러나 여기 있는 이 메시지를 들어 보십시오. 인간의 거부에도 불구하고 그는 하나님이 세우신 구주입니다. 베드로도 산헤드린 앞에서 이 점을 지적한 적이 있습니다. 그는 요한과 함께 체포되어 심문을 받을 때 다음과 같은 말로 자기의 진술을 마무리했습니다. "이 예수는 너희 건축자들의 버린 돌로서 집 모퉁이의 머릿돌이 되었느니라. 다른 이로써는 구원을 받을 수 없나니 천하 사람 중에 구원을 받을 만한 다른 이름을 우리에게 주신 일이 없음이라 하였더라"행 4:11-12.

이스라엘 자손은 모세를 거부했지만, 그것으로 달라진 것은 하나도 없었습니다. 그는 하나님이 세우신 구원자로서 그들과 상관없이 그들을 구원하기 위해 보냄을 받았습니다. 마찬가지로 세상이 하나님의 아들을 거부했음에도 그는 여전히 세상의 구주입니다. 이 점을 기억하십시오. 우리와 상관없이, 우리의 맹목과 상관없이, 우리의 어리석음과 상관없이, 우리의 고집과 상관없이, 우리의 그 어떤 것과도 상관없이, 하나님은 그를 보내 주셨습니다. 모세를 보내 주셨던 것처럼 말입니다. "그 모세를 하나님은……관리와 속량하는 자로서 보내셨으니." 이것이 성경 전체의 메시지입니다. "때가 차매 하나님이 그 아들을 보내사-세상이라는 애굽으로 보내사-여자에게서 나게 하시고 율법 아래에 나게 하신 것은-그 목적이 무엇입니까?-율법 아래에 있는 자들을 속량하시고 우리로 아들의 명분을 얻게 하려 하심이라"갈 4:4-5.

좋습니다. 이 두 가지 사건이 어떻게 병행되는지 계속해서 살펴봅시다. 이미 일깨워 드렸듯이, 애굽으로 보냄받은 모세는 큰 싸움을 벌였습니다. 그는 바로와 그 군대 및 권세와 맞서 싸웠습니다. 하나님의 아들이 세상에 오셨을 때에도 정확히 같은 일이 일어났습니다. 사복음서를 다시 읽어 보십시오. 그가 싸우시는 모습이 보일 것입니다. 그가 찾아오신 세상, 한번도 그를 이해하지 못했던 세상, 격렬하게 그를 반대했던 세상을 보십시오. 세상의 체제 전체가 하나님을 대적하며 그리스도를 대적하고 우리 각 사람을 대적하고 있습니다. 신문과 영화에 나오는 세상의 모습을 보십시오. 텔레비전에 나오는 세상의 모습을 보십시오. 오늘날 사람들이 놀랍게 여기는 모든 것들에 나타나는 세상의 모습을 보십시오. 하나님의 아들은 바로 이런 세상에 오셨습니다. 그의 모든 됨됨이와 그가 대변하는 모든 것은 세상의 정신과 시각 전체와 정확히 반대되는 것이었습니다. 사도 바울은 세상에 속하여 "세상 풍조"를 좇는 사람은 단순히 육신의 "욕심"을 따라 "육체와 마음의 원하는 것"을 하면서 산다는 말로 세상의 정신과 시각을 요약하고 있습니다엡 2:2-3. 주님은 그 모든 것에 영원히 반대되는 분입니다. 그는 이런 세상과 큰 싸움을 벌이기 위해 오셨습니다.

그다음 상대는 당연히 마귀입니다. 여러분이 직접 찾아서 읽어 보십시오. 성경은 그가 "우리와 똑같이 시험을 받으신 이로되 죄는 없으시니라"라고 말하고 있습니다히 4:15. 여러분은 주님이 어떻게 40일 동안 광야에서 밤낮으로 마귀에게 시험을 받으셨는지 기억할 것입니다. 우리는 가장 두드러진 세 가지 시험만 알고 있지만, 그 외에도 엄청나게 많은 시험이 있었습니다. 마귀는 주님을 함정에 빠뜨릴 수 있는 일이라면 무엇이든 마다치 않았습니다. 그는 주님을 흔들어 보았습니다. 까불러 보았습니다. 아첨도 해보았습니다. 세상 왕국이든 무엇이든 다 주겠다는 제안도 해보았습니다. 성전 꼭대기에 데리고 올라가, 하나님이 구해 주시나 안 구해 주시나 떨어져 보라고 충동질하기도 했습니다. 오, 얼마나 교묘하고 교활한 시험이었는지. 마귀는 단순히 졸개를 시켜 우리 주와 구주되신 복되신 주님과 싸우게 하지 않았습니다. 항상 자기가 직접 나서서 싸웠습니다. 주님과 일전을 치르기 위해 자기가 가진 모든 것을 동원했습니다. 주님은 바로 이런 삶을 사셨습니다.

여러분은 모세가 그랬듯이 주님도 기적과 표적과 기사를 행하셨다는 데 주목할 것입니다. 사복음서를 읽으면 그 점이 보이지 않습니까? 주님이 무슨 일을 하셨습니까? 그는 내내 기적과 기사를 행하셨습니다. 그렇지 않으셨다면 저는 이렇게 강단에 서지 못했을 것이며, 여러분에게 전할 복음도 없었을 것입니다. 후에 베드로는 "그가 두루 다니시며 선한 일을 행하"셨다고 말했습니다 행 10:38. 그는 늘 사람들을 자유롭게 풀어 주셨습니다.

우리는 몸이 꼬부라져 펴지 못했던 한 불쌍한 여인에게 기적을 베푸신 기록을 읽습니다. 의사였던 누가는 주님이 "이 여자는 18년 동안 사탄에게 매여 있었다"라고 말씀하신 일에 대해 말해 주고 있습니다 눅 13:16. 사탄에게 매여 있었다! 아무도 그 여자를 도울 수 없었고, 고칠 수 없었고, 해방시킬 수 없었고, 몸을 바로 세워 줄 수 없었습니다! 또 손 마른 남자도 있었습니다. 그는 손을 움직이거나 들어 올리지 못했습니다. 그는 무력했습니다. 주님은 두루 다니시며 이런 사람들을 자유롭게 풀어 주셨습니다. 또 귀신 들린 사람들도 구해 주셨습니다.

저는 귀신 들린 것과 정신이상이 각기 다르다는 점을 의학적으로 인정합니다. 귀신 들린 것과 간질도 각기 다릅니다. 여러분은 "하지만 귀신 들린 경우는 한번도 못 봤는데"라고 말할 것입니다. 자, 여러분, 여러분이 알아보지 못했다고 해서 그런 일이 아주 없는 것은 아닙니다. 일정한 주기가 있기는 하지만, 이 나라가 귀신숭배와 강신술로 회귀하며 그런 일에 점점 빠질 때마다 귀신 들리는 사례도 증가하는 것을 보게 됩니다. 보이지 않는 인격이 사람들의 인격을 지배해서 이상한 짓을 하게 만들고, 자신도 모르는 말을 하게 만들며, 간혹 일종의 초능력을 발휘하게도 만듭니다.

주님은 계속해서 그런 사람들을 치료해 주셨습니다. 전능한 능력으로 귀신을 내쫓으시며 사람들에게서 떠나게 해주셨습니다. 이것은 세상과 마귀와 그 졸개들, 인간의 삶을 파괴하고 비참하게 만들며 질병에 시달리게 만드는 "통치와 권세"와 주님 사이에 일어난 충돌의 일부였습니다. 질병은 궁극적으로 죄의 결과입니다. 원래는 질병 같은 것이 없었습니다. 하나님이 만드신 세상은 낙원이었고, 어그러진 데가 한 군데도 없는 좋은 곳이었습니다. 원래 세상에는 고통이 없었습니다. 탄식도 없었습니다. 죽음도 없었습니다. 그 모든 것은 죄의 결과로 나타난 것입니다. 그렇다고 모든 특정한 병이 특정한 죄에서 비롯된다는 말은 아닙니다. 제가 하려는 말은 '인간의 반역과 죄가 없었다면 질병도 없었고 죽음도 없었다'는 것이 성경이 처음부터 끝까지 전적으로 가르치고 있는 내용이라는 것입니다.

사도 요한은 주님이 "마귀의 일을 멸하려" 세상에 오셨다고 말합니다요일 3:8. 마귀는 사악한 일을 합니다. 사람들의 정신에 영향을 주어서 욕심과 정욕 덩어리가 되게 하며 술과 마약과 유행과 '해야 할 일'과 기질과 자만과 질투와 시기와 악의의 종이 되게 합니다. 이 모든 것은 마귀가 하는 일입니다. 그는 하나님의 완벽한 세계에 들어와 혼란을 일으킴으로써 이런 결과를 불러왔습니다. 주님은 그 모든 것과 싸워서 우리를 자유롭게 풀어 주시고 다시금 하나님의 자녀로 살 수 있게 해주시려고 세상에 오셨습니다. 그는 이 목적 때문에 세상에 오셨고, 세상에 계시는 동안 표적과 기사와 기적과 놀라운 역사로 마귀를 제압하셨습니다. 그는 친히 "하나님의 손을 힘입어 귀신을 쫓아"낸다고 말씀하셨고눅 11:20, 그 기적을 본 사람들은 크게 놀라면서 "오늘 우리가 놀라운 일을 보았다"라고 말했습니다눅 5:26. 그들은 주님이 인간의 모든 원수를 지배하신다는 사실을 입증하실 때마다 그 기적적인 능력 앞에서 일종의 공포감과 두려움에 사로잡히곤 했습니다.

또한 주님은 가장 큰 위기의 순간을 위해 세상에 오셨습니다. 이미 말씀드렸듯이 모세는 홍해에서 그런 위기의 순간을 맞았습니다. 양쪽에는 비하히롯과 바알스본이 버티고 있었습니다. 뒤에서는 바로의 군대가 쫓아오고 있었습니다. 앞은 홍해가 가로막고 있었습니다. 그들은 완전히 갇혀 버렸습니다! 그런 상황에서 무슨 일을 할 수 있겠습니까? 그러나 제가 '하나님 아들의 홍해'라고 부르는 일에 비하면 그것은 아무것도 아닙니다. 제가 말하는 그 일이 무엇입니까? 사복음서에 그 모든 내용이 나와 있습니다. 주님을 대적했던 자들의 음모, 비열한 바리새인과 서기관과 사두개인들의 계략 및 비밀회의에 대해 읽어 보십시오. 그들이 어떻게 주님께 질문을 던져서 꼬투리를 잡기로 합의했는지 보십시오. 오, 그 모든 일의 교묘함이여. 그 흉악한 교묘함이여. 그들은 마귀의 앞잡이였습니다! 그다음으로 친구들의 배신에 대해 읽어 보십시오. 그가 택한 제자들까지 "다 예수를 버리고 도망"했습니다마 26:56. 또 마귀가 얼마나 맹렬하게 공격하며 모든 세력을 다 풀어서 그를 넘어뜨리려 했는지, 주님의 모든 주장이 수포로 돌아간 것처럼 설득하려 했는지도 보십시오.

오, 우리는 그 일을 이해하지 못합니다. 겟세마네 동산에서 주님이 겪으신 고뇌에 대해서도 읽어 보시기 바랍니다. 그것은 이 무서운 전투의 일부였습니다. 주님 앞에는 그가 이미 알고 계시는 일이 기다리고 있었고, 원수는 자신의 악한 세력을 대거 끌고 나왔으며, 그 모든 것 뒤에는 하나님의 율법이 버티고 있었습니다. 그는 "율법 아래" 나셨습니다. "여자에게서 나게 하시고 율법 아래에 나게 하신 것은"갈 4:4. 그는 자신이 율법을 충족시켜야 하며 율법의 형벌을 감당해야 한다는 것을 아셨습니다. "우리를 불리하게 하는 법조문으로 쓴 증서"가 있었고골 2:14, 우리를 대적하는 십계명이 있었습니다. 율법은 우리가 해야 할 일들을 명하지만 우리는 그 명을 따르지 못합니다. 그래서 율법이 우리를 불리하게 하는 것입니다. 주님은 이 모든 것에 포위당한 채 죽음을 앞에 두고 있었습니다. 어디에도 피할 길이 없었습니다. 뒤로도 물러설 수 없고 좌우로도 갈 수 없는—비하히롯과 바알스본과 바로의 군대와 홍해와 죽음이 버티고 있는—상황에서 주님은 홀로 그 모든 것에 에워싸이고 포위당한 채 죽음을 맞으셨습니다.

그다음으로 나오는 내용이 무엇입니까? 자, 모세는 아주 두드러진 방식으로 주님을 예표하고 있습니다. 히브리서 기자는 주님의 "심한 통곡과 눈물"에 대해 이야기합니다히 5:7. 그것은 겟세마네의 고뇌를 가리키는 표현입니다. "내 아버지여, 만일 할 만하시거든 이 잔을 내게서 지나가게 하옵소서"마 26:39. 심한 통곡! 눈물! 사방에 감당할 수 없는 적들! 그 상황에서 할 수 있는 일이 무엇이 있겠습니까? 그는 죽으셨고, 사람들은 그의 시신을 나무에서 내려 무덤에 안치한 후 돌을 굴려 입구를 막고 봉인했으며, 군사를 세워 지키게 했습니다. 이제야말로 다 끝나 버린 것 아닙니까? 그는 홍해로 들어갔습니다. 물결이 그를 뒤덮어 버렸습니다. 모든 것이 끝나 버린 것 같았습니다.

그러나 그렇지 않았습니다! 그는 영광스럽게 부활하셨습니다! 죽음을 통과하여 저쪽으로 나오셨습니다. 홍해를 건너신 것입니다! 그는 물속에서 영광스럽게 나와 "복음으로써 생명과 썩지 아니할 것을 드러내"셨습니다딤후 1:10. 오순절 날 베드로가 설교하면서 말한 대로 그는 "사망에 매여 있을 수 없었"습니다행 2:24. 그는 하나님의 거룩하신 분입니다. 겉보기에는 사람들이 세상과 육신과 마귀와 지옥의 모든 악의를 동원하여 그를 끝장내 버린 것 같았지만, 그는 그 모든 것을 이기고 영원히 살아나셨습니다. 후에 주님은 밧모섬에 유배된 요한에게 나타나 이렇게 말씀하셨습니다. "곧 살아있는 자라. 내가 전에 죽었었노라. 볼지어다, 이제 세세토록 살아있어"계 1:18.

무슨 뜻인지 아시겠습니까? 여러분의 모든 원수가 영영히 패했다는 것입니다. 세상과 육신과 마귀와 율법과 죽음과 무덤, 그 모든 것이 패했다는 것입니다. 동일하신 주님이 부활하고 승천하신 후에 하신 말씀을 기억합니까? 그는 다메섹으로 가던 다소의 사울이라는 사람을 만나 자신을 나타내시고 그를 이스라엘과 이방인의 설교자로 보내겠다고 말씀하시면서 사명을 맡기셨습니다. 그때 주신 사명이 무엇입니까? 바로 이것입니다.

"그 눈을 뜨게 하여 어둠에서 빛으로, 사탄의 권세에서 하나님께로 돌아오게 하고 죄사함과 나를 믿어 거룩하게 된 무리 가운데서 기업을 얻게 하리라"행 26:18.

바울은 사람들을 "어둠-세상의 무지와 그 모든 정신과 지혜-에서 빛-하나님의 빛-으로, 사탄의 권세-사람들과 세상 전부를 구속하고 속박했던 권세-에서 하나님께로" 돌아가게 하라는 사명, "하나님의 자녀들의 영광의 자유"로 돌아가게 하라는 사명을 받았습니다롬 8:21.

사도 요한은 그것을 이렇게 표현하고 있습니다. "하나님께로부터 난 자는 다 범죄하지 아니하는 줄을-계속 죄를 지으면서 죄의 삶을 살지 아니하는 줄을-우리가 아노라. 하나님께로부터 나신 자가 그를 지키시매 악한 자가 그를 만지지도 못하느니라. 또 아는 것은 우리는 하나님께 속하고 온 세상은 악한 자 안에 처한 것이며"요일 5:18-19. 마귀 는 온 세상을 장악하고 있지만 우리에게는 손도 대지 못한다고 요한 은 말합니다. 우리는 더 이상 그에게 속한 자들이 아닙니다. 하나님의 사랑하는 아들의 나라로 옮겨진 자들입니다. 저도 이미 일깨워 드렸 고 요한도 말했듯이 "하나님의 아들이 나타나신 것은 마귀의 일을 멸 하려 하심"이기 때문입니다요일 3:8. 그는 바로 이 일을 하기 위해 오셨 습니다. 마귀는 "강한 자가 무장을 하고 자기 집을" 지키듯이 인류 전 체를 압제하고 있었습니다. 족장과 선지자와 이스라엘의 위대한 왕들 도 전부 그에게 패했습니다. 누구도 마귀를 건드리지 못했습니다. 그 런데 주님이 마귀와 싸워 그 죄를 드러내시고 그가 믿고 있던 무장을 해제시키시며 그가 사로잡고 있던 사람들을 해방시키신 것입니다.

마귀만 패한 것이 아닙니다. 세상도 패했습니다. 요한이 소리 높 여 외치는 소리를 들어 보십시오. "세상을 이기는 승리는 이것이니- 무엇입니까?-우리의 믿음이니라"요일 5:4. "우리의 믿음"! 우리는 세상 을 이기는 사람들입니다. 그리스도인은 세상의 노예가 아닙니다. 나 는 더 이상 일요신문이나 텔레비전이 제공하는 오락에 의존하지 않습 니다. 세상! 나는 세상을 꿰뚫어 보고 있으며, 세상 그 너머를 보고 있 습니다.

죄는 어떻습니까? 바울은 말합니다. "죄가 너희를 주장하지 못하 리니 이는 너희가 법 아래에 있지 아니하고 은혜 아래에 있음이라"롬 6:14. 그러므로 "이와 같이 너희도 너희 자신을 죄에 대하여는 죽은 자 요 그리스도 예수 안에서 하나님께 대하여는 살아있는 자로 여길지어 다"라고 그는 말합니다롬 6:11. 그렇다면 하나님의 율법은 어떻게 되었 을까요? 바울은 "이는 그리스도 예수 안에 있는 생명의 성령의 법이 죄와 사망의 법에서 너를 해방하였음이라"라고 말하고 있습니다롬 8:2.

율법도, 하나님도

나는 두려워하지 않도다.

구주의 순종과 피

내 모든 죄 가려 주시니.

-오거스터스 탑레이디Augustus Toplady

그는 나의 모든 원수, 세상과 육신과 마귀와 율법과 죄를 전부 정복하셨습니다. 어떤 이는 말할 것입니다. "아니, 잠깐만요. 그래도 당신은 죽잖아요! 죽음이 마지막 원수로 남아 있습니다."

친애하는 여러분, 지금 우리는 부활주일을 기다리고 있습니다! 죽음은 이미 정복되었습니다. 저는 그의 이름으로 죽음과 무덤을 똑바로 쳐다보면서 이렇게 말할 수 있습니다. "사망아, 너의 승리가 어디 있느냐. 사망아, 네가 쏘는 것이 어디 있느냐"고전 15:55. 죽음은 완전히 패했습니다! 그가 사망의 줄을 끊어 버리셨습니다. 무덤을 이기고 일어나셨습니다. 죽음! 그 마지막 원수는 이미 격파되었습니다. 윌리엄 윌리엄스William Williams가 찬송한 그대로입니다.

죽음을 죽이시는 주, 지옥을 멸하시는 주여,

나 가나안 땅에 안전히 닿게 해주소서.

그는 "죽음을 죽이시는" 분입니다. "지옥을 멸하시는" 분입니다! 그는 우리에게 완전한 해방과 완전한 자유를 주셨습니다. 여러분도 찰스 웨슬리처럼 "내 머리되신 살아계신 주 안에 나 살고 있네"라고 말할 수 있습니다. 인간의 영혼을 대적하는 모든 원수를 정복하신 그는 자신을 믿는 모든 자들에게 새 생명을 주시면서 "그러므로 아들이 너희를 자유롭게 하면 너희가 참으로 자유로우리라"라고 말씀하십니다 요 8:36. 세상과 그 유혹과 매력에서 자유롭게 하시며, 욕심과 죄에서 자유롭게 하시고, 여러분을 넘어뜨리는 모든 것에서 자유롭게 하십니다. 자신을 믿는 모든 자들에게 그렇게 해주십니다.

이 모든 것이 우리에게 가르쳐 주는 교훈 몇 가지를 지적하면서 전체적인 내용을 요약해 보겠습니다. 이것은 스데반이 연설하면서 지적한 교훈이기도 합니다. 복음을 거절하는 것은 곧 하나님을 거절하는 것입니다. 제가 여러분에게 전하는 이 메시지를 거절한다면, 그것은 저를 거절하는 것이 아닙니다. 저는 아무것도 아닌 하찮은 존재입니다. 오늘 있다 사라지는 존재입니다. 여러분은 그런 저를 거절하는 것이 아닙니다. 한낱 사람을 거절하는 것이 아닙니다. 제가 전하는 것은 사람의 철학이 아니기 때문입니다. 이것을 거절하는 것은 하나님을 거절하는 것입니다. 이스라엘 자손은 어리석은 생각으로 모세를 거절했습니다. 그들 때문에 모세는 도망쳐야 했습니다. 그런데 성경은 이렇게 말하고 있습니다. "그들의 말이 누가 너를 관리와 재판장으로 세웠느냐 하며 거절하던 그 모세를 하나님은……관리와 속량하는 자로서 보내셨으니." 그들은 모세를 거절한 것이 아니라 하나님을 거절했습니다.

이것을 깨달았습니까? 복음을 믿지 않는다는 것은 곧 여러분이─난쟁이 같은 여러분이─영원하시고 영존하시는 하나님과 대결하는 자리에 서는 것임을 아시겠습니까? 여러분의 호흡은 그의 손안에 있습니다. 여러분은 곧 죽을 것이고, 그후에는 심판을 받을 것입니다. 하나님 앞에 서야 하는 것입니다.

둘째로, 여러분이 복음과 하나님의 계획을 거절한다고 해도 그 계획은 전혀 달라지지 않습니다. 이스라엘이 모세 안에 있는 계획을 거절했음에도 그 계획은 이루어졌습니다. 하나님은 그를 다시 보내 자신의 일을 이루셨습니다. 제가 일깨워 드렸고 베드로도 그 똑똑한 산헤드린 공회원들에게 이미 설명했듯이 "이 예수는 너희 건축자들의 버린 돌로서 집 모퉁이의 머릿돌이 되었"습니다행 4:11. 우리가 수난일이라고 부르는 날에 그들은 그를 죽이고 스스로 똑똑한 척했습니다. 그날 밤 바리새인과 서기관과 사두개인과 제사장들이 모여 있는 광경이 눈에 선하지 않습니까? 서로 축하하며 건강을 위해 건배하는 장면이 눈에 선하지 않습니까? 그들은 성가신 선동자를 제거했습니다. 그를 끝장냈습니다. 제 귀에는 그들의 비아냥거리고 조롱하며 비웃는 소리가 들리는 듯합니다. 오, 하나님과 맞서 싸우는 어리석은 맹인들이여! 그들은 그를 거부했지만 하나님의 계획은 전혀 변경되지 않았습니다. 하나님은 그를 죽음에서 일으키셨습니다!

모퉁잇돌이요 영원한 소망되신 하나님의 그리스도가 여기 계십니다. 여러분이 그를 거절한다 해도 하나님의 계획과 목적은 전혀 달라지지 않습니다. 현대세계가 똑똑한 머리로 무슨 수를 쓴다 해도 전혀 달라지지 않습니다. 하나님이 정하신 때가 되면 동일하신 예수를 다시 세상에 보내실 것입니다. 세상은 "인자가 구름을 타고 능력과 큰 영광으로 오는 것을" 보게 될 것입니다마 24:30. 무엇을 하러 오십니까? 마지막 심판을 하러 오십니다. 그 심판을 막을 수 있는 것은 아무것도 없습니다. "어느 것도 주가 하신 약속을 저버리게 할 수 없도다." 그는 모든 원수를 멸하시고 자신의 영광스러운 나라를 세우실 것입니다.

> 햇빛을 받는 곳마다
> 주 예수 왕이 되시고
> 이 세상 끝날 때까지
> 그 나라 영원하리라.[1]
> ─아이작 와츠Isaac Watts

그가 오실 것입니다! 그리고 끝이 올 것입니다. 여러분이 거부한다고 달라질 것은 하나도 없습니다.

이제 마지막 요점을 들어 보십시오. 여러분이 하나님의 백성이 되지 않는다면, 하나님의 아들이신 나사렛 예수와 그의 기적적인 생애와 속죄제물로서의 죽음과 영광스럽고 경이로운 부활에 관한 메시지를 계속해서 거절한다면, 그가 의로써 세상을 심판하러 오실 때 그의 원수들과 함께 멸망할 것입니다. 그런 어리석은 짓을 하겠습니까? 오,

---

1 찬송가 138장.

친애하는 여러분, 왜 주님께 저항하십니까? 여러분은 이 어리석은 바리새인과 서기관과 사두개인 같은 사람입니까? 남이 여러분을 위해 죽었다는 말을 믿는다는 것이 모욕으로 느껴집니까? 여러분 스스로 구원하고 싶습니까? 여러분의 선한 삶과 철학 지식으로 하나님을 너끈히 감당할 수 있다고 생각합니까? 여러분은 지금 자존심 때문에 복음을 거절함으로써 파멸을 자초하고 있습니다.

오, 부디 어리석은 사람이 되지 마십시오. 하나님이 모세를 통해 이스라엘 자손에게 주신 말씀에 귀를 기울이십시오. "너희는 두려워하지 말고 가만히 서서 여호와께서 오늘 너희를 위하여 행하시는 구원을 보라"출 14:13. 여러분은 스스로 구원할 수 없습니다. 세상은 스스로 구원할 수 없습니다. 스스로 구원하려고 애쓸 필요가 없습니다. 이것이 우리 각 사람에게 주시는 하나님의 영광스러운 메시지입니다.

여러분은 지금 죄에 깊이 빠져 있을지도 모릅니다. 의지를 상실한 채 마약이나 술이나 자신이 좋아하는 무언가의 노예로 살고 있을지도 모릅니다. 그래서 완전히 희망을 잃은 상태, 모든 사람이 포기한 상태에 빠져 있을지도 모릅니다. 그러나 제가 여러분에게 요구하는 것은 이것입니다. "너희는 두려워하지 말고 가만히 서서 여호와께서 오늘 너희를 위하여 행하시는 구원을 보라." 복되신 하나님의 아들을 보십시오. 세상에 오신 그를 바라보십시오. 여러분의 모든 원수와 싸워서 그들을 정복하시고 지배하시는 그를 바라보십시오. 최후의 고통으로 몸부림치셨던 그를 바라보십시오. 마지막 원수는 죽음이었습니다! 죽음에서 다시 일어나 모든 것을 정복하신 그를 바라보십시오! 오직 그만 바라보고 믿고 항복하면 됩니다. "여호와께서 너희를 위하여 싸우시리니 너희는 가만히 있을지니라"출 14:14. "너희는 그 은혜에 의하여 믿음으로 말미암아 구원을 받았으니 이것은 너희에게서 난 것이 아니요 하나님의 선물이라"엡 2:8. 이 메시지는 하나님의 아들이 여러분을 구원하기 위해 세상에 오셨다고 말합니다. 그가 이미 모든 일을 하셨습니다. 그를 바라보십시오. 그를 믿으십시오. 그에게 여러분의 삶을 넘겨드리십시오. 일어나 그를 따르십시오. 그러면 그가 해방의 길로 이끌어 주시며, 종국에는 여러분이 소원하는 가나안으로, 하나님의 영광으로, 영원한 지복으로 인도해 주실 것입니다.

05

하나님이 말씀하셨다

이스라엘 자손에 대하여 하나님이 너희 형제 가운데서
나와 같은 선지자를 세우리라 하던 자가 곧 이 모세라.
시내산에서 말하던 그 천사와 우리 조상들과 함께 광야
교회에 있었고 또 살아있는 말씀을 받아 우리에게 주던
자가 이 사람이라.

사도행전 7:37-38

사도행전 7장을 읽으면 스데반이 모세를 특별히 강조하고 있다는 사실에 주목하게 됩니다. 스데반의 설교에서 다른 인물들에게 할애된 분량과 모세에게 할애된 분량만 비교해 보아도 모세의 사례를 핵심적으로 다루고 있음을 알게 됩니다. 그 이유는 물론 모세가 이스라엘 역사상 걸출한 인물이었다는 데서 찾아볼 수 있습니다. 스데반은 모세 이야기의 핵심이라고 할 만한 요소들을 산헤드린 공회원들에게 계속해서 상기시켜 왔습니다.

그리고 이제 자신이 이야기해 온 이 사람이 곧 "이스라엘 자손에 대하여 하나님이 너희 형제 가운데서 나와 같은 선지자를 세우리라 하던 자"라고 말하고 있습니다. 그러면서 모세에 대한 대한 다른 사실도 알려 주는데, 그것은 "시내산에서 말하던 그 천사와 우리 조상들과 함께 광야 교회에 있었고 또 살아있는 말씀을 받아 우리에게 주던 자가 이 사람"이라는 것입니다.

이처럼 스데반은 역사적 사실들을 먼저 진술한 후에 그 의의와 중요성을 밝히고 있습니다. 그렇게 함으로써 그가 모세와 관련하여 강조하고 있는 두 가지 중요한 사항은 이것입니다. 첫째는 하나님이 그를 통해 이스라엘 자손에게 율법을 주셨다는 것입니다. 둘째는 그가 우리 주와 구주되신 예수 그리스도를 아주 명확하게 예언했다는 것입니다. 여기에서 스데반은 두 가지 기본적인 주제―율법과 선지자―를 다루면서, 이 사람 모세가 아주 비범한 방식으로 율법과 선지자를 대변한다는 점을 산헤드린에게 보여주려 합니다.

스데반이 산헤드린 공회원들에게 하는 말은 요컨대 이런 것입니다. "너희가 모세를 기념하며 높이는 것은 지극히 마땅한 일이지만, 지금처럼 지나치게 높이는 것은 오히려 그의 진정한 의의를 부인하는 짓이다. 그럼에도 이 사람을 높이는 것은 마땅한 일인데, 그 이유는……."
그는 두 절에 걸쳐 모세의 이야기를 해설해 줍니다. 모세를 모세 되게
한 것이 무엇입니까? 다른 식으로 물어보겠습니다. 유대인을 유대인되
게 한 것, 이스라엘 자손을 이스라엘 자손되게 한 것, 과거에 그러했듯
이 지금도 이들을 비범하게 만들고 있는 것이 무엇입니까? 이 백성의
비결이 무엇입니까? 이들의 독특한 특징이 무엇입니까?

　이것은 우리 모두가 고찰해야 할 현상이며 사실입니다. 역사에 관
심이 있는 사람이라면 마땅히 이것을 고찰해야 합니다. 팔레스타인이
라는 아주 작은 땅에 살고 있는 보잘것없는 유대 민족을 보십시오. 육
신적인 관점에서 볼 때에는 아주 별 볼 일 없는 하찮은 나라에 불과
합니다. 그들은 위대한 왕조와 대제국과 큰 나라들에 둘러싸여 있었
습니다. 한쪽에는 애굽이 있었고, 다른 한쪽에는 바벨론과 페르시아,
그 밖의 강력한 왕조 및 제국들이 있었습니다. 그러나 우리는 역사―
구약성경에 기록된 역사뿐 아니라 세속 역사가들이 기록하고 실증
한 역사―를 통해 이 작은 나라, 이 작은 백성이 종종 모든 정세를 장
악하는 정복자가 되어 다른 나라들, 아니 온 세상의 삶을 좌우하는 핵
심요인으로 작용했던 것을 알고 있습니다. 그러나 그 이상으로 우리
가 알고 있는 사실은 이 백성에게서 인류역사 전부를 지배하는 한 사
람이 나왔다는 것, 온 세상에 은혜를 베풀며 "시간을 넘어 우뚝 솟은"[1]
십자가를 짊어진 한 사람이 나왔다는 것입니다.

　그렇다면 겉보기에는 하찮기 짝이 없는 이 작은 나라가 지극히 중
요한 존재가 되었다는 이 주목할 만한 사실에 직면하여 우리가 생각
해 보아야 할 질문은 이것입니다. 우리는 이 사실을 어떻게 설명할 수
있을까요? 그들은 어떻게 인류역사상 그토록 중요한 나라가 된 것일
까요? 우리가 나사렛 예수에게 관심을 가져야 하는 이유가 무엇입니
까? 그가 인류의 모든 사상과 시도에서 핵심적인 요인으로 작용하게
된 이유가 무엇입니까? 이것이 지금 제가 주의를 환기시키고자 하는

1　통일찬송가 148장.

주제로서, 저는 이것이 우리의 현 상황과 어떻게 지대한 연관성을 갖는지 밝혀 보고자 합니다. 이 백성이 어떻게 그렇게 중요한 존재가 되었느냐 하는 질문에 대한 대답은 단 한 가지로서, 오늘 본문에 나와 있습니다. 이스라엘 백성은 '교회'였습니다. 또는 '하나님의 백성'이었다고 해도 좋습니다. "시내산에서 말하던 그 천사와 우리 조상들과 함께 광야 교회에 있었고 또 살아있는 말씀을 받아 우리에게 주던 자가 이 사람이라."

'교회'는 '따로 모인 사람들', '특별한 모임', '특별한 회중'을 의미하는 단어입니다. 이 말은 세속적인 맥락에서 처음 사용되었고, 특정한 목적을 위해 모인 사람들의 모임을 암시하는 말로 늘 사용되었습니다. 그것이 현재 우리가 평상적으로 사용하는 '교회'라는 단어로 발전한 것입니다. 세상의 관점, 단순한 세속 역사의 관점으로는 유대인들을 전혀 이해할 수가 없습니다. 그들을 이해하는 방법은 오직 한 가지, 스데반이 여기에서 서술하는 대로 이해하는 것뿐입니다. 그들은 하나님의 백성이요 하나님의 교회요 하나님의 백성들로 이루어진 회중이었습니다. 이것이 구약성경 전체의 중요한 메시지입니다. 유대인들은 이처럼 하나님과 특별한 관계를 맺고 있다는 이 한 가지 이유에서 다른 모든 나라들과 구별됩니다.

그렇다면 우리가 던져야 할 질문은 이것입니다. 유대인들은 어떻게 이런 특별한 관계를 맺게 되었을까요? 어떻게 다른 나라들과 구별되는 나라가 되었을까요? 어떻게 이런 식으로 구분되었을까요? 그 유일한 대답은 하나님이 그들에게 말씀하셨기 때문이라는 것입니다. 하나님이 그들에게 진리를 주셨습니다. 이것이 그들이 이처럼 특별한 백성이 된 이유이자 비결입니다. 이것은 구약성경에 아주 빈번히 등장하는 가르침입니다. 이들은 하나님과의 관계에 충실한 동안에는 늘 승리를 거두었습니다. 그러나 그 사실을 잊고 왕을 세우고 싶어 하며 열국과 같이 되기를 원할 때에는-그들은 실제로 그렇게 하곤 했는데-몰락의 길을 걸었습니다. 그러다가 하나님께로 돌아가면 그 즉시 이를테면 행운이 돌아와 정복에 정복을 거듭했으며 승리에 승리를 거듭했습니다.

이처럼 유다 백성의 비결은 오직 하나님이 그들에게 말씀하신다는 데 있었습니다. 스데반의 산헤드린 연설 도입부로 돌아가 보십시오. 그는 아브라함에게서 출발하고 있습니다. 그는 이렇게 말합니다. "여러분 부형들이여, 들으소서. 우리 조상 아브라함이 하란에 있기 전 메소보다미아에 있을 때에 영광의 하나님이 그에게 보여 이르시되 네 고향과 친척을 떠나 내가 네게 보일 땅으로 가라 하시니……." "이르시되!" 이것이 아브라함을 설명해 주는 말입니다. 갑자기 일종의 방랑벽이 생겨서 떠났던 것이 아닙니다. "난 이주하고 싶다. 왜 조상들이 늘 살았던 곳에서 여생을 보내야 하는가? 난 실험해 보아야 한다. 모험정신을 계발해야 한다"라고 말했던 것이 아닙니다. 전혀 그런 것이 아닙니다. 그가 고향을 떠난 이유는 한 가지였습니다. 하나님이 그에게 말씀하시며 "떠나라!"고 하셨기 때문인 것입니다. 언제나 똑같습니다. 야곱도, 이삭도, 요셉도 마찬가지였습니다. 여기 나오는 모세도 마찬가지입니다.

반복하건대 모세는 아주 특별한 인물입니다. 스데반은 역사를 이야기한 후에 요컨대 다음과 같이 말함으로써 자신의 요점을 밝히고 있습니다. "모세가 이렇게 유일무이한 인물이 된 것, 너희가 이처럼 유일무이한 백성이 된 것은 하나님이 그에게 말씀하시고 그를 통해 너희에게 말씀하셨기 때문이다." 이것이 스데반의 전체적인 요점입니다. 그는 말합니다. "시내산에서 말하던 그 천사와 우리 조상들과 함께 광야 교회에 있었고 또 살아있는 말씀을 받아 우리에게 주던 자가 이 사람이라."

사도 바울도 정확히 같은 요점을 제시하고 있습니다. 로마서 3장 서두에서 그는 이렇게 질문합니다. "그런즉 유대인의 나음이 무엇이며." 그는 앞의 두 장에서 유대인과 이방인이 공히 하나님 앞에 죄를 지었다는 사실을 입증했습니다. 그는 오직 믿음으로, 믿음 하나만으로 구원받는다는 사실을 밝히고자 했습니다. 그러려면 유대인들도 이방인들과 똑같이 죄를 지었다는 사실을 입증해야 했습니다. 그 과정에서 누군가 던졌음직한 이 질문을 제기한 것입니다. "유대인의 나음이 무엇이며 할례의 유익이 무엇이냐"룜 3:1. 그 질문의 뜻은 이런 것입니다. "당신은 유대인의 역사 전부를 부인하는 것인가? 그것이 하나도 중요치 않다고 말하는 것인가? 유대인으로서 얻는 유익이 아무것도 없다는 것인가?" 바울은 대답합니다. "범사에 많으니 우선은 그들이 하나님의 말씀을 맡았음이니라"룜 3:2. 하나님이 그들에게만, 오직 그들에게만 말씀, 기록된 말씀, 성경을 주신 것이야말로 그들의 유익이라는 것입니다. 얼마나 굉장한 유익입니까!

바울은 9장에서 거의 목록을 작성하듯이 유대인의 유익을 다시 나열하고 있습니다. "나의 형제 곧 골육의 친척을 위하여 내 자신이 저주를 받아 그리스도에게서 끊어질지라도 원하는 바로라."

그가 하는 말이 무엇입니까? 자, 들어 보십시오.

"그들은 이스라엘 사람이라. 그들에게는 양자됨과 영광과 언약들과 율법을 세우신 것과 예배와 약속들이 있고 조상들도 그들의 것이요 육신으로 하면 그리스도가 그들에게서 나셨으니 그는 만물 위에 계셔서 세세에 찬양을 받으실 하나님이시니라"룜 9:3-5.

바울이 이 진술을 통해 하고 있는 말이나 스데반이 여기에서 산헤드린 공회원들에게 하고 있는 말이나 똑같습니다. 스데반의 말은 요컨대 이런 것입니다. "나는 하나님께 살아있는 말씀을 받아 너희 조상에게 전해 준 모세에 대해 말하고 있다. 그 말씀은 후에 하나의 백성이 된 우리에게도 전해져 내려왔다. 이것이 너희의 역사와 위대함과 유일무이함을 이해하는 열쇠다."

사도 바울처럼 저도 지금 나올 법한 질문을 예상할 수 있습니다. 이 순간 이 예배당 어딘가에 앉아 있는 누군가는 '대체 이 모든 것이 나와 무슨 상관이야? 우리는 1967년에 살고 있는데 말이야. 온갖 문제들과 씨름하고 있는 오늘 밤 같은 밤에 그 구닥다리 역사, 1900년 전 예루살렘에서 일어난 사건보다 나은 걸 이야기해 줄 수는 없나? 그 모든 것이 지금 이 순간 우리와 무슨 상관이 있고 우리에게 무슨 의미가 있다는 거지?'라고 생각할 것입니다.

그러나 저는 이것이야말로 여러분이 고찰할 수 있는 어떤 문제보다 중요한 문제임을 보여드리고자 합니다. 이것이야말로 이 순간, 세상 그 어떤 것보다 여러분과 저의 현 상태와 더 상관 있는 문제임을 보여드리고자 합니다. 다음 주 화요일에 세워질 국가 예산보다 이것이 훨씬 더 중요하고, 정치인들의 회의보다 이것이 훨씬 더 중요합니다. 왜 그렇습니까? 이것이야말로 사람이 천국으로 가느냐 지옥으로 가느냐, 정복하고 승리하는 삶을 사느냐 실패하고 패배하여 비참한 삶을 사느냐를 결정짓는 요소이기 때문입니다.

기독신앙에 불편함을 느끼는 대부분의 사람들은 출발을 잘못했기 때문에 그런 것입니다. 이 강단에서도 종종 말했듯이 정확하게 출발하는 것이 가장 중요합니다. 런던에서 에딘버러까지 간다고 생각해 보십시오. 여기에서 남서쪽을 향해 간다면 아무리 대단한 천재라도 에딘버러에 도착할 수 없을 것입니다. 바른 출발, 바른 접근이 무엇보다 중요합니다. 물론 기적이나 그 밖의 다양한 문제들에 대해 저와 논쟁을 벌이려는 사람들이 있습니다. 그러나 그런 논쟁에서부터 출발해서는 안 됩니다. 문제는 세부적인 데 있지 않습니다. 정말 근본적인 문제는 진리에 접근하는 방식 그 자체에 있습니다. 사람들은 이 지점에서 잘못된 길로 가 버립니다. 이것이 기본적인 최초의 잘못으로서, 이처럼 출발을 잘못했기 때문에 세부적인 부분에서도 계속해서 잘못된 길로 가는 것입니다.

결국 우리가 취할 수 있는 입장은 두 가지입니다. 하나님의 말씀에 굴복하느냐, 굴복하지 않느냐 둘 중에 하나인 것입니다. 아주 간단합니다. 이것이 인류를 두 갈래로 가르는 큰 분수령입니다. 다시 말해서 이것이 기독교 복음, 기독교 구원 메시지의 출발점입니다. 제가 아는 한 가장 현대적인 말로 표현해 보겠습니다. 오늘날 우리의 가장 큰 필요가 무엇입니까? 지혜와 지각이라는 대답에 여러분도 모두 동의하리라 생각합니다. 세상을 한번 보십시오. 세상이 왜 이 모양이 되었습니까? 왜 우리는 두 차례의 세계대전을 치러야 했습니까? 왜 전쟁이 계속될 것에 대비해서 우스울 만큼 많은 돈을 낭비하며 이렇게 광분하고 있습니까? 도대체 문제가 무엇입니까? 왜 사람들이 지금처럼 살고 있습니까? 왜 도덕적인 문제들이 계속 늘어나고 있습니까? 신문은 그에 관한 기사들로 가득 차 있습니다. 교도소들도 죄수들로 넘쳐나고 있습니다. 그 이유가 무엇입니까? 왜 우리의 삶에 스트레스가 생깁니까? 결핵 환자들로 가득 찼던 병원들이 왜 지금은 정신질환자들로 넘치고 있습니까? 병원 침상의 40퍼센트, 거의 45퍼센트를 정신적으로 아픈 사람들이 차지하고 있습니다. 지식과 교육과 문화 수준이 향상되었는데도 이렇게 사람들이 불행해진 이유가 무엇입니까? 세상의 문제가 대체 무엇입니까? 인간의 문제가 대체 무엇입니까?

이것이야말로 기본적인 질문인 것이 확실합니다. 물론 국가 예산도 매우 중요합니다. 경제적인 사안들도 마땅히 처리해야 합니다. 그러나 예산상의 많은 문제들도 결국은 인간의 기본 문제가 해결되어야 풀리는 것입니다. 사람들이 일하지 않는 이유가 무엇입니까? 왜 일은 하지 않으면서 돈은 가져가려 합니까? 이른바 '노동자'뿐 아니라 사무직 종사자와 취미 삼아 여우 사냥을 다니는 사업주들이 그런 짓을 하는 이유가 무엇입니까? 이처럼 문제가 점점 쌓여 가는 이유가 무엇입니까? 세상은 지금 어찌할 바를 모르고 있습니다. 해답을 찾지 못하고 있습니다. 이해하지 못하고 있습니다. 그러나 자신들 밖에 무언가 더 크고 위대한 것이 있다는 것만큼은 감지하고 있습니다.

> 사람이 대충 손질하기는 하지만
> 결국 마지막 형태를 빚는 이는 신이라네.
> ─셰익스피어William Shakespeare, 『햄릿』Hamlet 5막 2장

대충 손질하는 것 이상의 일을 할 수 있는 사람은 아무도 없습니다.

지금처럼 심각한 곤경에 빠져 있는 세상이, 다른 이론이나 제안이나 최신 사상이나 신흥종교에는 기꺼이 귀를 기울이며 달려갈 준비를 하면서도 정작 하나님이 주신 답변에는 고집스레 귀를 막고 있는 것이야말로 크나큰 비극이 아닐 수 없습니다. 스데반은 바로 이 점을 산

헤드린 공회원들에게 지적하고 있습니다. 그들은 하나님을, 하나님의 아들을 거절하고 있다는 것입니다. 그 아들을 거절하고 십자가에 못 박아 버렸다는 것입니다. 하나님과 맞서 싸우고 있다는 것입니다. 그의 방법을 거부하고 있다는 것입니다. 세상은 지금도 여전히 같은 짓을 하고 있습니다. 사도행전의 메시지가 우리 시대와 크게 관련 있는 이유가 이것입니다. 세상은 전혀 변하지 않았습니다. 오늘날도 사람들은 산헤드린 공회원들이 했던 짓을 그대로 반복하고 있으며, 그때로부터 1400년 전 사람들이 율법을 전해 준 하나님의 위대한 선지자 모세에게 했던 짓을 그대로 반복하고 있습니다.

성경이라고 불리는 이 책에 하나님의 말씀이 들어 있는데도 그것을 들으려 하지 않는 것은 너무나 비극적인 일입니다. 이제 우리가 던져야 할 질문은 이것입니다. 사람들이 이처럼 들으려 하지 않는 이유가 무엇일까요? 자, 저는 옛 역사를 통해 그 답을 완벽하게 제시할 수 있습니다. 여기 세상에 하나밖에 없는 나라 유다가 있습니다. 유다는 유일무이한 나라입니다. 그들은 주 예수 그리스도를 통해 온 세상에 은혜를 베푸는 백성이 되었습니다. 예수 그리스도는 유대인으로 태어나셨습니다. "육신으로는 다윗의 혈통에서 나셨고"롬 1:3. 유대인들이 유일무이한 백성인 이유가 여기 있습니다.

다른 나라들, 다른 많은 강대국들을 보십시오. 그들은 유대인들과 부류가 다릅니다. 왜 그렇습니까? 자, 그들은 다른 방법으로 지혜를 구했기 때문입니다. 그 방법들을 일일이 나열함으로써 여러분을 지치게 만들 필요는 없을 것입니다. 오늘날 사람들도 똑같이 하고 있으니 말입니다. 그들은 마법을 해보았습니다. 요술도 해보았습니다. 마술도 해보았습니다. 그들은 정령신앙을 가지고 있었습니다. 나무와 돌에 정령이 있다고 믿었습니다. 그들은 다신론자로서 신들이 많이 있다고—달의 신, 해의 신, 별의 신, 전쟁의 신, 평화의 신, 사랑의 신이 있다고—믿었습니다. 이 모든 내용은 우리에게 익숙한 것들입니다. 성경과 다른 자료들을 보면 그에 대한 이야기들을 읽을 수가 있습니다. 그들은 이런 방법으로 인간의 문제와 궁지를 이해해 보려 했습니다.

그래도 이해가 되지 않으면, 그때마다 "자, 다른 힘에 기대 보자"라고 말했습니다.

불행의 원인과 가능한 해결책을 찾기 위한 가장 진지한 시도이자 인류 최고의 노력은 우리가 알고 있는 그리스 철학입니다. 위대한 철학자들—소크라테스, 플라톤, 아리스토텔레스 등—의 전적인 의의가 여기 있습니다. 그들은 생명과 삶의 문제, 보이지 않는 세계의 문제와 씨름했습니다. 이것이 그들을 사로잡은 질문이었습니다. 그러나 우리가 알아야 할 점은 그들의 탐색은 전부 인간의 재능과 능력과 지각과 이성과 논리에 토대를 두고 있다는 것입니다. 그들은 그것을 믿고 이 위대한 탐구, 위대한 탐색에 착수했습니다. 그들은 오늘날 우리가 '연구'라고 부르는 일에 탐닉했습니다. 사도 바울은 아덴을 방문했을 때 그들이 "혹 하나님을 더듬어 찾아 발견"할 수 있을까 하며 하나님을 찾고 있음을 상기시켰습니다행 17:27. 그들은 진심으로 하나님을 찾고자 애쓰고 있었습니다. 그래서 아덴에 **알지 못하는 신에게** 바치는 제단까지 세워 놓은 것입니다. 그들은 지혜로, 인간의 힘과 능력으로 세상을 통제하고 있는 듯한 힘을 아는 지식에 도달하고자 애를 썼습니다.

이것이 유다를 제외한 모든 나라가 생명과 삶의 문제를 풀고자 했던 방식이었습니다. 세상은 지금도 이렇게 하고 있습니다. 이 나라에서 그리스도인을 자처하는 사람은 10퍼센트에 불과하며, 규칙적으로 예배당에 나가는 사람은 그 절반에 지나지 않습니다. 나머지 90퍼센트는 무엇을 하고 있습니까? 이 고대 국가들과 똑같이 인간의 지각과 인간의 지식과 인간의 지혜를 의지하고 있습니다. 이른바 '과학적인 방법'을 의지하는 이들이 많습니다. 과학적인 방법이란 곧 연구하고 실험하는 방법이자 이성과 논리를 따르는 방법으로서, 전부 인간의 고유한 능력과 재능에 대한 기본적인 신뢰에 토대를 두고 있습니다. 사람들은 자신들에게 그런 능력이 있어서 모든 진리를 포괄할 수 있다고 믿으며, 자신들의 구원에 필요한 지식에 도달할 수 있다고 믿습니다. 그 능력을 제대로 사용하기만 하면 도달할 수 있다고 믿는 것입니다.

이것이 사회에서 가장 지적인 부류의 입장입니다. 다른 이들이 점성술이나 점술이나 강신술이나 온갖 관습에 의지하는 데 반해, 지적인 사람들은 오늘날의 위인들과 철학자들에게 의지하고 있습니다. 이제는 설교자나 정치인들도 의지하지 않습니다. 철학자들과 특히 과학자들을 신뢰하며, 그들이야말로 무언가를 참으로 아는 이들이라고 생각합니다. 그러나 이제야말로 다음과 같은 중요한 질문을 던져야 할 때입니다. 그 모든 시도의 결과는 무엇입니까? 이른바 "위대한 철학자"의 말을 들을 때마다 이 질문을 던져 보아야 합니다. 오, 그렇습니다. 말은 아주 똑똑하게 잘합니다. 그는 아주 대단한 인물인 것이 맞습니다. 그러나 몇 가지 질문을 던져 보십시오. 그는 어떻게 살고 있습니까? 그의 전력은 어떻습니까? 결혼생활은 잘하고 있습니까? 아내에게 충실합니까? 살아가는 법에 대해 알고 있습니까?

더 나아가 이것도 물어보십시오. 그는 죽는 법에 대해 알고 있습니까? 죽음 너머의 일들과 관련해서 여러분을 도와줄 수 있습니까? 언쟁을 똑똑하게 잘하는지가 중요한 게 아니라 이런 질문들에 답할 수 있는지가 중요합니다. 철학자나 과학자가 이런 궁극적인 질문 앞에서 하는 말이 무엇입니까? 여러분은 그들이 언제나 같은 말을 한다는 사실을 발견할 것입니다. 바울은 그것을 한 문장으로 표현하고 있습니다. "이 세상이 자기 지혜로 하나님을 알지 못하므로"고전 1:21. 세상은 최선을 다했습니다. 하나님의 아들이 세상에 오시기 전에 그리스 철학은 이미 전성기를 지났습니다. 그들은 완전히 실패했습니다. 고대 국가들은 악덕과 죄와 무지와 어둠에 완전히 파묻혀 버렸습니다.

제가 굳이 그 이야기까지 할 필요는 없을 것입니다. 신약성경 로마서 1장 후반부와 에베소서 4:17 이하에 그에 대한 묘사가 나오고 있습니다. 세상의 책들도 읽어 보십시오. 철학자들의 자살과 그리스 로마 세계의 전반적인 도덕수준에 대해 뭐라고 씌어 있는지 읽어 보십시오. 우리가 익히 아는 실패와 파탄의 이야기가 나올 것입니다. 제가 이 점에 여러분의 주의를 환기시키는 것은 오늘날의 상황도 그와 똑같기 때문입니다. 스데반이 살았던 때로부터 1900년이 지났고, 우리는 우리의 진보와 발전과 지식의 획득을 운위하고 있습니다. 그렇다고 세상이 더 나아졌습니까? 본질적으로 달라졌습니까? 전혀 아닙니다! 사람들은 똑같은 죄에 빠져 있습니다. 현대세계는 로마서 1장 후반부에 묘사되어 있는 상태에 점점 더 가까워지고 있는 중입니다. 우리는 그 상태로 회귀하고 있습니다.

반복하지만 그것은 사람들이 자신의 지각과 능력과 지식과 재능과 연구를 의지하는 탓입니다. 그들은 스스로 하나님을 알 수 있고 궁극적인 해결책을 알아낼 수 있다고 믿습니다. 그러나 알아내지 못합니다. 1세기 사람들과 똑같이, 주님이 세상에 오시기 전 수백 년 동안 실패를 거듭했던 다른 나라들과 똑같이 오늘날에도 실패하고 있습니다.

그들의 실패는 불가피한 것입니다. 그 실패의 원인은 초보적인 것이지만, 안타깝게도 사람들은 그것을 잘 모르고 있습니다. 사람들이 실패를 면할 수 없는 첫번째 이유는 하나님의 위대하심 때문입니다. 하나님은 무한하시고 절대적이시며 영원하시고 거룩하신 분이기에, 그 정의상 있는 모습 그대로의 인간으로서는 도저히 알 길이 없습니다. 미약한 인간들은 자신들이 원자를 분할할 수 있고 우주에 사람을 보낼 수 있다고 해서 영존하시며 영원하신 하나님도 이해할 수 있다고 생각합니다. 얼마나 터무니없고 우스꽝스러운 생각인지! 탐구를 시작하기 전에 멈추어 서서 잠시 생각만 해보아도 자신들의 탐구가 실패할 수밖에 없는 헛된 짓임을 알 텐데 말입니다. 세상이 그렇게 자기 능력을 자랑하면서도 과거 어느 때보다 해답에 근접하지 못하는 이유가 여기 있습니다.

그들이 실패하는 두번째 이유는 인간의 상태 때문입니다. 오, 우리는 얼마나 유한하며 제한적인 존재인지! 얼마나 왜소한 존재인지! 우리의 지식이 얼마나 왜소하고 우리가 아는 것이 얼마나 미미한지 모릅니다. 우리는 이미 발견한 것들을 강조하지만, 정작 중요한 것들은 모르고 있습니다. 우스운 예로 그 점을 설명할 수 있습니다. 우리는 무서운 질병들은 많이 치료할 수 있지만 감기 치료법은 여전히 찾지 못하고 있습니다! 모든 영역에서 그렇습니다. 지식이 굉장히 늘어났다고 자랑하지만, 자신이 모르는 것에 대해서는 멈추어 살펴보려하지 않습니다.

인간은 유한할 뿐 아니라 죄로 가득 차 있습니다. 죄 많은 인간이 어떻게 거룩하신 하나님을 알 수 있겠습니까? 여기에 깔려 있는 원리를 인간관계에서도 찾아볼 수 있습니다. 다른 사람을 참으로 이해하려면, 내 속에 그 사람과 비슷한 무언가가 있어야만 합니다. 어떤 사람과 알고 지낸다고 해서 곧 그 사람을 아는 것은 아닙니다. 누군가를 알려면 그와 공감하는 어떤 부분, 미세한 무언가, 일치가 되는 무언가가 있어야 합니다. 하나님과의 관계에서는 더욱더 그렇습니다. 하나님은 거룩하신데 인간은 죄로 가득 차 있습니다. 인간은 눈멀었고 무지합니다. 그뿐 아니라 하나님과 대립하며 그에게 적개심을 품고 있습니다. "멀리 떠나 마음으로 원수가" 되어 있습니다골 1:21. 그래서 하나님을 아는 지식에 이르지 못하고, 자기 문제의 궁극적인 해결책을 찾지 못하는 것입니다.

그리스 철학자들은 중요한 표어를 내세우면서 그것이야말로 삶의 비결이라고 주장했습니다. "너 자신을 알라." 그러나 우리는 결코 자기 자신을 알지 못합니다. 알 수가 없습니다. 우리는 항상 자신을 속입니다. 이처럼 자기 자신도 제대로 알지 못하는데, 어떻게 하나님을 알 수 있겠습니까? 이것이 실패의 원인입니다. 모든 나라들이 실패한 이유가 여기 있습니다. 유대인이라는 이 하찮은 백성을 유일무이한 존재로 만든 것이 바로 이것입니다. 그들은 보배를 가지고 있었습니다. 그것이 무엇입니까? "살아있는 말씀oracle", "하나님의 말씀"입니다.

"말씀"이란 무엇일까요? 하나님이 하신 말씀, 진술입니다. 고대 신화에 관심이 있다면, 사람들이 신탁oracle을 받기 위해 델피와 그 밖의 곳들을 찾았다는 사실을 알 것입니다. 물론 그것은 전부 잘못된 일이었습니다. 사람들은 상상으로 신탁을 꾸며 냈으며, 때로는 사탄과 그 수하들이 신탁을 조작하기도 했습니다. 그러나 사람들은 현자에게서, 신의 여사제에게서, 델피의 신탁에서 '말씀'을 얻을 수 있다고 믿었습니다.

스데반이 여기에서 말하고 있듯이 바울도 유대인들의 비결은 살아있는 말씀, 하나님의 말씀을 받은 데 있다고 말하는데, 이것은 성경, 곧 구약과 신약을 묘사하는 또 다른 표현입니다.

가능한 한 간단하게 설명해 보겠습니다. 유대인들이 이렇게 유일무이한 백성이 된 것은 하나님이 그들에게 말씀하셨기 때문이며, 그들이 그 말씀을 깨닫고 귀를 기울였기 때문입니다. 이것이야말로 우리 각 사람의 유일한 소망이라는 것이 저의 메시지입니다. 하나님이 말씀하셨습니다! 여러분에 대해 말씀하셨고, 여러분이 살고 있는 세상에 대해 말씀하셨으며, 하나밖에 없는 해방의 길, 구원의 길에 대해 말씀하셨습니다. 이것이 제가 이 강단에 서 있는 이유입니다. 하나님이 말씀하셨습니다! 저는 제 말이 아니라 하나님의 말씀을 전하는 사람입니다.

제가 볼 때 사람들은 여기에서부터 잘못된 길로 들어서 버립니다. 그들은 하나님을 탐색하며 지혜를 탐색하기 시작합니다. 그러나 그렇게 해서는 절대 찾을 수가 없습니다. 비극적인 사실은 하나님이 이미 말씀하셨기에 애당초 그런 노력을 할 필요가 없다는 것입니다. 우리에게는 이미 하나님의 말씀, 하나님의 '계시'라고 부르는 것이 주어져 있습니다. 성경이 전하는 메시지는 하나님이 어떤 자들을 택해서 그들에게 말씀해 주셨다는 것입니다. 산에서 모세에게 말씀하셨듯이 그들에게도 말씀하셨고 메시지를 주셨습니다. 돌아가서 백성들에게 그 말을 전하라고, 그 이야기를 전하라고, 주 하나님이 이러이러하게 말씀했다고 전하라고 하셨습니다.

기독교의 핵심적인 입장은 하나님이 인간을 통해—아브라함을 통해, 요셉을 통해, 모세를 통해, 선지자들을 통해, 세례 요한을 통해, 무엇보다 그 아들을 통해—말씀하셨다는 것입니다. 이것이 히브리서 첫 두 구절에 대한 저의 해석입니다. "옛적에 선지자들을 통하여 여러 부분과 여러 모양으로 우리 조상들에게 말씀하신 하나님이 이 모든 날 마지막에는 아들을 통하여 우리에게 말씀하셨으니……" 그렇습니다.

하나님의 아들이 오셨습니다! 우리에게 전할 하나님의 메시지를 가지고 오셨습니다. 이것이 성경의 메시지이며, 특히 신약성경의 메시지입니다.

그 차이를 아시겠습니까? 사람이 발견한 것이 아닙니다. 하나님이 계시하신 것입니다. 사람이 지식에 도달한 것이 아닙니다. 하나님이 지식을 나누어 주시고 전달해 주신 것입니다. 성경에 나오는 인물들은 모두 이구동성으로 그렇게 말하고 있습니다. 바로 이 점에서 역사가 중요한 것입니다. 아브라함은 하나님이 갈대아 땅에서 자신에게 말씀하신 일에 대해 이야기했습니다. 요셉도 자신이 들은 말씀에 대해 거듭 이야기했습니다. 모세는 백성들에게 내려가 하나님이 말씀하신 내용을 전했습니다. 애굽으로 돌아가 "나는 말에 능한 사람이 아니다. 나는 보잘것없는 사람이다. 그런데 왜 여기 왔겠느냐? 내가 여기 온 유일한 이유는 하나님이 나를 너희에게로 보내셨기 때문이다."

하나님이 모세를 부르신 이야기를 기억하십니까? 하나님의 부르심을 받고서도 모세가 "제가 애굽으로 돌아가 봐야 무슨 소용이 있겠습니까?"라고 말하며 이의를 제기했던 것을 기억하십니까? "내가 이스라엘 자손에게 가서 이르기를 너희의 조상의 하나님이 나를 너희에게 보내셨다 하면 그들이 내게 묻기를 그의 이름이 무엇이냐 하리니……그러나 그들이 나를 믿지 아니하며 내 말을 듣지 아니하고……"출 3:13, 4:1. 그때 하나님은 요컨대 다음과 같은 말씀을 해주셨습니다. "너는 그들에게 가서 스스로 있는 자가 네게 말했으며, 스스로 있는 자가 너를 보냈다고 말해. 너는 그 대변인이며 통로이자 전달자일 뿐이라고, 너한테 무슨 번뜩이는 생각이 있어서 온 게 아니라 나의 보냄을 받아서 왔다고 말해. 그렇게 말해라!"

모세는 그대로 했습니다. 요컨대 "하나님이 가시나무 떨기 속에서 내게 말씀하셨고 메시지를 주셨기 때문에 그것을 너희에게 전하기 위해 왔다"라고 말한 것입니다. 그는 시내산에 올라갔다가 내려왔을 때에도 "하나님이 나에게 이러이러하게 말씀하셨다"라고 말했습니다. 모세 스스로 십계명을 만들어 낸 것이 아닙니다. 아마 그런 암시를 조금만 비쳐도 모세는 실소를 터뜨릴 것입니다. 계명도, 도덕법도, 성막의 구조에 대한 가르침도 모세가 만들어 낸 것이 아닙니다. 그렇습니다. 그는 명령을 받았을 뿐입니다. "너는 삼가 이 산에서 네게 보인 양식대로 할지니라"출 25:40.

모세만 그랬던 것이 아닙니다. 선지서들을 읽어 보십시오. 선지자들도 전부 같은 말을 하고 있습니다. "이것은 여호와께서 주신 메시지"라고 말하는 것입니다. 그들은 "알다시피 나는 수년간 연구를 해 왔고, 인간이 처한 상황을 조사해 왔으며, 우리 이스라엘 자손의 문제를 살펴 왔다. 그렇게 해서 미래의 가능성을 따져본 결과 이같은 결론에 도달했으니 내가 발견한 내용을 한번 들어 보기 바란다"라고 말하지 않았습니다. 절대 그러지 않았습니다! 그들은 "여호와의 말씀이 내게 임했다", "여호와께서 이렇게 말씀하셨다"라고 말했습니다. 항상 그렇게 말했습니다. 그들은 스스로 낮추며 삼가는 자세를 보였습니다. 자기 주장은 하나도 하지 않았습니다. 실제로 아무 선지서나 택해서 읽어 보십시오. 예컨대 아모스서를 읽어 보면 그가 "나는 선지자도 아니고 선지자의 아들도 아니다"라고 말하는 것을 알게 됩니다. "나는 한낱 목자라고 할 수 있는 사람이다. 그것이 내 직업이다. 나는 뽕나무나 누에고치와 친숙한 사람이다. 가축 돌보는 일에 능숙한 사람이다. 선지자 학교에도 간 적이 없고 무슨 훈련을 받은 적도 없다. 나는 아무것도 아닌 사람이다. 그런데 이런 내가 왜 너희에게 말을 하겠는가? 하나님이 내게 말씀하셨고, 그 말씀을 전하라고 명하셨기 때문이다. 이것이 내가 가진 유일한 권위다"암 7:14-15 참조.

신약성경에 이르면 이런 말씀이 나옵니다. "디베료 황제가 통치한 지 열다섯 해……하나님의 말씀이 빈 들에서 사가랴의 아들 요한에게 임한지라"눅 3:1-2. 말씀이 "임한지라!" 요한이 탐구하거나 연구하거나 대학원 공부를 했던 것이 아닙니다. 절대 아닙니다! 하나님이 말씀하셨습니다. 이것이 이 메시지의 핵심입니다. 연구가 아니라 계시라는 것입니다.

사도 바울도 도처에서 같은 말을 하고 있습니다. "나는 사명을 받았노라"고전 9:17. 에베소서 3:2에서도 그와 비슷하게 "내게 주신 하나님의 그 은혜의 경륜"에 대해 언급합니다. 또 디모데후서에서는 가장 포괄적인 정의라 할 만한 말을 하고 있습니다. "모든 성경-모든 성경-은 하나님의 감동으로 된 것으로 교훈과 책망과 바르게 함과 의로 교육하기에 유익하니 이는 하나님의 사람으로 온전하게 하며 모든 선한 일을 행할 능력을 갖추게 하려 함이라"딤후 3:16-17.

사도 베드로도 같은 말을 합니다. 그의 말을 들어 보십시오. "우리 주 예수 그리스도의 능력과 강림하심을 너희에게 알게 한 것이 교묘히 만든 이야기를 따른 것이 아니요-그러면 무엇입니까?-우리는 그의 크신 위엄을 친히 본 자라. 지극히 큰 영광 중에서 이러한 소리가 그에게 나기를 이는 내 사랑하는 아들이요 내 기뻐하는 자라 하실 때에 그가 하나님 아버지께 존귀와 영광을 받으셨느니라. 이 소리는 우리가 그와 함께 거룩한 산에 있을 때에 하늘로부터 난 것을 들은 것이라"벧후 1:16-18.

요컨대 "그렇기 때문에 너희는 내가 하는 말을 들어야 한다"는 것입니다. "날 보고 들으라는 것이 아니다. 나는 보잘것없는 어부다. 나는 베드로일 뿐이다. 그러나 그 소리를 들었기 때문에 너희에게 이렇게 말하고 있는 것이며, 너희는 내 말을 들어야 하는 것이다. 하늘에서 소리가 날 때 우리는 주와 함께 그 거룩한 산에 있었다."

그는 연이어 이렇게 말합니다.

"또 우리에게는 더 확실한 예언이 있어 어두운 데를 비추는 등불과 같으니 날이 새어 샛별이 너희 마음에 떠오르기까지 너희가 이것을 주의하는 것이 옳으니라. 먼저 알 것은 성경의 모든 예언은 사사로이 풀 것이 아니니."

베드로가 의미하는 바는 성경의 어떤 예언도 사람의 재능이나 생각이나 숙고에서 나오지 않았다는 것입니다. 그는 계속해서 말합니다.

"예언은 언제든지 사람의 뜻으로 낸 것이 아니요-그러면 어떻게 주어진 것입니까?-오직 성령의 감동하심을 받은 사람들-성령을 따라 난 사람들, 성령이 움직이신 사람들-이 하나님께 받아 말한 것임이라"벧후 1:19-21.

이것이 비결입니다! 이스라엘은 바로 이것 때문에 유일무이한 백성이 되었습니다. 또한 이것은 모세의 전적인 비결이기도 합니다. 하나님이 말씀하셨습니다. 이들은 그것을 들었고, 그들은 메시지를 때로는 말로, 때로는 기록으로 전달했습니다. 여러분이 가지고 있는 성경이 바로 그것입니다. 여러분이 듣고 있는 메시지가 바로 그것입니다. 저의 유일한 권위는 바로 여기에서 나옵니다.

하나님이 어떻게 그들에게 말씀하셨을까요? 오, 그는 아주 다양한 방법을 사용하셨습니다. 때로는 이른바 '신현'theophanies – 천사의 모습으로 나타나는 것 – 을 통해 말씀하셨습니다. 그 방법은 아브라함에게 여러 번 사용하셨습니다. 불타는 가시나무 떨기에서 말씀하실 때에도 그 방법을 쓰셨습니다. 천사의 소리로 말씀하신 것입니다. 시내산에서 거룩한 법, 십계명을 모세에게 주셨을 때에도 그렇게 하셨습니다. 출애굽기 19장을 다시 읽어 보십시오. 산이 타오르고 진동하며 연기와 불과 거룩하심이 나타났습니다. 누구라도 산허리에 접근하는 사람은 죽게 되어 있었습니다. 하나님이 강림하여 말씀하셨고, 백성들은 그 말씀을 다 이해하지는 못했지만 소리는 들을 수 있었습니다.

그러나 하나님의 말씀이 늘 이렇게 극적인 형태로 임하는 것은 아닙니다. 선지서에서 일반적으로 일어난 일은 이런 것입니다. 선지자들은 성령 하나님께서 자신을 붙잡으셨다는 사실을 홀연히 인식했습니다. 베드로의 말처럼 "성령의 감동하심을 받은 사람들이 하나님께" 받아 말을 한 것입니다. 그들은 어떤 능력과 깨우침이 임하는 것을 홀연히 인식했습니다. 하나님이 그들의 마음을 여시고 진리를 계시해 주셨습니다. 그들은 이렇게 받은 말씀을 기록했고, 그 과정을 하나님이 인도하신다는 사실을 의식했습니다. 그렇기 때문에 자신들이 쓰는 말이 오류나 잘못이 없는 진리임을 알 수 있었습니다. 이처럼 하나님이 그들을 붙잡으셨고 사로잡으셨습니다. 이른바 신적인 영감이 임하여 그들을 사로잡았고 놀라운 방식으로 사용하셨습니다.

성령의 감동을 떠나서는 구약성경과 신약성경 전체를 설명할 길이 없습니다. 저는 이 점을 아주 간단히 입증해 보일 수 있습니다. 이들이 가지고 있었던 지식을 보십시오. 모세는 성경 맨 앞에 나오는 다섯 권의 책을 썼습니다. 그는 처음에 창조에 대해 이야기하고 있습니다. 어떻게 그것을 알았을까요? 그는 과학자도 아니었고, 지금 우리가 쓰는 것 같은 기구도 없었습니다. 그런데 어떻게 창조에 대한 이야기를 쓸 수 있었을까요?

대답은 오직 하나, 제가 이미 말씀드린 이것밖에 없습니다. 히브리서 11:3은 그것을 이렇게 표현하고 있습니다. "믿음으로 모든 세계가 하나님의 말씀으로 지어진 줄을 우리가 아나니 보이는 것은 나타난 것으로 말미암아 된 것이 아니니라." 모세는 자리에 앉아 뛰어난 상상력을 발휘해서 세상이 어떻게 생겨났는지 그림을 그려 본 것이 아닙니다. 그는 감히 그럴 엄두조차 내지 못했을 것입니다. 또 과학자답게 행동해 보려고 노력한 것도 아닙니다. 그에게는 그럴 능력이 없었습니다. 그것은 하나님이 계시해 주신 것이었습니다. 바로 이런 것이 계시입니다! "믿음으로!" 모세는 이 방법을 통해 창조의 진리를 발견했고, 그것을 우리에게 전해 주었습니다.

성경 맨 앞에 나오는 다섯 권의 책 전부가 그렇습니다. 모세의 지식을 보십시오. 시대에 대한 이해를 보십시오. 지혜를 보십시오. 이렇게 표현해도 될지 모르겠지만 도덕법에 얼마나 탁월한지 보십시오. 의학적인 관점에서 보아도 아주 탁월합니다. 그가 설명하는 진리의 성격을 보십시오. 그 영광스러운 특질과 그 정결함과 그 거룩함을 보십시오! 이스라엘 자손이 어떤 삶으로 부르심을 받았는지 보십시오. 다른 나라들의 삶과 얼마나 대조가 되는지 보십시오. 그들이 열심히 생각한 결과 이 모든 것에 도달했습니까? 당연히 아닙니다. 하나님이 이 계명들을 다 주셨습니다.

무엇보다 강력한 증거는 예언의 확실성입니다. 우리는 베드로후서 1장에 나오는 말씀을 이미 살펴보았습니다. 예언이 성취된 것이야말로 하나님이 말씀하셨다는 증거입니다. 오, 제가 말한 다른 내용은 다 잊더라도 이것만큼은 기억하시기 바랍니다. 하나님이 사람에게 말쏨하십니다! 이것이 기독교가 존재하는 이유입니다. 교회가 존재하는 이유입니다. 하나님이 말씀하셨기 때문에 존재하는 것입니다. 우리는 예언이 실제로 성취된 사례들을 통해 그가 말씀하셨다는 사실을 증명할 수 있습니다. 하나님은 유다 백성들에게 수백 년 후에 일어날 일들에 대해 말씀해 주셨고, 그 일들은 아주 사소한 부분까지 그대로 이루어졌습니다.

그렇습니다. 이것은 위대한 메시지입니다. 하나님이 친히 말씀하셨습니다. 하나님이 "살아있는 말씀"을 주셨습니다. 산 위에서 모세에게 십계명과 도덕법을 주셨습니다. "가서 이것이 해결책이라고 말하라"라고 하셨습니다.

또한 그는 사랑하는 아들, 곧 우리 주와 구주되신 예수 그리스도 안에서 그보다 무한히 더 위대한 방식으로 말씀해 주셨습니다. 아들이 친히 세상에 오셔서 우리에게 말씀해 주셨습니다. 여러분이 알아야 할 모든 것을 말씀해 주셨습니다. 어떻게 하나님과 바른 관계를 맺을 수 있으며 어떻게 죄사함을 받을 수 있는지 말씀해 주셨습니다. 어떻게 새 본성과 새 출발과 새 생명을 얻어 새사람이 될 수 있는지 말씀해 주셨습니다. 그 모든 것을 말씀해 주셨습니다. 그 말씀이 여기 다 들어 있습니다. 인류에게 필요한 것이 여기 다 들어 있습니다. 오늘날 사람들이 이것을 믿기만 한다면 세상은 낙원으로 변할 것입니다.

그렇다면 우리가 해야 할 일은 무엇일까요? 이 말만 하고 말씀을 맺겠습니다. 성경이 얼마나 완벽한지 보면 정말 흥미롭습니다. 여러분은 본문의 표현방식에 주목하게 됩니다. "곧 이 모세라. 시내산에서 말하던 그 천사와 우리 조상들과 함께 광야 교회에 있었고 또 살아있는 말씀을─이제 나오는 말에 주목하십시오─받아 우리에게 주던 자가 이 사람이라." 모세가 준 것은 전부 받은 것이었습니다. 저의 특권은 이것이야말로 여러분이 해야 할 일의 전부라고 말하는 것입니다. 오직 하나님의 말씀을 받기만 하면 됩니다.

성경은 모세가 "내가 심히 두렵고 떨린다"라고 말했다고 전하고 있습니다. 왜 그랬을까요? 오, 하나님의 나타나심 때문이었습니다. 우리는 모두 여기에서 출발해야 합니다. 모두 자신을 낮추어야 하는 것입니다. 그렇게 하지 않으면 말씀을 받을 수가 없습니다. 주 예수 그리스도는 그 점을 이렇게 표현하셨습니다. "너희가 돌이켜 어린아이들과 같이 되지 아니하면 결단코 천국에 들어가지 못하리라"마 18:3. "어린아이들!" 현대인은 너무 세련되고 똑똑하며 과학적이고 많이 배웠습니다! 세상과 육신과 마귀에게서 해방되고 싶다면, 지금처럼 비참하게 실패하는 대신 성공하는 삶을 살고 싶다면, 어린아이가 되어야 합니다. 주님이 니고데모에게 하신 말씀처럼 "거듭나야" 합니다요 3:7. 똑똑한 질문들을 던지는 니고데모에게 예수는 이렇게 대답하셨습니다.

이것은 여러분이 아무것도 모른다는 사실을 인정해야 한다는 뜻입니다. 모든 사람이 똑같습니다. 하나님에 대해 아는 것이 하나도 없습니다. 오, 여러분이 하나님에 대해 이런저런 말을 할 수 있다는 것은 저도 압니다. 논쟁에 참여해서 하나님에 대한 자기 견해를 표명할 수 있을 것입니다. 그러나 그 견해는 어디에 토대를 둔 것입니까? 그 대답은 '무'입니다. 전부 추측일 뿐, 실제로 아는 것이 아닙니다.

그러므로 구원받고 싶다면, 하나님의 백성이 되고 싶다면, 모세처럼 되고 싶다면, 모든 위대한 선지자들과 수세기에 걸쳐 등장했던 성도들처럼 되고 싶다면, 그 비결은 바로 어린아이가 되어서 스스로 아무것도 모른다는 사실을 인정하는 것입니다. 아이는 아무것도 모릅니다. 그리고 자기가 아무것도 모른다는 사실을 알고 인정합니다. 기꺼이 귀를 기울이며 인도를 받습니다. 세상의 지혜에 기대기를 포기하고, 과학과 지식과 철학을 자랑하지 마십시오. 그 자체의 영역에서는 전부 정당한 것들이지만, 이런 문제들을 다룰 때에는 거기 기대면 안됩니다. 이미 입증했듯이, 철학자들과 과학자들은 이런 문제들에 대해 무지합니다. 1900년 전 사람들과 똑같이 무지합니다. 그러므로 진리를 찾으려는 '노력'을 포기하십시오. 그런 노력으로는 찾을 수 없습니다. 이해하려고 노력하지 마십시오. 어린아이가 되십시오. 하나님께 완전히, 전적으로, 철두철미하게 굴복하십시오.

후에 사도 바울이라는 강력한 인물이 된 다소의 사울 이야기는 이 모든 것을 완벽하게 보여주고 있습니다. 그 이야기가 사도행전 26장에 나옵니다. "나도 나사렛 예수의 이름을 대적하여 많은 일을 행하여야 될 줄 스스로 생각하고"[9절]. 그는 스스로 생각했습니다! 예수를 비난하고 정죄했으며 자기 잣대로 판단했습니다. 그것은 잘못된 태도입니다. 후에 사울은 다메섹으로 내려가다가 주님을 만나고, 무력하게 길에 쓰러진 채 그를 올려다보며 "주여, 제가 무엇을 하기를 원하십니까?"라고 물었습니다. 바로 이것입니다!

모세는 "내가 심히 두렵고 떨린다"라고 했습니다. 스스로 하나님을 이해하려 들며 자기 머리로 영존하시며 영원하신 하나님과 싸우려드는 것이 얼마나 터무니없는 일인지 이제 아시겠습니까? 자신을 낮추십시오! 어린아이가 되십시오. 그리스도의 얼굴을 올려다보며 "저는 아무것도 모릅니다. 저는 비참하고 불쌍한 실패자입니다. 저는 아무것도 아닙니다. 제게 말씀해 주십시오"라고 아뢰십시오. 그리고 그에게 귀를 기울이십시오. 그의 "말씀"을 받으십시오. 그러면 여러분이 알아야 할 모든 것을 일러 주실 것입니다.

06

하나님의 살아있는 말씀

이스라엘 자손에 대하여 하나님이 너희 형제 가운데서
나와 같은 선지자를 세우리라 하던 자가 곧 이 모세라.
시내산에서 말하던 그 천사와 우리 조상들과 함께 광야
교회에 있었고 또 살아있는 말씀을 받아 우리에게 주던
자가 이 사람이라.

사도행전 7:37-38

스데반은 산헤드린 공회원들에게 모세의 일생에 두드러지게 나타나는 특징을 개괄해 주었습니다. 모세가 "백성을 인도하여 나오게 하고 애굽과 홍해와 광야에서 사십 년간 기사와 표적을" 행했다는 사실을 일깨워 주었습니다. 그리고 이제 이야기의 막바지에 이르러, 이를테면 산헤드린을 돌아보면서 "이스라엘 자손에 대하여 하나님이 너희 형제 가운데서 나와 같은 선지자를 세우리라 하던 자가 곧 이 모세라"라고 말하고 있습니다. 바로 그 모세가 "시내산에서 말하던 그 천사와 우리 조상들과 함께 광야 교회에 있었고 또 살아있는 말씀을 받아 우리에게" 주었다고 말하고 있습니다.

스데반이 지금 모세를 모세 되게 한 사건들을 추려 내고 있다는 점에서, 이 말은 아주 중요합니다. 여러분은 모세와 관련하여 두 가지 중요한 사실을 알고 있을 것입니다. 첫째는 그가 위대한 입법자라는 사실입니다. 어찌 되었든 그를 통해 율법이 주어졌기 때문에 그는 입법자라는 이름을 얻었습니다. 둘째로, 그는 하나님의 아들이 오실 것을 예언한 선지자이기도 했습니다. 모세라는 한 인물 안에 율법과 선지자가 다 들어 있는 것입니다. 이것은 구약성경 전체를 요약하는 표현입니다. "율법과 선지자"는 곧 구약성경 전체를 가리킵니다. 그런데 이 사람 모세 안에서 두 가지가 만나고 있는 것입니다.

스데반이 지적하는 요점은 이것입니다. "유대인을 그처럼 눈에 띄는 유일무이한 백성으로 만든 것이 무엇인가? 그들이 세상 모든 나라 중에 우뚝 솟아난 이유가 무엇인가? 그들의 규모나 천부적인 재능 때문이 아니다. 그들은 농사를 짓던 하찮은 백성이었고 여러 면에서 보잘것없는 나라였음에도 극히 중요한 존재로 우뚝 솟아났다. 그들을 이렇게 중요한 백성으로 만든 것이 대체 무엇인가?"

그 대답은 "하나님의 말씀"이 그들에게 임했기 때문에, "살아있는 말씀", 즉 하나님이 친히 주신 말씀을 그들이 받았기 때문에 유일무이한 백성이 되었다는 것입니다. 이것이 그 놀라운 역사의 전적인 비결입니다. 그러나 스데반이 산헤드린 앞에서 지적했듯이, 그들은 하나님의 백성이면서도 종종 곤경에 빠지곤 했습니다. 매번 하나님께 등을 돌렸거나 그 말씀을 듣지 않은 탓이었습니다. 이스라엘 자손의 전 역사는 말씀을 들을 때에는 만사가 형통했고 듣지 않을 때에는 악화되었다는 기록으로 이루어져 있습니다. 스데반이 산헤드린 공회원들에게 열심히 입증하고자 했던 요점은, 하나님의 아들이신 나사렛 예수를 거절하는 것은 곧 하나님의 말씀을 거절하는 것이라는 사실입니다. 이것은 사람이 저지를 수 있는 잘못 중에서도 가장 무서운 잘못입니다. 스데반은 바로 이 점을 그들에게 납득시키고자 합니다. 친애하는 여러분, 제가 여러분에게 납득시키고자 하는 점도 이것입니다. 사람이 세상에서 할 수 있는 일 중에 가장 중요한 일은 바로 이 말씀을 듣는 것입니다.

현대적인 방식으로 표현해 보겠습니다. 사람들이 예수를 믿지 않는 이유, 오늘날 대다수 영국인들이 예수를 믿지 않는 이유가 무엇입니까? 이것은 중요한 질문입니다. 다른 식으로 표현해 보겠습니다. 세상이 이 모양이 된 이유가 무엇입니까? 성경 안에, 하나님의 말씀 안에 우리에게 필요한 모든 것이 들어 있는데도 세상이 곤경에 빠져 있는 이유가 무엇입니까? 그 대답은 하나님의 말씀을 들으려 하지 않기 때문이라는 것입니다. 하나님의 말씀을 무시하기 때문이라는 것입니다. 지금도 사람들은 산헤드린 공회원들이 했던 것과 똑같은 짓을 하고 있습니다. 이미 암시했듯이, 세상이 이 모양 이 꼴인 것은 처음부터 하나님의 말씀에 잘못 접근했기 때문입니다. 이것이 유일무이한 말씀이라는 사실을 깨닫지 못하는 것이야말로 항상 우리가 저지르는 근본적인 잘못입니다. 성경은 "하나님의 말씀"이고, 하나님이 친히 하신 말씀이며, 하나님의 계시입니다. 우리는 예언의 성취라는 증거를 통해 이 말씀의 진정성을 입증했습니다. 또한 우리의 할 일을 살펴보는 것으로 지난 공부를 마무리하면서, 우리는 하나님의 말씀을 받아야 한다고 말했습니다. 모세의 비결은 그가 "살아있는 말씀을 받"은 데 있으며, 여러분과 저도 그 살아있는 말씀을 받아야 한다고 말했습니다.

그런데 그렇게 하지 못하도록 막는 것이 무엇입니까? 하나님의 말씀을 믿고 받아들이지 못하도록 막는 것이 무엇입니까? 첫번째 장애물은 복음 전체가 계시라는 사실을 모르는 것입니다. 그런데 사람들이 모르는 것이 하나 더 있습니다. 제가 지금 강조하고 싶은 것은 "살아있는"이라는 단어인데, "말씀"은 하나님이 하신 말씀임을 잊지 말아야 합니다. 스데반은 하나님의 말씀, "살아계시고 참되신 하나님"의 말씀에 대해 언급하고 있습니다^{살전 1:9}. 그는 말씀이 살아있다고 말합니다. 하나님의 말씀, 성경에 대한 이 묘사는 지극히 중요합니다. 저는 이 묘사를 다루되, 특히 히브리서 4:12-13의 설명에 따라 다루고자 합니다.

"하나님의 말씀은 살아있고 활력이 있어 좌우에 날선 어떤 검보다도 예리하여 혼과 영과 및 관절과 골수를 찔러 쪼개기까지 하며 또 마음의 생각과 뜻을 판단하나니 지으신 것이 하나도 그 앞에 나타나지 않음이 없고 우리의 결산을 받으실 이의 눈앞에 만물이 벌거벗은 것같이 드러나느니라."

"살아있는 말씀"이라는 스데반의 표현을 얼마나 훌륭하게 주석해주는 말씀인지 모릅니다!

히브리서만 하나님의 말씀을 이렇게 묘사하고 있는 것이 아닙니다. 신약성경의 모든 저자들이 같은 말을 하고 있습니다. 베드로의 말을 들어 보십시오.

"너희가 진리를 순종함으로 너희 영혼을 깨끗하게 하여 거짓이 없이 형제를 사랑하기에 이르렀으니 마음으로 뜨겁게 서로 사랑하라. 너희가 거듭난 것은 썩어질 씨로 된 것이 아니요 썩지 아니할 씨로 된 것이니 살아있고 항상 있는 하나님의 말씀으로 되었느니라. 그러므로 모든 육체는 풀과 같고 그 모든 영광은 풀의 꽃과 같으니 풀은 마르고 꽃은 떨어지되 오직 주의 말씀은 세세토록 있도다 하였으니 너희에게 전한 복음이 곧 이 말씀이니라"벧전 1:22-25.

이 복음을 전하는 것은 특권입니다. 이 책이 무엇입니까? 하나님이 일러 주신 것입니다. "살아있고 항상 있는 하나님의 말씀"입니다. 구약성경-율법과 선지자-입니다. 주 예수 그리스도의 말씀입니다. 사도들의 말씀입니다. 핍박에 굴하지 않고 신앙을 지킨 자들과 순교자들과 위대한 개혁자들의 말씀이며, 감사하게도 1967년 런던에 살고 있는 이 작고 초라한 설교자의 말씀입니다. 이것은 살아계신 하나님의 말씀이기에 언제나 동일합니다. 우리는 바로 이 말씀을 지금 고찰하고 있습니다.

어떤 이는 "내가 왜 그 말을 들어야 합니까?"라고 물을 것입니다. 제가 대답해 드리겠습니다. "말씀" 또는 "하나님의 말씀"이 가진 일반적인 특징부터 살펴봅시다. 성경이 하나님의 말씀이라는 점은 이미 살펴보았습니다. 다른 특징은 몰라도 이것만 알면 충분합니다. 사람의 말을 듣다 보면 좀 지겹다는 생각이 들지 않습니까? 다른 사람들-철학자나 정치가나 그 밖의 사람들-을 비판하고 싶지는 않지만, 저는 그런 이들의 말을 듣는 것이 좀 지겹습니다. 이만큼 망해서 궁핍과 절망과 좌절과 실패와 수치를 겪었으면 하나님의 말씀에 귀를 기울일 때도 되지 않았습니까? 오늘날 세상의 문제점이 바로 여기 있습니다. 그럼에도 듣지 않는 것입니다.

말씀이 살아있다는 스데반의 말이 의미하는 바가 무엇입니까? 그는 왜 "살아있는 말씀"에 대해 이야기하는 것일까요? 히브리서 기자는 어떤 이유에서 하나님의 말씀이 살았다고-생명력이 약동한다고-말하는 것일까요? 그 뜻이 무엇입니까? 자, 스데반이 참으로 말하고자 하는 바는-우리는 이 점을 강조해야 하는데-말씀이 이제껏 그랬듯이 지금도 여전히 참되다는 것입니다. 이것은 말씀과 온갖 철학을 영원히 갈라놓는 특징입니다. 철학은 살아있지 않습니다. 왜 그렇습니까? 항상 우리와 우리의 재능, 힘, 자질, 능력에 종속되기 때문입니다. 철학자들의 말 그 자체가 가지고 있는 것은 아무것도 없습니다.

우리가 그 말들을 생각해 내야 하고 기록해서 출판해야 합니다. 모든 것이 우리의 활동으로 이루어집니다. 시종일관 우리가 추진하고 우리가 관리해야 합니다.

그러나 하나님의 말씀은 전혀 다릅니다. 하나님의 말씀은 살아있습니다! 그 자체가 생명력을 가지고 있습니다. 하나님의 말씀은 직접 우리를 찾아와 말을 겁니다. 우리와 별개로 존재합니다. 말씀의 생명력은 우리에게 달려 있지 않으며 우리에게 종속되어 있지 않습니다. 거듭 말하지만 말씀이 직접 우리에게 말을 겁니다. 우리를 찾아옵니다. 우리를 일깨웁니다. 이것이 이 위대한 말씀, 성경의 특징으로서 그 모든 특징은 '살았다', '살아있다'라는 말로 요약됩니다. 사람의 말과 얼마나 놀라운 대조를 이루고 있습니까! 사람의 말을 듣거나 읽으면 이미 생기를 잃었다는 느낌이 들지 않습니까? 그 말들은 입술에서 나오는 즉시 죽어 버리는 것 같습니다. 능력도 없고 활력도 없습니다. 이를테면 그 말들이 우리를 **찾아오는** 것이 아니라 우리 쪽에서 노력을 기울여 다가가야 합니다.

이것이 첫번째로 크게 대조되는 특징입니다. 저는 이 첫번째 요점을 좀더 다루고자 하는데, 이 말씀은 그 본질상 생명의 특징들을 가지고 있을 뿐 아니라 **지속적으로** 살아있기 때문입니다. 그것이 히브리서 4장에 나오는 "살아있고"라는 단어에 내재된 뜻입니다. 이 점에서도 하나님의 말씀, 성경은 다른 말들과 완전히 구별됩니다. 우리는 '사어'死語에 대해 이야기합니다. 그렇지 않습니까? 라틴어와 그리스어는 '사어'입니다. 그러나 구약성경의 언어인 히브리어는 라틴어와 그리스어보다 더 오래되었는데도 사어가 되지 않았습니다. 이것은 시대에 매이지 않는 말씀입니다.

성경의 가르침과 철학도 더 대조해 보겠습니다. 주님이 세상에 오시기 전에 활동했던 위대한 그리스 철학자들의 위대한 가르침을 보십시오. 우리가 그들의 가르침을 다루기는 하지만, 대부분 옛것에 대한 흥미 차원에서 다루는 것이 전부입니다. 그들의 가르침은 죽었습니다. 고대 철학이 되어 버렸습니다. 거기 관심을 갖는 사람은 이런 가르침이 현대에도 적절하다는 것을 보여주고자 애쓰는 고전학 연구자들밖에 없습니다. 그 가르침에 대해 읽어 보면 그 철학자들이 살았던 당대에도 성취한 바가 없었을 뿐 아니라 그후에도 영향을 주지 못했음을 알게 됩니다.

그러나 하나님의 말씀은 완전히 다른 범주에 속해 있습니다. 성경은 오래된 책, 아주 오래된 책, 세상에서 가장 오래된 책 중에 하나입니다. 그런데 놀라운 점은 이 책이 과거에 살아있었던 것처럼 오늘날에도 살아있다는 것입니다. "**살아있는** 말씀을 받아." 제가 오늘 밤 이렇게 다룰 수 있도록 특권을 부여받은 이 말씀은 모세시대에 살아있었듯이 지금도 여전히 살아있습니다. 말씀이 어느 시대에나 부합되고 들어맞는 것을 보면 그 특질을 일부 확인할 수 있습니다.

제가 이 주제를 좀더 전개하고자 하는 것은 오늘날 다음과 같이 말하는 사람들이 아주 많기 때문입니다. "지식인들이 일요일에 예배당에 갈 수 있다니 놀라운걸! 이 개명한 과학시대에 사는 지식인들이 저 낡은 책을 계속 연구할 수 있다니 놀라워! 온갖 문제를 끌어안고 20세기 중반을 살아가고 있는 우리에게 저 책이 해줄 말이 뭐가 있지? 저 책은 이미 시효가 끝났어. 한때는 좋은 책이었지. 그 세대에는 분명히 의미가 있는 책이었다고. 하지만 지금 우리가 뭣 때문에 모세한테 관심을 갖겠어?"

이것이 현대인들이 범하고 있는 오류의 핵심적인 본질로서, 그 질문에 대한 대답은 지극히 간단합니다. 말씀은 단순히 살아있고 시대에 부합되며 들어맞는 말이 아니라, 참된 의미에서 유일하게 시대에 부합되며 들어맞는 말입니다. 작금의 세상이 안고 있는 문제를 보십시오. 여러분은 그것을 어떤 식으로 직시하고 있습니까? 자, 무엇보다 먼저 던져야 할 질문은 이것입니다. 세상은 어떤 곳입니까? 어디에서 생겨났습니까? 우주는 어디에서 생겨났습니까? 인간은 어떤 존재입니까? 창조란 무엇입니까? 여러분은 이 모든 질문을 정면으로 다루어야 합니다.

"아, 하지만 과학이 다 대답해 주는 걸요"라고 대답할 수 있습니다.

정말 그럴까요? 무엇보다 먼저 과학자들 사이에 합의가 이루어진 내용이 있습니까? 단순한 이론, 그나마 서로 모순되는 이론 이상의 것이 있습니까? 과학자들에게 얻을 수 있는 것이라고 해봐야 그렇게 서로 모순되는 이론이 전부입니다. 그들은 이런 질문에 대해 아는 바가 없습니다. 그저 세상이 우연의 결과로 생겨났을 것이라는 말을 믿으라고 요구할 뿐입니다. 어떤 이들은 두 별이 너무 가까이 스쳐 지나가다가 한 별이 다른 별을 약간 떼어 냄으로써 우주가 생겨났다고 말합니다. 그러나 그 별들이 처음에 어디에서 생겨났는지에 대해서는 말하지 않습니다. 중대한 질문들에는 거의 대답을 하지 않습니다.

그렇습니다! 이 이야기로 시간을 낭비하고 싶지는 않지만 제임스 진스James Jeans 경 같은 사람의 견해를 한번 고찰해 보시기 바랍니다. 그가 전 생애를 바쳐 과학을 연구한 끝에 내린 결론은 우주 배후에 위대한 정신이 있는 것이 틀림없다는 것이었습니다. 그는 그것을 위대한 수학자의 정신이라고 했습니다. 그가 볼 때 다른 설명은 찾을 수가 없었습니다. 물론 그것은 성경의 설명입니다. "태초에 하나님이 천지를 창조하시니라.……" 대충 살펴보기만 해도 성경은 이에 대해 많은 말을 해주고 있습니다. 한때 큰 인기를 누렸던 이론들도 세월이 지나면 과거의 이론들처럼 사라져 버린다는 것, 기원과 관련된 전반적인 문제에서는 여전히 성경으로 돌아가지 않을 수 없다는 것을 여러분도 알리라고 생각합니다.

이제 좀더 긴급하고 현대적이며 실제적인 질문을 던져 봅시다. 기원의 문제는 차치하더라도, 세상이 이 모양이 되어 버린 이유는 무엇일까요? 대체 무엇이 문제입니까? 왜 전쟁이 일어납니까? 왜 혼란이 일어납니까? 왜 불행이 생겨납니까? 왜 도덕적인 문제들이 발생합니까? 정치인들과 내무부 공무원들은 이 문제로 골머리를 앓고 있습니다. 청소년 범죄와 마약, 뉴스와 신문에 끊임없이 등장하면서 우리를 거의 절망하게 만드는 모든 일들 때문에 골머리를 앓는 것입니다. 그러나 중요한 질문은 이것입니다. 이렇게 된 원인이 무엇입니까? 제가 여기에서 말씀드리려는 것은 다름 아닌 성경에 나오는 대답이야말로 유일하게 현대에 맞는 대답이라는 것입니다. 구약성경, 율법과 선지자가 그 대답을 해주고 있습니다. "내 하나님의 말씀에 악인에게는 평강이 없다 하셨느니라"사 57:21.

여러분이 얼마나 부유한가, 얼마나 세련되었는가, 지적인 면이나 정치적인 면이나 다른 면에서 얼마나 고도로 발전했는가는 중요치 않다고 성경은 말합니다. 하나님과 잘못된 관계를 맺고 있는 사람은 평강을 누릴 수가 없습니다. 지식과 발견과 이해라는 측면에서, 부와 소통이라는 측면에서 다른 모든 시대 위에 우뚝 솟아 있는 위대한 20세기를 한번 보십시오! 여러분의 시대를 설명해 주는 말이 여기 있습니다. "사악한 자의 길은 험하니라"잠 13:15. 모세에게 주신 하나님의 율법, 십계명에 순종하지 않는 사람은 그 대가를 치르게 되어 있습니다. 벌을 받게 되어 있습니다. 여러분이 누구인지는 문제가 되지 않습니다. 개인이나 나라나 세상에 전부 해당하는 유일한 대답이 여기 있습니다. 이 메시지는 과거에 그랬듯이 오늘날에도 그대로 들어맞습니다. 이것은 우리에게 소망을 주고 구원의 길을 제시해 주는 유일한 메시지입니다.

이 이야기로 시간을 낭비할 필요는 없을 것입니다. 정치인들이나 철학자들이나 여러분이 의지하는 그 현명한 사람들이 대답을 찾아냈습니까? 그렇지 않다는 것을 우리는 알고 있습니다. 그들은 완전히 실패했습니다. 살아계신 하나님의 말씀, 지금도 살아있는 이 말씀을 듣는 것이야말로 여러분이 할 수 있는 일 중에 가장 현명한 일입니다. 이 말씀은 다른 것들은 할 수 없는 방식으로 현재의 상황에 대해 이야기해 주며, 현대인들을 향해 이야기해 줍니다.

여기에서 더 나아가 할 수 있는 말은 이 말씀이 앞으로도 항상 살아있으리라는 것입니다. 이것은 영존하는 복음입니다. 베드로는 "살아있고 항상 있는 하나님의 말씀"이라고 표현했습니다벧전 1:23. 말씀은 그 안에 생명, 하나님의 생명이 있기 때문에 영원합니다. 말씀은 결코 종결되지 않으며 실패하지 않습니다. 다른 것들에 대해서는 이런 말을 할 수가 없습니다. 인간의 말에 대해서는 이런 말을 할 수가 없습니다. 저는 나이를 먹으면서 인간의 말이 어떻게 사멸하는지 지켜보 았습니다. 저는 제1차 세계대전 때 한 위대한 웅변가가 한 말을 기억 하고 있습니다만, 오늘날에는 그 말을 기억하는 사람이 없습니다. 윈 스턴 처칠Winston Churchill 경의 말을 벌써 다 잊어버린 것입니다. 그의 말은 조만간 완전히 잊혀질 것입니다. 20여 년 전 사람들은 그 말들 이 사라지지 않고 영원히 남을 것이라고 생각했습니다. 그러나 남지 못할 것입니다. 사람의 말은 죽은 말입니다. 입 밖에 나오는 즉시 죽 기 시작합니다. 금세 호소력을 잃어버립니다. 또한 인간의 말은 우리 에게 심하게 종속되어 있다는 것을 이미 살펴보지 않았습니까? 청소 년이 되면 어릴 때 들었던 말이 우습게 느껴집니다. 중년이 되면 모든 의미를 잃게 되며, 늙어 죽으면 아예 무용지물이 되어 버립니다. 어떤 말은 편하고 건강할 때 와닿고, 어떤 말은 아플 때 와닿습니다. 어떤 말은 만사가 잘 풀릴 때에는 귀에 와닿지만, 일이 풀리지 않고 힘들 때에는 와닿지 않습니다. 계속해서 귀에 와닿는 말, 내 형편이 어떻고 상태가 어떻든지, 상황이 어떻든지 간에 항상 와닿는 말은 오직 하나 밖에 없습니다.

> 호기심에 찬 어린이들은 일깨워
> 위엣것을 생각하게 하고,
> 더 고집 센 어른들은
> 강한 사랑의 줄로 끌어당긴다네.
> ─로렌스 투티엣Lawrence Tuttiett

여기 삶과 죽음에 대해 말해 주는 유일한 말씀이 있습니다. 내가 있는 곳이 어디든지, 내 상태와 환경이 어떠하든지 상관없이 계속해서 말 을 해주는 말씀이 여기 있습니다. 이것은 살아있는 말씀, 하나님의 능 력과 하나님의 생명이 담겨 있는 말씀입니다. 이것이 '살아있는' 말씀 의 첫번째 측면입니다. 이 측면은 두번째 측면과 연결되는데, 그 두번 째 측면이란 제가 방금 언급한 능력의 요소입니다. 이것은 말씀에 아주 두드러지게 나타나는 특징입니다. 이 말씀은 하나님의 말씀이기 때문에 영향을 끼치며 효력을 나타냅니다. 성경은 하나님 말씀의 이 같은 측면을 항상 강조합니다. "그가 말씀하시매 이루어졌으며"시 33:9. 예레미야의 말도 들어 보십시오. "내 말이 불같지 아니하냐, 바위를 쳐서 부스러뜨리는 방망이같지 아니하냐"렘 23:29.

여기 능력 있는 말씀, 불같은 말씀, 망치 같은 말씀, 반석을 쳐서 부스러뜨리는 말씀이 있습니다. 인간의 말로는 그렇게 할 수 없습니다. 또 다른 구절도 보시기 바랍니다. "뭇 나라가 떠들며 왕국이 흔들렸더니 그가 소리를 내시매 땅이 녹았도다"시 46:6. 그의 소리, 그의 말씀! 그가 말씀하시면 땅이 녹습니다. 얼마나 굉장합니까! 그렇기 때문에 우리는 이 말씀에 귀를 기울여야 합니다. 그 능력 때문에 귀를 기울여야 합니다. 좀더 일반적인 관점에서 살펴봅시다. 창조 이야기는 이미 했습니다. 만물을 존재하게 한 것은 바로 하나님의 말씀이었습니다. "태초에 하나님이 천지를 창조하시니라." 어떻게 창조하셨습니까? 성경은 그가 "빛이 있으라" 하시니 빛이 있었다고 말합니다창 1:3. 이것이 말씀의 능력입니다.

성경에 있는 말씀, 제가 여러분에게 제시할 특권을 가지고 있는 말씀은 바로 이런 것입니다. 인간의 말로는 이런 일을 할 수 없습니다. 하나님의 말씀은 온 우주를 만들어 냈습니다. 그 우주를 계속 붙들고 있는 것도 이 능력의 말씀입니다히 1:3. 말씀은 동일한 능력으로 세상을 벌할 수도 있습니다. 대홍수 때 무슨 일이 일어났습니까? 하나님이 궁창을 향해 그 문을 열어 비를 내리라고 말씀하시고 명령하시고 지시하시자 비가 쏟아졌습니다. 말씀은 이런 것입니다! 하나님의 능력입니다.

율법을 주셨을 때에도 같은 능력이 나타났습니다. 스데반은 산헤드린 공회원들에게 모세가 산에 올라 하나님께 "살아있는 말씀"을 받은 일에 대해 이야기했습니다. 그 사건이 출애굽기 19장에 나옵니다. 하나님이 율법을 말씀하시자 산이 진동하고 연기가 피어올랐으며 짙은 흑암이 임했습니다. 하나님이 율법을 주실 때, 그 말씀 안에 하나님의 능력이 나타났습니다.

우리는 스데반이 이 능력에 대해 한 말을 이미 들었습니다. 갈대아 우르에서 조상들이 늘 하던 일을 하면서 살던 한 사람에게 홀연히 하나님이 나타나 "떠나라"고 하셨습니다. 그래서 그는 고향을 떠났습니다. 그 말씀은 요셉에게도 임했습니다. 동일한 말씀이 가시나무 떨기 불꽃 속에서 모세에게도 임했습니다. 그 말씀의 능력과 명령을 감지한 모세는 행동하지 않을 수 없었습니다. 이러한 말씀의 특징은 성경 도처에 나타나고 있습니다. 기적을 행하게 하는 것도 말씀입니다. 여러분은 구약성경에서 그 이야기를 읽을 수 있습니다. 그 방식은 이렇습니다. 하나님이 한 사람에게 말씀을 주시고 능력을 주십니다. 모세가 이스라엘 자손을 이끌고 나왔는데 물이 없었습니다. 그래서 어떻게 되었습니까? 하나님이 모세에게 "반석에게 명령하여 물을 내라하라" 말씀하셨고, 모세가 그 말씀대로 하자 물이 나왔습니다. 하나님의 말씀은 이런 것입니다. 강력한 것입니다. 힘 있는 것입니다. 엘리야로 하여금 비슷한 기적을 행할 수 있게 한 것도 이 말씀입니다. 말씀은 연약한 사람을 능력으로 채워서 그의 말이 곧 명령이 되게 만듭니다.

그러나 그 능력을 진정으로 알고 싶다면 당연히 사복음서에 나오는 복되신 주님을 살펴보아야 합니다. 여러분은 그를 따라다녀 보았습니까? 무리 가운데 끼어서 그의 말씀을 들어 보았습니까? 그의 말씀을 듣는 자들이 뭐라고 했는지 보십시오. 그들은 놀랐습니다. 마태는 "이는 그 가르치시는 것이 권위 있는 자와 같고 그들의 서기관들과 같지 아니함일러라"라고 말하고 있습니다^{마 7:29}. 그를 잡으러 갔던 하속들도 "그 사람이 말하는 것처럼 말한 사람은 이때까지 없었나이다"라고 말했습니다^{요 7:46}. 여러분도 그 말씀의 능력을 느껴 보았습니까? 그의 말씀이나 그가 말씀하시는 방식이 그보다 앞서 있었던 모든 선생들의 말과 어떻게 다른지 주목해서 보았습니까? 그의 말씀에는 시험 삼아 하는 말이나 단순히 암시하는 말이 없었습니다. 그는 하나의 관점을 제시하지 않으셨습니다. 그는 말씀하셨습니다. 권세 있게 말씀하셨습니다.

그가 기적을 행하실 때 명령하셨다는 사실을 주목해서 보았습니까? 그는 '말씀으로' 기적을 행하셨습니다. 예수께서 하루는 몹시 지치셨습니다. 그래서 제자들과 함께 배를 타고 바다를 건너시다가 고물 쪽으로 가셨습니다. 그리고 거기 누워 잠이 드셨습니다. 그런데 큰 광풍이 일어났고 불쌍한 사도들은 근심과 절망에 사로잡혔습니다. 큰 물결이 치고 바람이 울부짖는 가운데 제자들은 언제 물에 빠져 죽을까 두려워했습니다. 그래서 주님을 깨우며 말했습니다. "선생님이여, 우리가 죽게 된 것을 돌보지 아니하시나이까?" 마가는 이렇게 기록하고 있습니다. "예수께서 깨어 바람을 꾸짖으시며 바다더러 이르시되 잠잠하라. 고요하라 하시니 바람이 그치고 아주 잔잔하여지더라"^{막 4:38-39}. 여러분은 여기에 주목했습니까?

주님은 저는 자도 명하여 걷게 하실 수 있었습니다. 그는 팔이 말라서 맥없이 늘어져 있던 한 남자에게 "네 손을 내밀라"라고 하셨습니다. 그러자 그의 손이 펴졌습니다^{막 3:1-5}. 그의 말씀은 마비된 팔에 힘을 불어넣었습니다. 그러나 무엇보다 놀라운 예를 한번 살펴보시기 바랍니다. 주님께는 나사로라는 가까운 친구가 있었습니다. 그가 죽어서 시신을 무덤에 안치한 지 나흘째 되던 날에 주님이 도착하셨습니다. 울고 통곡하며 가슴을 치는 나사로의 두 누이를 뒤로 하고 주님은 무덤으로 가셨습니다. 그리고 그 앞에 서서 무덤을 바라보셨습니다. 그후의 일을 요한은 이렇게 기록하고 있습니다. "큰 소리로 나사로야, 나오라 부르시니 죽은 자가 수족을 베로 동인 채로 나오는데……"^{요 11:43-44}. 우리는 바로 이런 말씀을 지금 함께 고찰하고 있습니다. 인간은 이런 일을 할 수가 없습니다. 지금 우리가 고찰하고 있는 것은 하나님의 말씀입니다.

그러나 복되신 주님께만 하나님의 말씀이 있었던 것은 아니었습니다. 사도들도 주님께 그 말씀을 받았습니다. 어느 날 오후 기도 시간에 베드로와 요한이 성전으로 올라가다가 날 때부터 앉은뱅이가 되어 미문 앞 길바닥에서 구걸하던 남자를 만난 사건을 보십시오. 그를 도와줄 수 있는 사람은 아무도 없었습니다. 그런데 베드로가 요한과 함께 그를 주목하여 보면서 말했습니다. "은과 금은 내게 없거니와 내게 있는 이것을 네게 주노니 나사렛 예수 그리스도의 이름으로 일어나 걸으라"행 3:6. 그러자 앉은뱅이가 즉시 일어나 걸었습니다. 이것은 이 책에 기록된 위대한 사건으로서, 스데반을 비롯한 신자들은 바로 이러한 기적을 행했기 때문에 심문을 받았습니다.

이들의 설교에 나타난 말씀의 능력도 보십시오. 이들이 한 말을 보십시오. 사도행전에서 "학문 없는 범인"이라고 일컬어졌던 어부 베드로 같은 사람이 오순절 날 예루살렘 거리에 서서 성경을 해설하는 모습을 보십시오. 여러분은 사도행전 2장에서 그의 말을 직접 읽어 볼 수 있습니다. "여기 무슨 특별한 게 있나?"라고 물을지도 모릅니다. 자, 제가 아는 것은 베드로가 잠깐 전한 이 말을 들은 자들이 "마음에 찔려" "형제들아, 우리가 어찌할꼬"라고 소리치기 시작했다는 것입니다행 2:37. 바로 이런 것이 말씀의 능력입니다!

그와 비슷하게 사도 바울은 고린도 교인들에게 이렇게 말했습니다. "형제들아, 내가 너희에게 나아가 하나님의 증거를 전할 때에…… 약하고 두려워하고 심히 떨었노라. 내 말과 내 전도함이 설득력 있는 지혜의 말로 하지 아니하고 다만 성령의 나타나심과 능력으로 하여-왜 그렇게 했습니까?-너희 믿음이 사람의 지혜에 있지 아니하고 다만 하나님의 능력에 있게 하려 하였노라"고전 2:1-5. 여기 세상을 뒤엎을 수 있는 말씀, 실제로 역사의 전반적인 흐름을 바꾸어 놓은 말씀이 있습니다. 이 말씀을 떠나서는 역사를 이해할 수가 없습니다.

이제 우리에게 가장 긴요하고 긴급한 주제에 이르렀습니다. 여러분은 말씀이 구원의 관점에서 우리를 다룰 때 그 능력을 발견하게 됩니다. 전에 읽은 구절을 다시 보시기 바랍니다.

"하나님의 말씀은 살아있고 활력이 있어 좌우에 날선 어떤 검보다도 예리하여 혼과 영과 및 관절과 골수를 찔러 쪼개기까지 하며 또 마음의 생각과 뜻을 판단하나니"히 4:12.

이것은 죄를 깨우치는 말씀, 깊이 있는 말씀, 침투하는 말씀입니다. 오, 사람의 말과 얼마나 대조되는지! 사람의 말은 너무나 피상적입니다. 정치인들과 철학자들의 말은 너무나 피상적입니다.

"하지만 심리학자들은 깊이 분석하는데요"라고 말할 수도 있습니다.

그러나 이 말씀과 나란히 놓고 비교해 보면 심리학자들이 하는 말도 그저 표면만 건드리는 것에 불과합니다. 그렇습니다. 참으로 죄를 깨우치며 사람의 속까지 침투하는 것은 오직 이 말씀밖에 없습니다.

여기 쓰이고 있는 용어에 주목하십시오. "좌우에 날선 어떤 검보다도." 한쪽에만 날이 있는 것이 아닙니다. 좌우에 날이 있습니다. 말씀은 두 배로 잘라 내며 완전히 잘라 냅니다. 말씀은 "예리"합니다. 이것은 하나님의 말씀이 날카롭다는 뜻입니다. 말씀은 침투합니다. 말씀은 곧장 속으로 내려가 모든 자기기만과 궤변과 핑계와 변명을 폭로하는 특질을 가지고 있습니다. 말씀은 "혼과 영과 및 관절과 골수를 찔러" 쪼갭니다. 삶의 구석구석에 파고듭니다.

이런 일을 할 수 있는 것은 말씀뿐입니다. 사람의 가르침은 각각 경험의 일부분에 영향을 주지만, 말씀은 경험의 모든 부분을 다룹니다. "혼과 영과 및 관절과 골수를" 분석하고 해부하며 열어젖힙니다. 더 나아가 성경은 말씀이 "마음의 생각과 뜻을 판단"한다고 말합니다. "판단"한다는 것은 말씀에 판단하는 특질, 분별하는 특질이 있다는 뜻입니다. 말씀은 재판석에 앉은 재판관처럼 증거를 가려내고 분석합니다. 변호인은 아주 그럴듯하게 자기 주장을 전개합니다. 일정 사실은 감추고, 다른 사실만 부각시키며 강조합니다. 아, 그러나 재판관이 떡 버티고 있습니다. 모든 진술을 분별하고 분석해서 그 경중을 적절하고 합당하게 판단할 능력을 가지고 있습니다. 이것이 "판단"한다는 말에 담긴 내용입니다. 또한 말씀은 우리 마음과 생각과 상상과 발상과 구상 속에 들어 있는 의도와 속생각을 판단하며, 마음이라고 불리는 존재의 깊은 곳을 판단합니다. 히브리서 기자는 그 점을 다음과 같이 요약해 주고 있습니다. "지으신 것이 하나도 그 앞에 나타나지 않음이 없고 우리의 결산을 받으실 이의 눈앞에 만물이 벌거벗은 것같이 드러나느니라"히 4:13.

이 모든 것이 의미하는 바는 말씀만이 세상에서 유일하게 인류의 진정한 문제를 드러낸다는 것입니다. 다른 말들은 그렇게 하지 못합니다. 사람들이 인류의 문제를 어떻게 각기 다르게 설명하고 있는지 알 것입니다. 어떤 이들은 지식과 교육과 문명의 부재가 문제라고 말합니다. 다른 이들은 "아니다. 정말 우리에게 필요한 것은 더 많은 돈과 더 나은 삶의 조건, 더 편리한 여행 시설과 더 좋은 음식이다"라고 말합니다. 이처럼 저마다 사소한 대책들을 제시하고 있지만, 그중 어느 것도 작금의 세상과 인류가 안고 있는 본질적인 문제를 정면으로 다루지 못합니다. 반복하건대, 사람의 깊은 곳까지 침투해 내려가서 그 실상을 폭로하고 드러내는 것은 이 말씀뿐입니다. 말씀은 사람들이 하나님께 순종하지 않는 것이 세상의 문제라고 말합니다. 살아있는 말씀을 듣는 대신 하나님을 반역하며 대적하는 것이 문제라고 말합니다. 이것이 유일한 대답입니다.

또한 이것은 우리 자신에 대해 온전한 진실을 이야기해 주는 유일한 말씀이기도 합니다. 정치인들은 절대 그렇게 하지 않습니다. 우리의 표를 원하기 때문입니다! 철학자들도 우리에 대한 진실을 말해 주지 않습니다. 그들은 우리가 죄나 악 같은 것은 존재하지 않는다고 믿기를 바라며, 죄나 악은 소극적인 특질 내지는 일정한 특질이 결여된 상태라고 믿기를 바랍니다. 그들 중 어느 누구도 죄가 적극적이며 능동적인 것이라고, 하나의 세력이라고 말하지 않습니다. 그들은 이 진리를 미워하며 이 진리에 반대합니다. 오직 하나님의 말씀만 우리에 대해 온전한 진실을 이야기해 줍니다. 우리는 모두 자신을 좋게 보고 싶어 하지만, 말씀은 나에게 아무 소망이 없으며 오직 새롭게 태어나야만 바로잡힐 수 있다고 말합니다. 나는 개선될 수 있는 존재가 아닙니다. 새롭게 지어져야 하는 존재입니다. "거듭나야" 하는 존재입니다. 새 마음과 새 영이 생겨나야 합니다. 이러한 나의 정체성에 대한 진실을 참으로 파고드는 것은 하나님의 말씀뿐입니다. 나는 분석하고 분별하며 침투하는 특질을 가진 이 말씀 앞에 노출되어 있습니다. 나는 부패한 사람입니다. 이 말씀은 위선을 행하고 합리화하려는 나의 의도, 가장하고 과시하려는 나의 모든 의도를 번번이 폭로합니다.

복되신 주님의 삶을 보면 알 수 있지 않습니까? 바리새인들이 왜 그렇게 주님을 미워했습니까? 왜 그렇게 독한 악의를 품었습니까? 특히 초기에는 주님이 바리새인들을 공격하거나 비판하지 않으셨는데도 그런 적의를 품은 이유가 무엇입니까? 그를 불쾌하게 여긴 이유가 무엇입니까? 답은 하나뿐입니다. 그가 자신들의 위선을 폭로하셨기 때문인 것입니다. 그는 자신들의 깊은 곳을 드러내셨습니다. 그들은 선생들로서 여느 사람들보다 훌륭한 자들이었습니다. 그들은 감출 줄 알았고 조작할 줄 알았습니다. "실제로 간음하지 않으면 간음죄를 범하지 않은 것"이라고 말하면서 마음으로는 간음하고 있었습니다. 그런데 주님은 바로 그 마음을 폭로하시고, 그 생각을 폭로하셨습니다. "속에서 곧 사람의 마음에서 나오는 것은 악한 생각 곧 음란과 도둑질과 살인과"막 7:21. 사람을 더럽히는 것은 밖에서 들어가는 것이 아니라 사람에게서 나오는 것입니다. 주님은 그들이 마음이 흉악하다고 말씀하셨습니다. 이것이 갈등의 원인이 되었습니다. 그 때문에 그들은 주님을 미워했습니다. 세리나 죄인들처럼 그들에게도 구원이 필요했지만, 그들은 그 구원을 받아 누릴 마음이 없었습니다.

요한복음 8장을 찾아 주님이 간음하다 잡힌 여인을 만나신 이야기를 읽어 보십시오. 고소하는 자들이 몰려와 있는데, 주님은 허리를 굽혀 모래 위에 무언가를 쓰고 계십니다. 그리고 몰려왔던 자들이 하나같이 슬며시 물러나 버립니다. 주님의 말씀이 그렇게 만든 것입니다. 언제나 살아있는 강력한 말씀, 분석하고 판단하고 침투하며 감추어진 모든 것을 폭로하는 말씀이 그렇게 만든 것입니다. 이 말씀은 모든 사람 앞에 두 가지 운명을 제시합니다. 여러분은 그중에 하나를 선택해야 합니다. 모세도 그것을 요구하지 않았습니까? 시내산에서 살아있는 말씀을 받아 백성들에게 전했던 그는 말년에 임종이 닥친 것을 알고 백성들을 전부 불러 모은 후 이렇게 말했습니다. "보라, 내가 오늘 생명과 복과 사망과 화를 네 앞에 두었나니"신 30:15.

바로 이것이 말씀이 하는 일이며, 말씀만 하는 일입니다. 다른 일들에 대해서는 사람들도 이런저런 말들을 해줄 수 있습니다. 이율을 올릴 것인가 내릴 것인가? 특정 유형의 교육을 채택할 것인가 말 것인가? 아, 이런 일들에 대해서는 사람들도 말을 해줄 수 있고, 이런 일들도 일시적인 차원에서는 당연히 중요합니다. 그러나 그 어떤 말도─철학자와 시인들의 말을 포함해서─여러분에게 궁극적인 질문을 들이밀지는 않습니다. 그 궁극적인 질문이란 하나님과 사람 중에 무엇을 택하겠느냐 하는 것입니다. "생명과 복"과 "사망과 화" 중에 무엇을 택하겠느냐 하는 것입니다. 에발산과 그리심산 중에 무엇을 택하겠느냐 하는 것입니다. 이 길과 저 길 중에 무엇을 택하겠느냐 하는 것입니다. 반석 위에 집을 짓는 것과 모래 위에 집을 짓는 것 중에 무엇을 택하겠느냐 하는 것입니다. 세상에는 좁은 길과 넓은 길, 두 길밖에 없습니다.

이처럼 여러분은 말씀, 바로 이 말씀 안에서만 인생의 궁극적인 운명과 근본적인 문제들에 직면하게 됩니다. 히브리서 4장은 여호수아의 이야기를 해주고 있습니다. 그도 죽음을 앞두고 똑같은 선택을 백성들 앞에 요구했습니다. "너희가 섬길 자를 오늘 택하라"수 24:15. 바로 이것이 여러분과 제가 이 말씀에 귀를 기울여야 하는 이유이며, 스데반이 산헤드린에 호소하는 이유이고, 히브리서 기자가 히브리 그리스도인들에게 호소하는 이유입니다. 여러분, 여러분의 영원한 운명은 이 말씀에 어떻게 반응하느냐에 달려 있습니다. 이것이 히브리서 기자의 전체적인 주장입니다. 그는 "너희 조상들을 생각해 보라. 그들은 말씀을 들었는데도 광야에서 죽었고 가나안 땅에 들어가지 못했다. 왜 들어가지 못했는가?"라고 묻습니다. "들은 바 그 말씀이 그들에게 유익하지 못한 것은 듣는 자가 믿음과 결부시키지 아니함이라"히 4:2.

마지막으로, 이 말씀이야말로 우리에게 구원을 줄 수 있는 유일한 말씀입니다. 바울은 "내가 복음을 부끄러워하지 아니하노니"라고 말합니다. 왜 부끄러워하지 않습니까? "이 복음은 모든 믿는 자에게 구원을 주시는 하나님의 능력이 됨이라"롬 1:16. 이 말씀은 추하고 더럽고 무력한 내 모습을 전부 드러냅니다. 그러나 감사하게도 드러내는 데서만 그치지 않습니다. 모세는 우리를 정죄하는 율법을 받았지만, 우리의 구주, 구원자가 오신다는 예언도 했습니다. 이것은 중대한 메시지입니다. 히브리서 기자는 4장에서 그 메시지로 나아가고 있습니다. "그러므로 우리에게 큰 대제사장이 계시니 승천하신 이 곧 하나님의 아들 예수시라. 우리가 믿는 도리를 굳게 잡을지어다"히 4:14. 그는 구주와 그의 영광스럽고 힘 있는 구원에 대해 이야기합니다. "그런즉 안식할 때가 하나님의 백성에게 남아 있도다"히 4:9.

친애하는 여러분, 길을 잃었다는 것을 깨달을 때, 죄책감이 들 때, 실패했을 때, 죄로 인해 낙심될 때, 죽음이 두렵고 심판이 두렵고 영원한 세계가 두려울 때, 여러분에게 말을 해줄 수 있는 것은 세상에서 오직 이 말씀 한 가지뿐입니다. 오직 이 말씀만 여러분에게 위로와 평안을 말할 수 있으며 소망을 줄 수 있습니다. 이 말씀이 전하는 것이 무엇입니까? 죄사함의 메시지입니다. 주님은 가장 지독한 죄인에게도 "네 죄사함을 받았느니라"라고 말씀하실 수 있었고막 2:9, 간음하다가 잡혀 온 여자에게도 "너를 고발하던 그들이 어디 있느냐.……가서 다시는 죄를 범하지 말라"라고 말씀하실 수 있었습니다요 8:10, 11. 그 말씀이 바로 여기 있습니다. 이것은 우리에게 죄사함을 보장해 주는 권세 있는 말씀입니다.

오순절 날 사람들은 베드로에게 소리쳤습니다. "형제들아, 우리가 어찌할꼬." 그들에게 돌아온 대답은 이것입니다. "너희가 회개하여 각각 예수 그리스도의 이름으로 세례를 받고 죄사함을 받으라. 그리하면 성령의 선물을 받으리니"행 2:38. 바로 이것입니다. "주 예수를 믿으라. 그리하면 너와 네 집이 구원을 받으리라"행 16:31. 바로 여기 답이 있습니다. 강력한 답이 있습니다. 하나님은 사랑이시므로 우리를 용서하신다고 말한 이는 사람이 아닙니다. 하나님의 아들입니다. "내가 너희 죄를 위해 죽었기 때문에 너희를 용서한다. 너희가 받을 벌을 내가 이미 다 받았다. 너희 죄를 속하는 제물로 내 영혼을 바쳤다. 그러니 나를 믿어라. 내게로 나오너라."

또한 이 말씀은 죄를 사해 준다고만 말하는 것이 아니라 새롭게

출발하게 해주며 새 생명을 주어 거듭나게 해주겠다고 말합니다. 주
님은 무에서 유를 만들어 내실 수 있습니다. 새롭게 출발하게 해주
실 수 있습니다. 그가 자신의 능력으로 여러분을 채워 주시며, 영광
의 나라에 안전히 이르도록 함께하시면서 인도해 주실 것입니다. "너
희가 거듭난 것은 썩어질 씨로 된 것이 아니요 썩지 아니할 씨로 된
것이니 살아있고 항상 있는 하나님의 말씀으로 되었느니라"벧전 1:23.
말씀은 "긍휼하심을 받고 때를 따라 돕는 은혜를 얻기 위하여 은혜
의 보좌 앞에 담대히 나아갈" 수 있게 해줍니다히 4:16. 하나님이 계시
고 거룩한 천사들이 있는 영광의 광경을 볼 수 있게 해줍니다. 복음
을 믿는 자들에게 주실 "썩지 않고 더럽지 않고 쇠하지 아니하는 유
업……곧 너희를 위하여 하늘에 간직하신 것"을 얻을 수 있도록 준비
시켜 줍니다벧전 1:4.

제가 잊지 않고 꼭 일깨워 드려야 할 사실이 있습니다. "지으신 것
이 하나도 그 앞에 나타나지 않음이 없고 우리의 결산을 받으실 이의
눈앞에 만물이 벌거벗은 것같이 드러나느니라"히 4:13. 마지막 청산을
해야 할 때가 오고 있습니다. 모든 사람이 한분 앞에서 청산을 해야
합니다. 그 한분은 바로 살아계신 하나님입니다. "한번 죽는 것은 사
람에게 정해진 것이요 그후에는 심판이 있으리니." 그 심판의 기준이
무엇인지 아십니까? 제가 알려 드리겠습니다. 심판 날에 여러분은 오
늘 밤 여기에서 들은 것, 곧 이 말씀을 기준으로 심판받을 것입니다.
말씀은 세대와 세대를 넘어 지속될 뿐 아니라 영원히 지속됩니다. 주
님의 말씀을 들어 보십시오.

"나는 빛으로 세상에 왔나니 무릇 나를 믿는 자로 어둠에 거하지
않게 하려 함이로라. 사람이 내 말을 듣고 지키지 아니할지라도 내가
그를 심판하지 아니하노라. 내가 온 것은 세상을 심판하려 함이 아니
요 세상을 구원하려 함이로라. 나를 저버리고 내 말을 받지 아니하는
자를 심판할 이가 있으니 곧 내가 한 그 말이 마지막 날에 그를 심판
하리라."요 12:46-48.

저도, 여러분도 죽은 후에 심판하시는 하나님 앞에 서야 합니다.

그는 자신의 형상대로 인간을 만드셨으며 완벽하게 만드셨다는 사실을 상기시키실 것이며, 여러분에게 율법을 주셨고 구원의 길을 보여주셨으며 그 아들까지 세상에 보내 주셨다는 사실을 상기시키실 것입니다. 아들은 하나님의 말씀 그 자체입니다. 그가 오셔서 여러분에게 필요한 모든 일을 해주셨습니다. 여러분은 그 말씀을 들었기 때문에 영원한 심판대 앞에서 지옥으로 떨어진다 해도 변명할 말이 없습니다.

그는 사랑의 하나님으로서 우리에게 말씀해 주셨습니다. 필요한 모든 일을 다 해주셨습니다. 하나님 편에서 더 하셔야 할 일은 하나도 없습니다. 이 살아있는 말씀을 들었습니까? 자신의 죄가 사함받았다는 것을 알고 있습니까? 자기 속에 새 생명이 있는 것을 느끼고 있습니까? 자신이 하나님의 자녀가 되었다는 것을 인식하고 있습니까? 자신을 비롯하여 하나님의 모든 백성을 맞이하기 위해 기다리고 있는 영원한 세계를 고대하는 마음이 생기기 시작했습니까?

친애하는 여러분, 이 말씀은 살아계신 하나님의 말씀이기 때문에 살아있습니다. 생명에 대해 이야기해 주는 이 말씀, 생명을 주고 더 풍성히 주는 이 말씀을 듣지 못한 채 이 자리를 뜨는 분이 아무도 없기를 소망합니다.

07

하나님의 메시지

이스라엘 자손에 대하여 하나님이 너희 형제 가운데서
나와 같은 선지자를 세우리라 하던 자가 곧 이 모세라.
시내산에서 말하던 그 천사와 우리 조상들과 함께 광야
교회에 있었고 또 살아있는 말씀을 받아 우리에게 주던
자가 이 사람이라.

사도행전 7:37-38

스데반은 산헤드린을 향해 그들이 하나님의 말씀, 곧 "살아있는 말씀"을 받았다는 점에서 유일무이한 존재임을 깨닫는 것이야말로 모세와 그들의 나라를 이해하는 열쇠라고 말했습니다. 더 나아가 바로 그 말씀을 그들이 거절하고 있다는 것도 밝혔습니다. 저 또한 이 자리에서 오늘날 그리스도를 거절하는 자들은 바로 산헤드린의 옛 잘못을 되풀이하는 것이라고 말하는 바입니다. 이 말씀과 어떤 관계를 맺느냐에 따라 한 개인이나 나라가 달라진다는 말은 오늘날에도 그대로 해당되는 진리입니다. 지난 수세기 동안 진리였듯이 지금도 진리인 것입니다. 그리스도인과 다른 이들을 가르는 차이점은, 그리스도인은 말씀을 받아들이고 거기 복종하는 반면 다른 이들은 거절한다는 것입니다. 이 얼마나 큰 비극입니까!

다른 식으로 설명해 보겠습니다. 모세가 살았던 세상이나 그보다 더 거슬러 올라가 아브라함이 살았던 세상과 요셉이 살았던 세상, 위대한 영웅들과 믿음의 거인들이 살았던 세상에서 살고 싶다는 생각이 듭니까? 그들은 정말 대단한 사람들이었습니다! 그들 또한 여러분과 제가 살고 있는 세상과 똑같은 옛 세상에 살면서 우리와 똑같은 스트레스와 시험을 받았습니다. 제트기가 없는 시대에 살았으니 스트레스도 없었을 것이라는 어리석은 생각은 하지 맙시다. 그들에게도 당연히 스트레스가 있었습니다. 어느 시대든지 인생은 어렵고 괴로운 것이었으며 투쟁이었습니다. 그들은 우리와 같은 성정을 가지고 있었습니다. 우리와 똑같이 허약하고 연약한 사람들로서 세상과 육신과 마귀의 대적을 받았습니다. 그런데도 인생을 비웃으며 끝까지 달려가 결국은 당당하고 영광스럽게 삶을 마무리한 거인으로, 큰 위인이자 영웅으로 우뚝 섰습니다. 여러분도 그렇게 되고 싶습니까? 그들처럼 살고 싶습니까? 여러분을 낙심시키는 일들이나 문제들에서 벗어나고 싶습니까? 자, 그 유일한 방법이 여기 있습니다. 하나님의 말씀을 받아들이고 거기 복종하십시오.

우리가 이 질문을 검토하는 이유가 여기 있습니다. 이것은 기독교 전체를 여는 열쇠입니다. 기독교는 말씀입니다. 인간에게 주신 하나님의 말씀이자 하나님의 계시입니다. 살아있으며 판단하는 하나님의 말씀입니다. 성경은 하나님이 주신 말씀, 살아있는 하나님의 말씀입니다. 전부 다 그렇습니다. 이것은 기본적인 진리입니다. 모세는 살아있는 말씀을 **받았습니다.** 연구 작업을 하러 산에 오르거나 하나의 철학을 만들어 내기 위해 시간을 들여 머리를 싸매고 생각하지 않았습니다.

우리는 하나님의 말씀이 우리를 판단하신다는 점을 살펴보았습니다. 말씀은 우리 속으로 내려와 "혼과 영과 및 관절과 골수를 찔러" 쪼갭니다히 4:12. 이것이 강력한 말씀, 힘 있는 말씀, 기적의 말씀이라는 점도 살펴보았습니다. 말씀은 단 두 가지 가능성, 즉 하나님 편에 설 것인가 그를 대적할 것인가 하는 중대하고 영원한 가능성을 우리에게 들이밉니다. 오늘날 세상에서 중요한 구별이 있다면 바로 이것뿐입니다.

그렇다면 이 말씀이 전하는 메시지는 무엇일까요? 말씀의 일반적인 특징은 이미 살펴보았습니다. 그런데 이 말씀이 실제로 우리에게 전하고 있는 내용은 무엇일까요? 스데반은 모세가 산에 올라가 "살아있는 말씀을 받아 우리에게" 주었다고 말합니다. 모세는 그렇게 했습니다. 물론 스데반은 하나님이 산에서 모세에게 주신 율법에 특별한 관심을 기울이고 있는데, 저는 "살아있는 말씀"이라는 이 말에 '모세오경'이라는 성경의 첫 다섯 권—십계명뿐 아니라 모세가 받은 계시 전체—을 쓰게 만든 모든 내용이 포함되어 있다고 믿습니다.

성경의 주장은 시내산 계시야말로 하나님의 말씀이 주어진 유일한 사건이라는 것입니다. 선지자들이 받은 말씀도 이 말씀이었습니다. 어떤 의미에서 그들은 모세가 받은 율법의 해설자에 불과했습니다. 그들은 율법을 열심히 살펴서 자기 시대와 세대에 적용했습니다. 그러나 그것은 전부 하나님의 영원한 말씀, 동일한 그 말씀이었습니다. 우리는 하나님의 말씀이 이런저런 사람들에게 임하였고, 후에 빈 들에 있던 세례 요한에게 임했으며눅 3:2, 하나님의 아들에게도 임했다는 기록을 읽습니다. 주님은 말씀하셨습니다. "내가 내 자의로 말한 것이 아니요 나를 보내신 아버지께서 내가 말할 것과 이를 것을 친히 명령하여 주셨으니"요 12:49.

사도들이 우리에게 전한 것이 스스로 묵상하고 생각하고 추론한 결과물에 불과할까요? 절대 그렇지 않습니다. 그들은 계시를 전했습니다! 바울은 "나는 사명을 받았노라"라고 말합니다고전 9:17. "우리는 우리를 전파하는 것이 아니라 오직 그리스도 예수의 주되신 것……을 전파함이라"고후 4:5. 말씀은 주어진 것입니다! 바울은 "우리는 믿음의 반포자요 수호자요 보관자일 뿐이며 하나님의 비밀스러운 말씀의 청지기일 뿐"이라고 말하고 있습니다.

이처럼 성경은 전부 하나님의 말씀입니다. 성경은 구약과 신약으로 나뉘어 있는데, 많은 이들은-제가 알기에 일부 그리스도인들도-우리가 여전히 구약을 읽고 있다는 사실에 큰 놀라움을 표시하곤 합니다. 실제로 제가 1세기에 죽은 스데반의 말을 자꾸 반복하는 것에 놀라는 이들도 있을 것입니다. 그런 사람들은 제가 말한 전체적인 요점을 놓치고 있는 것입니다. 말씀은 영원한 것입니다. 아브라함에게 임한 하나님의 말씀은 그 당시에 아브라함에게 해당되었던 것과 똑같이 오늘날 우리에게도 그대로 해당됩니다. 말씀은 언제나 동일합니다. 변하지 않습니다. 그렇기 때문에 성경 전체를 받아들여야 하는 것입니다.

구약과 신약 사이에 연관성이 있을까요? 당연히 있습니다. 둘 다 하나님의 말씀이기 때문입니다. 구약과 신약을 바라보는 올바른 관점은 이것입니다. 구약은 신약을 예언하고 예비하는 책이자 신약으로 나아가는 책입니다. 두 책은 다르면서도 동일합니다. 모세에게 주신 말씀은 산헤드린 공회원들이 거절하는 바로 이 예수를 가리키는 말씀이었습니다. 이것이 스데반이 하고 있는 말의 전체적인 요점입니다. 그러므로 그가 구약 전체를 다룬 것은 지극히 합당한 일입니다.

이제 저는 구약과 신약의 메시지가 무엇인지 보여드리고자 합니다. 여러분과 저와 온 인류에게 필요한 이 메시지의 내용은 무엇입니까? 하나님 말씀의 내용은 무엇입니까? 그것이 우리에게 전하고 있는 바는 무엇입니까? 우리는 곤경에 빠진 현대세계에 살고 있으며-우리 모두 그 사실을 알고 있습니다-여러분은 하나님의 말씀이기 때문에 유일무이하며 특별한 말을 듣기 위해 이 자리에 와 있습니다. 그 내용이 무엇입니까? 모세는 그 말씀을 받아 우리에게 전해 주고 넘겨주었습니다. 그 말씀이 다루는 내용이 무엇입니까? 제가 요약해 보겠습니다. 기억을 되살리기 위해 출애굽기 20장에 기록된 십계명을 다시 읽어 보십시오. 십계명은 위대한 하나님의 말씀을 요약해 놓은 것입니다. 오늘 밤 사람들이 알아야 하는 것이 무엇입니까? 여러분이 이 자리에 와 있는 이유가 무엇입니까? 지금 여러분은 남들이 하지 않는 일을 하고 있습니다. 영국의 대다수 국민들은 제가 제기하는 이런 질문들을 제기하지 않습니다.

우리는 모두 같은 이유 때문에 이 자리에 모여 있습니다. 각양각색의 곤경에 빠져 있기 때문에 이 자리에 모여 있는 것입니다. 우리는 각자 어떤 부분에서 불행을 느끼고 있기 때문에 이 자리에 와 있습니다. 자신이 실패했다는 것과 약하다는 것을 알기 때문에, 자신의 수치와 두려움을 알기 때문에, 죽음을 생각하기가 싫고 죽은 후에 무슨 일이 일어날지 모르기 때문에, 그 불확실성 때문에 이 자리에 와 있습니다. 이것이 우리가 이 자리에 모여 있는 이유입니다. 어떤 식으로든 자신의 필요를 의식하지 못하는 사람은 이 말씀에 귀를 기울이지 않습니다. 다른 이들은 말씀을 조롱합니다. 그러나 여러분은 이 자리에 와 있고, 그 선택은 옳은 것입니다.

자, 문제는 이것입니다. 여러분에게 필요한 말은 무엇입니까? 정치적인 말입니까? 절대 아닙니다! 정치 연설을 무수히 들었지만 여러분의 문제는 해결되지 않았습니다. 심리학자의 말을 듣고 싶습니까?

자, 그들의 말도 많이 들었지만 아무 도움이 안 되지 않았습니까? 세상이 제공하는 다른 말들은 우리를 도와주지 못하며 우리 문제를 건드리지 못합니다. 왜 그렇습니까? 그 말에는 전부 치명적인 오류가 있기 때문입니다. 그들은 잘못된 지점에서 출발하고 있습니다. 마치 우리가 최우선적으로 중요한 존재인 양 우리 자신에게서 출발하고 있는 것입니다. 그러고서 만병통치약을 제공하지만, 그것은 우리를 돕지 못하며 만족시키지 못합니다. 그들은 전부 틀렸습니다. 출발부터 잘못되어 있습니다.

하나님의 말씀은 무엇입니까? 그 내용은 무엇입니까? 그 메시지는 무엇입니까? 자, 여기 말씀이 있습니다. 말씀은 하나님에게서 출발합니다. 하나님에게서! 이 점은 아무리 강조해도 지나치지 않습니다. 이스라엘 자손과 다른 모든 나라들의 차이점은, 이스라엘은 하나님의 백성이었고 하나님은 그들에게만 말씀하셨다는 이것입니다. 다른 나라들에게는 말씀하시지 않았습니다. 그들에게만 말씀하셨습니다. 하나님이 그들을 하나의 나라로 세우신 것은 이처럼 그들에게 말씀하시기 위함이었으며 살아있는 말씀을 주시기 위함이었습니다. 바울이 로마서 3장과 9장 서두에서 강조하고 있는 점이 바로 이것입니다.

다른 나라에도 신이라고 불리는 것들이 있었습니다. 그들은 나무나 금이나 은이나 귀금속으로 우상을 만들었습니다. 자신들의 신을 새겼습니다. 그리고 신전을 세워 그 신들을 경배했습니다. 이처럼 그들에게도 다른 신들이 있었습니다. 해와 달과 별의 신들이 있었습니다. 그들 중에는 나무와 돌과 자연물에 정령이 있다고 믿는 자들도 있었고 강신술사들도 있었습니다.

이것이 다른 나라들의 특징이었습니다. 그러나 구약성경이 특별히 지적하고 있듯이 그들의 신들은 죽은 존재라는 데 난점이 있었습니다. 몇몇 시편이 그 점을 어떻게 탁월하게 야유하고 있는지 보십시오. 시편기자는 이방인들에게 그들의 신을 한번 보라고 말하며, 이스라엘 자손에게 그들이 어리석게도 이스라엘의 하나님께 등을 돌리고 새로이 의지하고 있는 신들을 한번 보라고 말합니다. "너희 신들을 한번 보라"고 말합니다. "입이 있어도 말하지 못하며 눈이 있어도 보지 못하며 귀가 있어도 듣지 못하며 코가 있어도 냄새 맡지 못하며 손이 있어도 만지지 못하며 발이 있어도 걷지 못하며 목구멍이 있어도 작은 소리조차 내지 못하느니라"시 115:5-7. 그들은 죽은 존재입니다. 살아 있는 데가 한 군데도 없습니다. 이사야는 "너희 손으로 만든 신들은 움직이지도 못해서 너희가 옮겨 주어야 한다"라고 덧붙입니다사 46:6-7. "이것이 너희 신들의 실상인데, 어리석게도 그렇게 말도 못하고 생명도 없는 죽은 우상들을 섬기는구나"라고 말합니다. 이처럼 이스라엘 자손은 원래 이방인들과 놀라운 대조를 이루는 백성이었습니다.

마찬가지로 하나님 밖에 있는 세상의 전성기와도 비교해 보십시오. 그리스의 위대한 철학자들과도 비교해 보십시오. 아, 그들은 학식 있는 자들이었습니다. 그들은 하나님을 찾아 헤맸습니다. 인생의 문제를 알고 있었으며 그 배후에, 모든 것 위에 누군가가 있음을 감지했지만, 그를 발견하지는 못했습니다. 그래서 아덴 사람들이 **알지 못하는 신에게**라고 새긴 제단을 세운 것입니다행 17:23. 그들에게 있는 것은 자신들의 생각뿐이었습니다. 그들은 명철한 사상가들이었습니다. 그리스도를 전하기 위해 그리스 철학자들의 위대성까지 깎아내릴 필요는 없습니다. 다만 사람들이 그리스도보다 그리스 철학을 더 신뢰하기 때문에 그들의 어리석음을 밝히는 것일 뿐입니다. 전성기의 그리스 철학도 한낱 인간의 시도에 불과했습니다. 그리스의 신들은 생명이 없는 죽은 것들이었습니다.

그러나 이스라엘 자손은 "살아계신 하나님", 온 우주를 창조하신 하나님, 역사의 하나님, 행동하시는 하나님, 개인과 나라의 삶에 개입하시는 하나님에 대해 알고 있었습니다. 그는 말 못하는 우상이나 생명 없는 물체가 아닌 살아계신 하나님입니다! 한 가지 중요한 그림을 가지고 설명해 보겠습니다. 그 그림은 큰 시합, 큰 대결을 다루고 있는 갈멜산 이야기에 나옵니다. 한편에는 하나님을 대표하는 선지자 엘리야가 있고, 반대편에는 850명 – 한 우상을 섬기는 일파 400명, 또 다른 우상을 섬기는 일파 450명 – 의 거짓 선지자들이 있습니다. 850

명 대 한 명의 시합이 벌어진 것입니다. 그들은 자신들이 섬기는 신들이야말로 진짜 신이라고 주장하면서, 어리석은 이스라엘 자손을 설득하여 이스라엘의 하나님을 버리고 그 신들을 좇게 했습니다.

그리고 중대한 시험의 순간이 닥쳤습니다. 과연 누구의 말이 옳을까요? 살아계신 하나님의 종 엘리야는 쉽게 시험할 방법이 있다고 말했습니다. 그가 제시한 방법은 이것입니다. "산에 올라가자. 거기서 너희도 제단을 쌓고, 나도 제단을 쌓는 것이다. 너희도 송아지를 잡아서 각을 뜨고, 나도 송아지를 잡아서 각을 뜨는 것이다. 그다음에 불을 붙일 나무 등속을 모아서 쌓아라. 나도 그렇게 하겠다. 그 위에 각자 각 뜬 송아지를 올려놓자. 시험 방법은 이것이다. 너희 신들에게 하늘에서 불을 내려 그 제물을 태워 달라고 구해라. 나도 구하겠다. 그 기도에 불로 응답하는 신이 진짜 신이다."

그들은 그대로 했습니다. 850명이 먼저 시도했습니다. 엘리야가 우선권을 주었습니다. 그들은 모든 것을 제자리에 놓고 기도하기 시작했습니다. 그러나 아무 일도 일어나지 않았습니다. 정오가 되자 엘리야가 조롱하며 말했습니다. "무슨 문제라도 있는 건가? 왜 자네들 신이 응답을 하지 않지?" 그다음에 그가 유쾌하고도 멋지게 야유하는 말은 요컨대 이런 것입니다. "자네들 신이 자고 있나 보네. 그러게 더 크게 소리를 질렀어야지. 어디 여행을 갔는지도 모르겠군. 그래서 못 듣는걸 거야. 이보게들, 좀더 크게 소리쳐 보라고. 틀림없이 있을 거야. 자네들이 있다고 했으니 당연히 있겠지. 자네들 신은 아주 놀라운 신이라면서. 그러니 소리쳐 보라고! 대체 왜 응답을 하지 않는 걸까?"

그래서 그들은 비명과 고함을 지르고 칼과 창으로 몸에 상처까지 내면서 몸부림을 쳤습니다. 그런데도 아무 일도 일어나지 않았습니다. 왜 그랬을까요? 아무것도 없었기 때문입니다. 아무것도 없었습니다! 그들의 신은 죽은 신, 우상, 허깨비, 헛것이었습니다.

그다음으로 엘리야가 자기 단을 쌓고 말했습니다. "통 넷에 물을 채워다가 번제물과 나무 위에 부으라." 사람들이 그대로 하자 제단 주변에 일종의 도랑이 생겨났습니다. 엘리야는 조용히 하나님께 기도했습니다. "아브라함과 이삭과 이스라엘의 하나님 여호와여, 주께서 이스라엘 중에서 하나님이신 것……을 오늘 알게 하옵소서. 여호와여, 내게 응답하옵소서. 내게 응답하옵소서." 그러자 하나님이 그의 기도를 들으시고 불을 내려서 제물을 태우고 도랑의 물까지 말려 버리셨습니다. 엘리야는 "불로 응답하는 신, 그가 하나님이니라"라고 말했는데, 과연 하나님이 그 종을 높여 주시고 자신을 나타내 주신 것입니다 왕상 18:19-39.

친애하는 여러분, 구약성경을 다시 읽어 보십시오. 구약성경에서 하나님을 배울 때에는 반드시 하나님에게서 출발해야 합니다. 한 사람을 통해 나라를 세우시고 그 나라를 원수에게서 구원하신 하나님, 기적의 하나님에게서 출발해야 합니다. 이것은 역사입니다. 순전하고도 확실한 역사입니다. 그 기록을 읽어 보십시오. 다음과 같은 가정을 세우지 않고서는 도저히 설명할 수 없을 것입니다. 그는 "살아계신 하나님", 기도를 들으시며 응답하시는 하나님, 여러분을 위해 일들을 이루시는 하나님, 여러분의 삶을 바꾸고 여러분에게 새 본성을 주어 새 사람을 만드시며 새 힘과 능력을 주시는 하나님입니다.

그는 살아계신 하나님이기에 또한 유일하신 하나님입니다. 하나님은 십계명에서 그 점을 강조하고 계십니다. "다른 신들을 만들지 말라. 다른 신에게 절하지 말라. 너희가 만들어 낸 거짓된 것들과 나를 같은 범주에 넣지 말라."

현대세계는 이 점을 알 필요가 있습니다. 현대세계에는 우상숭배가 넘쳐나고 있습니다. 이 밤에도 우상을 숭배하고 있습니다. 물론 실제로 나무나 귀금속으로 우상을 만들지는 않습니다. 이런 말까지 해도 될는지 모르겠지만, 그러나 자동차를 만들고 있지 않습니까? 사람들은 자기 자신을 경배하고, 인간의 능력을 경배하며, 우리가 우주 공간으로 보낸 우주비행사들을 경배합니다. 놀랍지 않습니까! 사람들은 과학을 경배합니다! 마치 과학이 신이라도 되는 것처럼, 지각을 가진 생명체라도 되는 것처럼 경배하는 것입니다!

그렇습니다. 우리가 경배하는 것은 인간입니다. 다름 아닌 인간입니다. 객관화되고 체계화된 인간의 생각입니다. 엘리야시대 사람들이 850명의 거짓 선지자들에게 영향을 받아 하나님 섬기는 일을 우습게 여겼던 것처럼 요즘 사람들도 그렇게 하고 있습니다. 오늘날 세상은 거짓 신들을 섬기고 있습니다. 그러나 어려운 위기의 순간에 그 신들은 침묵할 것이며 아무 도움도 주지 못할 것입니다. 우리 앞에 있는 세상이 도덕적으로나 다른 모든 영역에서 눈에 띄게 무너지고 있는 것이 바로 그 때문입니다. 현대인의 신들은 무용지물입니다. 가장 필요할 때 우리를 실망시킵니다. 오, 그러나 하나님은 살아계십니다! 하나님은 한분입니다! 유일하게 참되고 살아계신 분입니다!

하나님의 특징이 무엇입니까? 거룩하신 분이라는 것입니다. "내가 거룩하니 너희도 거룩할지어다"벧전 1:16. "하나님은 빛이시라. 그에게는 어둠이 조금도 없으시다는 것이니라"요일 1:5. 오, 인간이 만든 신들과 얼마나 대조가 되는지! 우리 인간들과 얼마나 대조가 되는지! 그는 의의 하나님이요 공의의 하나님이요 진리의 하나님이요 거룩하신 하나님입니다. 우리는 하나님을 이해하지 못합니다. 정의하지도 못합니다. 우리가 아는 것은 오직 그가 자신의 어떤 속성들, 자신에 대한 진리들을 계시해 주셨다는 사실뿐입니다. 하나님은 영광 그 자체로서 사람의 말로 묘사되지 않는 분임에도 기꺼이 자신에 대한 진리를 계시해 주셨습니다.

저는 하나님과 그의 존재 및 본질을 이해하는 데 도움이 되는 방법을 찾아냈는데, 그 방법이란 이것입니다. 그는 여러분과 제가 세상에서 익히 알고 있는 것들과 영원히 반대되는 분입니다. 우리가 아는 것이 무엇입니까? 이기심과 사리사욕입니다. 진리가 아닌 거짓입니다. 영원한 의가 아닌 위장과 속임수입니다. 말할 수 없이 아름답고 빛나고 깨끗하고 거룩한 것이 아닌 추한 것입니다. 우리가 아는 것이 무엇입니까? 욕심과 정욕과 욕망입니다. 거짓말을 하실 수 없는 하나님, "눈이 정결하시므로 악을 차마 보지 못하시며 패역을 차마 보지" 못하시는 하나님은 이런 것들을 생각조차 하실 수가 없습니다합 1:13. 여러분, 세상은 하나님이 이런 분이라는 것, 이렇게 거룩하신 분이라는 것, 세상 위에 계신 분이라는 것을 무엇보다 먼저 알아야 합니다. 그는 세상을 만드신 분이자 세상을 존재하게 하신 분이며, 세상의 주인이시고, 세상을 그 손으로 지탱하고 계시는 분입니다.

하나님이 자신에 대해 계시해 주신 또 다른 사실은 그가 우리의 경배를 요구하신다는 것입니다. "너는 나 외에는 다른 신들을 네게 두지 말라. 너를 위하여 새긴 우상을 만들지 말고"출 20:3-4. 하나님은 현대세계를 향해, 교육과 문화를 경배하고 철학과 과학과 지식을 경배하며 모든 놀라운 발전을 경배하는 세상을 향해 이렇게 말씀하십니다. 그런 세상을 향해 "그런 것들에게 절하지 말라. 그런 것들은 너희를 파멸시키고 너희의 모든 문명을 파탄 나게 만드는 거짓 신들이다. 나를 경배하라. 오직 나만 경배하라"라고 말씀하십니다. "나는 여호와이니 이는 내 이름이라. 나는 내 영광을 다른 자에게, 내 찬송을 우상에게 주지 아니하리라"사 42:8.

이제 제가 설명하려는 것은 세상이 왜 이 모양이 되었는가 하는 점입니다. 하나님은 "나 네 하나님 여호와는 질투하는 하나님"이라고 말씀하십니다출 20:5. 여러분과 제가 이것을 믿느냐 믿지 않느냐를 떠나서, 하나님은 어떤 우상이든 자신의 옆에 나란히 세우는 것을 참지 못하시며 참지 않으십니다. 그렇습니다. 하나님은 그것들을 깨뜨려 버리십니다! 여러분이 하나님 옆에 우상을 세울 때, 그 옛날 다곤을 깨뜨리셨듯이 그 우상도 깨뜨려 버리실 것입니다. 하나님은 지금 현대세계에서 그 일을 하고 계십니다. 여러분과 제가 살고 있는 이 어리석은 20세기를 보십시오. 우리는 스스로 새로운 신으로 등극했습니다. 이 일은 100년 전 빅토리아시대 때 '고등비평'의 형태로 위장한 독일 철학과 함께 시작되었습니다. 사람들은 하나님을 한쪽으로 밀어내고 계시를 내버렸으며, 그 자리에 인간의 능력으로 새 세상을 만들 수 있다는 믿음과 학문숭배와 인간의 지각을 올려놓았습니다.

부끄럽게도 우리 선조들은 정치인들도 경배하기 시작했습니다. 바로 이 강단에서도 그런 일이 빈번히 일어났습니다. 제1차 세계대전 발발 전, 중요한 날이 되면 정치인들이 그리스도인 회중에게 연설하도록 이곳을 빌리곤 했습니다. 마치 정치인들이 우리에게 길을 보여줄 수 있는 것처럼 말입니다! 그후에 우리는 일부 정치인들의 전기와 자서전들을 읽으면서 그들이 진흙 발의 '신[1]'이라는 것, 아니 그런 신조차 못 된다는 것을 알게 되었습니다. 그런데 어리석게도 그런 자들을 경배하고, 그것이 새 예루살렘으로 들어가는 길이라고 믿었던 것입니다. 얼마나 어리석은 짓인지! 얼마나 터무니없는 짓인지!

여러분은 하나님이 어떻게 그 짓을 비웃으셨는지 알고 있습니다. 그는 두 차례의 세계대전을 통해 우리의 우상들을 눈앞에서 깨뜨려 버리셨고 우습게 만들어 버리셨습니다. 그는 지금도 같은 일을 하고 계십니다. 인류가 어리석게도 계속해서 우상을 만들고 거기에 절하는 한, 그것을 깨뜨리시는 일도 계속될 것입니다. 마음껏 문명을 발전시키고 완벽하게 체계화해 보십시오. 그 문명은 작동하지 않을 것입니다. 작동할 수가 없습니다. 하나님이 그것을 묵인하지 않으십니다. 그는 질투하시는 하나님으로서, 다른 신에게 절하는 개인이나 나라나 세상을 낮추시며 벌하시며 비웃으십니다. 또한 영원하신 재판장으로서, 자신이 "나를 미워하는 자의 죄를 갚되 아버지로부터 아들에게로 삼사 대까지 이르게" 하시는 "질투하는 하나님"이라는 것을 명명백백히 드러내십니다^{출 20:5}. 역사의 의미와 영향력에 대한 통찰력을 조금이라도 가진 사람이라면 이런 일이 시대를 막론하고 계속되어 왔음을 알 것입니다.

이처럼 살아계신 하나님께 도전하는 것은 무서운 일입니다. 도전하는 자는 대가를 치르게 되어 있습니다. 개인들도 대가를 치렀고, 나라들도 대가를 치렀습니다. 하나님은 이 모든 것을 말씀해 주셨고, 계시해 주셨습니다. 이것이 모세가 받아서 이스라엘 자손에게 전한 "살아있는 말씀"에 담겨 있는 내용입니다. 이것–하나님에 대해 알려 주는 것–이 율법의 핵심입니다.

그러나 율법이 하나님에 대해서만 알려 주는 것은 아닙니다. 인간

---

1 단 2:33 참조.

에 대해서도 알려 줍니다. 우리 자신에 대해 알아야 하는 것이 얼마나 많은지를 보면 놀랍습니다. 현대인들은 이 부분에서 말할 수 없는 어리석음을 드러내고 있습니다. 산헤드린 공회원들처럼 그들도 인간을 이해하지 못합니다. 이 유대 지도자들은 아브라함과 요셉과 모세와 성전과 선지자와 하나님의 말씀을 자랑했습니다. "우리는 그것을 얻었다! 율법을 얻었다!"라고 말했습니다. 그러나 처음부터 끝까지 완벽하게 오해하고 있었습니다.

현대인들도 자기 자신에 대해 완벽하게 오해하고 있습니다. 이미 살펴보았듯이 사람들은 자신들을 높은 곳에 올려놓고 경배하고 있습니다. 현대인이 경배하는 대상은 인간입니다! 그러면서도 인간이 어떤 존재인지 모른다는 것은 비극 그 자체입니다. 그들은 인간의 본질을 모르고 있습니다. 이 말씀을 받아들이지 않는 한 앞으로도 모를 것입니다. 이 말씀은 하나님뿐 아니라 인간에 대한 진실을 알려 주는 유일한 말입니다. 여러분은 현대적인 인간관을 익히 알고 있을 것입니다. 물론 거기에도 많은 이론들이 있고, 각 이론을 지지하는 사람들 간에도 큰 견해 차이가 있는 경우가 많습니다. 그중에 순전히 생물학적인 관점에서 인간을 보는 입장이 있는데, 그 내용을 다루느라 시간을 낭비할 필요는 없을 것입니다. 이 관점을 개진하는 사람들은 인간을 단순한 내분비계의 결과물로 여깁니다. 실제로 셰익스피어나 베토벤이나 나폴레옹도 순전히 내분비계의 측면에서 쉽게 설명할 수 있다는-이것은 제가 꾸며 낸 말이 아닙니다-것입니다! 이보다 더 이 관점을 잘 보여주는 말은 없습니다.

그다음으로 인간을 경제 단위로 보는 관점이 있습니다. 이 관점은 20세기에 큰 인기를 얻었습니다. 여기에 따르면 인간은 단순히 경제적인 힘들이 서로 상호작용한 결과물에 불과하며 수요와 공급의 결과물에 불과합니다. 역사 전체와 그 밖에 다른 것들도 다 이런 식으로 설명하고 있습니다. 제가 최근에 읽은 책은 청교도 신앙도 이런 측면에서 설명하고 있었습니다!

이 외에도 인간에 대한 여러 관점들이 있습니다. 그러나 친애하는 여러분, 그런 관점들은 전부 틀렸습니다. 인간이 정말 동물에 불과할까요? 이것이야말로 중요한 질문 아닙니까? 이 질문에 어떻게 대답하느냐에 따라 다른 많은 것들이 결정됩니다. 인간은 정말 동물에 불과한 존재일까요? 사람들은 당연히 그렇다고 말합니다. 다른 동물들보다 고도로 발달한 동물, 이를테면 '선두'에 있는 동물이라고 말합니다. 인간은 아직 완벽함에 이르지 못했으며, 현 단계에서 좀더 나은 단계로 나아가고 있는 중이라는 것입니다. 여러분도 이런 관점을 가지고 있습니까? 사람이 정말 육체에 불과하다고 여기고 있습니까? 물론 사람에게는 육체의 일부인 뇌, 고도로 발달된 뇌가 있으며 특히 대뇌가 있기 때문에 다른 동물들이 할 수 없는 일들을 한다고 말합니다. 그래도 본질적으로는 동물이라는 것이 그들의 생각입니다.

이것은 아주 긴요한 질문입니다. 자신의 실패 때문에 염려하고 있습니까? 마약에 의존하는 문제와 삶의 모든 분야와 영역에서 증폭되고 있는 현대의 여러 문제들 때문에 걱정하고 있습니까? 그렇다면 우리가 던져야 할 질문은 이것입니다. 사람들은 대체 왜 그런 짓을 하는 것일까요? 왜 전쟁을 일으키는 것일까요? 존슨 대통령의 베트남 폭격을 지지하는 결의안에 서명하는 것은 이 질문들에 대답하는 첫번째 방법이 아닙니다. 지금 개최되고 있는 종교 회합들은 틀림없이 그렇게 할 것입니다. 제가 무슨 예언자라서가 아니라 수년간의 관찰에 기초한 약간의 상식으로 말하건대, 또다시 그렇게 할 것이 분명합니다. 마치 그것이 기독교의 메시지이자 하나님의 말씀인 것처럼 말입니다! 그러나 아닙니다! 유일한 해답을 아는 사람은 우리뿐입니다. 왜냐하면 우리만 문제를 제대로 이해하고 있으며, 우리만 인간의 본질을 제대로 이해하고 있기 때문입니다.

그렇다면 인간의 본질은 무엇일까요? 하나님의 말씀은 인간이 단순한 동물이 아니라 하나님의 형상에 따라 창조된 피조물이라는 사실을 계시하고 있습니다. 인간은 단순히 가장 고등한 피조세계의 일부가 아니라 피조세계를 다스리는 주인입니다. 인간은 독특하고 유일무이한 존재이며, 동물들의 이름을 짓는 큰 특권을 부여받은 하나님의 대리인입니다. 인간은 이런 존재입니다. 하나님의 어떤 부분, 존엄함과 위대함을 지니고 있는 존재입니다. 인간에게는 정신과 지각이 있고 혼과 영이 있습니다. 인간은 영원하시고 보이지 않으시는 하나님, 영이신 하나님, 영존하시는 하나님과 교제하도록 지어진 존재입니다. 인간은 이런 존재입니다! 인간은 이런 모습으로 지어졌습니다. 이런 의도로 지어졌습니다. 하나님은 자신이 창조하신 인간을 보고 좋게 여기셨습니다.

온 세상이 이것을 안다면! 온 세상이 이것을 믿는다면! 그렇게만 된다면 세상이 얼마나 변화되고 달라지겠습니까! 사람들이 지금처럼 살고 있는 이유가 무엇입니까? 지금과 같은 인간관을 가지고 있는 탓입니다. 내가 동물에 불과한 존재라면 동물처럼 행동하면 됩니다. 모든 사람이 자신을 마당을 돌아다니는 동물로 생각한다면, 이처럼 정절을 깨뜨리고 이혼을 하고 간음을 하고 십계명이 금하는 온갖 짓을 하는 것도 놀랄 일이 아닙니다. 인간이 동물에 불과하다면 이런 식으로 행동하는 것이 무어 그리 놀랄 일이겠습니까? 사람들은 바로 이런 철학을 가지고 있습니다.

여러분은 인간의 여러 문제들 때문에 법률을 통과시키고 더 많은 죄수들을 감옥으로 보내며 공무원들을 증원합니다. 가련한 인간이여. 인간은 자신의 인간관에 따라 행동하고 있을 뿐입니다. 이것이 세상의 실상입니다. 이런 세상에 필요한 일은 "인간은 하나님의 형상에 따라, 하나님의 모양대로 지어졌다"라는 하나님의 말씀을 듣는 것입니다. 하나님은 자신이 세상에 두신 인간을 장차 심판하시며 그 책임을 물으실 것입니다. 현대세계는 이것을 알아야 합니다.

저는 정치 전문가가 아닙니다. 설교자는 정치 전문가가 아닙니다. 기독교회에서 중대한 직책을 맡고 있는 지도자들이 있지만, 그들이라고 해서 정치에 대해 저보다 더 많이 아는 것은 아닙니다. 그들은 이런 주제들에 대해 이런저런 발언을 하고 자기 의견을 피력하는데, 그것은 하나님의 말씀이 아닌 그들의 사견에 불과합니다. 하나님의 말씀은 여기 있는 바로 이것입니다. 기독교회가 이 말씀을 전하지 않으면 누가 전하겠습니까? 제가 이 강단에 서 있는 이유는 오직 한 가지 뿐입니다. 이 말씀을 받았기 때문인 것입니다. 제 앞에 펼쳐져 있는 이 말씀을 떠나서 제가 아는 것은 없습니다. 하나도 없습니다. 저 자신에 대해서나 인간에 대해서나 아는 것이 없습니다. 제가 이 말씀에서 발견한 사실, 이 말씀에서 알게 된 사실은 하나님을 배후에 놓고 인간을 보지 않는 한 결코 인간을 이해하지 못한다는 것입니다.

이처럼 하나님의 말씀은 첫째로 하나님에 대한 진리를 계시해 주고, 둘째로 인간의 본질에 대한 진리를 계시해 주며, 셋째로 우리가 어떻게 살아야 하는지 계시해 줍니다. 하나님은 우리를 무지한 상태로 내버려두지 않으셨습니다. "가능한 한 많은 선을 행하라. 그리고 몇 가지 행동은 하지 마라. 그러면 아무 문제 없다"라는 생각이 현대에 인기를 얻고 있다는 것은 저도 압니다. 도덕적이고 윤리적인 가르침이 큰 인기를 얻고 있습니다. 가련한 매튜 아널드Matthew Arnold! 그가 말하는 종교가 무엇입니까? "감정이 살짝 가미된 도덕"입니다. 마치 성경이 없는 것처럼, 하나님이 해주신 말씀이 하나도 없는 것처럼 그렇게 말하고 있습니다. 그러나 그렇지 않습니다. 여러분과 제가 부름받은 삶은 인간이 진술하거나 정의 내린 그런 삶이 아닙니다. 우리가 부름받은 삶은 단순한 도덕과 윤리와 예절이 아니며, 선량함과 친절함과 선행도 아니고, 명백한 악에 저항하는 것도 아닙니다. 그런 것이 아닙니다. 버트런드 러셀Bertrand Russell 같은 사람들은 그렇게 살 수 있으며, 그렇게 사는 것이 옳다고 믿을 수 있습니다. 그러나 그리스도인을 자처하는 자들이 버트런드 러셀을 추종하면서 그런 사람—자신이 왜 그리스도인이 아닌지에 대한 책을 쓴 사람—을 지도자로 여기는 것은 부끄럽고도 수치스러운 일입니다. 물론 러셀은 어떻게 살아야 하는지 모르고 있습니다. 하나님의 말씀을 거부하는 자들이 눈멀어 있는 것처럼 그도 눈멀어 있습니다. 그런 사람은 더듬거리고 비틀거리며 살다가 결국에는 절망과 좌절과 실패로 인생을 끝내게 되어 있습니다.

그렇습니다. 어떻게 살아야 하는지 알고 싶다면 하나님의 말씀인 성경으로 나아와야 합니다. 이 말씀이 말하는 바가 무엇입니까? 십계명입니다! 이 세상에서 어떻게 살아야 합니까? 자, 주 예수 그리스도께서 우리를 위해 모든 내용을 요약해 주셨습니다. "네 마음을 다하고 목숨을 다하고 뜻을 다하고 힘을 다하여 주 너의 하나님을 사랑하라 하신 것이요 둘째는 이것이니 네 이웃을 네 자신과 같이 사랑하라 하신 것이라"막 12:30-31. 여기에 모든 내용이 들어 있습니다. 하나님에게서 출발해야 합니다. 사람들을 돕고 싶다면 그들에게서 출발할 것이 아니라 하나님에게서 출발해야 합니다. 동료 인간들을 돕고 싶다면 여러분 자신이 먼저 바로 서야 합니다. 자기 자신을 보는 눈이 잘못되어 있고 사람들을 보는 눈이 잘못되어 있는데 어떻게 그들을 도울 수 있겠습니까? 도울 수 없습니다. 세상이 20세기에 애쓰고 있는 일이 바로 그것입니다. 그 결과는 참담한 실패입니다. 그렇습니다. 여러분은 온 존재를 다해 "주 너의 하나님"을 사랑하고, 그다음으로 이웃을 사랑해야 합니다. 사람들은 하나님을 언급하지 않은 채 전쟁을 추방하려 합니다. 오직 이웃에게만 눈길을 줍니다. 첫째 계명은 개의치 않으면서 둘째 계명을 따를 수 있다는 어리석은 착각을 합니다. 그러나 그런 일은 있을 수 없습니다.

저는 제2차 세계대전이 일어나기 수년 전에 국제연맹이 완전히 실패할 것을 예언했는데-저는 이런 말을 할 수 있을 만큼 충분히 나이를 먹었습니다!-실제로 그렇게 되었습니다. 이제 말하는데 국제연합도 실패할 것입니다. 사람들은 결코 이 문제를 풀지 못할 것입니다. 결코! 하나님에게서 출발해야 합니다. 하나님 앞에 낮아지지 않는 한, 사람들은 계속 드잡이를 하며 싸워 댈 것입니다. 그들은 스스로 신이 되어 있는데 신들은 서로 질투하게 마련이기 때문입니다. 그렇습니다! 십계명이 필요합니다!

여러분은 하나님을 경배하고 있습니까? 그에게 영광과 찬송을 돌리는 삶을 살고 있습니까? 하나님은 그렇게 살게 하려고 여러분을 지으셨습니다. 그 때문에 여러분을 생겨나게 하셨고 존재하게 하셨습니다. 여러분 자신을 위해서 그렇게 하신 것이 아닙니다. 여러분에게는 아무 권리가 없습니다. 여러분은 여러분을 만드시고 현재와 같은 재능들을 주신 하나님께 속한 존재입니다. 여러분의 재능은 스스로 만들어 낸 것이 아니라 타고난 것입니다. 여러분은 자신에게 어떤 재능들이 있는지 압니다. 여러분에게 그런 선물을 주신 데에는 그것을 통해 하나님의 영광을 나타내게 하려는 의도가 들어 있습니다. 그런데 그 의도대로 하지 않기 때문에 곤경에 빠지는 것입니다. 세상이 이 모양이 된 이유가 여기 있습니다. 우리는 남들을 질투하고 남들은 우리를 질투합니다. 우리는 더 많은 것을 원하고 남들도 더 많은 것을 원합니다. 그래서 싸움이 일어나는 것입니다! "너희 중에 싸움이 어디로부터 다툼이 어디로부터 나느냐. 너희 지체 중에서 싸우는 정욕으로부터 나는 것이 아니냐"약 4:1.

그렇습니다. 하나님에게서, 율법의 첫 돌판에서, 하나님을 경배하는 데서, 모든 방법으로 그를 높이는 데서 출발해야 합니다. 하나님은 우리를 너무나 잘 아시기에 금지하는 명령들을 주셨습니다. 세상이 무엇보다 들어야 할 말씀이 있다면 바로 이것입니다. "살인하지 말라. 간음하지 말라"출 20:13-14. 모든 사람이 이 계명을 지킨다면 세상이 얼마나 달라지겠습니까! 사람들은 자꾸 법률을 만들어서 이 문제를 해결해 보려 하고, 교회는 이런저런 위원회를 만들어서 이 문제에서 벗어날 방법을 찾습니다. 오, 얼마나 비극적인 일입니까!

살인하지 말라.
간음하지 말라.
도둑질하지 말라.
네 이웃에 대하여 거짓 증거하지 말라.
네 이웃의 집을 탐내지 말라.
네 이웃의 아내나 그의 남종이나
그의 여종이나 그의 소나 그의 나귀나
무릇 네 이웃의 소유를 탐내지 말라출 20:13-17.

해답이 보이지 않습니까? 온 세상이 이렇게만 산다면 대부분의 문제는 해결되어 흔적도 없이 사라질 것이고, 이렇게 소란을 떨면서 결의안을 채택하고 법률을 제정할 필요도 없어질 것입니다. "모든 권세는 다 하나님께서 정하신 바라"롬 13:1. 왜 정하셨을까요? 죄 때문입니다. 인간이 하나님이 명하신 대로 살지 못하고 행동하지 못하기 때문입니다.

이것이 하나님의 말씀에 담긴 내용이며 메시지입니다. 하나님이 허락하시면 더 많은 이야기를 하겠지만, 지금까지 말한 것만으로도 이 말씀이 우리 각 사람을 정죄하고 있음을 밝히기에 충분치 않습니까? 여러분은 하나님께 영광 돌리는 삶을 살아왔습니까? 아니면 여러분 자신에게 영광 돌리는 삶을 살아왔습니까? 적극적으로나 소극적으로나 십계명을 지켰습니까? 굳이 철학책들까지 읽을 필요가 없습니다. 여기에 다 들어 있습니다. 여러분이 해야 할 일은 오직 이 계명들에 순종하는 것뿐입니다. 그런데 순종할 수가 없지 않습니까? 순종하지 못하는 것이 당연합니다. 하나님의 말씀도 그렇게 말하고 있습니다. 율법은 우리 스스로 지킴으로써 구원받으라고 주어진 것이 아닙니다. 우리 스스로 지킬 수 없음을 보여주기 위해 주어진 것입니다. 말씀은 우리를 정죄하며, 우리가 길을 잃은 자들임을 알려 줍니다.

하나님의 말씀은 여기에서도 더 나아가, 우리가 구원을 위해 할 수 있는 일은 아무것도 없다고 말합니다. 그러나 감사하게도 우리를 비참하게 정죄당하는 실패의 자리에 방치해 놓지는 않습니다. "이스라엘 자손에 대하여 하나님이 너희 형제 가운데서 나와 같은 선지자를 세우리라 하던 자가 곧 이 모세라." "때가 차매 하나님이 그 아들을 보내사 여자에게서 나게 하시고 율법 아래에 나게 하신 것은 율법 아래에 있는 자들을 속량하시고"갈 4:4-5.

우리는 모두 이 말씀의 정죄를 받고 있습니다. 그러나 다른 말씀도 들어 보시기 바랍니다. "주 예수를 믿으라. 그리하면……구원을 받으리라"행 16:31. 하나님은 거룩하고 공평하고 의롭고 진실하신 하나님일 뿐 아니라 사랑의 하나님입니다. "하나님이 세상을 이처럼 사랑하사─그의 율법 아래 정체가 드러난 세상을 그토록 사랑하사─독생자를 주셨으니 이는 그를 믿는 자마다 멸망하지 않고 영생을 얻게 하려 하심이라"요 3:16. 이것이 지금 여러분에게 주시는 말씀입니다. 십자가를 통해 면류관을 바라보십시오. 실패와 비참함과 죄책과 정죄를 의식하고 있는 지금 모습 그대로 주 예수 그리스도를 바라보고 믿으십시오. 아들이 십자가에서 죽으셨을 때 하나님이 여러분의 죄를 그에게 옮기시고 그 속에서 벌하심으로써 거저 용서해 주셨다고 말하는 이 말씀을 믿으십시오. 아무것도 하지 않아도 지금 이 자리에서 바로 구원받을 수 있습니다. 그러니 그저 믿기만 하십시오.

믿기만 하면 보게 되리라,
그리스도 너의 모든 것 중에 모든 것 되심을.
—J. S. B. 몬셀

스데반 앞에 있던 눈멀고 어리석은 산헤드린 공회원들처럼 되지 마십시오. 이생에서뿐 아니라 영원에 이르도록 여러분을 구원하실 수 있는 유일한 분, 하나님의 아들 나사렛 예수를 의지하십시오.

08

율법을 주신 목적

이스라엘 자손에 대하여 하나님이 너희 형제 가운데서
나와 같은 선지자를 세우리라 하던 자가 곧 이 모세라.
시내산에서 말하던 그 천사와 우리 조상들과 함께 광야
교회에 있었고 또 살아있는 말씀을 받아 우리에게 주던
자가 이 사람이라.

사도행전 7:37-38

이미 살펴보았듯이 스데반은 그리스도인으로서 열심히 교회생활을 하고 교회 일을 하다가 산헤드린-유대인의 법정-앞에서 심문을 받고 있습니다. 산헤드린은 그의 설교를 신성모독으로 간주했습니다. 자신들의 삶에서 가장 귀중한 모세와 성전과 율법을 대적하는 설교로 여겼으며, 그런 설교를 한 자를 살려 두어서는 안 된다고 생각했습니다.

변호라는 관점에서 볼 때 스데반의 답변은 탁월한 것입니다. 훌륭한 변호사는 항상 재판장과 배심원들을 향해 발언을 하는데, 스데반이 지금 그렇게 하고 있습니다. 그는 산헤드린이 잘 알고 있는 주제를 통해 그들을 논박했습니다. 이스라엘의 역사를 개괄하면서 그들이 역사를 완전히 오해하고 있음을 폭로했습니다. 그들이 그토록 자부심을 느끼는 바로 그 역사적 사실들이, 실제로는 그들을 정죄하고 있다는 것을 드러냈습니다. 스데반은 그들이 나사렛 예수를 거절하는 진짜 이유가 모세도 이해하지 못하고 율법도 이해하지 못하고 성전의 진정한 의미도 이해하지 못한 데 있음을 보여주었습니다. 이 비극의 핵심은 모세와 율법과 성전이 예언했던 바로 그 구주를 그들이 거절했다는 것입니다. 이에 견줄 만한 비극은 없습니다.

이 모든 것의 요점이 이제부터 고찰할 37절과 38절에 나오고 있습니다. 반복하건대 제가 이 구절에 여러분의 주의를 환기시키는 것은, 오늘날에도 여전히 세상이 이 메시지를 거절하는 것이야말로 현대의 무서운 비극이기 때문입니다. 그러므로 하나님이 모세에게 주신 이 말씀을 이해하는 것보다 더 중요한 일은 없습니다. 저는 특히 모세에 대한 마지막 진술, 즉 "살아있는 말씀을 받아 우리에게 주던 자"라는 진술을 여러분과 함께 다시 한번 고찰하고 싶습니다. 지난번에 우리는 모세가 연구 시간을 벌기 위해, 평안하고 조용한 가운데 생각하면서 이론을 발전시킨 다음 사람들에게 가르치기 위해, 일종의 칩거에 돌입하려고 산에 오른 것이 아님을 알았습니다. 사실은 그와 정반대였습니다. 모세는 말씀을 받았습니다. 하나님이 그에게 말씀을 주셨습니다. 복음과 다른 모든 가르침들의 차이점이 바로 이것입니다. 다른 가르침들은 인간의 재능과 지각에서 나오는 것입니다. 그러나 복음은 하나님께 속한 것이며 하나님에게서 나오는 것입니다. 복음은 하나님의 말씀입니다.

저에게 이 강단에 설 권한을 주는 것은 오직 이 메시지뿐입니다. 저는 남들보다 나을 것이 하나도 없는 사람입니다. 제게는 저의 메시지라 할 것이 없습니다. 제가 누구입니까? 다른 모든 이들처럼 오류에 빠지기 쉬운 인간입니다. 제가 이 강단에 설 수 있는 유일한 권위는 모세가 받은 "살아있는 말씀"을 여러분에게 전달한다는 사실에 있습니다. 자기 견해를 밝히려고 강단을 차지하는 사람은 처음부터 거짓말하는 자요 어리석은 자일 뿐 아니라 교만한 자입니다. 설교자의 할 일은 살아계신 하나님의 말씀을 해설하고 펼쳐 보이는 것입니다. 그 외에는 아무 권한도 없고 할 일도 없습니다.

이처럼 저는 인간이 이해한 바를 전하는 사람도 아니고, 현대 철학을 전하는 사람도 아니며, 현대 정치학이나 사회학을 전하는 사람도 아닙니다. 오직 제가 여러분 앞에 제시하는 것은 이 책에 기록된 하나님의 말씀, 지난 수세기 동안 하나님이 사용해 오신 이 말씀뿐입니다.

우리는 이 말씀의 중요한 특징들을 살펴보았습니다. 이것은 살아있는 말씀입니다. 능력 있는 말씀입니다. 침투하는 말씀입니다. 죄를 드러내는 말씀입니다. 우리를 탐색하며 조사하는 말씀입니다. 그래서 그렇게 많은 이들이 불쾌해하는 것입니다. 주 예수 그리스도만큼 회중을 불쾌하게 했던 설교자는 없습니다. 성경은 유대인들이 주님의 말씀 때문에 수군거렸다고 말합니다요 6:41. 때로는 그가 설교하신 후에 돌을 던지려 했고요 8:5, 10:31, 종국에는 그를 죽여 버렸습니다. 하나님의 아들을 못박아 버린 것입니다.

그런데 현대인들은 예수를 평화주의를 논한 사람, 평화와 사랑을 논한 사람으로 여기며, 저마다 그를 좋아한다고 생각합니다. 그러나 장담하건대 예수가 전하신 말씀을 들으면 그를 미워할 것입니다. 그를 칭송했던 자들이 가장 먼저 미워할 것입니다. 예수에 대해 산헤드린 공회원들이 품었던 생각, 모세와 율법과 성전을 오해했던 그들의 생각과 똑같은 생각을 할 것입니다.

우리는 지금 그 말씀을 고찰하고 있는 중입니다. 그 말씀이 전하고 있는 메시지가 무엇입니까? 자, 이미 살펴보았듯이 모세가 받은 율법의 메시지는 일차적으로 하나님에 대한 것입니다. 율법의 메시지는 하나님에게서 출발합니다. 그다음으로 인간을 다루면서 그들에 대한 진실을 알려 줍니다. 인간의 본질적인 위대함은 하나님의 형상에 따라, 그의 모습대로 지음받은 데 있다는 것을 알려 줍니다. 또한 이 말씀은 인간이 어떻게 살아야 하는지에 대해서도 이야기해 줍니다. 하나님이 십계명을 통해 말씀하셨기에 이 문제는 더 이상 논의할 필요가 없음을 우리는 살펴보았습니다.

이것은 하나님의 말씀, 율법의 말씀 전체에서 일종의 도입부에 해당하는 특징입니다. 이제 우리가 집중해서 살펴볼 것은 이 말씀의 침투하는 특징입니다. 말씀이 우리에게 계시해 주는 내용이 무엇입니까? 우리 자신에 대해 실제로 이야기해 주는 것이 무엇입니까? 우리는 율법을 지킬 수 없다는 것, 이제까지 율법을 지킨 사람은 아무도 없다는 것, 그러나 그것이 우리에 관한 진실의 전부는 아니라는 것을 우리는 이미 살펴보았습니다. 자, 이제 준비가 되었습니까? 여러분 자신에 대한 진실을 들을 준비가 되었습니까? 하나님의 엑스레이에 노출될 준비가 되었습니까? 말씀은 하나님의 엑스레이입니다. 있는 그대로의 꾸밈없는 진실입니다. 말씀은 "혼과 영과 및 관절과 골수를 찔러 쪼개기까지" 판단합니다[히 4:12]. 우리에게 곧장 다가와 감춰진 것들을 전부 들춰냅니다. 구석에 숨겨 놓은 것들까지 모조리 끄집어내서 폭로합니다. 말씀을 펼치면 우리가 자신에 대해 알고 있는 진실들이 떠오릅니다.

말씀은 제가 '죄의 심연'이라고 말하는 것에 대해 이야기해 줍니다. 현대세계는 이것을 알 필요가 있습니다. 세상이 이 모양이 된 것도 놀랄 일이 아닙니다. 자신이 처한 곤경의 원인을 모르니 이 모양이 될 수밖에 없습니다. 불쌍한 정치인들-다른 어떤 말로 그들을 설명할 수 있을까요?-은 이 지점에서 어긋난 길로 가고 있습니다. 그들은 안식일을 어기고 체커즈[1]에서 회의를 열 예정입니다. 물론 회의도 해야 합니다. 그러나 꼭 주일에 할 필요는 없습니다. 다른 날도 얼마든지 있습니다. 그들은 해결책을 강구하려 듭니다. 그러나 그렇게 하지 못합니다. 문제는 유럽경제공동체EEC에 가입하느냐 마느냐가 아닙니다.[2] 물론 이런 쟁점들도 다루어야 합니다. 정치학도 필요하고 경제학도 필요합니다. 그러나 그것이 인간의 문제를 처리하는 궁극적인 방법이라고 착각하는 것은 아주 우스운 일입니다. 그렇습니다. 그런 것들은 오직 증상과 징후만 다룰 뿐입니다. 근본적인 문제들을 처리해 주는 것은 오직 이 책뿐입니다. 말 그대로 이 책 외에 다른 것들로는 전혀 처리할 수가 없습니다. 성경은 제가 '죄의 심연'이라고 부르는 것을 드러내 줍니다. 그것을 드러내려고 말씀을 주신 것이며, 특히 모세에게 율법을 주신 것입니다. 하나님이 왜 모세를 산 위로 불러 올려서 이 말씀, 이 율법을 주셨을까요? 인간의 문제를 있는 그대로 드러내시기 위해서입니다. 이것이 율법을 주신 일과 관련해서 주목해야 할 첫번째 요점입니다.

이렇게 설명해 보겠습니다. 사람들이 스스로 무언가 잘못되었다는 것을 인식하지 못했던 적은 한번도 없습니다. 실제로 자신들이 잘못했으며 죄를 지었다는 것을 인식하지 못했던 적은 한번도 없습니다. 살다 보면 누구나 후회를 할 때가 있습니다. 후회한다는 것은 자신이 무언가 잘못을 저질렀음을 인식한다는 뜻입니다. 사람들은 불편한 마음으로 "다시는 그러지 말아야지"라고 말합니다.

---

1   영국 수상의 별장.
2   이 설교는 영국의 EEC 가입 문제가 논의되던 1967년 4월 30일에 전해졌다.

그런 후회를 하게 만드는 것이 무엇일까요? 대답은 간단합니다. 각 사람은 태어날 때부터 양심이라고 불리는 것, 즉 옳고 그른 일에 대한 감각을 가지고 있습니다. 다시 말해서 무슨 일을 하기 전에 "그러지 마. 그건 잘못이야"라고 말하는 무언가를 가지고 있는 것입니다. 그 암시를 무시하고 하고 싶은 대로 해버리면 마음이 괴로워집니다. 벌을 받는 것입니다. 양심이 소리를 내면서 계속 마음을 건드립니다. 대항해 보려고도 하고 심리적으로 무시해 보려고도 하지만 소용이 없습니다. 계속 같은 자리에서 소리를 냅니다. 이 양심은 모든 사람 속에 내재되어 있습니다. 누구나 옳고 그른 일에 대한 감각을 가지고 있습니다. 그래서 우리 모두에게 책임이 발생하는 것입니다. 세상의 법도 그 점을 인정해서 우리의 행동에 대한 책임을 묻고 있습니다.

사도 바울은 로마서에서 이 점을 아주 명확하게 설명해 줍니다. "무릇 율법 없이 범죄한 자는 또한 율법 없이 망하고 무릇 율법이 있고 범죄한 자는 율법으로 말미암아 심판을 받으리라.……율법-하나님이 시내산에서 모세에게 주신 이 율법-없는 이방인이 본성으로 율법의 일을 행할 때에는 이 사람은 율법이 없어도 자기가 자기에게 율법이 되나니 이런 이들은 그 양심이 증거가 되어 그 생각들이 서로 혹은 고발하며 혹은 변명하여 그 마음에 새긴 율법의 행위를 나타내느니라"롬 2:12, 14-15.

바울은 모든 사람이 똑같다고 말합니다. 유대인들은 모세를 통해 율법을 받았지만, 율법을 받지 못한 경우에도 어떤 의미에서 율법의 모든 내용이 원칙적으로 "그 마음에" 새겨져 있으며 양심이 그것을 증명해 준다는 것입니다. 바울은 사람들이 서로 고소하기도 하고 변명하기도 한다고 말합니다. "서로 혹은 고발하며 혹은 변명하여." 무엇을 근거로 그렇게 할까요? 양심, 즉 옳고 그른 것에 대한 감각을 근거로 그렇게 하는 것입니다. 누군가 나에게 "네가 잘못했어. 그러면 안 되지"라고 말할 때 어떻게 해서든지 해명을 하고 변명을 하면서도 자신이 잘못했다는 것은 인식합니다. '너는 위선자'라는 양심의 소리를 듣는 것입니다.

반복하건대 이처럼 우리는 모두 옳고 그른 일에 대한 감각을 가지고 있습니다. 그런데 왜 굳이 율법을 주셨을까요? 모세를 통해 율법을 주신 것은 마음이 말하는 진실을 우리에게 드러내고 나타내며 명백히 밝힘으로써 빠져나가지 못하게 하기 위해서입니다. 이것이 율법의 전적인 목적이자 역할입니다. 저는 이 말을 입증해 주는 구절들을 얼마든지 인용해 드릴 수 있습니다. 주로 이 말을 한 사람은 사도 바울입니다. "[율법은] 범법하므로 더하여진 것이라"갈 3:19. "율법이 들어온 것은 범죄를 더하게 하려-더욱더 명확히 드러내려-함이라"롬 5:20. 또한 바울은 로마서 7:13에서 이렇게 표현하고 있습니다. "계명으로 말미암아 죄로 심히 죄되게 하려 함이라." 이처럼 우리에게 율법을 주신 것은 죄를 죄로 드러내기 위해서입니다. 우리는 모두 아주 영악한 사람들이어서 양심을 속이고 어떻게든 책임을 모면하려 합니다. 그러나 하나님의 말씀이 다가와 "잠깐, 이 말 좀 들어 봐라" 하면서 꽉 붙잡으면 아무리 몸부림을 쳐도 빠져나갈 수가 없습니다. 말씀은 꿈쩍도 하지 않고 계속 말을 하면서 무엇이 잘못되었는지 설명해 줍니다. 그러면 아무 말 못하고 항복하게 됩니다. 말씀의 엑스레이는 '죄의 심히 죄된 것'을 드러냅니다. "율법으로는 죄를 깨달음이니라"롬 3:20.

바울의 말뜻을 이해시키기 위해 이 말씀을 좀더 세분해서 살펴보겠습니다. 바울은 로마서 7:7에서 탐심을 예로 들고 있습니다. "그런즉 우리가 무슨 말을 하리요. 율법이 죄냐. 그럴 수 없느니라. 율법으로 말미암지 않고는 내가 죄를 알지 못하였으니 곧 율법이 탐내지 말라 하지 아니하였더라면 내가 탐심을 알지 못하였으리라." 우리는 모두 너무나 영악한 사람들 아닙니까? 우리는 행동이라는 기준으로만 자신을 바라보면서 "난 술 취하지 않았다. 간음하지 않았다. 이런저런 짓을 하지 않았다"라고 말하는 경향이 있습니다. 그렇기 때문에 아무 문제가 없으며, 그리스도나 복음도 필요치 않다는 것입니다.

그러나 율법은 잠깐만 기다리라고 말합니다. 이것은 그리 간단한 문제가 아니라고 말합니다. 여러분은 한번도 탐낸 적이 없습니까? 한번도 욕심낸 적이 없습니까? 바울의 말은 요컨대 이런 것입니다. "너희도 알다시피 나도 한때는 너희처럼 판단해서 내가 거의 완벽한 사람인 것처럼 착각했었다. 그런데 갑자기 율법이 '탐내지 말라! 네 이웃의 아내나 그의 남종이나 그의 여종이나 그의 소나 그의 나귀나 무릇 네 이웃의 소유를 탐내지 말지니라'라고 말했다. 그 순간 '나는 죽었구나. 끝장났구나' 하는 생각이 들었다. 그 전까지는 훌륭한 사람으로 당당하게 서 있었는데, 그런 나에게 율법은 탐내지 말라고 한 것이다! 행동으로 옮기는 것만큼이나 욕망을 품는 것도 저주받을 일이며, 악한 짓을 하는 것만큼이나 탐내는 것도 책망받을 일임을 지적한 것이다."

이것이 율법이 우리에게 깨우치는 메시지입니다. 양심은 그럭저럭 다독일 수-'이런저런 짓을 하지 않았으니까 괜찮아'라고 말하면서-있습니다. 그런데 갑자기 율법이 다가와 "너의 정신과 마음과 생각과 상상을 조사해 보겠다"라고 말합니다. 주님은 이 점을 더 명확히 밝혀 주셨습니다. 그는 백성을 돌아보며 말씀하셨습니다. "마음에서 나오는 것은 악한 생각과 살인과 간음과……"마 15:19. 여러분은 스스로 무죄하고 순결하다고 생각하면서 자신이 살고 있는 세대 탓을 합니다. 영화와 광고와 소설과 책들을 탓하면서 "나만 혼자 있으면 괜찮을 텐데"라고 말합니다.

그러나 주님은 괜찮지 않다고 하십니다. 여러분은 거짓말쟁이입니다. "사람에게서 나오는 그것이 사람을 더럽게 하느니라"마 7:20. 극장과 텔레비전이 생기기 전에도 사람들은 죄를 지었습니다. 글을 읽게 되기 전에도 죄를 지었습니다. 죄는 어디에서 나옵니까? 마음에서 나옵니다. 탐심! 남의 아내를 쳐다보는 남자, 남의 남편을 쳐다보는 아내! 탐심! 욕망! 이것을 우리에게 보여주며 정죄하는 것은 오직 이 말씀뿐입니다.

이처럼 말씀은 우리 죄를 드러낼 뿐 아니라 죄의 심연을 보여주며 우리 마음을 드러냅니다. 이런 일을 해주는 것 또한 말씀밖에 없습니다. 제가 이 강단에서 시편 51편을 얼마나 자주 인용했습니까! 불쌍한 다윗! 이스라엘의 가련한 왕! 강한 열정의 사나이였던 다윗은 어느 날 문득 남의 아내를 보고 매력을 느꼈습니다. 그 여인을 욕심내고 욕망하고 탐냈습니다! 그 욕심 때문에 그 여인과 간음했을 뿐 아니라 그 여인을 차지하기 위해 남편을 죽이고서도 아주 행복해했습니다. 모든 것이 잘된 것처럼 생각했습니다. 그의 욕망은 채워졌습니다. 그러나 하나님은 나단 선지자를 통해 말씀을 보내서 그의 죄를 드러내시고 깨우치셨습니다.

다윗은 시편 51편을 썼고 그 모든 사실을 인정했습니다. "하나님이여, 내 속에 정한 마음을 창조하시고 내 안에 정직한 영을 새롭게 하소서"라고 기도했습니다[10절]. 이것이 문제입니다! 유혹만 문제가 아니라 그 유혹에 반응하는 무언가가 내 속에 있는 것이 문제입니다. "저는 불결하고 더러운 사람입니다. 저를 씻어 주십시오!" 그러나 하나님의 말씀이 찾아오기 전까지 다윗은 그 사실을 알지 못했습니다. 하나님의 말씀이 하는 일이 바로 이런 것입니다. 모세의 율법이 하는 일이 바로 이런 것입니다. "탐내지 말라!" 말씀을 듣고 나서야 비로소 다윗은 자신이 더러운 사람임을 알게 되었습니다. 율법이 참으로 우리를 찾아올 때 우리는 우리 마음이 부패했다는 사실과 우리에게 진정 거듭남이 필요하다는 사실을 깨닫게 됩니다.

또 다른 요점이 있는데-로마서 7장에 그 내용이 전부 나옵니다- 그것은 하나님의 말씀 외에 이런 것들을 우리에게 보여줄 수 있는 것은 하나도 없다는 것입니다. 로마서 7장은 죄의 권세에 대해 말해 주고 있습니다. 현대인들은 '죄' 같은 말을 좋아하지 않습니다. "무슨 헛소리야! 죄라니? 죄 같은 건 없어. 난 온전히 선량한 사람도 아니고 100퍼센트 완벽한 사람도 아니지만 그렇다고 나쁜 사람도 아니야. 난 악하지 않아. 그렇게 많은 죄를 짓지 않았어. 무엇이든 마음만 먹으면 얼마든지 끊을 수 있다고"라고 말합니다.

저는 사람들이 흡연이나 음주나 다른 많은 습관들을 버리는 일에 대해 그렇게 말하는 것을 수백 번씩 들었습니다. 그러나 말하는 것에 비해 실천하기는 훨씬 더 어렵지 않습니까? 덧붙이자면 저는 흡연을 정죄하지 않습니다. 그것은 여러분이 해결할 문제이지 제가 다룰 문제가 아닙니다. 그러나 "그런 건 얼마든지 끊을 수 있다"라고 말하는 사람에게 제가 할 말은 "그렇다면 한번 끊어 보라. 나한테 증거를 보여달라"는 것입니다. 그러면 과거의 제가 그랬듯이 그 사람도 자기 힘으로 끊어 보려고 애를 쓸 것입니다. 저는 그것이 제 인생에서 가장 큰 싸움이었다고 생각합니다. 말하기는 얼마나 쉽습니까! 그러나 죄에는 권세가 있습니다! 그 권세에 대해 기록해 놓은 책은 성경밖에 없습니다. 바울의 말을 들어 보십시오. "우리가 율법은 신령한 줄 알거니와 나는 육신에 속하여 죄 아래에 팔렸도다. 내가 행하는 것을 내가 알지 못하노니-잘못이라는 것을 알고 하지 않으려 하는데도 한다는 뜻입니다-곧 내가 원하는 것은 행하지 아니하고 도리어 미워하는 것을 행함이라"롬 7:14-15.

사도 바울이 정신병자라서 이런 말을 하는 것일까요? 자, 제가 할 말은 이것뿐입니다. 만약 그가 정신병자라서 이런 말을 하는 것이라면, 여러분 또한 전부 정신병자라는 진단을 받아야 할 것입니다. 이것은 원래의 제게도 해당되는 말이며, 여러분에게도 온전히 해당되는 말이기 때문입니다. 이런 말을 해주는 것이 이 말씀 외에 또 있습니까? 여러분이 추종하는 심리학은 이런 말은 해주지 않으며, 정치인들도 확실히 이런 말은 해주지 않습니다! 진실을 말하면, 특히 사람들에 대한 진실을 말하면 표를 얻을 수 없기 때문입니다. 하나님의 말씀 외에는 아무도 이런 말을 해주지 않습니다. 오직 말씀만이 "도리어 미워하는 것을 행함이라"라고 말해 줍니다롬 7:15. 여기에 나의 문제점이 있습니다. "내 속 곧 내 육신에 선한 것이 거하지 아니하는 줄을 아노니-어떻게 압니까?-원함은 내게 있으나 선을 행하는 것은 없노라"롬 7:18.

왜 그렇습니까? 대체 무엇이 문제입니까? 왜 모든 사람이 옳은 줄 알면서도 행하지 못하는 것입니까? 이상주의와 철학과 인본주의에 대한 책들은 "이러이러한 것이 사는 법이다. 모두가 이렇게만 살면 문제는 해결될 것이다"라고 말합니다. 그 똑똑한 저자들은 전쟁이라는 문제도 전부 해결할 수 있다고 주장합니다. "아주 간단하다. 이러저러한 것만 알면 된다. 전쟁은 어리석은 것이므로 전쟁을 그만 일으키면 되는 것이다"라고 말합니다. 양심의 이름으로 묻겠습니다. 그런데 왜 세계는 여전히 이런 짓을 계속하는 것입니까? 이것이 우리가 던져야 할 질문입니다. 그리고 그 대답은 하나뿐입니다. 바로 죄의 권세 때문이라는 것입니다.

"만일 내가 원하지 아니하는 그것을 하면—그렇다면 어떻다는 것입니까?—이를 행하는 자는 내가 아니요 내 속에 거하는 죄니라. 그러므로 내가 한 법을 깨달았노니 곧 선을 행하기 원하는 나에게 악이 함께 있는 것이로다. 내 속사람으로는 하나님의 법을 즐거워하되 내 지체 속에서 한 다른 법이 내 마음의 법과 싸워 내 지체 속에 있는 죄의 법으로 나를 사로잡는 것을 보는도다. 오호라, 나는 곤고한 사람이로다!"롬 7:20-24

여러분도 전부 이렇지 않습니까? 당연히 이럴 것입니다! 다른 어느 곳에서 이런 사실을 알 수가 있습니까? 여러분에게 이런 사실을 알려 주는 사람은 과거에도 없었고, 앞으로도 없을 것입니다. 하나님이 모세를 통해 율법을 주신 것은 내 지체 속에 "한 다른 법"이 있다는 것과 여러분과 제 속에 우리 자신보다 더 큰 권세가 있다는 것을 보여주시기 위해서이며, 우리가 그 죄와 욕심과 정욕의 노예로 사로잡혀 있기 때문에 옳은 줄 알면서도 행하지 못한다는 것을 보여주시기 위해서입니다. 이 사실을 알려 주는 것은 오직 이 말씀뿐입니다.

바울은 우리가 죄의 노예라는 것을 보여줄 뿐 아니라 죄에 왜곡하는 힘이 있다는 것도 보여줍니다. 이것은 우리 속의 죄와 관련된 사실 중에 가장 무서운 사실입니다. 죄는 무엇이든 비틀려 합니다. 죄는 얼마나 강력한지 하나님의 법까지 비틀려 합니다. 이것이 로마서 7장의 전체적인 논지입니다. 7절에서 바울은 이렇게 묻습니다. "그런즉 우리가 무슨 말을 하리요. 율법이 죄냐." 그가 이런 질문을 제기하는 이유가 무엇입니까? "이로 보건대 율법은 거룩하고 계명도 거룩하고 의로우며 선하도다. 그런즉 선한 것이 내게 사망이 되었느냐"라고 계속해서 묻는 이유가 무엇입니까? 이 모든 것은 무엇을 이야기하고 있는 것입니까?

바울의 말은 요컨대 이런 것입니다. "율법의 참된 특징을 정말로 깨달았을 때-그는 하나님이 모세에게 주신 말씀을 안다고 생각했지만, 실제로는 성령이 그의 죄를 드러내셨을 때에야 비로소 이해하게 되었습니다-나는 하나님이 모세를 통해 내게 주신 율법이 나를 더 나은 사람으로 만드는 것이 아니라 더 악한 사람으로 만든다는 사실을 발견했다." 5절 말씀을 들어 보십시오. "우리가 육신에 있을 때에는 율법으로 말미암는-율법이 악화시키고 강화시키는-죄의 정욕이 우리 지체 중에 역사하여 우리로 사망을 위하여 열매를 맺게 하였더니."

이 논지의 의미를 아주 간단히 설명하면 이렇습니다. 육에 속한 사람에게 무엇을 하지 말라고 말하면, 그 순간 마음속에 그것을 하고자 하는 욕망이 생겨납니다. 아기들이나 어린아이들을 보면 알 수 있지 않습니까? 무언가를 하지 말라고 말하는 즉시 그것을 하려 듭니다. 그리고 우리가 등을 돌리자마자 그것을 해버립니다. 인간의 본성 자체가 그렇습니다. 그래서 하나님의 율법이 우리에게 원수가 되는 것입니다.

저는 영국과 다른 모든 나라들이 현재 직면하고 있는 도덕적인 문제들과 이 원리 사이의 실제적인 상관관계를 얼마든지 쉽게 보여드릴 수 있습니다. 정치인들은 "그건 나쁘니까 하지 마시오. 이건 좋으니까 하시오"라고 말하기만 하면 다 되는 줄 압니다. 그러나 그런 말은 아무리 해봐야 소용이 없습니다. 그런 금지는 어떤 의미에서 사람을 더 나쁘게 만들 뿐입니다. 하지 말아야 할 일들을 상기시킴으로써 오히려 그 일을 하도록 유도하게 되기 때문입니다. 실제로 사람들이 어떤 습관들의 악한 영향력을 다루는 책들을 읽는 이유는 짜릿한 자극을 얻기 위해서입니다. "아, 그래, 이건 책일 뿐이야. 나는 이 책이 성적인 문제에 따르는 위험과 악을 보여준다는 점에서 도움이 된다고 생각해"라고 말하면서, 정말 그런 이유 때문에 그 책을 읽는 양 자신을 설득하려 듭니다. 그러나 그것은 그 책을 읽는 진짜 이유가 아닙니다.

사실은 그 책이 자신에게 자극을 준다는 것과 다 읽으면 읽기 전보다 더 나빠질 줄 알면서 읽는 것입니다.

어떤 목회자가 『성을 통제하기』라는 책을 읽었는데 평생 읽은 어떤 책보다 해로웠다고 말했던 것이 기억납니다! 그런 책을 읽음으로써 성을 통제하기란 절대 불가능합니다. 죄는 율법을 비틀어 버립니다. 그렇게 선한 하나님의 율법도 비틀어 버립니다. 바울의 말은 요컨대 "나는 율법이 나를 대적한다는 걸 알았다. 율법은 나를 구원해 주기는커녕 오히려 나에게 해를 끼쳤다"라는 것입니다. 왜 그렇습니까? 율법에 무슨 잘못이 있기 때문이 아닙니다. 내 속에 있는 죄의 본질 때문입니다. "오직 죄가 죄로 드러나기 위하여 선한 그것으로 말미암아 나를 죽게 만들었으니 이는 계명으로 말미암아 죄로 심히 죄되게 하려 함이라"13절. 죄는 이만큼 무서운 것입니다.

이런 말을 해주는 것은 오직 이 메시지밖에 없다는 것을 모르겠습니까? 이것이야말로 세상이 무엇보다 먼저 알아야 할 진리 아닙니까? 세상이 문제의 본질을 얼마나 놓치고 있는지-전성기에도, 학문적 전성기에도-보여주는 최근의 예가 있습니다. 케임브리지가-그 대단한 케임브리지 시가!-제조가스 대신 천연가스를 최대한 빨리 도입하기로 결정했다는 기사를 읽었을 것입니다. 그 이유가 무엇입니까? 가스 자살을 하는 가난한 학생들의 수가 많기 때문입니다! 이 무섭고도 비극적인 문제를 다루기 위해 당국이 하는 일이 무엇입니까? 제조가스 대신 천연가스를 도입하는 것입니다! 이것은 말씀 없는 세상이 어떻게 전체적인 문제를 놓치게 되는지를 완벽하게 보여주는 예입니다. 그들은 가난한 학생들의 본질을 바꾸는 대신 가스를 바꾸려 듭니다. 사람이 자살하고 싶어 하는 이유가 무엇입니까? 가난하고 비참한 학생들을 더 이상 삶에 맞설 수 없는 상황으로 몰고 가는 것이 무엇입니까? 진정한 문제는 바로 여기 있습니다! 그런데 사람들은 이것을 보지 못합니다. 비극이라고 해야 할지 시대의 웃음거리라고 해야 할지 모르겠습니다. 말씀 없는 인간의 전형적인 모습이 바로 이런 것입니다. 문제가 무엇인지를 알지 못합니다. 죄의 본질, 죄의 깊이, 죄의 권세를 알지 못합니다. 살아있는 말씀, 하나님이 모세와 선지자들을 통해 주셨고 그 아들 주 예수 그리스도를 통해 완벽하게 주신 **생명의 도와** 마주하지 않는 한, 우리는 어디에서도 이런 깨달음을 얻을 수 없습니다. 말씀은 바로 이런 것을 우리에게 가르쳐 줍니다.

이제 두번째 요점을 다룰 텐데, 그 내용은 앞에서 어느 정도 살펴보았습니다. 하나님이 우리에게 율법을 주신 것은 우리가 완전하고도 철저하게 무력한 존재임을 드러내시기 위해서입니다. 산헤드린 공회원들의 비극이 여기 있습니다. 그들이 그리스도를 거절한 이유가 무엇입니까? 자기들의 노력으로 하나님을 만족시키고 있다고 생각했기 때문입니다. 바로 이 이유 때문에 거절한 것입니다. 이것이 바리새인들의 문제였습니다. 그들은 스스로 하나님을 만족시키고 있다고 생각했고 율법을 지키고 있다고 생각했습니다. 그러나 그것은 완전한 착각이었습니다.

율법을 알기만 해서는 아무 소용이 없습니다. 율법의 목적은 실천에 있습니다. 바울이 로마서 2장에서 어떻게 표현하고 있는지 들어 보십시오. "하나님 앞에서는 율법을 듣는 자가 의인이 아니요 오직 율법을 행하는 자라야 의롭다 하심을 얻으리니"13절.

어리석은 유대인들은 "우리는 괜찮다. 우리는 하나님의 백성이다"라고 말합니다. 그래서 "어떻게 당신들이 괜찮다는 걸 아는가?"라고 물으면 이렇게 대답합니다. "음, 우리에게는 율법이 있으니까. 하나님은 이방인이 아닌 우리에게 율법을 주셨다. 우리는 안식일마다 회당에서 율법을 가르친다. 우리는 율법을 듣는 사람들이다."

율법을 듣고 있으니 자신들은 괜찮다는 것입니다. 그러나 바울은 도덕과 윤리에 관심만 가져서는 아무 소용이 없다고 말합니다. 하나님의 심판대 앞에서 여러분이 대답해야 하는 질문은 "너는 무슨 생각을 했느냐?"가 아니라 "너는 무엇을 했느냐?"입니다. 이것이 그들이 범한 한 가지 오류였습니다.

또 다른 오류가 있습니다. "나는 율법을 99퍼센트 지켰으니까 괜찮다"라는 것 또한 아무 소용이 없는 말입니다. 어떤 도움도 되지 못합니다. 하나님의 법은 전부 다 지켜야 합니다. 1퍼센트만 지키지 못해도 유죄판결이 내려집니다.

이 점은 야고보서 2장에 분명하게 나오고 있습니다. 야고보는 말합니다. "누구든지 온 율법을 지키다가 그 하나를 범하면 모두 범한 자가 되나니 간음하지 말라 하신 이가 또한 살인하지 말라 하셨은즉 네가 비록 간음하지 아니하여도 살인하면 율법을 범한 자가 되느니라"10-11절. 여러분이 누군가의 소유를 훔쳤다는 이유로-어떤 예를 들어도 괜찮습니다-고발당해서 법정에 섰다고 상상해 보십시오. 판사가 여러분에게 묻습니다.

"피고는 변호할 말이 있는가?"

여러분은 대답합니다.

"네. 저는 간음하지 않았습니다. 술 취하지도 않았습니다. 과속하지도 않았습니다."

그러면서 여러분이 하지 않은 일들을 엄청나게 늘어놓습니다. 그러나 아무리 그래 봐야 도움이 되지 않습니다. 여러분은 고발당한 바로 그 죄 때문에 법정에 섰기 때문입니다. 법은 골라서 지켜도 되는 것이 아닙니다. 전부 지켜야 하는 것입니다. 그렇지 못하면 유죄입니다.

그다음으로 생각할 점은 이것입니다. 율법의 문구보다 정신을 이해하는 것이 중요합니다. 이 원리를 몰랐던 것이야말로 바리새인과 산헤드린 공회원들의 또 다른 비극적인 대실책이었습니다. 그들은 자신들이 이해한 대로 율법의 문구만 지키면 되는 줄 알았습니다. 그러나 하나님이 십계명을 주신 이유가 무엇입니까? "살인하지 말라, 간음하지 말라" 등등의 명령을 주신 이유가 무엇입니까? 그 모든 명령의 요점이 무엇입니까? 주님은 산상설교를 통해 그 답을 주셨습니다. 율법의 문구보다 정신이 중요하며, 하나님이 원하시는 것은 하나님을 사랑하며 이웃을 네 자신과 같이 사랑하는 일이라는 것입니다.

어느 날 사람들이 주님께 물었습니다. "가장 크고 첫째 되는 계명이 무엇입니까?" 유다 지도자들은 율법에 613개 조항이 있음을 알고 있었습니다. 그들은 그 조항들의 경중을 놓고 다투며 논쟁했습니다. 어떤 이들은 "이것이 가장 중요하다"라고 주장했고, 또 다른 이들은 "아니다, 저것이 중요하다"라고 주장했습니다. 그래서 주님을 찾아와 이 질문을 던진 것입니다. 그에 대해 주님은 이렇게 대답하셨습니다. "첫째는 이것이니……네 마음을 다하고 목숨을 다하고 뜻을 다하고 힘을 다하여 주 너의 하나님을 사랑하라 하신 것이요 둘째는 이것이니 네 이웃을 네 자신과 같이 사랑하라 하신 것이라"막 12:29-31.

이것이 중요합니다. 왜 살인하면 안 됩니까? 왜 도둑질하거나 간음하거나 탐내면 안 됩니까? 내 이웃을 내 자신과 같이 사랑해야 하기 때문입니다. "나는 이웃을 때린 적이 없다. 이웃에게 침을 뱉은 적도 없다. 이웃에게 이런저런 짓을 한 적도 없다"라고 떠들고 다닐 수 있습니다. 자신이 모든 덕의 모범인 것처럼 생각할 수도 있습니다. 그런데 하나님의 율법이 찾아와 말합니다. "보라, 친구여, 문제는 이것이다. 너는 이웃을 네 자신처럼 사랑했는가? 너는 이웃에 대해 어떤 생각을 했는가?" 하나님에 대한 태도에서도 마찬가지입니다. 바로 이 점에서 바리새인들의 실상이 드러나고 폭로되었으며, 바로 이 점에서 산헤드린 공회원들이 사실은 율법의 참된 본질에 무지하다는 것이 드러났습니다. 그들의 관심은 문구에 있었습니다. 그래서 "우리는 이런 일을 한 적이 한번도 없다. 저런 일을 한 적이 한번도 없다"라고 말했습니다.

그러나 그리스도는 말씀하십니다. "자, 너희는 간음한 적이 한번도 없다고 말한다. 좋다. 한 가지 물어보겠다. 전에 욕심을 품고 여자를 쳐다본 적이 있느냐? 그렇다면 마음으로 이미 간음한 것이다. 살인도 마찬가지다. 너희는 '한번도 살인하지 않았다'라고 말한다. 그러나 형제에게 '이 바보!'라고 말한 적이 있느냐? 그러면 마음으로 이미 살인한 것이다"마 5:21-28 참조.

하나님의 말씀이 해주는 말이 바로 이것입니다. 율법의 의미가 바로 여기에 있습니다. 율법은 죄의 진정한 본질을 폭로하며, 사람들이 스스로 완벽하다고 생각하고 하나님을 만족시킬 수 있다고 생각할 때 찾아가 말을 하면서 그들을 정죄합니다. 그들의 죄책과 무능함, 더러움과 불결함을 드러냅니다.

하나님의 말씀, 하나님의 율법 외에는 어느 것도 이런 지식을 줄 수가 없습니다. 율법이 변함없이 항상 하는 일이 바로 이것입니다. 그래서 하나님이 시내산에서 모세에게 율법을 주신 것입니다. 그는 우리 마음속에 배아 상태로 숨어 있는 죄를 명확히 드러내시고, 우리 모두가 죄의 책임과 권세와 오염과 더러움에서 구원받아야 한다는 것을 깨닫게 하시려고 율법을 주셨습니다. 바로 이것이 우리의 문제입니다. 바로 이것이 우리의 필요입니다. 스데반이 산헤드린 공회원들에게 지적한 것도 이것입니다. "너희는 내가 율법을 대적하여 하나님을 모독했다고 하는데, 다 율법을 몰라서 하는 말이다. 나는 오히려 율법의 진정한 의미를 밝히고 있다. 너희가 십자가에 못박은 예수도 그렇게 하셨다. 그가 율법의 의미를 설명하시고 너희 죄를 드러내시니까 너희가 그를 미워한 것이다. 그래서 그를 거절하고 못박아 죽인 것이다."

이것이 스데반이 산헤드린 공회원들에게 전한 메시지입니다. 또한 현대인들에게-세상이 이렇게 혼돈에 빠져 있고 자신들의 마음은 부패하고 더러워져 있는데도 학식과 도덕에 대해 떠들면서 그리스도가 필요치 않다고 말하는 사람들-전하는 메시지이기도 합니다. 인간의 노력으로는 결코 구원받을 수 없습니다. 율법은 우리가 얼마나 완전하게 무력한 존재인지 보여줍니다.

율법이 보여주는 것이 또 있습니다. 율법은 우리가 우리의 죄책에 대해 아무것도 할 수 없으며 죄의 권세와 오염에서 스스로 구원할 수 없음을 보여줄 뿐 아니라 하나님을 만족시키기는 커녕 그 앞에 설 수도 없음을 보여줍니다. 여러분은 "하지만 하나님은 분명 사랑의 하나님이니까 내가 죄송하다고만 하면 용서해 주시겠지"라고 말합니다. 그러나 하나님이 시내산에서 모세에게 주신 율법은 그런 주장의 허구성을 보여줍니다. 저는 그것을 아주 쉽게 입증해 보일 수 있습니다.

하나님이 시내산에서 모세에게 하신 말씀이 무엇입니까? 하나님은 십계명만 주신 것이 아니라 성막이라고 불리는 장막 세우는 일에 대해 아주 상세히 지시하시면서 일정한 설계서에 따라 세울 것을 명하셨습니다. 치수를 각각 정해 주셨고, 어떤 재료를 얼마나 써야 하는지도 말씀해 주셨습니다. 또 제단을 세우게 하셨으며, 방대한 양의 규칙과 규정을 주셨습니다. 매일 아침저녁으로 양을 바치는 일을 비롯하여 다양한 짐승들을 제물로 바치는 일과 그 피를 취하여 제물로 바치는 일에 대한 규정을 주셨습니다. 번제물과 희생, 소제물, 화목제물에 대한 규정을 주셨습니다.

출애굽기, 레위기, 민수기를 읽어 보셨습니까? 한번 읽어 보십시오. 그것은 하나님의 말씀, 모세가 시내산에서 받은 말씀의 일부입니다. 하나님은 모세에게 산 밑으로 내려가라고 하면서 이렇게 명하셨습니다. "삼가 모든 것을 산에서 네게 보이던 본을 따라 지으라"히 8:5.

"나는 당신이 말하는 구약에는 관심이 없습니다. 당신이 언급하는 그런 책들을 읽는 데 신경을 쓸 수가 없어요. 피를 흘리고 제물을 바치고 희생을 드리는 일들에 대한 그 모든 이야기는 나와 아무 상관이 없습니다. 물론 당신한테야 큰 상관이 있겠지만요"라고 말하는 이들이 오늘날 아주 많습니다. 그러나 구약이 말하는 바가 무엇입니까? 하나님이 우리에게 속전을 요구하신다는 것, 속전을 받으신다는 것입니다. 그가 재판장입니다. 판결을 내리시는 분은 그분이지 우리가 아닙니다. 현대인들은 "죄송하다고 말하면 다 괜찮을 거야. 전부 천국에 갈 거야"라고 말합니다. 아닙니다! 여러분의 그 말에는 아무 권위가 없습니다. 하나님이 뭐라고 말씀하시는지 알고 싶습니까? 자, 여기 그 말씀이 있습니다. 하나님이 그 말씀을 모세에게 주셨고 모세는 백성에게 주었습니다. 그런데 산헤드린 공회원들은 그 말씀을 완전히 오해하고, "스데반과 그리스도인들이 성전을 대적하며 훼방한다"라고 말했습니다. 그들은 성전의 의미를 몰랐습니다. 일정한 전례와 의식만 치르면 온전하게 되어 나가는 장소로 생각했습니다. 로마 가톨릭은 지금도 그렇게 가르치고 있습니다. "사제에게 죄를 고백하라. 이런저런 일들을 하라. 그러면 괜찮다"라고 말하는 것입니다. 사람들은 이런 식으로 구원을 사려 듭니다.

하나님의 말씀을 얼마나 우습게 만드는 짓인지! 그렇습니다. 성전과 성막의 전적인 목적, 그 안에서 치러지는 의식의 목적, 번제물과 희생과 구약성경에 나오는 모든 일의 전적인 목적은 하나님과 화해해야 한다는 한 가지 교훈, 하나님은 속전을 요구하신다는 이 한 가지 교훈을 가르치려는 데 있습니다. "피흘림이 없은즉 [죄]사함이 없느니라"히 9:22. 하나님은 우리에게 완벽한 제물을 원하십니다. 그런데 우리는 그것을 드릴 수가 없습니다.

여러분은 말할 것입니다. "하지만 저의 선행은 분명히 계산이 되지 않을까요?"

그렇지 않습니다. 그것은 아주 중대한 착각입니다. 하나님은 "우리의 의"가 "다 더러운 옷" 같다고 말씀하십니다사 64:6. 구약시대의 유대인들뿐 아니라 사도 바울 같은 사람도 회심하기 전에는 율법을 지킴으로써 구원받을 수 있다고 생각하는 잘못을 범했습니다. 바울은 빌립보서 3장에 나오는 약간은 자전적인 기록에서 그 이야기를 하고 있습니다. 그는 사람이 육체를 신뢰할 수 있다면 자신은 더욱더 신뢰할 만한 사람이라고 말합니다. 그 이유가 무엇입니까? 자, 그는 다음과 같이 이야기하고 있습니다. "나는 팔 일 만에 할례를 받고 이스라엘 족속이요 베냐민 지파요 히브리인 중의 히브리인이요 율법으로는 바리새인이요 열심으로는 교회를 박해하고 율법의 의로는 흠이 없는 자라"빌 3:5-6.

바울은 정말 그렇게 믿었습니다. 그토록 지적인 사람도 자기 자신을 문자 그대로 흠 없는 자로 여길 정도로 율법을 크게 오해했던 것입니다. 그는 실제로 사람을 죽인 적이 없기 때문에 살인죄를 짓지 않았다고 생각했고, 실제로 간음을 저지르지 않았기 때문에 간음죄를 짓지 않았다고 생각했으며, 다른 모든 계명에 대해서도 똑같은 생각을 했습니다.

그러다가 홀연히 율법의 정신을 알게 되면서 자신이 무서운 죄인임을 깨달았던 것입니다. 그리하여 자신의 놀라운 의를 자랑하던 사람이 다음과 같이 고백하게 됩니다.

"그러나 무엇이든지 내게 유익하던 것을 내가 그리스도를 위하여 다 해로 여길뿐더러 또한 모든 것을 해로 여김은 내 주 그리스도 예수를 아는 지식이 가장 고상하기 때문이라. 내가 그를 위하여 모든 것을 잃어버리고 배설물로 여김은 그리스도를 얻고 그 안에서 발견되려 함이니 내가 가진 의는 율법에서 난 것이 아니요 오직 그리스도를 믿음으로 말미암은 것이니 곧 믿음으로 하나님께로부터 난 의라"빌 3:7-9.

이것은 지극히 합당한 태도입니다. 하나님이 모세에게 주신 말씀은, 여러분이 하나님께 드릴 수 있는 것 중에 티끌만큼이라도 가치 있는 것은 하나도 없다고 말합니다. 여러분의 모든 선행을 아뢰어 보십시오. 여러분의 머릿속을 아시고 마음속을 아시고 상상한 것을 아시는 하나님께 전부 무시당할 것입니다. 그것은 "더러운 옷"이고 배설물이며 오히려 해를 끼치는 쓰레기에 불과합니다.

하나님께 자기 돈을 전부 가져가 이런 운동에 1000파운드, 저런 운동에 1000파운드를 기부했노라 말할 수도 있습니다. 그러나 그것도 가치가 없습니다. 그야말로 아무 가치가 없습니다. 하나님은 완벽한 희생제물을 요구하십니다. 삶을 요구하십니다. 그가 번제물과 희생이라는 수단을 통해 이스라엘 자손에게 주신 가르침이 그것입니다. 그는 말씀하셨습니다. "양을 취하여 그 머리에 안수함으로 너의 죄를 비유적으로 그 짐승에게 전가하여라. 그 짐승을 죽여 생명을 취하고 핏속에 있는 생명을 나에게 바쳐라."

그러나 하나님은 이것이 잠정적인 조처로서 앞으로 있을 일을 예언하는 것에 불과함을 분명히 밝히셨습니다. 요컨대 "이 방법으로는 잠시 동안만 너희 죄를 덮을 수 있을 뿐이다. 이 방법으로는 구원받지 못한다. 이것은 장차 너희를 구원하기 위해 내가 할 일을 가리키는 것에 불과하다"라고 말씀하신 것입니다. 아침저녁으로 양을 바치라고 명하시면서 하나님이 하신 말씀은 "내가 직접 어린양을 준비할 날이 온다. 너희 죄를 감당할 만큼 크고 위대하고 순결하고 온전한 희생제물을 직접 준비할 날이 온다. 황소와 염소의 피, 암송아지의 재로는 영혼을 정결케 할 수가 없다. 그런 것들로는 충분치 않다. 그것들은 장차 내가 준비할 어린양을 가리키는 예언과 전조이자 원형에 불과하다"라는 것입니다.

이것은 다음과 같은 사도 바울의 말을 달리 표현한 것입니다. "이같이 율법이 우리를 그리스도께로 인도하는 초등교사가 되어"갈 3:24. 하나님이 이스라엘 자손에게 율법을 주신 것은 그것을 지킴으로써 스스로 구원하게 하기 위해서가 결코 아니었습니다. 하나님은 백성들이 율법을 지킬 수 없다는 것을 알고 계셨습니다. 그들은 이미 양심의 정죄를 받고 있었습니다. 그런데 죄를 규정하면 율법을 지키기가 더욱더 어려워지며 "계명으로 말미암아 죄로 심히 죄되게" 하는 결과가 나타납니다.

여러분에게 묻겠습니다. 죄의 심히 죄됨을 경험했습니까? 지금 이 순간 있는 모습 그대로 하나님 목전에 설 수 있는 방법이 무엇인지 깨달았습니까? 여러분이 유죄라는 사실, 죄를 지었다는 사실을 알고 있습니까? 하나님과 바른 관계를 맺게 해줄 누군가, 여러분 밖에 있는 무언가가 필요하다는 사실을 알고 있습니까? 말씀해 보십시오. 그리스도가 오시기 전까지는 **갇혀** 있었던 것을 알고 있습니까? 하나님의 말씀이 여러분의 "초등교사"이 되어 다음과 같이 말하도록 가르쳐 주었습니까?

내 손의 수고로
율법의 요구 채울 수 없고
쉼 없는 열심과
늘 흘리는 눈물로도
죄 속할 수 없나이다.
주여, 오직 주께서 구원해 주셔야 하나이다.
─오거스터스 탑레이디

말씀이 이것을 가르쳐 주었다면, 오, 여러분은 하나님께 복을 받은 것

입니다. 여러분은 하나님과 화목하게 되었습니다. 이제 더 이상 율법
을 두려워할 필요가 없습니다. 하늘 문이 여러분 앞에 활짝 열려 있습
니다.

09

선지자, 제사장, 왕

이스라엘 자손에 대하여 하나님이 너희 형제 가운데서
나와 같은 선지자를 세우리라 하던 자가 곧 이 모세라.
시내산에서 말하던 그 천사와 우리 조상들과 함께 광야
교회에 있었고 또 살아있는 말씀을 받아 우리에게 주던
자가 이 사람이라.

사도행전 7:37-38

지금까지 살펴본 것처럼, 산헤드린과 모든 유대인들이 보여주는 비극의 핵심은 그들이 모세와 율법과 성전을 주 예수 그리스도와 대치되는 것으로 여겼다는 데 있습니다. 그래서 스데반은 이 말씀, "살아있는 말씀"을 제대로 이해하면 이 주제들을 완전히 달리 보게 될 뿐 아니라 무엇보다 주 예수 그리스도를 달리 보게 된다는 것을 보여주고자 애쓰고 있습니다. 이제껏 살펴보았듯이 유대인들이 역사에 등장한 모든 나라들 중에 뛰어난 나라가 될 수 있었던 것은 하나님이 그들에게 말씀하시고 이 계시를 주신 덕분이며, 그들을 이 계시의 보호자와 관리자로 삼으시고 그들에게 이 계시를 전할 책임을 맡기신 덕분입니다.

기독교회도 마찬가지입니다. 저는 하나의 기관으로서의 교회에는 관심이 없습니다. 제가 교회에 관심을 갖는 것은 맨 처음 사도들, 스데반 같은 사람들이 전했던 말씀을 교회가 받았기 때문입니다. 그러므로 이 말씀을 이해하는 것이 중요합니다. 산헤드린 공회원들처럼 이 말씀의 참된 의미에 눈을 감고 있으면 안 됩니다.

이 말씀, 하나님의 말씀은 성경이라고 불리는 이 책-구약과 신약, 두 부분으로 나뉘어 있는 책-속에 전부 들어 있습니다. 지금까지는 구약의 메시지, 곧 산 위에서 모세에게 주신 말씀-율법이라고 불리는-과 선지자들의 가르침을 살펴보았습니다. 앞에서 살펴보았듯이 말씀은 하나님에 대해 이야기해 주며, 인간에 대해 이야기해 주고, 하나님이 율법에서 가르쳐 주신 대로 살지 못함으로써 인간이 하나님 앞에 죄를 지은 일에 대해 이야기해 줍니다.

또한 이 말씀은 하나님이 일정한 희생을 바칠 것을 명하셨다고 말하며, 성막을 세우는 일에 대해 모세에게 지시를 내리셨다고 말합니다. 하나님은 성막의 기구들을 어떻게 갖추어야 하는지, 어떤 짐승을 죽여서 어떤 방법으로 피와 모든 제물과 희생을 바쳐야 하는지 일러 주셨습니다. 그 내용이 이 말씀 속에 다 들어 있습니다. 선지자들은 그 말씀을 해설하고 그 안에 담긴 의미를 밝혀 준 사람들이었습니다.

마지막으로 우리는 구약성경 전체가 '오실 분'을 가리키고 있음을 알았습니다. 율법과 율법이 제공하는 모든 것은 우리를 죄와 죄책에서 구해 주지 못합니다. 그러나 언젠가 그가 오셔서 우리를 구해 주신다는 것입니다. 구약성경은 우리의 궁극적인 부족함을 보여주며, 도덕과 선한 삶과 선한 행실과 선한 일을 의지해 봐야 아무 소용이 없다는 것을 보여줍니다. 구약성경은 거기에서 멈추지 않습니다. 산헤드린 공회원들처럼 경건religion을 의지하는 것도 궁극적으로는 아무 소용이 없음을 보여줍니다. 경건으로는 부족합니다. 그것으로는 구원받을 수 없습니다.

여러분은 이 모든 것이 오늘날에도 그대로 해당된다는 사실을 알 것입니다. 자신의 선한 삶을 의지하기 때문에 주 예수 그리스도를 구주와 구원자로 받아들이기를 거부하며 거절하는 자들이 여전히 많이 있습니다. 그들은 "나는 이런저런 짓을 하지 않았다. 나는 선한 일을 많이 하고 있다. 나는 교회에 등록한 신앙인이다"라고 말합니다. 산헤드린 공회원들이 빠졌던 오류에 빠져 있는 것입니다. 산헤드린 공회원들은 자신들의 선행에 의존했고 온갖 형식과 의식을 지키는 외적인 경건에 의존했습니다. 구약 메시지의 전적인 목적은 이 모든 일이 궁극적으로는 헛되다는 것을 보여주려는 데 있습니다. 이것이 구약성경의 메시지입니다.

그렇다면 신약성경의 메시지는 무엇일까요? 하나님이 약속을 지키셨다는 것, 약속하신 일을 이루셨다는 것, 참으로 사랑하시는 독생자 나사렛 예수 안에서 그 일을 이루셨다는 것입니다. 이것이 사도들의 메시지였고 스데반의 메시지였습니다. 신약성경은 예수 그리스도야말로 유일한 구주로서, 우리의 온전한 구원은 오직 그에게만 있다고 말합니다. 이 점은 스데반이 체포되기 전에도 아주 분명하고 명확하게 밝혀진 바 있습니다. 요한과 함께 같은 메시지를 전하다가 체포된 베드로는 산헤드린 공회원들의 면전에서 담대하게 말했습니다. "이 예수는 너희 건축자들의 버린 돌로서 집 모퉁이의 머릿돌이 되었느니라. 다른 이로써는 구원을 받을 수 없나니 천하 사람 중에 구원을 받을 만한 다른 이름을 우리에게 주신 일이 없음이라"행 4:11-12. 이것은 기독교의 입장 전체에서 중추에 해당하는 말입니다. 기독신앙의 메시지는 지금도 하나님이 제시하시는 구원의 방법은 예수 그리스도뿐이라는 것, 다른 방법은 없다는 것입니다.

37절은 이 점을 아주 흥미롭게 제시해 주고 있습니다. 스데반은 말합니다. "이스라엘 자손에 대하여 하나님이 너희 형제 가운데서 나와 같은 선지자를 세우리라 하던 자가 곧 이 모세라." 모세-그들이 우러렀던 이름-가 메시아의 오심을 예언했는데, 예수가 바로 그 메시아라는 것입니다. 사람들은 메시아가 오실 것을 고대했습니다. 그런데 불쌍한 산헤드린 공회원들은 그를 못박아 버렸고, 그를 전하는 사람들마저 죽이려 했습니다. 그들은 자신들이 기다린다고 주장하는 메시아가 오셨는데도 그를 알아보지 못했습니다.

세상은 여전히 같은 어려움에 빠져 있습니다. 여전히 유일하신 구주를 거절하고 있는 것입니다. 그래서 저도 스데반이 산헤드린 공회원 앞에서 했던 일을 미약하나마 이 자리에서 하고자 애쓰는 중입니다. 저의 요청은 모세가 "하나님이 너희 형제 가운데서 나와 같은 선지자를 세우리라"라고 했던 바로 그 선지자를 함께 살펴보자는 것입니다. 모세가 묘사하고 있는 바대로, 스데반이 여기에서 반복하고 있는 바대로 그를 살펴봅시다. 우리가 발견하게 되는 사실이 무엇입니까?

자, 주 예수 그리스도를 살펴볼 때 가장 먼저 주목해야 할 점은 그가 '모세와 같은' 분이었다는 것입니다. 모세는 그를 자신과 비교하고 있습니다. 요컨대 "나는 구주가 아니다. 그러나 하나님이 너희 형제 가운데서, 너희 형제들로부터 구주를 일으키실 텐데 그는 나 같은 사람일 것이다"라고 말한 것입니다. 이처럼 그는 어떤 점에서 모세를 닮은 분입니다.

그 어떤 점이라는 것이 무엇일까요? 첫째는 모세의 말처럼 하나님이 그를 세우신다는 것입니다. 이미 살펴보았듯이 하나님은 모세를 세우셨습니다. 스데반이 그 점을 어떻게 표현했는지 기억할 것입니다. "약속하신 때가 가까우매" 모세가 태어났습니다[17절]. 정확히 필요한 때에 하나님이 그를 세워 주셨습니다. 그의 출생은 기적이었습니다. 나사렛 예수에게서 발견하게 되는 점도 그것입니다. "때가 차매 하나님이 그 아들을 보내사 여자에게서 나게 하시고 율법 아래에 나게 하신 것은 율법 아래에 있는 자들을 속량하시고"[갈 4:4-5]. 그를 세상에 보내 주신 분은 하나님입니다. "하나님이 세상을 이처럼 사랑하사 독생자를 주셨으니"[요 3:16]. 이것은 하나님이 세우신 위대한 계획의 일부입니다. 하나님은 세상의 기초를 놓기 전부터 정확한 때를 미리 정해 놓으셨습니다.

또한 그는 하나님이 "너희 형제 가운데서" 세우시는 "나와 같은" 사람이었습니다. 모세는 유대인이었습니다. 나사렛 예수도 유대인이었습니다. "육신으로는 다윗의 혈통에서 나셨고"[롬 1:3]. 누가복음과 마태복음 서두에 족보가 나오는 이유가 이것입니다. 그는 진정한 사람으로서-"사람이신 그리스도 예수라"[딤전 2:5]-모세의 유대인 조상들을 추적할 수 있는 것처럼 그의 유대인 조상들도 추적할 수가 있습니다.

다른 점에서도 그는 모세와 같은 분입니다. 그는 하나님과 인간 사이에 서 계십니다. 앞에서 상기시켰듯이 이것은 모세의 특징입니다. 하나님이 그를 가르치시기 위해 산으로 부르셨을 때, 그는 이스라엘 자손의 대표자로 그 부르심에 응했습니다. 이를테면 그 산꼭대기에서 하나님과 사람 사이에 서 있었던 것입니다. 그는 일종의 중개자요 중재자였습니다. 그는 "살아있는 말씀"을 받아 우리에게 주었습니다. 모세가 한 일과 똑같은 일을 나사렛 예수도 하셨습니다. 그는 오늘도 하나님과 사람 사이에 서 계십니다. 유일무이하게 홀로 그 자리에 서 계십니다.

또한 모세는 위대한 선생이었습니다. 그는 하나님께 배운 것으로 백성들을 가르쳤습니다. 살아있는 말씀을 받아 그 메시지를 전했습니다. 주 예수 그리스도도 그렇게 하셨습니다. 사복음서에 나오는 주님을 보십시오. 30세에 가르치며 전하기를 시작하시자 무리가 그를 좇았습니다. 그들은 산상설교와 다른 가르침들을 듣고 "그 사람이 말하는 것처럼 말한 사람은 이때까지 없었나이다"라고 말했습니다요 7:46. 또 마태복음 7:29은 "이는 그 가르치시는 것이 권위 있는 자와 같고 그들의 서기관들과 같지 아니함일러라"라고 기록하고 있습니다.

앞에서 상기시켰듯이, 모세는 또한 위대한 인도자요 지도자였습니다. 그가 처음 지도자로 등장했을 때 이스라엘은 불쾌하게 여겼습니다. 그가 누구기에 지도자로 자처하느냐고 물었습니다. "누가 너를 우리를 다스리는 자와 재판관으로 삼았느냐"출 2:14. 백성들을 구속과 속박에서 끌어내고 광야를 거쳐 그토록 고대하던 젖과 꿀이 흐르는 땅 가나안으로 이끈 인도자요 선택된 지도자였던 모세의 일생에 크게 나타났던 특징 한 가지가 바로 이것입니다. 여러분과 저 역시 지금 광야를 걷고 있는 중입니다. 세상은 광야입니다. 힘겨운 곳입니다.

> 메마른 땅을 지나는 이 순례자를
> 인도해 주소서, 오 크신 여호와여,
> 나는 연약할지라도 주는 강하시오니
> 그 능한 손으로 날 잡아 주소서.[1]
> ─윌리엄 윌리엄스

이스라엘 자손이 그 피곤한 순례길을 갈 때 모세가 그들을 이끌어 주었듯이, 우리에게도 지도자와 인도자와 지휘자가 필요하고 원수로부터 구해 줄 사람이 필요합니다. 모세는 하나님이 언젠가 "나와 같은" 사람을 세워서 우리가 가는 이 영적인 순례길에서 우리를 인도하게 하실 것이라고 예언했습니다.

이 모든 것이 확증해 주는 사실은 나사렛 예수가 진정한 인간이었

___

187　　**1**　찬송가 377장 1절.

다는 것입니다. 우리는 여기에서 심오하고도 중요한 질문을 한 가지 던져야 합니다. 왜 그는 진정한 인간이어야 했을까요? 왜 성육신해야 했을까요? 왜 신이면서도 인간이 되어야 했을까요? 왜 베들레헴에 아기로 태어나야 했을까요? 그것은 꼭 필요한 일이었습니다. 그런데 왜 꼭 그 일이 필요했을까요? 그에 대한 대답은 이것입니다. 그는 우리의 대표가 되셔야 했습니다. 모세가 이스라엘 나라를 대표해서 산 위에 섰던 것처럼 구주도 우리의 대표가 되셔야 합니다. 우리는 우리 모두가 죄인임을 알고 있습니다. 율법이 그 사실을 확인해 주었습니다. 이처럼 죄인으로서 하나님과 대면하고 있는 우리에게는 우리를 대표해서 하나님 앞에 나서 줄 사람이 필요합니다. 그런데 우리를 대표해 줄 사람, 우리를 대신해 줄 사람은 반드시 우리와 같은 인간이어야 합니다. 히브리서 기자는 그 점을 이렇게 표현하고 있습니다. "자녀들은 혈과 육에 속하였으매 그도 또한 같은 모양으로 혈과 육을 함께 지니심은"히 2:14. 그는 천사나 동물이나 신들을 대표하시는 분이 아닙니다. 우리는 인간이므로 우리의 대표도 인간이어야 합니다.

또 다른 논거가 있습니다. 마지막 원수인 죽음을 비롯하여 우리가 세상에서 경험하고 있는 모든 곤경의 원인은 무엇입니까? 죽음은 어디에서 비롯되었습니까? 사도 바울은 위대한 본문인 고린도전서 15장에서 이 질문에 답하고 있습니다. "사망이 한 사람으로 말미암았으니 죽은 자의 부활도 한 사람으로 말미암는도다"고전 15:21. 우주에 죽음을 불러온 장본인은 인간입니다. 인간은 원래 죽는 존재가 아니었습니다. 하나님에 대한 인간의 반역과 죄가 죽음과 모든 재앙과 모든 전쟁을 끌어들인 것이며 유혈과 불행과 상심을 끌어들인 것입니다. 인간이 그 모든 것을 자초했습니다. "사망이-그리고 모든 문제가-사람으로 말미암았"기 때문에 구원도 사람으로 말미암아야 합니다.

마지막으로 그가 인간이어야 하는 또 다른 논거가 있습니다. 그 논거는 우리를 동정하면서 대표하기 위해서라는 것입니다. 이것은 큰 비밀입니다. 인간과 멀리 떨어져 있는 신적 존재는 우리를 구원해 줄 수 없습니다. 우리에게는 우리를 이해하고 동정해 줄 존재가 필요합니다. 그래서 우리의 구주는 사람이어야만 합니다. 히브리서라는 강력한 서신의 중대한 메시지는 그가 우리의 연약함과 미약함을 아신다는 것입니다. 한번 들어 보십시오.

"우리에게 있는 대제사장은 우리의 연약함을 동정하지 못하실 이가 아니요 모든 일에 우리와 똑같이 시험을 받으신 이로되 죄는 없으시니라.……대제사장마다 사람 가운데서 택한 자이므로 하나님께 속한 일에 사람을 위하여 예물과 속죄하는 제사를 드리게 하나니 그가 무식하고 미혹된 자를 능히 용납할 수 있는 것은 자기도 연약에 휩싸여 있음이라"히 4:15, 5:1-2.

우리는 연약하고 무식하며 유혹에 넘어가기 쉬운 사람들입니다. 우리에게는 이것을 알고 우리를 동정해 줄 사람이 필요합니다. 히브리서 기자의 위대한 주장을 다시 들어 보십시오. "그가 시험을 받아 고난을 당하셨은즉 시험받는 자들을 능히 도우실 수 있느니라."

이것이 우리의 구원자가 인간이어야만 하는 이유의 전부는 아닙니다. 그러나 주된 이유입니다. 우리가 여자에게서 났기 때문에 그도 "여자에게서" 나야 합니다. 우리가 모두 율법 아래 났기 때문에 그도 "율법 아래" 나야 합니다. "여자에게서 나게 하시고 율법 아래에 나게 하신 것은"갈 4:4. 이것이 첫번째 요점입니다. 나사렛 예수는 모세 같은 사람이었습니다. 우리 같은 진짜 인간이었습니다. 여러분이나 저처럼 시간에 매인 세상에서 인간의 삶을 사신 분이었습니다.

모세가 "나와 **같은**"이라고 말한 데 주의하십시오. 이것은 자신과 비슷하면서도 다르다는 뜻입니다. 바로 이것이 요점이며, 구약성경 전체의 메시지입니다. 그는 인간이어야 했지만, 우리를 구원하기 위해서는 또한 인간 이상이어야 했습니다. 이것이 기독교의 핵심적인 선포입니다. 사람은 우리를 구원해 주지 못합니다. 저는 이것을 증명해 보일 수 있습니다. 맨 처음 사람은 완벽한 존재로 완벽한 환경 속에서 살았습니다. 그런데도 타락했습니다. 설사 하나님이 완벽한 사람을 또 만드셨다고 해도 똑같이 타락했을 것입니다. 그렇습니다. 모세가 "나와 **같은**"이라고 말한 데서 알 수 있듯이, 우리를 구원해 줄 이는 인간이면서도 인간 이상이어야 합니다. 나를 넘어서는 존재여야 합니다. 어떤 점에서 나와 비슷하면서도 나를 뛰어넘는 존재여야 합니다. "너희 형제 가운데서" 나와야 하고 유대인이어야 하지만, 또한 그 이상의 존재여야 합니다.

우리의 선포는 나사렛 예수가 영원하신 아들, 곧 하나님이라는 것입니다. 그는 **하나님**이면서 인간입니다. 왜 꼭 그래야만 합니까? 왜 인간이기만 한 것으로는 충분치가 않습니까? 몇 가지 대답을 살펴봅시다. 모세는 아주 선한 사람이었지만, 그래도 한낱 인간에 지나지 않았습니다. 히브리서 3:5이 일깨워 주듯이 그는 사환에 불과했습니다. 그는 좋은 사환으로 "하나님의 온 집에서" 충성을 다했지만 그 이상은 아니었습니다. 그뿐 아니라 그는 연약한 사환, 실패하고 죄를 지은 사환이었습니다. 모세는 약속의 땅에 들어가지 못했습니다. 이스라엘 자손을 그 앞까지 데려갔지만 그 이상은 나아가지 못했습니다. 그는 하나님의 명령을 어겼습니다. 그는 사람이었습니다. 그렇습니다. 우리 모두와 똑같은 사람이었습니다. 그는 실패했고 죄를 지었으며 불순종했습니다. 그래서 결국 백성들을 약속의 땅으로 이끌고 들어가지 못했습니다.

그뿐 아니라 모세의 지식은 부분적인 것이었습니다. 하나님이 계시해 주신 것만 알았을 뿐 그 이상은 알지 못했습니다. 또 가끔씩은 그 들은 것조차 잊어버렸습니다. 이처럼 모세에게는 한계가 있었습니다.

똑같이 명백한 또 한 가지 측면은 모세가 맡은 직분에도 한계가 있었다는 것입니다. 그는 입법자였고 선생이었으며 인도자였지만 그것으로는 충분치 않았습니다. 제사장과 제사장 직분이 있어야 했습니다. 백성을 대표해서 일 년에 한번 성전의 지성소에 들어갈 대제사장이 있어야 했습니다. 모세는 그 일을 할 수 없었습니다. 그 일은 그의 형 아론에게 맡겨졌습니다. 모세의 능력에는 한계가 있었기 때문에 한 직분밖에 맡을 수가 없었습니다. 그래서 "나와 **같은**"이라고 말한 것입니다. "그는 나와 같은 분이겠지만, 또한 그 **이상**일 것이다. 왜냐

하면 너희에게는 그 이상이 필요하기 때문이다"라고 말한 것입니다.

그다음으로 주목해야 할 사실은 위대한 본문인 히브리서 9장에 나오듯이 모세의 가르침 전부와 그가 시작한 모든 일들은 임시방편에 불과하다는 것입니다. 우리는 이 점을 분명히 알아야 합니다. 산헤드린 공회원들이 바로 이런 것들을 자랑하면서 그리스도를 거절했기 때문입니다. 그들이 붙들었던 것들을 보십시오! 율법을 보십시오. 그들의 전반적인 문제 중 한 가지는 율법으로는 아무도 구원받을 수 없다는 사실을 몰랐다는 것입니다. 율법은 해야 할 일만 일러 줍니다. 그것을 실천할 능력은 주지 못합니다. 그래서 사도 바울이 로마 교인들에게 편지를 쓰면서 "율법이 육신으로 말미암아 연약하여 할 수 없는 그것"에 대해 언급했던 것입니다롬 8:3. 모세가 백성들 앞에서 한 말의 요지는 "이 계명들을 지키면 구원받는다"라는 것이었습니다. 율법은 구원을 우리 손에 맡겨 버립니다. "살인하지 말라. 간음하지 말라. 도둑질하지 말라. 거짓 증거하지 말라. 탐내지 말라." "네 마음을 다하며 목숨을 다하며 힘을 다하며 뜻을 다하여 주 너의 하나님을 사랑하고 또한 네 이웃을 네 자신같이 사랑하라." 다 옳은 말입니다. 그런데 그 말대로 할 수가 있습니까? 율법은 "이렇게 하면 산다"라고 말하지만, 문제는 **아무도 그렇게 할 수 없다는 것**입니다. 앞에서 살펴보았듯이 율법은 우리를 정죄의 자리, 소망이 없는 무력한 자리에 방치해 둔 채 우리에게 구원이 필요하다는 말만 해줍니다.

또한 유대 지도자들은 성전을 자랑했습니다. 그들은 스데반이 결국 성전도 필요 없고 제사장이나 의식이나 전례나 화려한 건물도 다 필요 없다는 주장을 한다고 생각했습니다. 예수를 통해 직접 하나님께 나아가면 되기 때문에 그런 것들은 하나도 필요 없다고 주장하는 줄 알았던 것입니다. 그래서 자신들의 율법과 성전을 수호하기 위해 싸웠습니다.

오늘날에도 사람들은 같은 싸움을 하고 있습니다. 로마시대나 성전이나 의식이나 전례나 제사장 제도로 돌아가려 하는 이들도 있습니다. 그 이유가 무엇입니까? 그 모든 것들이 사실은 임시방편에 불과하다는 것을 모르기 때문입니다. 그것들은 그림자일 뿐 실체가 아닙니다. 히브리서 9장을 직접 읽어 보십시오. 그러면 히브리서 기자가 성전은 모형에 불과하다고 말하는 것을 발견할 것입니다. 성전은 예언일 뿐입니다. 일종의 암시요 그림자요 장차 있을 일의 모형일 뿐입니다. 이 땅의 장막으로서 하늘의 장막을 보여주는 일종의 그림을 제시해 주는 것에 불과합니다. 영원히 사용하기 위해 만든 것이 아닙니다.

또한 그는 말합니다. "성전에서 이루어지는 모든 일을 보라. 너희는 황소와 염소의 피를 바치고 암송아지의 재를 취해서 물과 함께 부정한 자에게 뿌리는데, 그것이 다 무슨 소용이 있느냐? 그렇게 해서 해방을 얻거나 죄사함을 얻을 수 있느냐? 황소와 염소의 피가 우리를 하나님과 화목하게 해줄 수 있느냐? 그럴 수 없다. 그런 것들은 다 예언이고 그림이고 모형일 뿐이다. 성전에서 일어나는 모든 일과 모든 의식은 '하늘에 있는 것들의 모형'히 9:23으로서 온전한 제물이 와서 바쳐지기 전까지 잠시 동안만 우리 죄를 덮어 주는 것에 불과하다."

스데반이 산헤드린 공회원들에게 하는 말이 이것입니다. 사실 이 모든 것은 모세가 이미 했던 말입니다. 모세는 요컨대 "나는 그저 하나의 표지판이며 지시봉일 뿐이다. 하나님이 한 사람을 세우실 텐데 그는 나와 같으면서도 나보다 무한히 더 크고 위대한 존재일 것이다"라고 말했습니다. 이처럼 모세는 하나님의 아들, 나사렛 예수의 오심을 미리 예언했습니다. 제가 이 자리에서 해야 할 일은 바로 이 복되신 분이 어떻게 구약성경이 암시하고 예언했던 모든 일의 성취요 완성이 되시는지 밝히는 것입니다. 그가 오셨습니다. '모세와 같은 선지자'가 마침내 오셨습니다. 그는 우리가 바라는 것 그 자체입니다. 우리에게 필요한 모든 것이 그 안에 통합되어 있습니다. 그는 하나님이 약속하신 모든 것의 성취입니다. 바울이 표현한 그대로입니다. "하나님의 약속은 얼마든지 그리스도 안에서 예가 되니"고후 1:20. 그러나 가련한 산헤드린 공회원들은 이것을 알지 못했습니다. 답이 주어졌는데도 거부해 버렸습니다. 자신들이 그토록 자랑하던 것들의 진정한 의미를 덮고 있는 하찮은 전통 때문에 눈이 멀어 버렸습니다.

저는 이 주제의 문만 열어 드리려 합니다. 큰 항목들만 짚어 보려 합니다. 나사렛 예수를 보십시오. 여러분이 그를 믿는 이유가 무엇입니까? 누구든지 그를 믿어야 하는 이유가 무엇입니까? 산헤드린 공회원들이 그를 믿었어야 하는 이유가 무엇입니까? 그 답은 그가 본질적으로 선지자요 제사장이요 왕이기 때문이라는 것입니다. 모세는 선지자였고 선생이었지만, 그의 가르침은 부분적인 것에 지나지 않았습니다. "옛적에 선지자들을 통하여 여러 부분과 여러 모양으로 우리 조상들에게 말씀하신 하나님이……"히 1:1. 한 선지자에게는 이 메시지가, 또 다른 선지자에게는 저 메시지가 주어졌습니다. 모세도 한 조각을 받았고 다른 이들도 각각 다른 조각을 받았습니다. 그러나 그것들은 전부 부분이었고 일부였습니다. 온전한 것이 아니었습니다. 충만한 지식을 가지신 분은 한분, 오직 한분뿐입니다. 그는 바로 나사렛 예수 그리스도입니다. "그 안에는 지혜와 지식의 모든 보화가 감추어져 있느니라"골 2:3.

모세가 다음과 같은 요지로 말한 이유가 여기 있습니다. "그는 나와 같은 사람이겠지만, 일정한 부분에서만 그럴 뿐이다. 그는 나와 완전히 다른 분, 더 크신 분이다. 그가 너희에게 모든 것을 가르쳐 주실 것이다. 그는 모든 지식을 가지신 분이다." 왜 그렇습니까? 그 답은 이것입니다. "태초에 말씀이 계시니라. 이 말씀이 하나님과 함께 계셨으니 이 말씀은 곧 하나님이시니라. 그가 태초에 하나님과 함께 계셨고" 요 1:1-2. 여기 하나님의 얼굴을 영원 전부터 뵈었던 분이 있습니다. 그의 말씀에는 권위가 있습니다. 들어 보십시오. "본래 하나님을 본 사람이 없으되 아버지 품속에 있는 독생하신 하나님이 나타내셨느니라" 요 1:18. 여기 하나님이 계신 곳에서 와서 하나님에 대해 말씀해 주시는 분이 있습니다. 그는 모든 것을 알고 계십니다. 약간만, 일부만, 부분만 아시는 것이 아닙니다. 완벽하고 철저하게 하나님을 알고 계십니다. 주님도 그 점을 계속 밝히셨습니다. 니고데모에게 하신 말씀을 들어 보십시오.

"진실로 진실로 네게 이르노니 우리는 아는 것을 말하고 본 것을 증언하노라. 그러나 너희가 우리의 증언을 받지 아니하는도다. 내가 땅의 일을 말하여도 너희가 믿지 아니하거든 하물며 하늘의 일을 말하면 어떻게 믿겠느냐. 하늘에서 내려온 자 곧 인자 외에는 하늘에 올라간 자가 없느니라"요 3:11-13.

하나님에 대해 알고 싶습니까? 그 이야기를 해줄 유일한 분이 여기 계십니다. 그는 나사렛 예수입니다. 성자 하나님입니다. 영원하신 분의 품속에 계시다가 오신 분, 하나님처럼 영원하신 분, 하나님과 동등하신 분입니다. 그는 스스로 "세상의 빛"이라고 말씀하셨습니다요 9:5. 그는 아무도 갖지 못한 모든 지식을 가지고 계십니다. 사람들 앞에서 "나를 본 자는 아버지를 보았거늘"이라고 말하기를 주저치 않으십니다요 14:9. 하나님에 대해 알고 싶습니까? 인간에 대해 알고 싶습니까? 삶에 대해 알고 싶습니까? 죽음에 대해 알고 싶고 영원에 대해 알고 싶습니까? 그렇다면 그의 말씀을 들으십시오. 그 모든 답을 알고 있는 유일한 분이 여기 계십니다. 선지자요 선생이요 "세상의 빛"이신 분이 여기 계십니다.

그러나 그는 단순히 선생이기만 한 것이 아닙니다. 모세는 선생이자 입법자에 불과했지만, 여기 계신 이분은 제사장도 되십니다. 아론은 대제사장이었지만 모세는 아니었습니다. 한 사람은 모든 일을 충분히 감당하고 포괄할 만큼 큰 존재가 못 됩니다. 많은 사람이 여러 역할을 나누어 감당해야 합니다. 그런데 그 모든 역할을 한몸에 감당하시는 분이 계십니다. 그는 바로 하나님의 아들 예수, 우리의 크신 대제사장입니다.

이 말의 뜻을 알겠습니까? 우리의 필요가 무엇입니까? 우리의 문제가 무엇입니까? 우리를 대신해서 하나님 앞에 나서 줄 사람이 있어야 한다는-우리 모두 하나님 아래 있으며 그를 피할 수 없으므로-것입니다. "그는 우리를 지으신 이요 우리는 그의 것"으로서시 100:3, 모든 사람은 죽어서 그 앞에 서야만 합니다. "한번 죽는 것은 사람에게 정해진 것이요 그후에는 심판이 있으리니"히 9:27. 여러분과 저는 하나님 앞에 서야 합니다. 그렇기 때문에 우리를 대신해서 그 앞에 서 줄 사람, 우리를 대표해서 서 줄 사람, 우리 대신 용서를 얻어 줄 사람이 필요한 것입니다.

하나님 앞에 선다는 것은 땅 위에 있는 성막이나 교회당에 간다는 뜻이 아닙니다. 모형이 아닌 하늘의 성막, 하늘의 처소에 들어간다는 뜻입니다. 하나님의 임재를 나타내는 수단에 불과했던 **쉐키나**의 영광으로 들어가는 것이 아니라-구약의 성막이 그러했듯이-하나님의 임재 그 자체로 들어간다는 뜻입니다. 이것이 사람의 필요입니다. 이 메시지를 피할 수 없는 이유를 아십니까? 어떤 인간도 우리를 구원해 줄 수 없고 어떤 체계도 우리를 구원해 줄 수 없기 때문입니다. 지금 우리는 살아계신 하나님을 대면하는 문제를 다루고 있습니다. 우리에게는 우리를 대표해서 그 자리에 서 줄 누군가가 필요합니다.

이 일을 해줄 수 있는 분은 오직 한분뿐입니다. 사도들이 전파했던 바로 그 예수밖에 없는 것입니다. 왜 그렇습니까? 그는 인간일 뿐 아니라 하나님이기 때문입니다. 그는 하나님에게서 오신 분입니다. 그는 하나님을 알고 계시는 분입니다. 하나님의 아들입니다. 그러므로 능히 그 앞에 서실 수 있습니다. 인간은 서지 못합니다. 하나님도 "나를 보고 살 자가 없음이니라"라고 말씀하셨습니다^{출 33:20}. 그런데 하나님을 보고서도 살 수 있는 분, 완전한 하나님이면서 완전한 인간인 분, 모든 것을 한 인격 안에 지니고 계신 분이 있습니다.

이 외에 또 필요한 것이 무엇이 있을까요? 자, 하나님은 모세를 통해 율법을 주셨습니다. 우리는 그 율법을 지켜야 합니다. "범죄하는 그 영혼은 죽으리라"^{겔 18:4}. 하나님이 율법을 주신 것은 우리를 놀리기 위해서가 아니라 그대로 살게 하기 위해서입니다. 그 율법이 우리 앞에 있습니다. 그런데 우리는 지킬 수가 없습니다. 모세도 지킬 수 없었습니다. 아무도 지킬 수 없었습니다. 그렇기 때문에 그것을 지킬 수 있는 누군가가 우리를 대표해 주어야 하는 것입니다. 여기 아무 죄도 없는 분이 계십니다. "모든 일에 우리와 똑같이 시험을 받으신 이로되 죄는 없으시니라"^{히 4:15}. 아무도 그를 고소할 거리를 찾지 못했습니다.

그는 아버지의 뜻, 아버지의 법을 거스르신 적이 한번도 없었습니다. 하나님의 율법에 완벽하게 순종하셨습니다.

좋습니다. 그런데 우리 죄는 어떻게 해결해야 합니까? 율법은 우리에게 실천을 요구하며 복종을 강요하고 형벌을 부과합니다. 율법은 충족되어야 합니다. 적극적인 요구뿐 아니라 소극적인 요구까지 충족되어야 합니다. 율법은 "피흘림이 없은즉 사함이 없느니라"라고 말합니다히 9:22. 인간 중에 우리를 도울 자는 아무도 없습니다. 모든 인간이 죄를 지었기 때문입니다. 임시방편으로 황소나 염소에게 죄를 전가시키고 그 짐승을 죽여 피를 흘리기는 했지만, 그것은 그야말로 임시방편에 불과했습니다. 사람이 죄를 지었으니 벌도 사람이 받아야 합니다. 우리에게는 완벽한 제물, 완벽한 희생이 필요합니다. 그런데 성소에 들어가 황소와 염소의 피가 아닌 자신의 피를 바치신 분이 딱 한분 계십니다. 그는 대제사장인 동시에 제물이 되어 자신의 피를 바치셨습니다. 그분만 있으면 됩니다. 그 안에 모든 것이 다 있습니다. 그가 바로 "세상 죄를 지고 가는 하나님의 어린양"입니다요 1:29.

그는 단번에 이 희생을 바치셨습니다. 구약시대에는 대제사장이 해마다 지성소에 들어가야 했습니다. 해마다 새롭게 들어가야 했습니다. 죄가 덮이는 기간이 일 년밖에 되지 않았기 때문에 해마다 제사를 드려야 했던 것입니다. 또한 제사장들은 날마다 제사를 드렸습니다. 그런데 히브리서 7:27은 이렇게 말하고 있습니다. "그는 저 대제사장들이 먼저 자기 죄를 위하고 다음에 백성의 죄를 위하여 날마다 제사 드리는 것과 같이 할 필요가 없으니 이는 그가 단번에 자기를 드려 이루셨음이라." 오늘날 성경을 우습게 만들고 본문의 의미를 비틀어, 성찬식을 할 때마다 그리스도가 다시 자신을 드리신다고 말하는 자들이 있습니다. "한 번의 제사로……영원히 온전하게 하셨느니라"히 10:14.

무엇보다 우리에게는 항상 하나님 앞에서 우리를 대표해 줄 사람—이 생각을 하면 얼마나 위로가 되는지 모릅니다—이 필요합니다. 인간은 아무도 그렇게 할 수 없습니다. 그 옛날 레위 지파 제사장들도 그렇게 할 수 없었습니다. 제사장들은 늙어서 죽었습니다. 그래서 새로운 제사장들을 임명해야 했고 새로운 대제사장을 세워야 했습니다. 항상 이런 변동이 있었습니다. 그러나 하나님이기에 영원히 살아 있는 분이 계십니다. 히브리서는 이렇게 말합니다. "그러므로 자기를 힘입어 하나님께 나아가는 자들을 온전히-끝까지, 영원히-구원하실 수 있으니 이는 그가 항상 살아계셔서 그들을 위하여 간구하심이라" 히 7:25. 그는 완벽한 선지자일 뿐 아니라 완벽한 대제사장입니다. 오직 그만이 우리를 위해 간구하시며 우리의 모든 필요를 채워 주실 수 있습니다.

마지막으로, 그는 왕입니다. 우리에게는 지도자가 필요하지 않습니까? 우리에게는 살아가는 법을 일러 줄 사람이 필요합니다. 우리의 원수들을 정복하도록 도와줄 사람이 필요합니다. 우리 같은 사람들이 어떻게 바로와 맞서 싸우겠습니까! 어떻게 홍해를 가르겠습니까? 어떻게 광야를 통과하겠습니까? 어떻게 요단강을 건너겠습니까? 이것이 문제입니다. 우리에게는 지도자, 통치자, 왕, 현실적으로 우리의 문제와 상황을 해결해 줄 권위자가 필요합니다. 그런데 그분, 동일하신 그분이 여기 계십니다. 모세와 같지만, 오, 모세보다 훨씬 더 크신 분이 여기 계십니다! 모세는 아주 위대한 사환이었지만, 반복하건대 그래도 사환에 불과했습니다. 우리에게는 주인이 필요합니다. 모세는 집을 돌보는 사람이었습니다. 우리에게는 집의 소유자, 집을 다스리는 사람이 필요합니다. 성경은 이 베들레헴의 아기, 나사렛 예수, 하나님의 아들이야말로 주인이시라는 놀라운 사실을 알려 주고 있습니다. 온 우주가 **그를 위하여** 만들어졌다는 것을 아십니까? 그분 때문에 하나님은 온 우주를 만드셨습니다.

이것은 저의 이론이 아니라 사도 바울이 아주 명확하게 가르치고 있는 사실입니다. 그는 이 점을 다음과 같이 표현하고 있습니다.

"만물이 그에게서 창조되되 하늘과 땅에서 보이는 것들과 보이지 않는 것들과 혹은 왕권들이나 주권들이나 통치자들이나 권세들이나 만물이 다 그로 말미암고 **그를 위하여** 창조되었고" 골 1:16.

그가 구주인 이유가 여기 있습니다. 우주는 그에게 속한 것이며,

우주 안에 있는 만물 또한 그에게 속한 것입니다. 모든 산과 골짜기와 강과 바다와 모든 사람과 피조세계 안에 있는 만물이 다 그에게 속해 있습니다. 그는 만유의 소유자입니다. 집의 주인입니다. 우주의 주재입니다. 성부 하나님이 이 모든 것을 선물로 아들에게 주셨습니다. 그래서 아들이 세상을 염려하시는 것입니다. 그래서 아들이 세상을 구하러 오신 것입니다.

그는 세상에 와서 우리의 모든 원수를 정복하셨습니다. 전에도 살펴보았듯이 죄를 정복하셨고, 악을 정복하셨으며, 시험을 정복하셨습니다. 마귀─광야에서 40일 동안 그를 시험했던 바로 그 마귀, 그후에도 수없이 돌아와서 시험했던 마귀, 특히 겟세마네에 찾아오고 십자가에 달렸을 때에도 찾아왔던 마귀─를 정복하셨습니다. 그를 정복해서 밟아 버리셨습니다. 그는 우리 모두가 그토록 무서워하는 죽음─마지막 원수인 죽음─도 정복하셨습니다. 지옥을 정복하셨고 무덤을 정복하셨습니다. 그는 죽은 자 가운데서 부활하셨습니다. 그리고 승천하여 "하나님 우편"에 앉으셨습니다골 3:1. 그는 승천하시기 직전에 이렇게 말씀하셨습니다. "하늘과 땅의 모든 권세를 내게 주셨으니"마 28:18.

히브리서 서두의 장엄한 말씀을 다시 읽어 보십시오.

"옛적에 선지자들을 통하여 여러 부분과 여러 모양으로 우리 조상들에게 말씀하신 하나님이 이 모든 날 마지막에는 아들을 통하여 우리에게 말씀하셨으니 이 아들을 만유의 상속자로 세우시고 또 그로 말미암아 모든 세계를 지으셨느니라. 이는 하나님의 영광의 광채시요 그 본체의 형상이시라. 그의 능력의 말씀으로 만물을 붙드시며 죄를 정결하게 하는 일을 하시고 높은 곳에 계신 지극히 크신 이의 우편에 앉으셨느니라"히 1:1-3.

그는 거기에서 "자기 원수들을 자기 발등상이 되게 하실 때까지 기다"리고 계십니다히 10:13.

그리스도인들이여, 낙심하지 마십시오. 그러나 그리스도인이 아닌 이들은 전부 떨어야 합니다. 만물이 그의 손안에 있습니다. 어떤 일들은 잠시 허용하기도 하시지만, 그래도 열방의 통치자는 그분입니다. 그가 하신 일로 인해 우리는 다음과 같은 말씀을 얻게 되었습니다.

"이러므로 하나님이 그를 지극히 높여 모든 이름 위에 뛰어난 이름을 주사 하늘에 있는 자들과 땅에 있는 자들과 땅 아래에 있는 자들로 모든 무릎을 예수의 이름에 꿇게 하시고 모든 입으로 예수 그리스도를 주라 시인하여 하나님 아버지께 영광을 돌리게 하셨느니라"빌 2:9-11.

우리가 지금 이 예배당에 있다는 사실만큼이나 확실하게 그는 다시 세상에 오셔서 악과 죄와 지옥의 세계를 제하실 것입니다. 자신의 소유를 완전하게 하시고─"의가 있는 곳인 새 하늘과 새 땅"으로 만드시고벧후 3:13─보이지 않으시며 불멸하시는 영원한 왕으로, "만주의 주시요 만왕의 왕"으로 만유를 통치하실 것입니다계 17:14. 세상은 그의 기업입니다. 그래서 그 세상을 구원하기 위해, 모든 원수를 벌하시며 타락한 우주를 태초의 완전했던 모습으로 회복시키기 위해 오신 것입니다.

그는 이미 그 모든 일을 이루셨습니다. 스데반이 지금 산헤드린 공회원들에게 하고 있는 말이 그것입니다. 그가 설교하는 이유가 무엇입니까? 사도들이 설교하는 이유가 무엇입니까? 예수가 부활하셨기 때문입니다! 죽은 자 가운데서 부활하신 주님을 보기 전까지 사도들은 제대로 믿지 못했습니다. 이것은 이론도 아니고 꾸며낸 환상도 아닙니다. 절대 아닙니다! 그는 죽은 자 가운데서 부활하여 택하신 증인들에게 나타나셨으며, 감람산에 모인 그들의 눈앞에서 승천하셨습니다. 그는 이런 일을 하셨고, 그 증거도 주셨습니다.

사도들 자신의 변화야말로 그가 살아계시며 통치하고 계신다는 증거이며 만유를 다스리시는 왕이라는 증거입니다. 그러나 산헤드린 공회원들은 눈이 멀어서 그것을 보지 못했습니다. 오히려 "신성모독이다!"라고 말했습니다. 모세와 율법과 성전을 붙들면서도, 그 모든 것이 가리키는 대상이자 모든 약속의 성취이신 충만하고 온전하며 완전하신 구주와 그가 주시는 완벽한 구원은 거부했습니다.

여러분, 여러분도 산헤드린 공회원들 같은 사람들입니까? 그래도 자신은 남들보다 낫다는 사실만 의지하고 있습니까? 한번도 술 취하거나 간음하거나 살인한 적이 없다는 사실만 의지하고 있습니까? 신앙인으로서 선량하고 경건하게 살고자 애쓴다는 사실만 의지하고 있습니까? 모세의 말을 들어 보십시오. 구약성경의 말을 들어 보십시오. 그것만으로는 충분치 않다고 할 것입니다. 우리를 구원해 주실 수 있는 유일한 분, 우리의 구원을 위해 하나님이 세워 주신 유일한 분, 하나님의 독생자가 여기 계십니다. "하나님이 세상을 이처럼 사랑하사 독생자를 주셨으니 이는 그를 믿는 자마다 멸망하지 않고 영생을 얻게 하려 하심이라"요 3:16.

그를 보았습니까? 그를 인정했습니까? 그는 선지자요 제사장이요 왕입니다! 영원하시고 불멸하시며 보이지 않으시는 분입니다! 그의 발 앞에 엎드려 기꺼이 자신을 제물로 바쳤습니까? 그러면 여러분을 받아 주실 것입니다. 한번도 그렇게 한 적이 없다면, 바로 지금 그렇게 하십시오.

10

성령강림

이스라엘 자손에 대하여 하나님이 너희 형제 가운데서
나와 같은 선지자를 세우리라 하던 자가 곧 이 모세라.
시내산에서 말하던 그 천사와 우리 조상들과 함께 광야
교회에 있었고 또 살아있는 말씀을 받아 우리에게 주던
자가 이 사람이라.

사도행전 7:37-38

전에도 살펴보았듯이 산헤드린 앞에서 자신을 변호한 위대한 연설에서 스데반이 실제로 한 말은 이런 것입니다. 아브라함이 아브라함 된 것은 하나님의 말씀을 듣고 그 말씀을 인정한 덕분입니다. 그는 갈대아 우르의 이방인들 틈에서 살고 있던 이방인이었습니다. 그런데 홀연히 하나님의 말씀이 찾아오자, 히브리서 기자의 말대로 그 말씀에 "순종하여……갈 바를 알지 못하고 나아갔"습니다^{히 11:8}.

요셉도 마찬가지였습니다. 사실상 그의 이야기는 전부 이 한 가지-하나님의 말씀에 민감하게 반응한 것-로 이해될 수 있습니다. 모세도 마찬가지입니다. 이 점이 모세를 그토록 뛰어난 인물로 만든 것입니다. 그는 하나님의 말씀을 인정했기 때문에 자신의 찬란한 미래를 외면했고, 매번 말씀에 민감하게 반응했습니다. 더 나아가 하나님의 부르심을 받고 산 위에 올라가 온 유다를 위한 하나님의 말씀을 받는 독보적인 위치를 차지했습니다.

이처럼 스데반이 실제로 산헤드린 공회원들에게 말한 내용의 요지는 "너희가 자랑하는 모든 것은 주의 말씀을 들은 결과로 주어졌다. 너희의 모든 위대한 인물들을 만들어 낸 것도 주의 말씀이고, 너희의 나라를 만들어 낸 것도 주의 말씀이다"라는 것이었습니다. 그의 목적은 하나님의 말씀에 민감하지 못하고 그 말씀을 듣지 않는 것이야말로 산헤드린의 전적인 문제임을 밝히려는 데 있었습니다. 이런 문제가 있었기 때문에 공회원들이 기독교 메시지를 전하는 일과 모세를 통해 주신 말씀을 서로 모순된 것으로 간주한 것입니다. 스데반은 기독교 메시지가 모세에게 주신 말씀과 동일한 말씀이자 연속선상에 있는 말씀으로서, 하나님의 말씀에 민감하지 못한 개인이나 나라는 결국 실패한다는 사실을 보여주고자 합니다. 그리고 또 다른 한편으로

이 세상에서 성공하는 비결은 살아있고 생생하며 강력한 하나님의 말씀을 듣고 인정하며 순종하는 것임을 보여주고자 합니다. 이것이 스데반이 산헤드린 앞에서 하고 있는 일입니다. 그리고 저도 미약하나마 같은 일을 하고자 애쓰고 있습니다. 제가 볼 때 오늘날의 상황도 사도행전에 묘사된 상황과 아주 유사하기 때문입니다. 세상이 이 모양이 된 것은 하나님의 말씀을 모르는 탓입니다. 적극적으로 표현하자면, 세상의 유일한 소망은 이 말씀을 듣는 데 있습니다.

말씀이 무엇입니까? 우리가 성경이라고 부르는 이 책 전체를 관통하고 있는 메시지입니다. 우리는 이것을 '하나님의 말씀'이라고 부르는데, 참으로 그렇습니다. 이것은 특정한 경우에 해당하는 특별한 말씀으로 세분되어 있지만, 전체적으로는 하나의 큰 말씀을 이루고 있습니다. 이 책을 처음부터 끝까지 관통하고 있는 큰 메시지와 주제는 하나님이 인간에게 관심을 가지고 계시며 인간을 염려하신다는 것, 그들을 구원하고 온 우주를 원래의 완벽한 상태로 회복시키기 위한 계획을 가지고 계신다는 것입니다.

성경은 삼위 하나님이 계시다고 말합니다. 지금까지 우리는 성부 하나님-창조자 하나님, 시내산에서 모세에게 율법을 주신 하나님-을 고찰했습니다. 그는 세상의 기초를 놓기 전부터 이 놀라운 구원을 계획하신 분입니다. 우리는 성부가 구원을 생각해 내시고, 성자가 그것을 실행하기 위해 세상에 오신 것을 살펴보았습니다. 구약성경의 모형과 그림자와 예시들이 어떻게 성자를 예언하며 예고했는지, 그가 어떻게 "때가 차매" 나타나서서 자신의 일을 하셨는지 살펴보았습니다. 그는 '모세와 같은' 인간이었으나 동시에 그 이상이신 분, 곧 성자 하나님이었습니다.

이제 우리는 요점에 도달했습니다. 그러나 여기에서만 멈추면 안 됩니다. 우리가 모인 이날은 성령강림절입니다. 어떤 이는 "성령강림절이 우리와 무슨 상관이 있지?"라고 물을 것입니다. 그에 대한 대답은 성령강림절에 일어난 위대한 사건-성령강림-이야말로 하나님의 말씀에서 한없이 중요하고 긴요한 부분을 차지하고 있다는 것입니다.

이 메시지는 성령 하나님이 이 구원 계획에 관여하고 계시며 연관되어 계시다고 말합니다. 그가 맡으신 역할이 무엇입니까? 자, 간단히 말해서 성부는 구원을 계획하신 분이며, 성자는 세상에 오셔서 그 계획을 실행하는 데 절대적으로 필요한 일을 이루신 분이고, 성령은 그 것을 우리에게 적용해 주시는 분입니다.

방식은 다르지만, 스데반이 산헤드린 공회원들에게 제시하고 있는 진리도 이것입니다. 그가 법정에 선 이유가 무엇입니까? 신성모독으로 고소당한 이유가 무엇입니까? 사도들이 이미 한번 이상 체포되어 심문을 받은 이유가 무엇입니까? 산헤드린은 당황했습니다. 이 새로운 현상을 도무지 이해할 수가 없었습니다. 누가 뭐라고 해도 사도들과 그 무리는 평범한 자들에 불과했기 때문입니다. 산헤드린의 견해에 따르자면 그들은 "학문 없는 범인"들이었습니다^{행 4:13}. 그리스 철학자 집단도 아니었고 법률에 정통한 로마인도 아니었습니다. 그렇습니다. 그들은 평범한 어부들이었습니다. 아무런 신학훈련도 받지 못한 자들이었으며, 단 한 가지를 제외하고는 배경도, 교양도, 아무것도 없는 자들이었습니다. 주목할 것이 있다면 오직 "예수와 함께" 있었다는 것뿐이었습니다^{행 4:13}.

더 나아가 그들은 오순절 날 이들에게 무언가 놀랍고 특별한 일이 일어났다는 것을 알고 있었습니다. 그때부터 이들은 달라져 버렸습니다. 전에는 아주 무식한 자들이었던 것이 확실합니다. 눈에 띄는 능력을 행사한 적이 있기는 했지만, 자신들의 주^主이자 선생이자 지도자인 예수가 십자가에 못박히자 희망을 잃고 거의 모든 것을 포기해 버렸습니다. 도마 같은 이들은 어디론가 사라졌다가 나중에 나타나기도 했습니다. 이들은 극심한 혼란에 빠졌습니다. 그런데 갑자기 달라져 버린 것입니다. 오순절 날 놀라운 능력이 임했습니다. 그들은 능력과 권위를 가지고 명철하게 말할 수 있게 되었고, 다른 언어로 말할 수 있게 되었으며, 기적을 행할 수 있게 되었습니다. 대체 이것이어찌 된 일일까요? 산헤드린은 이 문제에 맞닥뜨렸습니다. 그들이 볼때 이것은 신성모독으로서 반드시 저지해야 할 일이었고 백성에게 해를 끼치는 일이었습니다. 그래서 사도들을 체포했고, 이 사람 스데반도 체포해서 심문하고 있는 것입니다.

스데반이 그들에게 답변하면서 실제로 하고 있는 말은 이것입니다. "너희는 나사렛 예수에게 일어난 일을 알고 있다. 그는 3년 동안이나 너희와 더불어 사셨다. 너희는 그가 전하시는 말씀을 들었고 그가 행하시는 기적도 보았다. 또 오순절 날 일어난 일과 그후에 일어난 일들도 알고 있다. 이처럼 그 일들을 보았고, 또 알고 있으면서도 여전히 신성모독으로 여기는구나. 너희는 이것이 모세와 성전과 성전 의식이 가르치는 바를 대적하는 일이라고 말한다. 오, 맹인들이여! 너희는 이 모든 일이 예언의 성취임을 보지 못하고 있다."

바로 이것이 스데반이 말하고 있는 내용이며, 제가 오순절 사건을 통해 여러분에게 제시하고자 하는 내용입니다. 그날 일어난 모든 일은 모세가 이미 예견한 일의 성취였습니다. 중요한 질문은 이것입니다. 모세로 하여금 "하나님이 너희 형제 가운데서 나와 같은 선지자를 세우리라"라고 말할 수 있게 만든 것이 무엇입니까? 이것은 모세가 직접 한 말입니다. 모세는 나사렛 예수가 베들레헴에 출생하시기 1400년 전에 살았던 사람임을 잊지 맙시다. 그런데도 주 예수 그리스도가 오실 것을 예언하고, 그가 무슨 말씀을 하시며 무슨 일을 하실 것인지까지 예언한 것입니다. 모세의 가르침에는 오순절 날 교회에 성령을 보내 주실 일도 포함되어 있다는 점을 기억하시기 바랍니다. 모세는 이분이야말로 진정 구원의 사자가 되실 것임을 예견했습니다. 무엇이 그런 예견을 가능하게 했을까요? 그 답은 한 가지입니다. 성령이 그에게 임하여 역사하셨기 때문이라는 것입니다.

모세만 그랬던 것이 아닙니다. 다른 선지자들도 다 마찬가지였습니다. 이것은 아주 중요한 주제입니다. 단순히 학문적인 주제가 아닙니다. 이것이 우리 각 사람과 어떤 실제적인 연관성을 갖는지 보여드리겠습니다. 모세를 비롯하여 구약성경에 그 활동이 기록되어 있는 선지자들은 주 예수 그리스도가 오실 것뿐 아니라 그가 성령을 보내시고 성령으로 세례 주실 것을 여러 모양으로 예언했습니다. 어떻게 그렇게 할 수 있었을까요? 그들은 구체적인 사실들까지 예언하고 있습니다. 어디에서 태어나 어떻게 죽으실 것인지까지 알려 주고 있습니다.

이것은 순전한 사실로서, 여러분도 직접 확인해 볼 수 있습니다. 이런 예언들은 그리스도가 태어나기 800년 전, 때로는 그 이전에 이루어졌습니다. 실제로 다윗은 1000년 전에 예언했는데, 베드로는 오순절 날 설교에서 요엘 선지자 및 다른 이들의 예언과 함께 그의 예언을 인용하고 있습니다. 이런 예언들 때문에 유다 전체가 메시아의 오심을 고대하며 "아버지께서 약속하신 것"이라고 표현되었던 일을 고대했던 것입니다행 1:4. "아버지께서 약속하신 것"이란 바로 성령강림, 즉 하늘의 능력이 임하는 일을 가리키는 것입니다. 요엘은 그 일이 일어나면 "너희 자녀들이 장래 일을 말할 것이며 너희 늙은이는 꿈을 꾸며 너희 젊은이는 이상을 볼 것"이라고 말했습니다욜 2:28. 모든 것을 바꾸어 놓는 강력한 변화의 능력이 임하리라고 말한 것입니다.

구약시대 사람들이 어떻게 이런 예언을 할 수 있었을까요? 그 답은 한 가지로서, 베드로가 두번째 서신에서 제시해 주고 있습니다. 그는 죽음을 앞두고 그동안 잘 알고 지내던 그리스도인들과 교회에 편지를 썼습니다. 그는 그들이 다소 낙심해 있는 여러 가지 이유를 알고 있었습니다. 그래서 다음과 같이 이야기했습니다. 그의 말을 한번 들어 봅시다.

"우리 주 예수 그리스도의 능력과 강림하심을 너희에게 알게 한 것이 교묘히 만든 이야기를 따른 것이 아니요 우리는 그의 크신 위엄을 친히 본 자라. 지극히 큰 영광 중에서 이러한 소리가 그에게 나기를 이는 내 사랑하는 아들이요 내 기뻐하는 자라 하실 때에 그가 하나님 아버지께 존귀와 영광을 받으셨느니라. 이 소리는 우리가 그와 함께 거룩한 산에 있을 때에 하늘로부터 난 것을 들은 것이라"벧후 1:16-18.

"나는 곧 죽겠지만 너희는 이 사실을 굳게 붙잡아야 한다"라고 베드로는 말하고 있습니다. "우리가 그 증인이다. 야고보와 요한과 나는 거룩한 변화산에서 그분과 함께 있었고 하늘에서 나는 소리를 들었다."

베드로는 다른 이야기도 하고 있습니다.

"또 우리에게는 더 확실한 예언—입증되고 증명된 예언의 말씀—이 있어 어두운 데를 비추는 등불과 같으니 날이 새어 샛별이 너희 마음에 떠오르기까지 너희가 이것을 주의하는 것이 옳으니라. 먼저 알 것은—그들이 알고 있는 사실이 무엇입니까?—성경의 모든 예언은 사사로이 풀 것이 아니니."

선견지명이 있는 사람, 남들보다 좀더 멀리 내다볼 수 있는 특별히 지적인 사람이 구약성경의 예언을 했던 것이 아닙니다. 그것은 예언에 대한 바른 설명이 아닙니다. 예언은 사람의 머리에서 고안된 것이 아니며 '예지능력'에서 나온 것도 아닙니다. 그것은 불가능한 일입니다. 우리에게 주어진 대답은 한 가지뿐입니다. "예언은 언제든지 사람의 뜻으로 낸 것이 아니요 오직 성령의 감동하심을 받은 사람들이—성령의 영향과 통제와 감동하심을 받은 사람들이, 성령으로 난 사람들이—하나님께 받아 말한 것임이라"벧후 1:19-21.

바로 이것이 우리 모두에게 첫번째로 의미 있는 사실입니다. 여기에는 오직 복되신 성 삼위 하나님의 제삼위가 되시는 성령만이 수세기 전부터 이 진리를 사람들에게 알리실 수 있었다는 뜻이 담겨 있습니다. 그가 모세에게 이 진리를 알려 주셨으며, 오랜 세월에 걸쳐 잇따라 등장했던 선지자들에게 이 진리를 알려 주셨습니다. 그들 스스로 상상해 낸 것이 아닙니다. 그들은 그저 '받은' 것을 말했을 뿐입니다. 그들은 그것을 "여호와의 엄중한 말씀", "여호와가 주신 말씀"이라고 불렀습니다. 그들은 거의 황홀경에 가까운 상태에 빠졌습니다. **영감**이 임했고, 명료한 지각이 생겨났습니다. 눈앞에 진리가 펼쳐졌으며, 그것을 기록할 때에도 통제를 받았습니다.

이것은 영적인 영역이 실재한다는 사실에 대한 절대적인 증거라는 점에서 중요합니다. 이것은 하나님이 실재하신다는 것, 성경이 믿을 수 있는 책이라는 것, 진리와 보이지 않는 세계가 실재한다는 것을 입증해 줍니다. 이것은 "더 확실한 예언"입니다. 그러므로 여러분이 세상에 살면서 "우리가 뭘 할 수 있지? 인간을 넘어서는 무언가가 과연 있을까?"라고 물을 때 제가 할 말은 하나님의 말씀을 들어 보라는 것입니다. 선지자들의 시대에 몇 백 년이나 앞서 예언된 말씀들이 여기 있습니다. 이것은 하나님의 계시이기에 가능한 일입니다. 다른 설명이 있을 수 없습니다. 이것이 오순절 사건에 담긴 한 가지 의의입니다. 성자 하나님이 태어나시기 전부터 성령 하나님은 인간에게 역사해 오셨습니다.

이런 사건들, 특히 오순절 사건은 모세와 선지자들의 기록에 이미 예고된 일일 뿐 아니라 율법의 가르침에도 예고된 일입니다. 성경을 거슬러 올라가서 출애굽기와 레위기와 민수기 일부를 읽어 보십시오. 번제와 희생에 대한 교훈만 아니라 지켜야 할 절기들에 대해서도 많은 교훈이 있음을 발견할 것입니다. 그중에 '오순절'이라는 절기가 있습니다. 사도행전 2장을 보면 그 당시 예루살렘에 "경건한 유대인들이 천하 각국으로부터" 와 있었다는 사실을 알게 됩니다^{행 2:5}. 성경은 이렇게 말하고 있습니다.

"이 소리가 나매 큰 무리가 모여 각각 자기의 방언으로 제자들이 말하는 것을 듣고─그들은 모두 이 때문에 어려움을 느꼈습니다─소동하여 다 놀라 신기하게 여겨 이르되 보라, 이 말하는 사람들이 다 갈릴리 사람이 아니냐. 우리가 우리 각 사람이 난 곳 방언으로 듣게 되는 것이 어찌 됨이냐"^{행 2:6-8}.

이 방문객들은 "바대인과 메대인과 엘람인과 또 메소보다미아, 유대와 갑바도기아" 등지에서 온 사람들이었습니다^{9-11절 참조}. 그들은 예루살렘에서 무엇을 하고 있었을까요? 자, 그들이 예루살렘에 올라온 것은 오순절이라는 이 큰 절기 때문이었습니다. 모세가 그 절기를 가르쳐 주었고, 그후로 유대인들은 정기적으로 그것을 지켜 왔습니다.

그들에게는 절기가 많았는데, 구체적인 내용은 여러분이 직접 찾아서 확인해 볼 수 있습니다. 우리가 관심을 갖는 점은 다음과 같은 것입니다. 유대인들에게는 유월절이라는 절기가 있습니다. 그들은 유월절을 지키면서 출애굽 사건을 기억했고 집 문설주와 어린양의 피를 발라 죽음의 천사가 그들의 집을 넘어가게 했던 일을 기억했습니다.

유월절은 무교절이라고 불리는 절기와도 관련이 있습니다. 그들이 받은 지시는 이것입니다. 유월절로부터 7주가 지나면 오순절을 지키면서 구운 떡 두 개를 하나님께 바쳐야 했습니다. 유월절 기간에는 곡식단을 바쳤지만, 이때에는 구운 떡 두 개를 바쳤습니다레 23:10, 15, 17.

오순절이라는 이 특별한 절기, 성령이 교회에 강림하시고 놀라운 일들이 일어나기 시작한 그 중대한 순간에 사람들을 예루살렘으로 모이게 만든 절기의 의미는 무엇일까요? 자, 이 절기의 전적인 목적은 성령강림을 예언하려는 데 있습니다. 그 시점의 정확성을 보면 아주 놀랍고 특별합니다. 유대인들은 1400년 전에 이처럼 생생한 방식으로 메시아가 부활하신 지 일곱 번째 되는 안식일에 성령이 오실 것이라는 말씀을 들었는데, 그 말씀이 정말로 이루어진 것입니다. 그래서 우리도 이렇게 성령강림절을 지키게 되었습니다.

이처럼 성령강림은 절기와 성전 전례 및 의식들을 통해 미리 예언되었습니다. 또 한 가지 흥미로운 점은 구약시대에 기름을 사용한 방식입니다. 구약성경에서 기름부음을 받는다는 것은 일반적으로 성령을 받는 것을 상징합니다. 이처럼 여러분이 가지고 있는 이 오래된 책, 구약성경, 예언은 하나님의 아들이 오실 일뿐 아니라 그가 성령을 보내 주실 일도 예고하고 있습니다.

신약성경을 처음 펼치면 만나게 되는 사람이 누구입니까? 세례 요한입니다! 여기 맨 처음 설교자, 기묘한 옷차림을 한 기이한 인물이 있습니다. 그는 동네에 살지 않고 빈 들에 살았습니다. 그가 입을 열어 말하기 시작하자 사람들이 그 말을 듣기 위해 몰려들었습니다. 요한은 비범한 인물이었고, 그래서 사람들은 "요한이야말로 메시아가 틀림없다. 우리가 기다려 온 그분이 오셨다. 요한이 바로 그 선지자다"라고 말했습니다. 그러나 본인은 그것을 부인했습니다.

"나는 물로 너희에게 세례를 베풀거니와 나보다 능력이 많으신 이가 오시나니 나는 그의 신발끈을 풀기도 감당하지 못하겠노라. 그는 성령과 불로 너희에게 세례를 베푸실 것이요 손에 키를 들고 자기의 타작마당을 정하게 하사 알곡은 모아 곳간에 들이고 쭉정이는 꺼지지 않는 불에 태우시리라"눅 3:16-17.

요한은 이렇게 오순절 강림을 예언했습니다. 그리고 주님도 똑같이 하셨습니다. 성령이 오시고 기사와 표적과 기적이 나타나리라고 말씀하신 것입니다막 16:17-18 참조.

이 일이 여러분과 저에게 갖는 의의는 다음과 같다고 말할 수 있습니다. 여기 나사렛 예수가 계십니다. 그는 학교훈련을 전혀 받지 못한 목수에 불과하면서도 비범한 주장을 하셨습니다. 사람들을 향해 "나는 세상의 빛"이라고 말씀하신 것입니다요 8:12. 그는 자신이 죽었다가 다시 살아날 것이라고 하셨습니다. 가서 성령을 보내 주겠다고 하셨습니다요 16:7. 그는 이런 특정한 일들을 약속하셨습니다. 그러나 오늘날 사람들은 여기에 주의를 기울이지 않습니다. 오로지 산상설교에 나오는 윤리와 도덕에만 관심을 보일 뿐입니다. 그러나 사랑하는 여러분, 정말 중요한 것은 이것입니다.

주님은 특별히 자기 백성에게 성령을 보내 줄 것을 약속하셨습니다. 주님 자신이 성령으로 충만하셨으며—"하나님이 성령을 한량없이 주심이니라"요 3:34—그렇게 충만한 상태에서 성령을 보내 줄 것을 예언하셨습니다. "너희는 위로부터 능력으로 입혀질 때까지 이 성에 머물라"눅 24:49. 성령을 받아야만 비로소 "예루살렘과 온 유대와 사마리아와 땅 끝까지 이르러 내 증인이" 될 수 있다고 말씀하셨습니다행 1:8.

그리고 오순절 날이 왔습니다. 그날의 의미가 무엇입니까? 의의가 무엇입니까? 오순절은 절대적으로 중요한 날입니다. 주님의 위격이 확증된 날입니다. 주님이 자신에 대해 주장하신 말씀들의 정당성이 드러난 날입니다. 결국 나사렛 예수야말로 하나님의 아들이며, 성령을 통해 모세와 선지자들에게 주신 모든 말씀의 성취라는 것이 확실해진 날입니다. 하나님의 말씀인 성경 전체의 권위가 입증된 날입니다. 이것이 이 특별한 날에 담긴 의의입니다. 성령이 하시는 중대한 일 중에 한 가지는 하나님이 연속적인 구원의 행동들을 통해 구원의 약속과 계획을 이루고 나가신다는 확실한 증거를 주시는 것입니다. 성령강림절은 바로 이 사실을 우리에게 일깨워 줍니다. 성령강림은 하나님의 위대한 구원의 행동들 중에 가장 마지막 행동입니다.

성령의 또 다른 역할은 섬기는 것으로서, 우리에게는 이 역할 또한 똑같이 중요합니다. 성령은 우리 안에서, 우리에 대해 직접적인 방식으로 이 일을 해주십니다. 주님은 성령을 약속하시면서 이렇게 말씀하셨습니다. "그가 와서 죄에 대하여, 의에 대하여, 심판에 대하여 세상을 책망―설복―하시리라"요 16:8. 성령은 지금 그 일을 하고 계십니다. 그는 세상에 오시자마자 그 일을 시작하셨습니다.

그렇다면 어떻게 그 일을 하실까요? 사도행전 2장의 기록을 다시 읽어 보기 바랍니다. 그러면 성령이 일하시는 전체적인 모습을 이를테면 집약적으로 볼 수 있습니다. "그가 와서 죄에 대하여, 의에 대하여, 심판에 대하여 세상을 설복하시리라." 모세는 이 모든 것을 미리 내다보았습니다. 그는 율법이 이 일을 할 수 있다는 것을 알았습니다. 그러나 죽은 조문이 될 수 있다는 것도 알았습니다. "율법 조문은 죽이는 것이요 영은 살리는 것이니라"고후 3:6. 그렇기 때문에 성령이 충만히 임하셔야 비로소 죄를 드러내는 진정한 사역이 이루어질 것을 알았습니다. 아시다시피 오순절 날 베드로가 그저 몇 가지 옛 예언을 해설하는 듯한 설교, 성경주해 같은 설교를 했을 때 비범한 일들이 일어났습니다. 그의 설교를 듣던 사람들이 갑자기 "마음에 찔려" "형제들아, 우리가 어찌할꼬"라고 소리친 것입니다행 2:37.

바로 이것이 성령의 사역입니다. 죄와 의와 장차 임할 심판을 드러내시는 성령의 사역입니다. 그가 하시는 일이 무엇입니까? 첫째는 우리 모든 사람이 자신의 무지를 인정하도록 설복하시는 것입니다. 베드로의 말을 듣고 있는 예루살렘의 무리들을 보십시오. 여러분은 그 무리가 어떤 자들인지 알고 있습니다. 그들은 불과 몇 주 전에 한껏 목청을 높이며 "그를 없이하소서, 십자가에 못박게 하소서"라고 고함쳤던 자들입니다. 예수를 칭송하며 좇는가 하더니 바리새인과 사두개인과 서기관 같은 지도자들의 선동에 곧바로 돌변하여 "바라바를 주소서, 그를 없이하소서, 십자가에 못박게 하소서"라고 소리쳤던 자들입니다. 그런데 그런 자들이 무식하지만 비범한 제자들이 능력과 권위를 가지고 낯선 언어로 말하는 진기한 현상에 맞닥뜨린 것입니다. 이것이 대체 어찌 된 일일까요? 그들은 호기심에 끌려 이 이상한 설교자의 말에 귀를 기울였습니다.

그런데 그 말을 듣던 중에 갑자기 자신들의 무지를 깨닫게 되었습니다. 바로 이런 것이 성령이 하시는 일입니다. 성령은 지금도 같은 일을 하고 계십니다. 우리 눈을 열어 우리가 영혼을 가진 존재임을 전혀 인식하지 못한 채 살아왔음을 깨닫게 하시는 것입니다. 사람들이 자기 영혼에 대한 생각을 얼마나 자주 할까요? 오, 저는 그들이 자기의 쾌락과 일을 생각한다는 것, 출생과 결혼과 죽음과 통장 잔액과 도박을 생각한다는 것을 압니다. 그들은 정치를 생각합니다. 그러다가 흥분해서 항의 행진을 벌이기도 합니다. 그러면서도 자신들에게 영혼이 있다는 것은 까맣게 모르고 있지 않습니까? 그래서 성령이 말씀을 우리에게 일깨우시는 것입니다. 말씀은 언제나 빛과 가르침으로 찾아옵니다. 말씀은 능히 우리 안에 영혼이 있다는 사실과 우리는 돈 버는 기계나 쾌락을 좇는 기계가 아니라는 사실을 생전 처음으로 보게 해 줄 수 있습니다. 그렇습니다. 우리는 영, 살아있는 영입니다.

또한 우리는 하나님도 모르고 살았습니다. 우리 자신과 다른 사람들에게 관심을 다 빼앗긴 나머지 하나님은 생각도 하지 않았습니다. 어쩌면 "어리석은 자"가 하는 말까지 했을지도 모릅니다. "어리석은 자는 그의 마음에 이르기를 하나님이 없다 하는도다"시 14:1. 그런데 이제 그 지독한 무지에서 깨어났습니다. 하나님이 틀림없이 계시다는 사실이 예언으로 입증되었고 다른 방식으로도 증명되었기 때문입니다. 성령이 우리를 깨워 그동안 하나님에 대해 무지했다는 것을 알려 주셨습니다.

그다음으로 발견하게 되는 사실은 우리가 인생의 전체적인 목표와 목적 또한 전혀 몰랐다는 것입니다. 우리는 우리가 맹목적인 진화 과정의 결과로 존재하게 되었다고, 어떤 비인격적인 힘이 우리를 만들어 냈다고, 그러므로 가능한 한 이 땅에서 즐기면 되고 죽으면 그것으로 끝이라고 생각했습니다. 그러나 성령은 우리를 일깨워 그런 것은 삶이 아니라는 것과 인간은 동물이 아니라는 것을 깨닫게 하십니다. 롱펠로우H. W. Longfellow의 말이 진실임을 깨닫게 하시는 것입니다.

"너는 흙이니 흙으로 돌아가라"는 것은
영혼에게 하신 말씀이 아니었다.

성령은 우리를 일깨워 우리가 불멸의 존재임을 깨닫게 하시고, 불멸하는 영원의 상태가 계속된다는 사실을 깨닫게 하십니다.

여러분은 이것을 알고 있습니까? 이런 사실들이 여러분의 의식 속에서 살아 움직이고 있습니까? 오순절 날 예루살렘에 모인 사람들, 하나님의 계획은 하나도 모르면서 그저 호기심으로 들으러 왔던 생각 없는 폭도의 죄를 드러내신 분이 성령이셨던 것처럼, 이런 진리들을 우리에게 일깨우시는 분도 오직 성령 하나님뿐입니다. 오늘날 사람들은 지방선거와 총선거에 열광하고 정치인들에게 열광하면서도, 비참함과 부끄러움과 슬픔과 부패의 무서운 상태에 빠져 있는 세상을 위해 하나님이 세워 놓으신 계획에 대해서는 단 한 번도 생각해 보지 않습니다. 그들은 무지합니다. 하나님의 구원 계획을 모를 뿐 아니라 듣고서도 무시해 버립니다. 주님의 위격도 알지 못합니다. 눈멀어 있습니다! 그런데 그런 자들이 여기에서 "형제들아, 우리가 어찌할꼬"라고 묻고 있습니다. 성령이 그들의 무지를 드러내 주셨기 때문입니다.

그러나 성령은 여기에서만 멈추지 않습니다. 우리 힘으로는 절대 구원받을 수 없다는 사실도 드러내 주십니다. 이것이 훨씬 더 중요한 사역입니다. 사람들은 자기 자신과 자신의 지각과 지식 및 학식을 자랑합니다. 그러나 성령은 그들이 자랑하는 모든 것의 무익함과 무가치함을 보여주십니다. 그들이 내세우는 비범한 능력과 재능을 총동원해도 정말 중요한 것들은 찾아낼 수 없습니다. 욥의 친구인 소발은 "네가 하나님을 어찌 능히 찾아 만날 수 있겠느냐"고 물었습니다.욥 11:7.[1] 이 질문

---

1 찬송가 377장 1절.

에 대한 답은 오직 한 가지, 찾아 만날 수 없다는 것입니다. 바울은 철학자들에 대해 큰 자부심을 가지고 있던 똑똑한 고린도 교인들에게 말했습니다. "이 세상이 자기 지혜로 하나님을 알지 못하므로"고전 1:21. 그런데도 사람들은 고집스럽게 스스로 하나님을 찾을 수 있다고 생각합니다. 그럴 수 없다는 것, 그것은 불가능한 일이라는 것을 성령이 입증해서 드러내 보이실 때에야 비로소 변화가 일어납니다.

실제로 성령은 그보다 더 중요한 사실도 드러내 주시는데, 그것은 우리가 성육신하신 진리를 눈앞에 두고서도 알아보지 못한다는 것입니다. 이것은 충격적인 사실입니다. 바로 이 지점에서 하나님의 성령은 우리의 참모습을 보여주십니다. 우리는 스스로 하나님을 찾아 만날 수 없는 존재일 뿐 아니라 하나님이 바로 앞에 서 계셔도 알아보지 못할 만큼 타락한 존재입니다. 바울은 이렇게 말하고 있습니다.

"오직 은밀한 가운데 있는 하나님의 지혜를 말하는 것으로서 곧 감추어졌던 것인데 하나님이 우리의 영광을 위하여 만세 전에 미리 정하신 것이라. 이 지혜는 이 세대의 통치자들이 한 사람도 알지 못하였나니 만일 알았더라면 영광의 주를 십자가에 못박지 아니하였으리라"고전 2:7-8.

이것은 순전한 사실입니다. 세상은 얼마나 헤매고 있고 무력하며 자만에 빠져 있었던지, 성육신하신 하나님이 바로 눈앞에 오셨는데도 알아보지 못하고 "그를 없이하소서"라고 소리쳤습니다. 이런 점에서 산헤드린 공회원들은 맹인입니다. 스데반이 하는 말이 그것입니다. 요컨대 "너희가 존경하는 인물 모세는 이분이 오실 것을 예언했다. 그런데 너희는 직접 그를 보았고 그의 말을 들었고 그가 행하시는 기적을 보았으면서도 알아보지 못했다. 왜 그랬을까? 너희 눈이 멀었기 때문이다"라는 것입니다. 오직 성령만이 우리 눈을 열어 주실 수 있으며, 그 결과 우리가 얼마나 무서운 위험에 빠져 있는지 보게 하실 수 있습니다. 바울의 말을 다시 들어 보십시오. "육에 속한 사람은 하나님의 성령의 일들을 받지 아니하나니 이는 그것들이 그에게는 어리석게 보임이요, 또 그는 그것들을 알 수도 없나니 그러한 일은 영적으로 분별되기 때문이라"고전 2:14.

이것은 무서운 일입니다. 스데반이 산헤드린 공회원들에게 한 말의 요지는 이것입니다. "너희는 오순절 날 무슨 일이 일어났는지 알고 있다. 너희 눈앞에서 이런 일들이 일어났는데도 믿지 않는 것이다. 왜 믿지 않는가? 영적으로 죽어있기 때문이다." 현대세계의 전적인 비극도 이것입니다. 우리는 우리의 똑똑함과 재능과 지식을 신뢰하고 있습니다. 과학을 신뢰하고 있습니다. 마치 이런 것들을 통해 하나님을 찾아낼 수 있는 것처럼 말입니다! 이같은 실상을 드러내 주시는 분은 오직 성령뿐입니다.

그러나 감사하게도 성령은 죄를 드러내시는 소극적인 사역만 하시지 않습니다. 크고 영광스러운 구원도 계시해 주십니다. 주님은 성령을 약속하시면서 "그가 내 영광을 나타내리니"라고 말씀하셨습니다요 16:14. 그리고 오순절 날 성령으로 충만해진 베드로는 그들이 거절한 이 복되신 분 그리스도에 대해 이야기했습니다. "이분이 바로 다윗이 고대했던 하나님의 아들"이라고 밝힌 것입니다. 그는 시편 16편에 나오는 다윗의 말을 인용했습니다. "이는 내 영혼을 음부에 버리지 아니하시며 주의 거룩한 자로 썩음을 당하지 않게 하실 것임이로다.……주께서 내 주에게 말씀하시기를……너는 내 우편에 앉아 있으라"행 2:27, 34, 35. 베드로는 설교하면서 다윗의 무덤이 여전히 그들 가운데 있고 그 뼈가 무덤 안에 있는 만큼 이 말은 다윗 자신에 대한 말이 될 수 없다고 말했습니다. 그렇습니다. 성령이 다윗으로 하여금 이분을 고대하는 마음으로 이런 말을 하게 하신 것입니다.

성령은 지금도 같은 일을 하고 계십니다. "하나님께서 그리스도 안에 계시사 세상을 자기와 화목하게" 하셨음을 우리에게 알려 주시는 것이야말로 성령의 일이며 성령의 사역입니다고후 5:19. 사람들 스스로는 이것을 알 수가 없습니다. 이처럼 성령은 먼저 죄를 드러내시고, 연이어 하나님이 그 죄를 위해 어린양을 주셨음을 알려 주십니다. 세례 요한은 말했습니다. "보라, 세상 죄를 지고 가는 하나님의 어린양이로다"요 1:29. 주님도 "인자가 온 것은 섬김을 받으려 함이 아니라 도리어 섬기려 하고 자기 목숨을 많은 사람의 대속물로 주려 함이니라" 라고 말씀하셨습니다.[마 20:28] 베드로는 과연 그러하다고 말합니다. "친히 나무에 달려 그 몸으로 우리 죄를 담당하셨으니 이는 우리로 죄에 대하여 죽고 의에 대하여 살게 하려 하심이라. 그가 채찍에 맞음으로 너희는 나음을 얻었나니"[벧전 2:24]. 이 진리를 알려 주시는 분은 오직 성령뿐입니다. 이것이 그가 하시는 일입니다. 다른 사람들은 이 진리를 "미련한 것"으로 여깁니다. 그러나 성령은 이것을 알아보는 지각을 주십니다.

바울이 고린도전서 2장에서 계속 말하는 것이 바로 이것입니다.

"이 지혜는 이 세대의 통치자들이 한 사람도 알지 못하였나니 만일 알았더라면 영광의 주를 십자가에 못박지 아니하였으리라. 기록된 바 하나님이 자기를 사랑하는 자들을 위하여 예비하신 모든 것은 눈으로 보지 못하고 귀로 듣지 못하고 사람의 마음으로 생각하지도 못하였다 함과 같으니라. 오직 하나님이 성령으로 이것을 우리에게 보이셨으니 성령은 모든 것 곧 하나님의 깊은 것까지도 통달하시느니라.……우리가 세상의 영을 받지 아니하고 오직 하나님으로부터 온 영을 받았으니 이는 우리로 하여금 하나님께서 우리에게 은혜로 주신 것들을 알게 하려 하심이라"[고전 2:8-10, 12].

그래서 오순절에 사람들이 사도의 설교를 듣고 "마음에 찔려" "형제들아, 우리가 어찌할꼬"라고 소리친 것입니다. 베드로는 그들에게 대답했습니다. "너희가 회개하여 각각 예수 그리스도의 이름으로 세례를 받고 죄사함을 받으라. 그리하면 성령의 선물을 받으리니"[행 2:37-38]. 그리고 나서 성경이 들려주는 말씀은 이것입니다. "그 말을 받은 사람들은 세례를 받으매 이날에 신도의 수가 삼천이나 더하더라"[행 2:41].

성령은 이런 일을 하십니다. 우리의 마음을 찌르십니다. 우리의 무지와 많은 죄를 드러내십니다. 문제는 남아프리카에서 자행되는 일이나 베트남에서 일어나는 일이나 이 모든 정치적·사회적 사안들에 있지 않다는 것을 보여주십니다. 그렇다고 그것들은 중요치 않다는 말이 아닙니다. 다만 그것들은 일차적인 문제가 아니라는 것입니다.

일차적인 문제는 이것입니다. 나는 어떤 존재입니까? 인간은 어떤 존재입니까? 나는 어떻게 죽게 됩니까? 아무리 몸부림을 쳐도 죽음을 피할 수는 없습니다. "장정이라도 죽으면 어찌 다시 살리이까"욥 14:14. 그런데 죽은 후에는 어떻게 되는 것입니까?

이 질문들에 대답해 줄 수 있는 것은 오직 하나님의 말씀뿐입니다. 성령이 이것을 우리에게 깨우쳐 주실 때, 우리는 마음이 찔려 묻게 됩니다. "우리는 지금 어디에 있는 것일까? 지금까지 무슨 짓을 하며 살아온 것일까? 지금까지는 이런 것들에 대해 생각해 본 적이 없었다. 내게는 영혼이 있는데, 이 영혼은 장차 어떻게 될까? 나는 길을 잃었다. 나는 죄인이다. 나는 하나님을 모른다. 나는 내 죄를 해결할 수가 없다. 하나님을 찾아 만날 수도 없다. 그런데 내게는 하나님이 필요하다. 반드시 그의 축복을 받아야만 한다. 그렇다면 내가 할 수 있는 일은 과연 무엇일까?"

"형제들아, 우리가 어찌할꼬."

그때 성령이 복된 사실을 계시해 주십니다. "하나님이 세상을 이처럼 사랑하사 독생자를 주셨으니 이는 그를 믿는 자마다 멸망하지 않고 영생을 얻게 하려 하심이라"요 3:16. "그가 하나님께서 정하신 뜻과 미리 아신 대로 내준 바 되었거늘"행 2:23. 바로 이것입니다. 성령은 이 놀랍고 경이로운 메시지를 계시해 주십니다! 나는 이 일을 이해하지 못합니다. 받아 누릴 자격도 없습니다. 그런데 하나님이 일방적으로 이 일을 해주셨습니다. 독생자를 세상에 보내서 내 죄를 그에게로 옮기시고 내 대신 그를 벌하심으로써 내 죄를 거저 사해 주시고 용서해 주신 것입니다. 이것이 복음 메시지입니다.

이 모든 사실이 여러분에게 의미하는 바가 무엇입니까? 산헤드린 공회원들은 신성모독으로 여겼습니다. 이 모든 놀라운 일, 나사렛 예수에게 일어난 일, 그의 오심, 그의 삶, 그가 행하신 선한 일과 기적들, 희생의 죽음, 장사됨, 부활, 그의 나타나심과 승천, 성령강림, 사도들의 변화, 그들이 행한 기적, 성전 미문 앞 앉은뱅이에게 일어난 기적을 전부 신성모독으로 치부한 것입니다. 대체 무엇이 문제입니까? 그들은 전통 때문에 눈이 멀어 버린 것입니다. 자신들의 입장 때문에 눈이 멀어 버린 것입니다!

여러분의 입장도 똑같습니까? 여러분에게도 이것이 "미련한 것"으로 보입니까? 다 옛날이야기이고 꾸며낸 이야기이고 현대의 세련되고 과학적인 인간에게 어울리지 않는 이야기로 보입니까? 과연 그렇게 보입니까? 자, 제가 이 자리에 서 있는 목적은 오순절 사건 자체가 그러한 입장 전체를 정죄한다는 사실을 일깨우려는 데 있습니다. 모세는 이 사건을 미리 예언했습니다. 그가 이처럼 미리 예언할 수 있었던 것은 오직 성령이 그에게 역사하신 덕분이었습니다. 다른 선지자들도 다 그렇지 않습니까? 여러분의 눈에는 이 명백한 사실이 보이지 않습니까? 오순절 사건은 역사적인 사건이었고 역사적인 사실이었습니다. 그 사건이 없었다면 교회는 생기지 않았을 것입니다. 사도들은 낙심했고 탄식했습니다. 그런데 갑자기 변화되어 권위 있고 능력 있게 말했으며 기적을 행했습니다. 그리고 교회는 오늘날까지 존속되고 있습니다. 이것이 무엇입니까? 오, 이것이 바로 성령이 하시는 일입니다.

이런 일들이 여러분의 마음에 와닿습니까? 여러분의 마음을 뒤흔듭니까? 여러분이 자신의 영혼과 영원한 운명에 무지했으며 이 강력한 사건들과 그 의의에 무지했다는 사실을 깨우쳐 줍니까? 그렇다면 여러분이 던져야 할 질문은 이것입니다. 이제 어떻게 하겠습니까? 화를 내겠습니까? 저항하겠습니까? 여러분의 머리와 그 밖에 가지고 있는 모든 것을 가지고 전력을 다해 맞서 싸우겠습니까?

오, 편견에 눈이 멀어 명백한 사실조차 보지 못했던 어리석은 산헤드린 공회원들에게 교훈을 배우십시오. 그들이 그러했고 이스라엘 자손이 긴 역사를 이어 오며 자주 그러했던 것처럼, 같은 유의 편견에 눈이 멀어 성령께 저항하지 않도록 조심하십시오. 성령 하나님께 저항하다가 영원히 멸망하는 사람이 여러분 중에는 아무도 없기를 기도합니다.

그의 말을 들으라

이스라엘 자손에 대하여 하나님이 너희 형제 가운데서
나와 같은 선지자를 세우리라 [너희는 그를 들을지니라]
하던 자가 곧 이 모세라.

사도행전 7:37

이번에는 흠정역으로 볼 때 37절 마지막에 나오는 네 단어, "너희는 그를 들을지니라"Him shall ye hear라는 구절에 특별히 주의를 환기시키고자 합니다. 다른 몇몇 번역본에서는 이 단어들을 찾아볼 수 없는데,[1] 그것은 몇몇 고대 사본에 이 구절이 빠져 있기 때문입니다. 그럼에도 제가 여기에 여러분의 주의를 환기시키는 것은, 이 구절과 관련된 모세의 진술이 신명기 18:15에도 나오기 때문입니다. 그 부분을 찾아보면 모세가 장차 오실 선지자의 말을 들으라고 아주 분명하게 말한 것을 알 수 있습니다. 더욱이 베드로도 사도행전 3장에서 같은 구절을 인용하고 있습니다. "모세가 말하되 주 하나님이 너희를 위하여 너희 형제 가운데서 나 같은 선지자 하나를 세울 것이니 너희가 무엇이든지 그의 모든 말을 들을 것이라"행 3:22. 이것은 모세가 실제로 한 말을 베드로가 약간 부연한 것입니다. 모세는 하나님이 그 백성들 가운데서 한 선지자를 세우실 것이라고 말했습니다. 그는 어떤 점에서 모세와 같은 분일 것입니다. 백성은 그의 말을 들어야 합니다.

스데반은 바로 이 말씀을 인용하고 있습니다. 여러분은 그가 염두에 두고 있는 목적이 무엇인지 알 것입니다. 그는 나사렛 예수야말로 하나님의 아들이요 세상의 구주라고 전하다가 체포되어 심문을 받고 있습니다. 초대교회의 모든 전도자들, 사도들과 그 밖의 사람들도 같은 메시지를 전했습니다. 그러나 산헤드린 공회원들은 그것을 믿지 않았습니다. 그래서 스데반이 지금 이 말을 하고 있는 것입니다. "나사렛 예수를 믿지 않는 것은 모세의 가르침을 거역하는 것임을 모르겠느냐? 그는 이분에 대해 예언하면서 이분의 말을 들을 것을 촉구했

---

1   우리말 개역성경에도 생략되어 있다.

다. 그런데 너희는 듣지 않고 있다. 이처럼 너희는 너희가 그토록 추앙하는 사람의 가르침을 부인하고 있고, 나와 다른 그리스도인들은 순종하고 있다. 우리는 모세가 명한 바로 그 일을 하고 있는 것이다."

이것은 기독교 메시지의 핵심이자 중심인 것이 분명합니다. 기독교 전파의 목적은 사람들에게 주 예수 그리스도의 말씀을 들으라고 촉구하는 것입니다. 이것이 스데반이 취한 입장의 요점입니다. "예수의 말을 들을 것인가, 말 것인가?" 이것은 중대한 문제입니다. 산헤드린도 이 질문을 받았고, 지금 우리도 모두 이 질문을 받고 있습니다.

"왜 그의 말을 들어야 합니까?"라고 묻는 이가 있을 것입니다. 세상에는 이렇게 묻는 이들이 많습니다. 실제로 이 나라 국민 대다수가 이런 시각을 가지고 있습니다. 그들은 더 이상 예수의 말을 듣지 않습니다. 기독교를 현대인이나 현대인의 상태에 대해 아무 말도 해주지 못하는 종교, 우리와 전혀 상관 없는 구시대적인 종교로 여깁니다. 뭐니 뭐니 해도 예수는 거의 2000년 전 사람입니다. 과거로 회귀하는 것이 과연 합당한 일입니까? 스데반과 사도들이 전파했던 이 사람 예수의 말을 들어야 하는 이유가 대체 무엇입니까? 제가 이 자리에 서 있는 것은 바로 그 질문에 대답하기 위해서입니다.

무엇보다 우리는 우리의 상태, 우리의 필요 때문에 그의 말을 들어야 합니다. 어떤 경우에든 이 사실에서 출발하는 것이 좋습니다. 여러분은 물을 것입니다. "당신은 왜 예수를 전합니까? 왜 나한테 그의 말을 들으라고 하는 겁니까?" 자, 제 대답은 이것입니다. 다른 점을 고찰하기 전에 우리 자신부터 바라봅시다. 우리의 상태가 어떻습니까? 이 질문에 직면하는 순간, 우리가 일차적으로 무지한 상태에 있다는 데 틀림없이 동의하리라고 생각합니다. 모두가 알다시피 우리는 도처에 어려움과 문제와 불행과 긴장이 있는 세상에서 살고 있습니다. 대체 무엇이 문제일까요? 우리는 바로 이 질문에서부터 출발해야 합니다.

그러나 사람들은 여기에서 출발하지 않습니다. 성경구절에 대해 어쩌다 품게 된 몇 가지 의혹에서 출발하여 꼬투리를 잡기 위한 질문

을 던집니다. 그런 식으로 기독교 메시지에 접근해서는 안 됩니다. 그
렇습니다. 우리 자신에게서 먼저 출발해야 합니다. 물론 여러분이 인
간을 권위의 주체로 생각한다면 저는 할 말이 없습니다. 자기 자신과
자신의 삶에 만족하며 지금 이대로의 세상에 완벽하게 만족하는 경우
에도 할 말이 전혀 없습니다. 일정한 형태의 검토가 필요하다는 생각
때문에 여러분과 관련하여 몇 가지 사실들을 언급할 수는 있겠지만,
직접적으로 할 말은 없습니다. 전혀 없습니다.

"다 괜찮다"라고 말하는 사람들, 충분히 만족하고 있으며 스스로
자기의 삶을 꾸려 나갈 수 있다고 생각하는 사람들은 이 메시지에서
들을 말이 전혀 없습니다. 주님은 말씀하셨습니다. "건강한 자에게는
의사가 쓸데없고 병든 자에게라야 쓸데 있나니 내가 의인을 부르러
온 것이 아니요 죄인을 불러 회개시키러 왔노라"눅 5:31-32. 우리는 무지
합니다. 무엇보다 가장 중요한 문제들에 대해 무지합니다. 이 사실을
깨닫지 못하는 것이야말로 현대인의 비극입니다. 그들은 과학적으로
알고 있는 것들에 대해 떠들고 자랑하지만, 자신들이 훨씬 더 중요한
것들에 대해서는 모르고 있는지는 멈추어 생각하려 들지 않습니다.

이것이 제가 말하려는 바입니다. 인간이 과학적으로 진보했다는
것은 저도 알고 있으며, 누구보다 자랑스럽게 여기고 있습니다. 그 모
든 과학적인 발견과 의학의 진보와 현대인들이 그토록 자랑해 마지
않는 모든 것들에 대해 하나님께 감사드리십시오. 그것들이 놀랍다는
점에는 저도 동의합니다. 그러나 제가 알고 싶은 것은 이것입니다. 인
간은 어떤 존재입니까? 내가 앓고 있는 질병들을 치료받는 것은 좋은
일이지만, 그 병을 치료받은 후에도 나는 여전히 삶을 살아가야 합니
다. 나는 대체 어떤 존재입니까? 제가 알고 싶은 것은 이것입니다. 삶
이란 무엇입니까? 삶의 목적과 목표는 무엇입니까? 나는 어떻게 살아
가야 합니까?

죽음이라는 궁극적인 문제도 있습니다. 여러분은 죽음을 떨쳐낼
수 없습니다. 현대인들이 죽음을 생각하기 싫어한다는 것은 저도 압
니다만, 바로 그 점에서 그들은 어리석은 것이며 자신들에게 어딘가

잘못된 부분이 있음을 드러내는 것입니다. 그들은 사실에 직면하기를 두려워합니다. 죽음은 현실, 절대적인 현실입니다. 우리는 전쟁이나 그 밖의 문제들을 놓고 논의를 합니다. 물론 그렇게 미리 논의하고 대비하는 것은 옳은 일입니다. 3차 세계대전은 일어날 수도 있고 일어나지 않을 수도 있습니다. 그런데도 모든 사람이 그 문제를 놓고 논의를 합니다.

그러나 죽음은 일어날 가능성이 있는 일이 아니라 반드시 일어날 일입니다. 아무도 죽음을 피할 수 없습니다. 모두가 직면해야 합니다. 그런데 죽음이 가까이 왔을 때에야 자신이 죽음에 대해 무지했다는 것과 그에 대해 아무것도 모르고 있었다는 것을 깨닫습니다. 죽음 너머에는 무엇이 있을까요? 대체 무엇이 우리를 기다리고 있을까요? 죽은 자들은 어떻게 되는 것일까요? 그들에게는 무슨 일이 일어날까요? "장정이라도 죽으면 어찌 다시 살리이까"욥 14:14. 우리는 이런 것들에 대해 지독히도 무지합니다. 정말이지 아는 것이 하나도 없습니다. 어쨌든지 간에 이분 예수 그리스도의 말을 들어야 한다고 말하는 이유가 여기 있습니다.

사람들은 왜 지금처럼 행동하는 것일까요? 왜 불행하게 사는 것일까요? 국가들 간에 긴장이 발생하는 이유가 무엇입니까? 싸움이 일어나는 이유가 무엇입니까? 전쟁이 일어나는 이유가 무엇입니까? 객관적인 눈으로 보면 전쟁은 순전히 미친 짓이라는 데 동의하지 않을 수 없음에도, 국가들은 항상 싸워 왔고 지금도 여전히 싸우고 있습니다. 20세기는 전쟁의 세기였습니다. 이 모든 것의 원인이 대체 무엇입니까?

자, 이번에도 여러분이 이 질문들에 직면한다면 사람들이 지독히도 무지하다는 데 동의하리라 생각합니다. 우리는 현실을 비교해서 평가해 보아야 합니다. 모든 상황을 똑바로 직시해야 합니다. 과학 지식에서는 100퍼센트의 진보가 이루어졌다는 것을 충분히 인정하더라도, 이와 같은 문제들에서는 그 어떤 진보나 변화도 일어나지 않았고 지식도 늘어나지 않았다는 사실을 직시해야 하는 것입니다. 지금 이 순간에도 세상은 이것을 증명해 주고 있습니다.

또한 우리는 우리가 무지하다는 것뿐 아니라 실패했다는 것도 잘 알고 있습니다. 우리에게 스스로 옳다고 생각하는 삶을 살 능력이 있습니까? 자기의 결단과 결심을 지킬 능력이 있습니까? 패배감과 불행함, 수치와 회한, 일종의 욕구불만 같은 것을 모두가 인식하고 있지 않습니까? 생각이라는 것을 하는 사람이라면 누구나 그것을 인식할 것입니다. 우리는 여러 전기와 자서전에서도 같은 인식을 찾아볼 수 있습니다. 모든 위대한 문학작품과 극작품에서도 찾아볼 수 있습니다. 극 중에서 가장 위대한 극은 누가 뭐라고 해도 비극입니다. 그렇습니다. 최고로 위대한 사람들은 인생이 항상 비극임을 알고 있었습니다. 인생이든 인간이든 그 속에는 종잡을 수 없고 혼란스러운 일종의 모순이 있게 마련입니다. 그런데 원래는 이렇지 않았을 것이라는 느낌, 마땅히 이보다 더 나아져야 하고 더 나아질 수 있다는 느낌, 반드시 더 나아져야 한다는 느낌을 모두가 가지고 있습니다. 이것이 문명의 역사를 이루어 왔습니다. 어떤 면에서는 진보했지만 다른 면에서는 퇴보했다는 궁극적인 좌절감 같은 것을 우리는 늘 인식하고 있습니다. 이 시대, 지금 이 순간을 정직한 눈으로 직시할 준비가 되어 있는 사람이라면 누구나 우리가 무서운 혼란의 상태에 빠져 있음을 인정할 것이 틀림없습니다.

한편으로는 빛나는 성취를 자랑하지만 다른 한편으로는 비참하고 참담한 실패를 겪고 있는 인간을 여러분은 어떻게 설명하겠습니까? 자기 밖에 있는 것들을 다룰 때에는 그토록 천재적인 재능을 발휘하는 인간이 자기 자신과 자기 속에 있는 것들을 다룰 때에는 비참하게 실패하는 이유가 무엇입니까? 이런 온갖 장치들을 발명해 낼 수 있는 인간이 행복은 어떤 방법으로도 만들어 내지 못하는 이유가 무엇입니까? 인간의 본질에서 중요한 부분을 차지하는 것으로 보이는 이 피할 수 없는 모순이 의미하는 바가 대체 무엇입니까? 여기에 현대가 안고 있는 문제의 핵심이 있습니다.

사람이 대충 손질하기는 하지만

결국 마지막 형태를 빚는 이는 신이라네.

―셰익스피어, 『햄릿』 5막 2장

인간은 내내 이것을 느껴 왔습니다. 심지어 그리스 철학의 최대 융성기에도 이런 인식이 있었습니다. 사도 바울은 아덴을 처음 방문했을 때 수많은 신전들이 난립해 있는 것을 보았는데, 그때 그가 발견한 것이 이 점을 증명해 주고 있습니다. 바울은 많은 신전 중에 "알지 못하는 신에게"라고 쓰인 이례적인 제단이 있는 것을 보았습니다. 인간의 본질에는 자신의 밖과 위와 주변에 자신보다 위대한 세력과 힘이 있어서 자신을 조종하고 있다는 느낌이 내재되어 있습니다. 생각이 있는 사람들은 누구나 이런 느낌과 씨름해 왔습니다. 이런 느낌에 맞서 싸우면서 그것을 떨쳐내 보고자 노력해 왔습니다. 그러나 문제는 사라지지 않았습니다. 그 결과, 인간은 절망적인 결핍의 상태에 빠지게 되었습니다. 저는 이 결핍이야말로 이분 예수 그리스도의 말을 기꺼이 들어야 하는 아주 좋은 이유라고 주장하는 바입니다.

그의 말을 들어야 하는 두번째 이유는―지금까지 말해 온 모든 내용에 함축되어 있는 바―그분 외에는 누구도 우리를 도울 수 없다는 것입니다. 한번은 큰 무리가 주님을 좇았습니다. 그런데 주님이 아주 명확한 내용들을 가르치기 시작하셨습니다. 거의 퉁명스럽게 들릴 만큼 직설적으로 진리를 제시하시자, 그것을 받아들이지 못하는 이들이 생겨났습니다. 항상 듣기 좋은 말만 들으려 하는 사람들은 실재와 문제의 핵심을 다루는 말을 싫어하는 법입니다. 성경은 이렇게 기록하고 있습니다. "그때부터 그의 제자 중에서 많은 사람이 떠나가고 다시 그와 함께 다니지 아니하더라"요 6:66. 주님은 무리가 떠나는 것을 보시고 열두 사도들을 돌아보며 물으셨습니다. "너희도 가려느냐." 그러자 베드로가 한순간 성령의 감동을 받아 주님께 말했습니다. "우리가 누구에게로 가오리이까." 자신들은 가지 않겠다는 것입니다. 주님 말고 뉘게로 가겠느냐는 것입니다! 다른 사람들은 이미 다 겪어 보았고 그들의 말도 이제껏 들어왔기 때문에 그 입에서 무슨 말이 나올지 다 안다는 것입니다. 그들에게서는 도움을 받을 수 없다는 것입니다. "주여, 영생의 말씀이 주께 있사오니 우리가 누구에게로 가오리이까"요 6:67-68.

제가 일깨워 드린 이 중대하고도 궁극적인 문제와 질문들에 직면할 때 여러분이 곧바로 도달하게 되는 결론은, 세상은 여러분을 도와줄 수 없다는 것입니다. 세상은 이런 주제에 대해 해줄 말이 없습니다.

여러분은 물을 것입니다. "하지만 철학이 있지 않습니까?"

좋습니다. 철학책들도 읽어 보십시오. 역시 아무 도움이 되지 못할 것입니다. 철학자들은 추측만 할 뿐, 그 이상은 하지 못합니다. 그들은 답을 모르고 있습니다. 제가 볼 때 이 주제 전체의 기본적인 토대가 되는 말씀들이 있습니다. 거기에서만 출발했어도 사람들은 수많은 혼란에서 벗어났을 것이며, 쓸데없는 논쟁도 하지 않았을 것이고, 힘도 절약했을 것입니다. 기본원리는 이것입니다. "이 세상이 자기 지혜로 하나님을 알지 못하므로"고전 1:21. 이것은 철학이 우리를 도와줄 수 없다는 뜻입니다. 물론 철학에도 훌륭한 성과가 있고 놀라운 분석이 있습니다. 그로 인해 하나님께 감사드리십시오. 그것들은 전부 아주 흥미로울 뿐 아니라 사람의 정신에 빛을 비추어 줍니다. 그러나 궁극적인 질문에서는 철학자들도 나머지 사람들과 똑같이 무지합니다.

철학뿐 아니라 종교도 마찬가지입니다. 요즘 사람들이 즐겨 '세상의 위대한 종교들'이라고 부르는 것들을 보십시오. 이 부분에서 참으로 우리를 도와줄 수 있는 종교는 하나도 없습니다. 종교가 제공해 줄 수 있는 것은 기껏해야 이런저런 방법으로 자기 자신에게서 벗어나 어떤 '절대적인 것'에 몰두하며 '영원한 것'에 침잠沈潛하라고 말해 주는 것뿐입니다. 이것이 그들이 제공할 수 있는 것의 전부이며, 그나마 그것이 참인지조차 입증해 주지 못합니다. 그저 하나의 이론을 제시할 뿐입니다. 어떤 종교들은 사람이 몇 번씩 세상으로 되돌아오며, 여러 차례의 환생을 거친다고 말하기도 합니다.

이런 종교들은 진지합니다. 그들은 수세기에 걸쳐 연구를 거듭해 왔습니다. 그런데도 하나같이 비관적이고 절망적이며 제가 던진 질문들에 대답을 주지 못합니다. 많은 탁월한 가르침과 훌륭한 윤리체계 등을 갖춘 종교가 여럿 있지만, 이런 기본적인 주제에서는 아무 도움도 주지 못합니다.

저는 왜 그리스도인이 되었을까요? 왜 그리스도를 믿을까요? 왜 그의 말을 들을까요? 그 대답은 그리스도 외에 다른 이들은 전부 저를 실망시켰기 때문입니다. 온 세상이 저를 실망시켰고, 저 자신도 저를 실망시켰습니다. 주님도 그 점에 대해 말씀하신 적이 있습니다. 오직 실패를 의식하는 자들만 그분께 나아온다는 것입니다. 그들은 자기의 필요를 압니다. 그분 외에는 그 무엇도, 그 누구도 자신을 돕거나 거들어 주지 못한다는 것을 압니다.

그럼에도 여전히 "그렇다고 왜 그의 말을 들어야 합니까? 그가 누구기에?"라고 질문할 수 있습니다.

저는 이런 질문을 해서는 안 된다고 생각지 않습니다. 이것은 지극히 정당한 질문이며 좋은 질문입니다. 그리고 저는 이 질문에 대한 훌륭한 대답을 가지고 있습니다.

왜 나사렛 예수의 말을 들어야 할까요? 이렇게 설명해 보겠습니다. 여러분이 남의 말을 듣는 이유는 무엇입니까? 어떤 저자들의 글을 읽는 이유는 무엇입니까? 누군가 그 사람들을 권해 주었거나, 아니면 언론에서 그들의 책을 소개하는 기사를 읽었기 때문입니다. 좋습니다. 아주 좋은 이유입니다. 그렇다면 같은 원리를 적용해 봅시다. 저도 여러분에게 권할 것이 있습니다.

저의 첫번째 대답은 구약성경 전체가 그의 말 들을 것을 장려한다는 것입니다. 구약성경 전체가 그를 권하고 있습니다. 그를 예비하고 있습니다. 실제로 구약성경은 하나님의 아들 나사렛 예수에 대한 대규모 광고 캠페인입니다. 사전 광고입니다. 저는 지금 현대적인 용어로 설명하고 있습니다. 이것이야말로 지금 우리가 일하고 있는 방식 아닙니까? 우리는 중요한 일을 할 때 몇 달 전부터 사전 준비작업을 벌입니다. 마찬가지로 구약성경에서도 예수 그리스도를 위한 '준비작업'으로 훌륭한 전문가들이 나와서 미리 소개를 하고 있습니다.

여러분은 전문가의 충고를 받아들입니다. 그렇지 않습니까? 자신이 그 판단을 가치 있게 여겨 존중하는 사람, 그 삶을 볼 때 귀 기울일 가치가 있다고 생각되는 사람의 말을 듣습니다. 마찬가지로 제가 예수 그리스도의 말을 듣는 것은 족장들이 그렇게 하라고 권하기 때문입니다. 저는 아브라함보다 더 큰 인물은 이 땅 위에 없었다고 생각합니다. 그는 "하나님의 벗"이라 칭함을 받은 사람이었습니다약 2:23. 아주 훌륭한 사람이었습니다. 모든 면에서 아주 위대한 사람이었습니다. 그의 이야기를 읽어 보십시오. 성경이 그와 관련해서 하는 말은 이것입니다. "너희 조상 아브라함은 나의 때 볼 것을 즐거워하다가 보고 기뻐하였느니라"요 8:56. 그는 예수가 오실 것을 알았기 때문에 그가 나시기 2000년 전에 그런 삶을 살 수 있었고 그런 승리를 거둘 수 있었습니다. 그는 "믿음으로" 살았습니다. 그런데 그런 아브라함이 바로 이 일에 주목했던 것입니다. 그는 예수가 나타나실 것을 알았습니다. 그리고 제게 그의 말을 들으라고 권하고 있습니다.

다른 족장들도 같은 일을 했습니다. 그들의 이야기를 읽어 보면 아브라함은 이삭에게, 이삭은 야곱에게 비밀을 전수했음을 알게 됩니다. 그들의 비밀은 아버지에게서 아들에게로 전수되었습니다. 그 비밀이 무엇입니까? 이스라엘 백성, 즉 아브라함과 그 조상 에벨에게서 나온 히브리 민족을 살린 바로 이 소망입니다. 구원자를 보내 주시겠다는 하나님의 약속입니다. 이것이 그들을 일으켜 세운 비밀이었고 다른 모든 백성과 구별시킨 비밀이었습니다. 그들이 한결같이 한 말은 이것입니다. "기다려라! 그가 오신다! 그의 말을 들으라. 그가 답을 가지고 오신다."

저는 지금 그들의 권고를 따르고 있습니다. 우리가 살펴보고 있는 이 본문이 상기시키는 인물은 당연히 모세입니다. 창세기의 위대한 족장시대를 지나 출애굽기에 이르면 하나님의 사람이었던 입법자 모세가 갑자기 우뚝 솟아납니다. 이미 살펴보았듯이 이 사람은 율법을 가르쳤을 뿐 아니라 장차 있을 일도 알려 주었습니다. "이스라엘 자손에 대하여 하나님이 너희 형제 가운데서 나와 같은 선지자를 세우리

라. [너희는 그를 들을지니라.]" 모세의 율법에 담겨 있는 모든 것, 성전의 공적인 의식에 담겨 있는 모든 것이 어떻게 그의 오심을 가리키는지는 이미 보여드렸습니다. 이처럼 모세는 여러 가지 방식으로 "너희는 그를 들을지니라"라고 말하고 있습니다. 모세는 임시 선생이었습니다. 위대한 선생은 아직 오지 않았습니다.

구약성경의 선지서들도 읽어 보십시오. 그 당시 사람들은 곤경에 빠져 있었습니다. 사실 세상은 언제나 곤경에 빠져 있었습니다. 세상은 언제나 불행하고 비참했습니다. 오늘날 세상의 상태는 그리 새삼스러운 것이 아닙니다. 세상은 언제나 이런 모습이었습니다. 술 취함, 부정함, 이혼, 별거, 가정 파탄, 도둑질, 강도질 같은 것들은 어느 시대에나 있었습니다. 구약성경에도 그 모든 이야기가 나오고 있습니다. 인간은 이런 문제를 해결해 보고자 애를 썼습니다. 여러 선생들의 말에 귀를 기울여 보았지만 문제는 해결되지 않았습니다. 그렇다면 그들에게는 어떤 도움의 손길도 없었던 것일까요? 이사야의 대답─이것은 구약성경의 중대한 메시지이기도 합니다─이 여기 있습니다. "너희의 하나님이 이르시되 너희는 위로하라. 내 백성을 위로하라." 어떤 근거에서 위로하라는 것입니까? 자, 이사야는 40장의 위대한 예언에서 크신 분이 오시는 것이 바로 그 위로라고 말합니다. "너희는 광야에서 여호와의 길을 예비하라. 사막에서 우리 하나님의 대로를 평탄하게 하라. 골짜기마다 돋우어지며 산마다, 언덕마다 낮아지며"사 40:1, 3, 4. 구원자, 메시아가 오시도록 여호와의 길, 여호와의 대로를 만들라는 것입니다. 그가 오실 것이며, "모든 육체가 그것을 함께" 보게 되리라는 것입니다사 40:5.

모든 선지서의 메시지를 요약하면 바로 이것입니다. 그들이 당대의 문제도 다루었다는 것을 압니다. 그러나 동시에 장차 있을 일도 알려 주었습니다. 제가 이 복되신 분의 말을 듣는 것은 모든 선지자들이 그렇게 하라고 권하기 때문입니다. 그들은 위대한 자들이었습니다. 지각과 능력을 갖춘 이들의 글을 읽어 보십시오. 그중에는 뛰어난 시인도 있었습니다. 그런데 그들이 한결같이 "내게서 멈추지 말라. 나는 온전히 모르고 있다"라고 말하는 것입니다. "내가 아는 것은 한 가지인데, 그것이 나의 메시지다. 장차 한분이 오실 것이다. 너희는 그의 말을 들어야 한다. 그를 기다려라!"

이제 제가 언급할 마지막 선지자는 광야에서 설교했던 비범한 인물 세례 요한입니다. 400년간 침묵의 시간이 흘렀고, 유대인들은 아무 소망 없이 살고 있었습니다. 그런데 갑자기 한 소리가 터져 나왔습니다. 한 사람, 기이한 사람이 말하기 시작한 것입니다. 그의 말을 들은 사람들은 "메시아가 틀림없다"라고 했습니다. 그러나 정작 본인은 부인했습니다. "나보다 능력이 많으신 이가 오시나니 나는 그의 신발 끈을 풀기도 감당하지 못하겠노라"눅 3:16. 자신은 메시아가 아니라는 것입니다. 자신은 "주의 길을 준비하라"라고 말하는 "광야에서 외치는 자의 소리"라는 것입니다눅 3:4. "그리스도가 아니요 그의 앞에 보내심을 받은 자"라는 것입니다요 3:28. 그는 그리스도가 자기 뒤에 오실 텐데, 뒤에 오심에도 불구하고 사람들은 그를 더 따를 것이라고 말했습니다. "그는 흥하여야 하겠고 나는 쇠하여야 하리라"요 3:30. 세례 요한의 말을 들을 때 제게 들리는 소리는 이것입니다. "그의 말을 들어라! 그에게 귀를 기울여라! 중요한 것은 바로 그의 말이다."

얼마나 강력한 권고입니까! 구약성경 전체가 똑같이 권하고 있습니다! 그뿐만이 아닙니다. 제가 예수의 말을 듣는 것은 사도들도 똑같이 그렇게 권하고 있기 때문입니다. 기독교회가 존재하는 이유가 무엇입니까? 교회가 어떻게 시작되었습니까? 자, 여러분은 사도행전 앞부분에서 그 이야기를 읽을 수 있습니다. 교회는 인간이 만든 기관이 아닙니다. 왕립협회나 과학자, 철학자, 사상가 집단의 학회 같은 단체가 아닙니다. 사람이 발족시킨 많은 단체나 기관들도 아주 유익하고 가치가 있습니다. 그러나 기독교회는 그런 식으로 시작되지 않았습니다. 애초에 교회를 만들겠다고 생각한 사람은 아무도 없었습니다.

그런데 어떻게 생겼습니까? 그 이야기를 읽어 보십시오. 그러면 제가 예수의 말을 듣는 이유를 알게 될 것입니다. 저는 베드로나 여기 나오는 스데반 같은 인물들을 주목합니다. 요한과 다른 모든 사도들을 주목합니다. 그들은 어떤 자들이었습니까? 아주 평범한 자들이었습니다. 학자나 철학자가 아닌, 제 손으로 일하는 사람들이었고 어부들이었습니다. 그런데 제가 여기에서 발견하는 것은 그 평범한 자들이 대단한 종교 당국자들을 당황시킬 정도로 당당하게 서서 말하고 있는 모습입니다. 기적을 행하는 경이로운 존재로 변모한 모습입니다. 모두가 그들의 말을 경청하는 모습, 그들이 산헤드린에 맞서서 그들을 당황스럽게 하는 모습입니다. 대체 이것이 어찌 된 일일까요?

제가 볼 때 그 대답은 한 가지뿐입니다. 이 모든 것은 그들 스스로 한 일이 아니라는 것입니다. 그들도 여기에 동의하고 있습니다. 베드로와 요한이 성전 미문 앞의 앉은뱅이를 고치는 기적을 행했을 때, 사람들은 그들을 에워싸고 칭송하며 경배하려 했습니다. 그러나 베드로는 이렇게 말했습니다. "우리 개인의 권능과 경건으로 이 사람을 걷게 한 것처럼 왜 우리를 주목하느냐"행 3:12. 이것은 자신들이 한 일이 아니라는 것입니다! 이 기적을 행한 분은 그들이 못박은 예수, 바로 그분이라는 것입니다.

기적은 그 앉은뱅이한테만 일어난 것이 아니라 사도들의 삶에도 일어났습니다. 예수를 떠나서는 그들의 변화를 이해할 길이 없습니다. 그들을 변화시켜 이렇게 놀라운 사람들로 만드신 분은 바로 예수입니다. 그가 베드로를 찾아와 일신의 안전을 위해 자신의 가장 큰 친구이자 은인을 부인한 비겁자를 산헤드린과 세상 전체에 기꺼이 항거할 만큼 용감한 사람으로, 불같은 선지자로 바꾸어 놓으셨습니다. 저는 시몬 베드로에게 이런 변화를 일으키신 분의 말을 기꺼이 들을 마음이 있습니다. 사도들은 바로 그분을 제게 권하고 있습니다. 바로 그분 때문에 자신들이 변화되었다고 말하고 있습니다. 그들은 복음을 맡은 자들이었습니다. 그들은 말했습니다. "우리는 그와 함께 있었다. 그를 친히 뵈었고 그의 말씀을 직접 들었으며 그가 하시는 일을 지켜보았다. 그렇기 때문에 그를 전하는 것이다."

기독교회의 초석인 이 사도들의 권고 때문에 저는 그의 말을 듣습니다. 초창기 위대한 순교자들의 증언과 권고도 여기에 덧붙일 수 있습니다. 개중에는 눈에 띄는 이들도 있고 그다지 알려지지 않은 이들도 있습니다. 그러나 공히 동일하신 성령의 감동을 받아 예수를 위해 기꺼이 죽고자 했으며, 그와의 경험이 얼마나 놀랍고 자신들의 삶에 일어난 변화가 얼마나 컸던지 그를 부인하느니 차라리 죽는 편을 택하고자 했습니다. 죽음은 그들에게 더 이상 대수로운 일이 아니었습니다. 정말 중요한 분은 예수였습니다. 예수가 그들의 전부였습니다. 그런 자들이 "그의 말을 들으라"라고 권하는 것입니다. 저는 로마 외곽 카타콤에서 나오는 그 소리를 듣고 있으며, 세계 각지에서 나오는 그 소리를 듣고 있습니다.

또한 바로 이 나라에서 박해를 받은 자들과 순교한 자들의 소리도 있습니다. 그들 모두가 시대를 막론하고 들려주는 말은 바로 "그의 말을 들으라"라는 것입니다. 영국의 역사를 읽으면 지금까지 이 땅에 살았던 자들 중에 가장 위대한 몇몇 사람들이 바로 그리스도인이었음을 발견하게 됩니다. 그들은 이 나라의 은인입니다. 병원이 어디에서 비롯되었습니까? 기독교회에서, 그리스도인들에게서 비롯되었습니다. 구빈법도 그들에게서 비롯되었고, 교육체계도 그들에게서 비롯되었습니다.

사람들이 모르고 있으니 제가 사실을 밝혀야겠습니다. 여러분은 병원이나 교육이나 구빈법과 관련하여 정당에 감사를 표할 필요가 없습니다. 이 모든 일을 해낸 사람들은 그리스도인들입니다. 그들은 예수가 자신들에게 해주신 일 때문에 이렇게 했노라고 말합니다. 그가 자신들을 변화시켜서 타인을 향한 긍휼과 사랑과 그들을 도우려는 소원을 품게 하셨다는 것입니다. 그들이 모두 저에게 그의 말을 들으라고 권하고 있습니다. 이것이 그들의 증언입니다. 제가 지금까지 언급한 것들은 그의 말을 들으라고 촉구하는 외적인 권고들입니다.

그러나 그의 말을 들어야 하는 더 강력한 이유가 있습니다. 그것은 주님 자신이 저를 초청하시기 때문이라는 것입니다. 저는 사복음서에서 그의 모습을 보며, 저를 부르시는 그의 소리를 듣습니다. 그는 "다 내게로 오라"고, "내게 배우라"고 말씀하십니다[마 11:28, 29]. 여러분은 이 초청을 직시해야 합니다. 여러분 앞에 명백한 사실이 있고, 역사가 있으며, 외면할 수 없는 현상이 있습니다. 예수가 어떤 권위를 주장하셨는지 보십시오. 스데반이 하고 있는 말이 바로 이것입니다. 그가 예수를 전하는 이유가 무엇입니까? 산헤드린 공회원들에게 그를 권하는 이유가 무엇입니까? 몇 주 전에 그를 못박아 죽임으로써 그를 거절한 것이야말로 비극적인 잘못이라고 말하는 이유가 무엇입니까? 우리는 왜 그의 말을 들어야 합니까? 모세는 왜 그의 말을 들으라고 합니까? 제가 말한 이들은 왜 전부 그의 말을 들으라고 합니까?

주님 자신이 주장하신 유일무이한 권위 때문입니다. 그는 말씀하셨습니다. "……하였다는 것을 너희가 들었으나 나는 너희에게 이르노니"마 5:27-28. 이분을 보십시오. 그는 해변으로 가시다가 아비와 함께 그물을 깁고 배를 씻는 어부들을 보시고, "나를 따라오라"라고 말씀하셨습니다. 그들이 그 말을 듣는 즉시 모든 것을 버리기를, 아비와 배와 직업을 버리고 따라오기를 바라셨습니다. "나를 따라오라!"마 4:19 그들은 그 말을 듣고 그를 따라갔습니다.

이것은 명백한 사실입니다. 그렇게 해서 기독교가 생겨난 것입니다. 이분은 대체 누구입니까? 그의 말을 들어 보십시오. 그는 "나는 세상의 빛이니"라고 말씀하십니다요 8:12. 뭐라고요? 그는 일개 목수요 평범한 남자가 아닙니까? 그런데 그런 사람이 곤경에 빠져 있는 세상, 어두운 세상, 무지한 세상, 실패한 세상 한가운데 벌떡 일어나 말씀하시는 것입니다. "나는 세상의 빛이니 나를 따르는 자는 어둠에 다니지 아니하고 생명의 빛을 얻으리라." 이것이야말로 여러분에게 필요한 것 아닙니까? 그의 말을 다시 들어 보십시오. "내가 곧 길이요 진리요 생명이니 나로 말미암지 않고는 아버지께로 올 자가 없느니라"요 14:6. 그는 말씀하십니다. "나를 따라오라. 내가 너희를 진리와 평화와 행복으로 이끌어 주겠다. 내 말을 들어라."

그는 자신에게 죄사함의 권세도 있다고 말씀하십니다. 아무 주저함 없이 그렇게 말씀하십니다. 그는 중풍병자에게 "네 죄사함을 받았느니라"라고 하셨습니다막 2:5. 한번은 바리새인들이 간음하던 여자를 현장에서 잡아다가 "저자를 시험해 보자. 과연 어떻게 하는지 보자"라고 한 적이 있었습니다. 그는 바리새인들도 마음과 생각으로는 그 여자와 똑같이 간음했음을 드러내셨고, 부끄러움을 느낀 그들은 하나둘 그 자리를 빠져나갔습니다. 그때 그가 여자에게 말씀하셨습니다. "나도 너를 정죄하지 아니하노니 가서 다시는 죄를 범하지 말라"요 8:11.

우리가 던져야 할 질문은 이것입니다. 이런 주장을 하는 이분은 누구입니까? 대체 무슨 근거로 어둡고 무지하고 실패한 세상 한복판에 서서 "나는 세상의 빛"이라고 말씀하시는 것입니까? 무슨 권한으로 그렇게 말씀하시는 것입니까? 이런 질문을 던지는 것은 지극히 합당한 일입니다. 그 대답이 바로 여기 있습니다. 그가 이렇게 말씀하신 것은 자신이 구약에 기록된 모든 예언의 성취임을 아셨기 때문입니다. 마태복음 11장 앞부분에 나오는 세례 요한의 이야기를 다시 읽어보십시오. 불쌍한 세례 요한. 그는 사람들에게 주님이 오실 것을 예언하면서 그를 따르라고 권하던 자였습니다. 하루는 두 제자와 함께 섰다가 예수 그리스도가 지나가시는 것을 보고 "보라, 세상 죄를 지고 가는 하나님의 어린양이로다"라고 말하기도 했습니다요 1:29. 그런데 불쌍한 요한이 지금은 어떤 형편에 있는지 보십시오. 축축하고 어두운 감옥에 갇혀 신음하고 있습니다. 건강을 다 잃고 비참하게 갇혀 있습니다. 몸도 많이 아프고, 의심도 차오르기 시작합니다. 그래서 그는 제자 두 명을 예수께 보내 "오실 그이가 당신이오니이까"라고 물었습니다마 11:3. "우리가 기다리던 분, 선지자들의 예언에 따라 우리 모두가 기다리던 분이 당신입니까? 아니면 우리가 결국은 틀린 겁니까? 다른 사람을 다시 기다려야 합니까?"

주님이 요한에게 주신 답변은 이것입니다. "너희가 가서 듣고 보는 것을 요한에게 알리되." 그들이 듣고 본 것이 무엇입니까? "맹인이 보며 못 걷는 사람이 걸으며 나병환자가 깨끗함을 받으며 못 듣는 자가 들으며 죽은 자가 살아나며 가난한 자에게 복음이 전파된다 하라"마 11:4-5. 왜 이렇게 말씀하셨을까요? 대답은 한 가지뿐입니다. 큰 구원자가 오시면 바로 이런 일들을 하실 것이라고 선지자들이 예언했기 때문입니다. 요컨대 "요한에게 돌아가서 내가 바로 이런 일들을 하더라고 전해라. 그 점을 잘 생각해 보라고 해라"라고 하신 것입니다. 그는 모든 예언의 성취입니다. 그래서 "아브라함은 나의 때 볼 것을 즐거워"했다고 주저 없이 말씀하셨습니다요 8:56. 이것은 의문의 여지 없는 사실입니다.

주님은 여기에서도 좀더 나아가십니다. 우리가 그의 말을 들어야 하는 이유가 바로 여기 있습니다. 한번은 니고데모라는 아주 학식 높은 유대인 선생과 말씀을 나누셨습니다. 그는 선생이었음에도 주님의 말씀을 이해하지 못해서 논쟁을 벌였습니다. 성경은 이렇게 기록하고 있습니다. "너는 이스라엘의 선생으로서 이러한 것들을 알지 못하느냐. 진실로 진실로 네게 이르노니─이 말씀을 잘 들어 보십시오!─우리는 아는 것을 말하고 본 것을 증언하노라. 그러나 너희가 우리의 증언을 받지 아니하는도다. 내가 땅의 일을 말하여도 너희가 믿지 아니하거든 하물며 하늘의 일을 말하면 어떻게 믿겠느냐. 하늘에서 내려온 자 곧 인자 외에는 하늘에 올라간 자가 없느니라"요 3:10-13.

왜 그의 말을 들어야 합니까? 제가 그의 말을 듣는 이유를 말씀드리겠습니다. 저는 저 자신을 구원할 수가 없습니다. 다른 어떤 사람도 저를 구원해 줄 수 없습니다. 과거의 인물이든 현재의 인물이든 어디에 있는 누구든 제게 한 줄기의 빛도 비추어 줄 수가 없습니다. 앞으로도 더 나은 사람이 나타나지 않으리라는 것을 저는 알고 있습니다. 저는 저 자신이 누구인지 알고 싶습니다. 삶이 무엇인지 알고 싶습니다. 죽음이 무엇인지 알고 싶습니다. 하나님이 누구신지 알고 싶습니다. 추측만 하는 것은 이제 지겹습니다. 저도 남들처럼 추측하고 이론을 세울 수 있지만, 지금 제가 원하는 것은 권위자입니다. "내가 안다"라고 자신있게 말할 수 있는 사람입니다. 그런데 그런 분이 딱 한분 있습니다. 공자, 부처, 무함마드를 비롯한 다른 이들은 아무도 이렇게 말하지 못했습니다. 그들은 몰랐기 때문입니다. 그런데 여기 자신이 하늘에서 왔다고 말씀하시는 분, 하나님에게서 왔다고 말씀하시는 분이 계십니다. 그는 하나님의 얼굴을 친히 보신 분입니다. 바로 옆에서 보고 들은 증인입니다.

주님은 여기에서도 좀더 나아가 "나와 아버지는 하나"라고 말씀하십니다요 10:30. "내가 온 것은……"이라고 말씀하시며요 10:10 "인자가 온 것은……"이라고 말씀하십니다눅 19:10. 그는 자연스럽고 평범하게 태어나시지 않았습니다. 처녀에게서 태어났기 때문에 육신의 아버지가 없었습니다. 이처럼 출생 자체가 신비롭고 기적적이며 경이로웠습니다. 그가 계속해서 "내가 왔다"라고 말씀하신 이유가 여기 있습니다. 그는 "내가 태어났다"라고 말씀하시지 않았습니다. 그는 방문자로 세상에 오셨습니다. 그는 "너희는 아래에서 났고 나는 위에서 났으며"라고 말씀하십니다요 8:23. 전에도 자주 지적했듯이, 주님이 진리를 말씀하신 것이든지 아니면 완전히 미친 것이든지 둘 중에 하나입니다! 다른 설명은 없습니다. 온전한 정신으로 사실을 말씀하신 것이든지 아니면 미친 것입니다. 이 증거를 보십시오. 전부 다 보십시오. 모든 증언과 모든 기록을 보십시오.

더 나아가 다음의 말씀도 들어 보십시오. 그의 말을 들어야 하는 더 큰 이유를 알 수 있습니다. 우리는 그가 하신 말씀도 들어야 하지만 그가 하신 행동도 보아야 합니다. 세례 요한에게 무슨 답변을 주셨는지는 이미 상기시킨 바 있습니다. "맹인이 보며 못 걷는 사람이 걸으며 나병환자가 깨끗함을 받으며 귀먹은 사람이 들으며 죽은 자가 살아나며……"눅 7:22.

이런 일들이 사실이 아닌데도 기독교와 교회가 생겨났을 것 같습니까? 기적적인 요소만 빼면 기독교를 받아들일 수 있다는 발상은 터무니없는 것입니다. 기적이야말로 그가 누구신지 입증해 주는 증거입니다. 요한은 자신의 복음서에서 기적을 항상 "표적"이라고 불렀습니다. 14장에는 주님이 어떻게 주저하는 제자 빌립을 돌아보시면서—여러분이 의심하고 주저하며 회의하고 부인하는 것은 새삼스러운 일이 아니라는 것을 기억하십시오. 2000년 전 사람들도 그를 거절했습니다—"나를 믿지 아니할지라도 그 일은 믿으라"라고요 10:38, "행하는 그 일로 말미암아 나를 믿으라"라고 말씀하셨는지가 나옵니다. 요컨대

"왜 사실을 직시하지 않느냐? 사실이 말하는 바를 들어라. 내 말과 가르침과 증언을 받아들이지 못하겠거든 사실이 보여주는 증거에라도 귀를 기울여라. 사실이 너희에게 말하고 있으며 내가 누구인지 선포하고 있다"라는 것입니다. 사람들은 주님에 대해 "요한은 아무 표적도 행하지 아니하였으나 요한이 이 사람을 가리켜 말한 것은 다 참이라"라고 말했습니다요 10:41. 이에 더하여 주님이 얼마나 완벽한 삶을 사셨는지도 생각해 보십시오. 아무도 그를 손가락질할 수 없었습니다. 아무도 그의 비행이나 잘못을 들어 그를 고소할 수 없었습니다. 그는 하나님의 거룩한 율법에 완전히 순종하셨습니다. 물론 그도 마귀의 시험을 받으셨습니다. 그러나 "모든 일에 우리와 똑같이 시험을 받으신 이로되 죄는 없으"셨습니다히 4:15.

젊은이들이여, 그분의 말을 기꺼이 듣겠습니까? 여기 여러분과 저처럼 세상에서 살았던 한 사람이 있습니다. 그도 시험을 받았습니다. 죄가 온갖 교묘하고 은근한 방법으로 그에게 달려들었습니다. 우리를 좌절시키는 모든 것이 그에게도 달려들었습니다! 그러나 그는 넘어지지 않았습니다. 단 한 번도 넘어지지 않았습니다. 시험이 절정에 달했을 때 그는 마귀를 정복하셨습니다. 마귀가 자기의 무기를 전부들고 나왔는데도 철저히 패배시키셨습니다. 이처럼 더러워지거나 변질되거나 오염되지 않고 세상을 살 수 있었던 분의 말을 기꺼이 듣지 않겠습니까? 저는 기꺼이 듣겠습니다. 제가 만나고 싶었던 사람이 바로 이런 사람입니다. 저는 그가 해주는 말을 듣고 싶습니다! 그 사람처럼 되고 싶습니다! 이것이 제가 그의 말을 듣는 이유입니다.

그다음으로 보게 되는 것은 그의 가르침, 완벽한 가르침입니다. 그가 하나님에 대해 가르치신 내용은 이미 언급한 바 있습니다. 그는 하나님을 아는 분으로서 말씀하셨습니다. "본래 하나님을 본 사람이 없으되 아버지 품속에 있는 독생하신 하나님이 나타내셨느니라"요 1:18. 결국 그가 말씀해 주신 내용과 별개로 제가 하나님에 대해 알고 있는 내용은 하나도 없습니다. 또한 저는 산상설교를 읽습니다. 거기에는 모든 심원한 윤리적 가르침이 담겨 있습니다. 사랑하는 여러분,

우리는 우리의 진보와 발전을 자랑합니다. 그러나 말해 보십시오. 산상설교가 주어진 이래 윤리적이고 도덕적인 가르침이라는 부분에서 발전한 것들이 얼마나 있습니까? 거의 2000년이 흐르는 동안 산상설교보다 더 높은 수준에 도달했습니까? 결코 아닙니다. 세상은 여전히 산상설교로 되돌아가서 그 말씀을 인용하고 있습니다. 주님은 지금도 모든 시대와 우주 전체를 통틀어 최고의 선지자요 선생으로서 아무도 흉내 낼 수 없는 독보적인 자리를 차지하고 계십니다.

그가 죽음을 맞는 모습도 보십시오. 그는 자신에게 일어날 일을 아셨습니다. 그럼에도 흔들림 없이 그 일을 받아들이셨습니다. 피할 수도 있었지만 피하지 않으셨습니다. "예루살렘을 향하여 올라가기로 굳게 결심하시고"눅 9:51. 저는 그가 동산에서 땀을 핏방울같이 흘리시는 모습을 봅니다. 왜 그렇게 땀을 흘리셨을까요? 인간의 죄를 감당하라는 요청을 받으셨기 때문입니다. 그것이 무엇을 의미하는지 그는 알고 계셨습니다. 자기 앞에 닥칠 고통—한순간이지만 하나님과 분리되는 고통—이 어떤 것인지 알고 계셨습니다. 그래서 기도하셨습니다. "아빠 아버지여, 아버지께는 모든 것이 가능하오니 이 잔을 내게서 옮기시옵소서. 그러나 나의 원대로 마시옵고 아버지의 원대로 하옵소서"막 14:36. 마침내 그는 십자가에 달려 죽으셨습니다! 오, 청컨대 그 위에 달려 죽어가는 그를 보고 그의 말을 들으십시오!

사람들은 그의 시신을 내려 무덤에 두었습니다. 제가 그의 말을 듣는 이유를 말씀드리겠습니다. 그는 그 무덤에서 나오셨습니다! 그렇지 않았다면 지금 여러분은 이 자리에 있지 않았을 것이며, 저도 이 강단에 서 있지 않았을 것입니다. 그가 무덤에서 나오지 않으셨다면 기독교는 기독교가 되지 못했을 것입니다. 그러나 그는 무덤에서 나오셨습니다! "사망의 줄을 끊고", "죽음을 이기고 부활"하셨습니다. 그 전까지는 아무도 그렇게 하지 못했습니다. 그가 최초로 죽은 자들 가운데서 부활하셨습니다. 그가 살려 주신 어떤 이들의 경우처럼 단순히 되살아나거나 소생하신 것이 아닙니다. 그들은 그다음에 또 죽었습니다. 그러나 그는 부활하신 후에 다시는 죽지 않으셨습니다! 죽음과 무덤을 정복하신 것입니다.

이것은 순전한 사실입니다. 제가 그의 말을 듣는 이유가 이것입니다. 여기 마지막 원수인 죽음과 무덤까지 정복하신 분이 계십니다. 사도들은 그 일의 증인들이었습니다. 그들은 그가 못박히시는 것을 보았습니다. 그가 돌아가시는 것을 보았습니다. 그의 시신이 무덤에 들어가는 것을 보았습니다. 그리고 그후에도 그를 보았습니다. 사도들이 방에 있는데 그가 나타나신 것입니다. 그들은 그를 만져볼 수 있었습니다. 그는 그들과 함께 음식을 잡수셨습니다. 그들에게 말도 하셨습니다. 그리고 그들이 보는 앞에서 승천하셨습니다. 반복하지만 이런 일들이 없었다면 기독교회는 생겨나지 않았을 것입니다. 이런 일들을 볼 때 제 입에서 나오는 말은 이것입니다. "이분은 대체 누구실까?" 이런 분은 세상 어디에도 없습니다. 저는 이런 분의 말을 기꺼이 듣겠습니다.

마지막으로, 성령을 보내 주신 것이야말로 그가 누구시며 어떤 분인지를 보여주는 최종적인 증거입니다. 그는 성령을 보내 주겠다고 약속하셨고, 지난번에 상기시켜드렸듯이 오순절 날 그 약속을 이행하셨습니다.

요약해 보겠습니다. 그가 이 모든 일을 하신 이유가 무엇입니까? 이 유일무이한 분, 수백 년간 예언되어 온 분을 보십시오. 마침내 그가 오셨습니다. 비범한 방식으로 베들레헴의 아기가 되어 완전히 무력하고 가난하게 태어나셨습니다. 그는 평생 자기 손으로 일하셨습니다. 그가 설교하신 기간은 마지막 3년이 전부입니다. 그는 죽어서 장사지낸 바 되었다가 부활하여 승천하셨습니다. 이런 것들이 다 무엇입니까? 그는 왜 이런 일들을 하셨습니까? 이 질문에 대한 놀라운 답변은 바로 우리를 위해, 여러분을 위해 이렇게 하셨다는 것입니다. 우리의 무지, 우리의 실패, 우리의 완전한 무력함 때문에 이렇게 하셨다는 것입니다. 이것이 제가 그의 말을 기꺼이 듣는 이유입니다. 그는 우리를 구하러 오신 분입니다. 그는 여러분과 제게 무엇보다 필요한 바로 그것을 주시려고 이 모든 일을 겪으셨습니다.

오, 권하고 청하건대 그를 다시 보십시오. 죽은 자들 가운데서 부활하는 능력을 가지신 분을 보십시오. 오, 그의 긍휼과 동정과 연민을 보십시오. 성경은 이렇게 말하고 있습니다. "모든 세리와 죄인들이 말씀을 들으러 가까이 나아오니"녹 15:1. 사회에서 버림받은 자들이 그에게 가까이 나아가 놀라운 영접을 받았습니다. 자기의에 빠져 있던 똑똑하고 경건한 바리새인들은 그것을 보면서 "보라, 먹기를 탐하고 포도주를 즐기는 사람이요 세리와 죄인의 친구로다"라고 말했습니다마 11:19. 그를 조롱하며 "창녀들을 잘도 영접하네. 저러다 사회의 쓰레기들도 마다 않고 받아들이겠군"이라고 말한 것입니다. 주님 같은 분이 세리와 죄인들을 기꺼이 영접하시다니, 얼마나 놀라운 일입니까! 그는 그들을 안타까이 여기셨습니다. 마가는 그가 무리를 보시고 "그 목자 없는 양 같음으로 인하여 불쌍히" 여기셨다고 말합니다마 6:34. 그는 그들을 구하기 위해 오셨습니다. 그 모든 영광과 힘과 권위를 가지신 분이 우리를 구하기 위해 이토록 자신을 낮추신 것입니다. 우리가 그의 말을 들어야 하는 이유가 여기 있습니다. 이 모든 것은 주님 자신이 주장하신 내용입니다.

마지막으로 다른 모든 이유보다 뛰어난 이유가 한 가지 더 있습니다. 이미 말했듯이, 제가 그의 말을 듣는 것은 모세가 오래전에 "너희는 그를 들을지니라"라고 말했기 때문입니다. 그런데 이렇게 말하는 이가 또 있습니다. 성경은 어떤 산꼭대기에서 그에게 일어났던 일, 야고보와 베드로와 요한에게 일어났던 일에 대해 이야기하고 있습니다. 그는 제자들이 보는 앞에서 변화되셨습니다. 옷에도 빛이 났고 얼굴에도 광채가 났습니다. 그는 변화되셨습니다! 영원한 영광이 그의 존재 전체에 나타나 그가 입으신 옷에까지 영향을 끼쳤습니다. 그다음에 나오는 말씀은 이것입니다. "말할 때에 홀연히 빛난 구름이 그들을 덮으며 구름 속에서 소리가 나서 이르시되 이는 내 사랑하는 아들이요 내 기뻐하는 자니 너희는 그의 말을 들으라"마 17:5. 누가 이렇게 말씀하셨을까요? 하나님이 하늘에서 이렇게 말씀하셨습니다. 사도 베드로는 나이 든 후에 마지막 편지를 쓰면서 이렇게 말하고 있습니다. "우리 주 예수 그리스도의 능력과 강림하심을 너희에게 알게한 것이 교묘히 만든 이야기를 따른 것이 아니요 우리는 그의 크신위엄을 친히 본 자라." 그리고 이렇게 덧붙입니다. "지극히 큰 영광중에서 이러한 소리가 그에게 나기를 이는 내 사랑하는 아들이요 내기뻐하는 자라" 벧후 1:16-17.

우리가 왜 예수의 말을 들어야 할까요? 사랑하는 여러분, 족장들과 선지자들과 왕들과 사도들과 순교자들과 박해받은 자들과 개혁자들만 그를 권하기 때문이 아닙니다. 하나님이 친히 권하시기 때문입니다! "이는 내 사랑하는 아들이니 너희는 그의 말을 들으라." 그의 말을 들으라는 것입니다. 거룩하고 복되신 삼위 중 제삼위가 되시는 성령도 오순절 날 내려오신 이래 계속해서 같은 말씀을 하고 계십니다. 여러분 속에서 역사하시면서 계속해서 "그의 말을 들으라", "예수의 말을 들으라"라고 말씀하시는 것입니다. 이것이 성령이 하시는 일입니다. 그는 예수를 영화롭게 하기 위해 보냄을 받으셨습니다. 이처럼 성부 하나님이 그를 권하시며, 주님 자신이 친히 나아오라고 초청하고 계십니다. 여기에서 무엇을 더 바라겠습니까?

그대 피곤하고 지쳤는가?
쓰라린 낙심에 빠졌는가?
주가 "내게로 오라" 하신다.
"내게로 와서 쉬라" 하신다.
날 받아 달라는 청을
거절하실까?
천지가 없어지기 전에는
그럴 리 없어!
찾고 따르고 붙잡고 씨름하면
확실히 축복하실까?
천사와 순교자와 성도와 선지자들이
대답하네, 그렇고 말고!

–존 메이슨 닐John Mason Neale

여러분은 이런 분의 말을 듣고 있습니까?

성도와 사도들과 선지자들과 순교자들과 하나님 자신이 여러분에게 외치고 있습니다. "그의 말을 들으라." 여러분은 그 힘 있는 합창 소리를 들었습니까? 그에게 나아가기만 하면 확실히 축복해 주실까요?

천사와 순교자와 성도와 선지자들이
대답하네, 그렇고 말고!

그들의 말을 들으십시오. 그의 말을 들으십시오. 그를 믿으십시오. 그러면 이분이야말로 하나님의 아들이며 영혼의 구주이고 여러분이 구하는 것이나 생각하는 것에 넘치도록 능히 하실 분임을 알게 될 것입니다. 모세의 말이 맞습니다. "너희는 그를 들을지니라."

243

12

복음을 들으라

이스라엘 자손에 대하여 하나님이 너희 형제 가운데서
나와 같은 선지자를 세우리라 [너희는 그를 들을지니라]
하던 자가 곧 이 모세라.

사도행전 7:37

"너희는 그를 들을지니라"라는 구절을 계속 관심 있게 살펴봅시다. 우리는 모세가 장차 오실 분의 말을 들으라고 명하는 것을 살펴보았습니다. 선지자들도 "그를 기다리라"라고 말했습니다. 세례 요한도 "나는 그리스도가 아니다"라고, "그가 오실 것이다", "그의 말을 들으라"라고 말했습니다. 사도들도 "그의 말을 들으라"라고 말했습니다. 자신들은 사신에 불과하다고 말했습니다. 자신들의 메시지를 전하는 것이 아니라고 말했습니다. 설교자는 사적인 메시지를 전하는 사람이 아닙니다. 강단에 올라 자신의 사상과 견해를 표명하겠다는 것은 기독교의 설교를 우습게 만드는 생각입니다. 저는 사신에 불과합니다. 사신이 나라와 정부 대신 자기 개인을 대변하는 나라는 불쌍한 나라입니다. 사신은 자기 견해를 표명하는 사람이 아니라 자기에게 맡겨진 메시지를 나라를 대표해서 전하는 사람입니다. 그래서 사도들이 우리에게 그의 말을 들으라고 요청하는 것이며, 성도들이 시대를 막론하여 같은 일을 요청하는 것입니다.

무엇보다 주님이 친히 자신에게 나아와 배우라고 초청하고 계십니다. 우리에게 이런 것을 요구할 수 있는 그의 권한과 권위에 대해서는 지난번에 일부 살펴보았습니다. 그리고 하나님이 친히 우리에게 그의 말을 들으라고 말씀하신다는 말로 설교를 마쳤습니다. 하나님은 하늘에서 이렇게 말씀하셨습니다. "이는 내 사랑하는 아들이요 내 기뻐하는 자니 너희는 그의 말을 들으라"마 17:5.

이번에는 여기에서 좀더 나아가 누구라도 복음을 들어야 하는 이유를 고찰해 봅시다. 현대세계에 살고 있는 많은 이들이 이 질문을 던지고 있습니다. "세상은 발전하고 진보했습니다. 그런데 왜 내가 그런 구닥다리 메시지를 들어야 합니까?" 제가 좀더 구체적인 이유들을 말씀드리겠습니다. 주님이 친히 하신 말씀 때문에, 그의 가르침 때문에 그의 말을 들어야 합니다. 우리는 그의 위격에 대해 살펴보았고, 그의 권위를 살펴보았으며, 우리에게 말씀하실 수 있는 그의 권한을 살펴보았습니다. 이제는 그가 하시는 말씀, 그 메시지의 내용을 들을 차례입니다.

이제 그 내용을 대강 요약해 드리려 하는데, 저는 우리가 이처럼 요약된 내용을 들을 필요가 있다고 생각합니다. 사람들은 세부사항에서 길을 잃고 헤매고 있습니다. 복음을 적용하는 부분에서 헤매고 있는 것입니다. 그들은 특정한 문제를 논하면서, 이를테면 중동을 비롯한 세계 각지에서 발생하고 있는 위기를 논하면서 "기독교가 과연 그에 대한 '해결방안'을 가지고 있는가?"라고 묻습니다. 제 대답은 가지고 있지 않다는 것입니다. 직접적인 해결방안은 가지고 있지 않습니다. 그러나 중동과 극동의 상황에 대해 어떤 정치인도 말해 주지 못하는 것을 말씀드릴 수 있습니다. 그것은 이 모든 위기가 발생하는 이유입니다. 정치인들은 그 이유를 말해 줄 수 없습니다. 그들은 이런 일들을 단순히 정치적인 문제로 생각합니다. 그러나 그렇지 않습니다. 이것은 죄의 문제입니다. 모든 전쟁은 죄의 결과물입니다. 죄가 없으면 국가 간에도 긴장이 발생하지 않습니다.

이처럼 저는 근본적인 원인은 말씀드릴 수 있지만, '해결방안'은 제시할 수 없습니다. 저는 미국 대통령이나 영국 수상이나 다른 누구에게 특정 문제들을 해결할 방법을 감히 알려 줄 생각이 없습니다. 제가 뭐라고 그렇게 하겠습니까? 어떤 설교자인들 그렇게 하겠습니까? 대주교라고 해서 저보다 더 많이 아는 것은 아닙니다. 그렇습니다. 그것은 설교자의 역할이 아닙니다. 설교자가 여기 서 있는 것은 사람들에게 그들 자신과 그들의 개인적인 문제들을 다룰 수 있는 방법을 알려 주기 위해서입니다. 우리는 이 일이 어떻게 가능한지 온 세상에 말해 줄 수 있습니다. 우리가 맡은 메시지가 바로 이것입니다. 그래서 사람들에게 "그의 말을 들으라"고 말하는 것입니다.

그렇다면 주님이 말씀하신 내용이 무엇일까요? 그의 가르침을 들을 때—저는 지금 요약만 한다는 점을 다시 상기시켜야겠습니다—가장 먼저 발견하게 되는 중요한 사실이 있습니다. 그것은 모세를 통해 주신 율법을 그가 해설해 주셨다는 것입니다. 산헤드린 공회원들은 바로 이 점에서 완전히 틀렸습니다. 그들은 예수 그리스도가 모세의 율법을 반대한다고 생각했습니다. 그러나 진짜 대답은 이것입니다. 율법을 해석할 수 있는 분은 이분, 바로 이분뿐입니다. 모세도 율법을 이해하지 못했습니다. 모세는 위대한 인물이자 선생이었지만 그럼에도 인간에 불과했기 때문에 율법을 온전히 이해하지 못했습니다. 하나님이 모세를 통해 주신 율법의 성격을 참으로 해설해 주는 말을 듣고 싶다면 주 예수 그리스도의 말을 들어야 합니다. 물론 그는 산상설교라고 불리는 위대한 설교에서 특별히 율법을 해설해 주고 계십니다.

예수 그리스도가 우리에게 가르치시는 것이 무엇입니까? 첫째로 생각할 점은, 오직 이분만 하나님에 대한 진리를 참으로 말씀해 주실 수 있다는 것입니다. 사람들은 하나님이 어떤 분이시며 어떤 분이어야 하는지에 대해 언제든지 견해를 밝힐 수 있다고 생각합니다. 그러나 사실은 아무것도 모르고 있습니다. 전혀 이해하지 못하고 있습니다. 우리에게 하나님의 성품에 대한 진리를 말씀해 주실 수 있는 분은 오직 이분뿐입니다. 그런데 그는 하나님을 "거룩하신 아버지"라고 부르십니다요 17:11.

그리스도를 믿지 않는 현대인들은 종교에 아무 관심이 없습니다. 왜 그럴까요? 그들은 "하나님은 사랑"이라고 말합니다. 그들이 아는 것은 오직 그것뿐입니다. 그것으로 만사를 해결해 버립니다. 신학도 필요 없고 다른 어떤 것도 필요 없습니다. 자기가 원하는 대로 살면 그만입니다. 하나님은 사랑이시니 내가 무슨 짓을 하든 상관이 없습니다. 이것이 대중적인 이론입니다. 그러나 이 복되신 분의 말을 들어 보십시오. 그는 "하늘에 계신 우리 아버지여, 이름이 거룩히 여김을 받으시오며"라고 기도하라고 가르치셨습니다마 6:9. 이미 살펴보았듯이 하나님의 아들이면서도 기도할 때 "사랑하는 아버지"라고 부르지 않고 "거룩하신 아버지"라고 부르셨습니다. 이것이 그의 가르침입니다. 우리에게 하나님에 관한 진리를 말씀해 주실 수 있는 분은 오직 이분뿐입니다.

그가 우리에 관해 말씀해 주시는 내용도 들어 보십시오. 대중은 기독교도 필요 없고 십자가와 그리스도의 죽음과 속죄에 관한 모든 가르침도 필요 없다고 생각합니다. "그것은 신학이다. 우리는 신학을 원치 않는다. 그건 전부 헛소리다. 우리에게 정말 필요한 일은 선한 삶을 사는 것뿐이다. 가능한 한 선한 일을 많이 하면서 살면 된다. 하나님이 원하시는 것은 그것뿐이다"라고 말합니다. 이 나라 사람들이 더 이상 그리스도인이 되지 않고 기독교 메시지에 관심을 보이지 않는 이유가 여기 있습니다. 그들은 율법주의자인 바울이 등장해서 "선하게 살아라. 그러면 만사가 형통할 것이다"라고만 말하는 즐겁고 단순한 복음에 신학을 슬그머니 얹어 놓았다고 말합니다.

그러나 그것은 사실이 아닙니다. 주님이 산상설교에서 서기관들과 바리새인들에 대해 어떻게 말씀하셨는지 들어 보십시오. 그들은 선하고 경건한 자들이었다는 것을 기억하시기 바랍니다. 바리새인들이 "나는 이레에 두 번씩 금식하고 또 소득의 십일조를 드리나이다"라고 말한 것은 거짓이 아닌 진실이었습니다눅 18:12. 바리새인들은 아주 선한 삶을 살았습니다. 그들은 도덕적인 사람들이었습니다. 그런데도 주님은 그들에 대해 이렇게 말씀하고 계십니다. "너희 의가 서기관과 바리새인보다 더 낫지 못하면 결코 천국에 들어가지 못하리라"마 5:20. 이것이 주님의 해석입니다. 또한 그는 말씀하셨습니다. "천지가 없어지기 전에는 율법의 일점일획도 결코 없어지지 아니하고 다 이루리라"마 5:18. "천지는 없어질지언정 내 말은 없어지지 아니하리라"마 24:35. 하나님이 요구하시는 의는 서기관과 바리새인의 의를 뛰어넘는 것입니다.

우리는 꼭 바리새인 같습니다. 일반적이고 외적인 의미에서 일종의 법전만 지키면 괜찮다고 생각하는 경향이 있습니다. 그러나 주님은 조목조목 항목을 짚어 가면서 그런 생각이 얼마나 잘못된 것인지 보여주십니다. 하나님이 모세에게 주신 율법을 지키는 일과 관련하여 중요한 것은 이 율법의 영적인 성격이라고 말씀하십니다. 율법은 단순한 행동이 아닌 동기에 관심을 갖는다고 말씀하십니다. 율법은 사람들이 무엇을 하는지에만 관심을 갖는 것이 아니라 그들이 무엇을 원하는지에도 똑같이 관심을 갖습니다. 겉모습만 보는 것이 아니라 마음의 상태에 유의합니다.

주님이 그 점을 얼마나 가르치고 또 가르치셨는지! 그는 바리새인들이 잔과 대접의 겉을 깨끗이 하는 데 신경을 쓰면서 겉만 씻고 닦는데, 사실 "그 안에는 탐욕과 방탕으로 가득"하다고 말씀하셨습니다마 23:25. 그는 산상설교에서 그 실상을 구체적으로 밝혀 주셨습니다. 그의 가르침을 간단히 요약해 보겠습니다. 그가 하신 말씀의 요지는 이것입니다. "너희 바리새인들은 살인한 적이 없다고 하면서 '나는 괜찮다. 나는 율법을 똑바로 대면할 수 있다. 율법이 살인하지 말라고 했는데 나는 한번도 살인을 하지 않았다'라고 말한다. 그러나 잠깐만 기다려라." 그리스도는 계속해서 말씀하십니다. "동료에 대해 마음속으로 '이 바보!'라고 말한 적이 한번도 없느냐. 그런 적이 있다면 마음으로 이미 그를 죽인 것이며, 하나님이 보시기에 살인죄를 지은 것이다"마 5:21-22 참조.

주님은 간음에 대해서도 똑같이 가르치십니다. 바리새인이 앞으로 나서며 "난 한번도 간음한 적이 없소"라고 말합니다. 그러나 주님은 "정말 없느냐?"라고 물으십니다. "간음하지 말지니라"라는 율법은 행동에만 관심을 갖지 않습니다. 행동에도 관심을 갖지만 영에 더 관심을 갖습니다. 그래서 주님은 말씀하십니다. "음욕을 품고 여자를 보는 자마다 마음에 이미 간음하였느니라"마 5:28. 하나님이 보시기에 그는 이미 간음죄를 지었습니다. 간음행위를 한 적이 없다 해도 간음한 것입니다. 하나님이 그의 마음을 보셨기 때문입니다. 이처럼 주님은 그들에게 율법의 다양한 조항들을 훑어 주셨습니다. 율법의 영적인 성격과 본질을 밝히면서 그들 모두의 죄를 드러내셨습니다.

바리새인들은 그것을 깨닫지 못했습니다. 산헤드린 공회원들도 깨닫지 못했습니다. 그들은 자신들이 옳다고 생각했습니다. 그래서 스데반과 사도들의 설교에 반대하며, 예수 그리스도를 전하는 것을 율법과 모세와 성전에 반하는 일로 치부한 것입니다. 그들은 율법을 몰랐습니다.

물론 최고의 전형적인 예는 바로 위대한 사도 바울입니다. 그는 한때 자신이 율법의 지시와 명령을 지키는 측면에서 아무 흠없이 완벽한 줄 알았다고 말합니다. "전에 율법을 깨닫지 못했을 때에는 내가 살았더니"롬 7:9. 그런데 언제 그의 죄가 드러났습니까? "탐내지 말라"라는 말씀을 이해했을 때 드러났습니다롬 7:7.

전에는 이 말씀을 이해하지 못했습니다. 바울이 모세 율법의 권위자로서 율법을 가르쳤던 사람임을 기억하십시오. 그는 바리새인이었으며 뛰어난 율법 해설자였습니다. 그런데도 욕심을 품는 것이 실제로 행동하는 것만큼이나 가증한 죄이며, 탐내는 것이 실제 행동만큼이나 비난받을 죄라는 율법의 전체적인 요점은 놓치고 말았습니다. 바울은 이것을 전혀 깨닫지 못했습니다. 그러나 율법은 바로 이것을 가르치고 있습니다. 그래서 여러분과 제가 그의 말을 들어야 하는 것입니다. 주 예수 그리스도는 소극적인 의미에서 선한 것만으로는 충분치 못하다고, 도덕적인 것이 곧 선한 것은 아니라고, 종교적이라고 해서 충분히 선한 것은 아니라고 말씀하십니다. 도덕적이고 종교적인 사람이 될 수 있습니다. 그러나 거기에는 아무 가치가 없습니다.

좀더 나아가 보겠습니다. 주님이 하나님의 율법-우리가 그토록 자랑스러워하면서 스스로 믿는다고 말하는 율법-에 담긴 의미를 밝혀 주시는 순간, 우리는 율법을 아주 다른 눈으로 보게 됩니다. 주님은 이런 관점에서 "인자가 온 것은 잃어버린 자를 찾아 구원하려 함이니라"라고 말씀하십니다눅 19:10. 우리가 그의 말을 들어야 하는 이유가 여기 있습니다. 오직 주님만 우리 자신에 대한 진실을 말씀해 주시는데, 그 진실은 우리가 모두 잃어버린 자라는 것입니다. 누가복음 15장에 나오는 주님의 세 가지 비유를 생각해 보십시오. 그 비유들은 전부 잃어버린 것들-잃어버린 양, 잃어버린 은전, 잃어버린 아들-을 다루고 있습니다. 탕자의 비유에 나오는 아버지는 "이 내 아들은 죽었다가 다시 살아났으며 내가 잃었다가 다시 얻었노라"라고 말했습니다눅 15:24.

잃어버린 자가 되었다는 것이 무슨 뜻일까요? 말하자면 우리 영혼을 잃어버렸다는 뜻입니다. 우리는 우리의 진정한 모습을 잃어버렸습니다. 우리는 원래의 우리가 아닙니다. 태초에 창조되었던 존재가 아닙니다. 이 세상은 잃어버린 세상입니다. 이것은 인간이 하나님의 의도대로 살고 있지 못하다는 뜻입니다. 하나님은 인간을 완벽하게 만드셨습니다. 그것이 인간의 원래 모습이었습니다. 그런데 그 완벽한 인간은 어디로 가 버렸습니까? 우리 주위에서 완벽한 인간을 찾아볼 수가 있습니까? 없습니다. 그 인간은 잃어버린 바 되었습니다. 우리는 모두 잃어버린 자들입니다. 자기 자신을 잃어버린 자들입니다. 우리는 자신이 누구인지 모릅니다. 어떻게 살아야 하는지도 모릅니다. 자신이 지금 어디에 있는지도 모릅니다. 장차 무슨 일이 일어날지도 모릅니다. 주님은 바로 그 때문에 자신이 세상에 오셨다고 말씀하십니다.

이 사실을 알고 있습니까? 여러분이 완전히 잃어버린 자라는 사실, 자기 자신과 자기의 영혼을 잃어버린 자라는 사실을 직시한 적이 있습니까? 여러분은 과학에 대해 엄청난 지식을 가지고 있을 수도 있고 원자에 대해 많은 것을 알고 있을 수도 있습니다. 그러나 자기 자신에 대한 진실은 모르고 있습니다. 그 부분에서는 여러분의 과학 지식도 아무 도움이 되지 못합니다. 여러분은 어둠 속에서 더듬거리는 사람과 같습니다. 성경은 "어둠과 죽음의 그늘에 앉은 자"에 대해 이야기합니다눅 1:79. 그들은 움직일 수가 없습니다. 꼼짝없이, 무력하게 앉아만 있습니다. 세상은 전부 이런 상태에 빠져 있습니다. 이것 말고는 세상의 현 상태를 설명할 길이 없음을 모르겠습니까? 사람들이 지금처럼 행동하는 이유가 무엇입니까? 잃어버린 자들이기 때문입니다. 그들은 길을 잃었습니다. 자신이 어디에 있는지 모릅니다. 목자 없는 양같이 어쩔 줄 모르고 당황하면서 무력하게 헤매고 있습니다. 주님은 바로 이 사실을 우리에게 알려 주십니다.

주님은 여기에서도 더 나아가, 우리가 잃어버린 자들일 뿐 아니라 소망 없는 자들이라고 말씀하십니다. 이 복되신 분의 말씀을 들어본 적이 있습니까? 그가 무슨 말씀을 하셨는지 알고 있습니까? "진실로 진실로 네게 이르노니 사람이 거듭나지 아니하면 하나님의 나라를 볼 수 없느니라"요 3:3. 사람은 거듭나야 합니다. 이것이 무슨 뜻일까요? 우리는 모두 개선이 불가능할 만큼 무서운 모습과 상태로 태어난다는 뜻입니다. 그래서 제가 지난번에 소환하여 증언을 들었던 모든 위대한 증인들이 "이런 말을 해주시는 분은 이분밖에 없으니 그의 말을 들으라"라고 말하는 것입니다. 우리가 '문명'이라고 부르는 것은 단지 썩은 집 위에 칠을 하고 광택을 내는 일에 불과합니다. 마치 나무좀이나 건조부패균이 번식하고 있는 집, 또는 축축하고 흉한 얼룩이 곳곳에 퍼져 있는 집에 사는 사람이 "도저히 참고 볼 수가 없어"라고 말하면서 페인트를 사다가 칠을 하고 광택을 내는 것과 같습니다. 그러고서는 "이것 좀 봐, 굉장하지 않아?"라고 말하는 것입니다. 문명이란 바로 그런 것입니다! 사람들은 문명에 열광합니다. 모든 음악과 문학과 예술과 법률을 보라고 말합니다. "세상을 보라, 우리가 발견한 것을 보라, 우리가 하고 있는 일들을 보라, 우리가 얼마나 당신을 즐겁게 해줄 수 있는지 보라!"는 것입니다. 하지만 그 정체는 무엇입니까? 칼로 찔러 보고 칠을 벗겨 보면 나오는 것이 무엇입니까? 나무좀과 건조부패를 일으키는 균입니다.

이것이 문명과 기독교의 다른 점입니다. 이것이 교육과 문화 운동에 대한 현대인의 믿음과 기독교 메시지의 다른 점입니다. 이 메시지, 오직 이 메시지만이 문제의 진정한 원인을 직시하면서 "도저히 어찌할 수 없을 정도로 부패해 있다. 소망이 없다. 아무리 칠을 하고 광택을 내 봐야 소용이 없다. 여기저기 때워 봐야 소용이 없다. 다 부패해 버렸다. 이 병은 퍼지게 되어 있다"라고 말해 줍니다.

지난 2000여 년에 이르는 인간 역사를 요약한 것이 바로 이것 아닙니까? 인간이 그토록 최선을 다해, 최고의 재기와 지성을 발휘하여 노력하고 수고했음에도 세상은 여전히 썩어 있습니다. 그 실상이 잠시 가려졌던 시대와 시기도 있었습니다. 빅토리아시대가 바로 그렇습니다. 빅토리아시대 사람들은 칠을 하고 광택을 내면서 정말로 세상이 완벽해지고 있다고 생각했습니다. 시인들은 "인류의 의회!"를 노래했고 "세계연합!"을 노래했습니다. 오, 얼마나 눈먼 선지자들이었는지! 그들은 거짓 선지자들이었습니다.

여러분과 저는 부패가 터져 나오고 건조부패균이 그 모습을 드러내는 시대인 20세기에 살고 있습니다. 주님은 처음부터 실상을 말씀해 주셨습니다. 우리가 그의 말을 들어야 하는 이유, 그의 말만 들어야 하는 이유가 여기 있습니다. 오직 그분만 진실을 말씀해 주십니다. "사람이 거듭나지 아니하면!" 우리는 개선될 수 없습니다. 다시 태어나야 합니다. 새롭게 창조되어야 합니다. 무언가 새로운 것이 속에 들어오지 않는 한, 아무 소망도 없고 회복 가능성도 없는 잃어버린 자들로 남아 있어야 합니다.

주님이 오늘날 모든 사람에게 말씀하시는 것이 이것입니다. 세상에서 가장 경건한 사람에게도 주님은 "거듭나야 한다"라고 말씀하십니다. "너의 경건은 아무 가치가 없다. 하나님이 보시기에는 다 더러운 옷이요 배설물이요 찌꺼기일 뿐이다. 그것을 의지하면 망할 것이다. 너희는 부패한 자들이기 때문이다. 자부심이 그것을 의지하게 만들고 자만심이 계속 그것을 의지하도록 부추기겠지만, 하나님이 보시기에는 아무 가치가 없다." 이것이 그의 가르침입니다.

당연한 일이지만, 바리새인들과 서기관들이 주님께 격분한 이유가 여기 있습니다. 그를 죽여 버린 이유가 여기 있습니다. 산헤드린이 예수 전하는 일을 싫어한 이유가 여기 있습니다. 그의 가르침은 그들의 죄를 드러냈습니다. 그들은 세리와 창녀들을 죄인으로 여기면서 "저 명백한 죄인들을 보라"라고 했습니다. 그러나 주님은 "너희 모두 죄인이다. 죄인 아닌 사람이 없다"라고 말씀하셨습니다. 그는 모든 사람의 죄를 드러내셨습니다. 하나님은 마음을 보신다고 말씀하셨습니다. "너희는 사람 앞에서 스스로 옳다 하는 자들이나 너희 마음을 하나님께서 아시나니 사람 중에 높임을 받는 그것은 하나님 앞에 미움을 받는 것이니라"눅 16:15. 세상은 우리를 모르지만 하나님은 아십니다. 그는 진실을 보고 계십니다. 부패한 실상을 보고 계십니다. 우리에게는 아무 소망이 없습니다. 우리는 거듭나야 하는 존재입니다.

더 나아가 주님은 자신만 우리를 구원하실 수 있다고, 그래서 세상에 오셨다고 말씀하십니다. "인자가 온 것은 잃어버린 자를 찾아 구원하려 함이니라"눅 19:10. 또한 그는 "나보다 먼저 온 자는 다 절도요 강도"라는 배타적인 주장도 하셨습니다요 10:8. 그들은 다른 방식으로 양 우리에 들어온 자들입니다. 그런 자들은 양을 돌볼 수가 없습니다. 그는 자신을 "인자"라고 부르십니다! 인간이라고 부르십니다! 세상의 구주라고 부르십니다! "내게로 오라"라고, "나는 세상의 빛"이라고, "나로 말미암지 않고는 아버지께로 올 자가 없느니라"라고 하십니다마 11:28, 요 8:12, 14:6.

또한 그는 자신도 한 가지 방법, 오직 한 가지 방법으로만 우리를 구원하실 수 있다고—이것은 결정적으로 중요한 사실인데—말씀하십니다. 그 방법이 무엇입니까? 가르침을 주시는 것입니까? 아닙니다! 제가 보여드린 대로 그의 가르침은 오히려 우리를 정죄하고 있습니다. 예수 그리스도가 가르침을 통해 우리를 구원하신다는 생각은 온갖 우스운 오해 중에서도 가장 우스운 것입니다. 하나님의 율법에 관한 그리스도의 가르침밖에 없었다면, 저는 이 강단에 서지 못했을 것입니다. 철저하고 궁극적인 절망 속에서 바닥을 기고 있을 것입니다. 그리스도의 도덕적인 가르침이라고요? 그리스도를 본받겠다고요? 그리스도의 본을 따라 살기 위해 애쓰겠다고요? 그것은 불가능한 일입니다. 저는 도저히 그렇게 하지 못합니다. 그를 본받기는커녕 저 자신조차 만족시킬 수가 없습니다. 그런 발상 자체가 제게는 저주입니다.

주님은 자신의 가르침으로 저를 구원하겠다고 말씀하신 적이 없습니다. 그가 저를 가르치시는 것은 저에게 그가 필요함을 가르치시기 위해서입니다. 가르침의 가치는 저의 죄를 드러내고 저를 발가벗기며 저의 가면을 벗겨서 부패한 실상을 보여주는 데 있으며, 칠과 광택과 접합제를 긁어내고 칼로 도려내고 깨끗이 벗겨 내서 고름이 흐르는 영혼의 상처를 보여주는 데 있습니다. 그렇습니다. 우리를 구원하시는 유일한 방법은 자신의 생명을 주시는 것이라고 주님은 말씀하셨습니다. 줄기차게 그렇게 말씀하셨습니다. "인자가 온 것은 섬김을 받으려 함이 아니라 도리어 섬기려 하고 자기 목숨을 많은 사람의 대속물로 주려 함이니라"마 20:28.

그가 또 다른 식으로 말씀하신 것도 들어 보십시오. 그는 "나는 선한 목자"라고 하시면서 "선한 목자는 양들을 위하여 목숨을" 버린다고 말씀하셨습니다요 10:11. "이를 내게서 빼앗는 자가 있는 것이 아니라 내가 스스로 버리노라"라고 말씀하셨습니다요 10:18. 또한 우리는 "예루살렘을 향하여 올라가기로 굳게 결심"하셨다는 기록을 읽습니다눅 9:51. 왜냐하면 "선지자가 예루살렘 밖에서는 죽는 법이" 없기 때문입니다눅 13:33. 저는 겟세마네 동산에서 땀을 핏방울처럼 흘리시는 그의 모습을 봅니다. 그는 "다른 방법은 없습니까?"라고 물으셨습니다. "내 아버지여, 만일 할 만하시거든 이 잔을 내게서 지나가게 하옵소서. 그러나-다른 방법이 없다면-나의 원대로 마시옵고 아버지의 원대로 하옵소서"마 26:39. 이처럼 주님은 자신도 오직 한 가지 방법으로만 우리를 구원할 수 있다는 사실을 각기 다른 방식으로 말씀해 주셨습니다.

여러 가지 면에서 이 가르침을 결정적으로 주신 때는 가이사랴 빌립보에 이르러 제자들에게 "사람들이 인자를 누구라 하느냐"라고 물으셨을 때입니다. 제자들은 대답했습니다. "더러는 세례 요한, 더러는 엘리야, 어떤 이는 예레미야나 선지자 중의 하나라 하나이다." 그다음에 나오는 말씀은 이것입니다.

"이르시되 너희는 나를 누구라 하느냐. 시몬 베드로가 대답하여 이르되 주는 그리스도시요 살아계신 하나님의 아들이시니이다. 예수께서 대답하여 이르시되 바요나 시몬아, 네가 복이 있도다. 이를 네게 알게 한 이는 혈육이 아니요 하늘에 계신 내 아버지시니라……"마 16:13-17.

그리고 나서 마태는 말합니다. "이때로부터 예수 그리스도께서 자기가 예루살렘에 올라가 장로들과 대제사장들과 서기관들에게 많은 고난을 받고 죽임을 당하고 제삼일에 살아나야 할 것을 제자들에게 비로소 나타내시니 베드로가 예수를 붙들고 항변하여 이르되 주여, 그리 마옵소서. 이 일이 결코 주께 미치지 아니하리이다. 예수께서 돌이키시며 베드로에게 이르시되 사탄아, 내 뒤로 물러가라. 너는 나를 넘어지게 하는 자로다. 네가 하나님의 일을 생각하지 아니하고 도리어 사람의 일을 생각하는도다 하시고"마 16:21-23.

그러나 제자들은 이 말씀을 납득하지 못했습니다. 사람을 구원하는 유일한 방법은 주님의 목숨을 우리의 대속물로 내주심으로, 우리를 위해 죽으심으로 "친히 나무에 달려 그 몸으로 우리 죄를 담당"하시는 것이라고 그렇게 누누이 말씀하셨는데도 납득하지 못했습니다벧전 2:24. 주님은 "이것만이 유일한 방법이다!"라고 말씀하셨습니다. "아버지께서 주신 잔을 내가 마시지 아니하겠느냐"요 18:11.

이것이 그가 가르치신 내용입니다. 여러분과 저는 하나님의 율법을 지킬 수도 없고 하나님의 요구에 응할 수도 없습니다. 주님도 단순히 우리를 가르치시고, 본받고 따를 본보기를 마련해 주시며, 더 열심히 노력해서 더 나은 삶을 살라고 말씀하시는 것으로는 우리를 구원하실 수가 없습니다. 그것은 아무 가치가 없는 방법입니다. 그가 우리를 구원하실 수 있는 방법은 한 가지뿐입니다. 십자가에 달려 그 몸으로 우리가 받을 형벌을 감당하셔야 하는 것입니다. 그는 "섬김을 받으려 함이 아니라 도리어 섬기려 하고 자기 목숨을 많은 사람의 대속물로 주려"고 세상에 오셨습니다마 20:28.

여러분은 이 말을 들었습니까? "하나님께서 그리스도 안에 계시사 세상을 자기와 화목하게 하시며 그들의 죄를 그들에게 돌리지 아니하시고……하나님이 죄를 알지도 못하신 이를 우리를 대신하여 죄로 삼으신 것은 우리로 하여금 그 안에서 하나님의 의가 되게 하려 하심이라"라는 말을 들었습니까?고후 5:19, 21 이것이 그의 메시지입니다. 이것이 그가 하신 말입니다. 그는 말씀하십니다. "자신이 하나님 앞에서 철저하고 궁극적인 절망의 상태에 있음을 깨닫고, 내가 가르침이 아닌 죽음으로 구원한다는 사실을 깨닫지 못하는 사람은 소망이 없다."

그는 "모든 사람을 위하여 죽음을 맛보려"고 세상에 오셨습니다[히 2:9]. 그분 안에서, 오직 그분 안에서만 우리는 하나님과 화목하게 됩니다. 이것이 그의 가르침입니다. 그의 말을 들으십시오!

또한 여러분은 그가 주시는 것 때문에 그의 말을 들어야 합니다. 그만이 그것을 주실 수 있고, 그만이 그것을 주실 권한이 있습니다. 그는 자신의 삶과 죽음으로, 죽은 자들 가운데서 부활하심으로 그 권한을 얻으셨습니다. 십자가에서 "다 이루었다"라고 말씀하실 수 있었기에 제가 이제부터 말씀드릴 그 모든 것을 우리에게 주실 권한을 얻으셨습니다[요 19:30]. 그는 온전하고 철저하게 다 이루셨습니다. 그래서 "아버지께서 내게 하라고 주신 일을 내가 이루"었다고 기도하실 수 있었습니다[요 17:4].

그렇다면 그가 우리에게 주시는 것이 무엇입니까? 그의 말을 들어 보십시오! 그는 여러분의 모든 죄를 거저 용서해 주십니다. 여러분이 무슨 짓을 했는지는 문제가 되지 않습니다. 진지하게 말하는데, 여러분이 과거에 어떤 사람이었는지, 무슨 짓을 했는지는 문제가 되지 않습니다. 지금 이 순간까지 어떤 사람이었는지는 문제가 되지 않습니다. 주님의 이름으로 말합니다. 자신의 죄를 깨닫고 인정하며 하나님께 그것을 고백한다면, 그가 하나님의 아들이라는 것과 여러분이 받을 형벌을 대신 감당하시고 여러분의 죄를 위해 죽으신 것을 믿는다면, 여러분의 죄는 바로 이 순간에 완전히 사함받고 용서될 것이며 하나님은 여러분을 한번도 죄를 지은 적이 없는 자처럼 여겨 주실 것입니다. 이것이 '믿음으로 의롭다 하심을 얻는 것'입니다. 그는 바로 이것을 여러분에게 주십니다. 이 복되신 분은 여러분의 죄를 거저, 온전히, 완전하게 용서해 주십니다.

또 무엇을 주십니까? 자, 그는 여러분에게 반드시 있어야 한다고 말씀하신 바로 그것, 즉 새로운 본질을 주십니다! 그는 아무도 스스로 태어날 수 없음을 잘 아시면서 단지 조롱할 마음으로 "거듭나야 한다"라고 말씀하신 것이 아닙니다. 그는 우리를 새롭게 태어나게 하시려고, 새로운 출생을 가능하게 하시려고 세상에 오셨습니다. 그는 개선이나 혁신보다 무한히 더 크고 중요한 일을 우리에게 해주십니다. 완전히 새롭게 출발하게 해주시며, 새롭게 살게 해주십니다. 그는 우리를 "신성한 성품에 참여하는 자"로 벧후 1:4, 성령으로 난 자로요 3:5, 새 사람으로 만들어 주십니다. 바울은 고린도후서 5:17에서 이렇게 쓰고 있습니다. "그런즉 누구든지 그리스도 안에 있으면 **새로운 피조물이라. **이전 것은 지나갔으니 보라, 새것이 되었도다."

또 무엇을 주십니까? 능력과 힘을 주십니다! 여러분 안에 성령이 거하게 하실 뿐 아니라 자신도 친히 여러분을 도와주십니다. 전에 살펴보았듯이 그도 세상에 계실 때 시험을 당하셨습니다. 이처럼 "그가 시험을 받아 고난을 당하셨은즉 시험받는 자들을 능히" 도와주실 수 있습니다히 2:18. 그는 여러분이 시련과 곤경에 빠져 있을 때, 괴로움을 겪을 때, 고통당하고 시험당할 때 함께해 주십니다. 여러분 혼자 방치해 두시지 않습니다. 그는 바로 이런 것을 여러분에게 주십니다.

또한 그는 이 모든 것에 더하여 죽음과 무덤에 대한 두려움, 하나님의 심판에 대한 두려움을 없애 주시고, 여러분을 기다리고 있는 영원한 영광에 대해 알려 주십니다. 그의 말을 들어 보십시오.

"너희는 마음에 근심하지 말라. 하나님을 믿으니 또 나를 믿으라. 내 아버지 집에 거할 곳이 많도다. 그렇지 않으면 너희에게 일렀으리라. 내가 너희를 위하여 거처를 예비하러 가노니 가서 너희를 위하여 거처를 예비하면 내가 다시 와서 너희를 내게로 영접하여 나 있는 곳에 너희도 있게 하리라"요 14:1-3.

그는 여러분이 육신을 가지고 세상에서 살아가는 동안에도 이 모든 것을 제공해 주십니다. 여러분은 하나님의 자녀이자 영원한 복과 영광의 상속자로 살 수 있습니다. 그는 이 모든 것을 값없이 우리에게 주십니다.

여러분은 이것을 알고 있습니까? 산헤드린 공회원들은 몰랐습니다. 오히려 이런 것을 주겠다는 제안을 신성모독으로 여겼습니다. "이 자가 대체 누구냐? 나의 도덕성과 경건과 성전숭배가 합당치 않다고 말하며 그 모든 것은 이제 끝났다고 말하는 이 가르침은 대체 무엇이냐?"라고 말했습니다. "그리스도는 모든 믿는 자에게 의를 이루기 위하여 율법의 마침이 되시니라"라는 말을 신성모독적인 발언으로 취급했습니다롬 10:4. 격분하여 스데반을 죽여 버렸습니다. 7장 마지막에 그 이야기가 나오고 있습니다.

여러분도 같은 태도를 가지고 있습니까? 거듭나야 한다는 말을 모욕으로 느끼고 있습니까? 이 복음과 복음의 제안을 들을 때 화가 납니까? 그렇다면 여러분은 주님이 거저 주시는 은혜, 거저 주시는 용서, 새 생명, 영원한 영광을 바라보는 영영한 소망을 거부하고 있는 것입니다. 이상과 같은 것들이 우리가 그의 말을 들어야 하는 이유들입니다.

마지막 이유를 한 가지 더 말씀드리겠습니다. 그것은 그의 말을 듣지 않을 때 나타날 결과 때문에 그의 말을 들어야 한다는 것입니다. 그의 말을 듣지 않을 때 어떤 결과가 나타날지 깊이 생각해 본 적이 있습니까? 어떤 이는 물을 것입니다. "내가 왜 예수 그리스도의 말을 들어야 합니까?" 제가 말씀드리겠습니다. 그는 하나님의 마지막 말씀이기 때문입니다. 하나님의 최종 제안이기 때문입니다. 이제는 더 이상 올 것이 없습니다. 하나도 없습니다. 그러므로 그와 그의 말을 거부하는 것은 곧 모든 것을 잃는 것입니다. 더 이상 올 것이 없습니다. 이분은 한분, 유일한 한분, 마지막 한분입니다. "둘째 사람"입니다! "마지막 아담"입니다!

예수 그리스도와 그가 행하신 모든 일은 하나님이 친히 마련하신 구원의 방법입니다. 사람이 마련한 것이 아닙니다. 요한복음 3:16-18은 이렇게 말하고 있습니다. "하나님이 세상을 이처럼 사랑하사 독생자를 주셨으니 이는 그를 믿는 자마다 멸망하지 않고 영생을 얻게 하려 하심이라.……믿지 아니하는 자는 하나님의 독생자의 이름을 믿지 아니하므로 벌써 심판을 받은 것이니라." 모르시겠습니까? 여러분은 스스로 구원할 수 없습니다. 인간도 여러분을 구원할 수 없고 문명도 여러분을 구원할 수 없습니다. 그러나 하나님은 구원하실 수 있습니다. "하나님께서 그리스도 안에 계시사-그리스도 안에서 하신 일로, 그 일을 통해-세상을 자기와 화목하게 하시며"고후 5:19. 이것이 하나님의 방법입니다. 이 방법을 거절하면 어떤 방법도 남지 않습니다. 하나님은 친히 여러분에게 그 말을 들으라고 명하신 바로 이분 안에서, 이분을 통해서만 여러분을 구원하십니다. 그러므로 반복하건대 그의 말 듣기를 거절하는 것은 곧 유일한 구원 방법, 마지막 구원 방법을 거절하는 것입니다.

이것은 신약성경 전체의 큰 강조점입니다. 사도 바울은 아덴이라는 크고 학식 높은 도시에서 설교하면서 이렇게 말했습니다. "[하나님이] 이제는 어디든지 사람에게 다 명하사 회개하라 하셨으니-왜 그렇게 하셨습니까?-이는 정하신 사람으로 하여금 천하를 공의로 심판할 날을 작정하시고 이에 그를 죽은 자 가운데서 다시 살리신 것으로 모든 사람에게 믿을 만한 증거를 주셨음이니라"행 17:30-31. 여러분이 그의 말을 들어야 하는 이유가 바로 여기 있습니다. 하나님이 그를 온 세상의 심판자로 정하셨기 때문인 것입니다.

히브리서 기자가 이 점을 어떻게 표현하고 있는지 들어 보십시오. "우리가 이같이 큰 구원을 등한히 여기면 어찌 그 보응을 피하리요"히 2:3. 여러분은 불치병에 걸려 있습니다. 그런데 여기 그 유일한 치료약이 있습니다. 이 치료약을 거부하면 죽는 길밖에 없습니다. 이미 끝장이 난 것입니다. 이런 점에서 여러분은 히브리서에 나오는 위협적이고 무서운 구절의 중요성을 알게 됩니다.

"한번 빛을 받고 하늘의 은사를 맛보고 성령에 참여한 바 되고 하나님의 선한 말씀과 내세의 능력을 맛보고도 타락한 자들은 다시 새롭게 하여 회개하게 할 수 없나니 이는 그들이 하나님의 아들을 다시 십자가에 못박아 드러내 놓고 욕되게 함이라"히 6:4-6.

그리스도가 십자가에서 이루신 일을 거절하면 아무것도 남지 않습니다. 히브리서 기자는 10장에서 이 말을 반복하고 있습니다. "우리가 진리를 아는 지식을 받은 후 짐짓 죄를 범한즉-복음을 거부한다는 뜻입니다-다시 속죄하는 제사가 없고 오직 무서운 마음으로 심판을 기다리는 것과 대적하는 자를 태울 맹렬한 불만 있으리라"히 10:26-27.

오, 주님의 말씀을 들으십시오! "그의 말을 들으라!" 모세도 이분의 말을 들어야 한다고 했습니다. 주님은 요한복음 5:22에서 성부하나님이 자신에게 심판을 맡기셨다고 하셨습니다. 의로 온 세상을 심판하기 위해 다시 오겠다고 하셨습니다. 계속 그렇게 말씀하셨습니다. 사람들은 그가 미쳤다고 생각했습니다. 자신이 다시 올 때 "인자가 구름을 타고……오는 것을" 그들이 볼 것이라고 하셨기 때문입니다마 24:30.

"인자가 자기 영광으로 모든 천사와 함께 올 때에 자기 영광의 보좌에 앉으리니 모든 민족을 그 앞에 모으고 각각 구분하기를 목자가 양과 염소를 구분하는 것같이 하여"마 25:31-32.

심판! 심판이 하나님의 아들에게 맡겨졌습니다. 그의 제안을 거부하는 것은 곧 영원하고 영영한 형벌로 나아가는 길입니다. 이것은 제 말이 아닙니다. 주님이 부자와 나사로의 이야기에서 하신 말씀입니다. 지옥에 떨어진 부자에게 아브라함은 말했습니다. "너희와 우리 사이에 큰 구렁텅이가 놓여 있어"눅 16:26. 주님은 여러분이 이 세상에서 사는 동안 자신의 운명을 결정짓게 되며, 죽으면 두번째 기회는 없다고 말씀하셨습니다. 지옥에서 천국으로 가는 길이란 없습니다. 이 세상에서 결정해야 합니다. 그의 말을 들을 것인지, 산헤드린 공회원들이 그를 거절했듯이 거절할 것인지 결정해야 합니다. 이것이 주님의 가르침이었습니다. "구더기도 죽지 않고 불도 꺼지지" 않는 곳막 9:44, "울며 이를 갈게 되"는 곳마 8:12에 대해 말씀하신 분은 바로 주님입니다.

현대세계가 급속히 지옥이 되어 가는 것 같지 않습니까? 저는 전쟁과 원자폭탄과 유혈사태만 생각하고 이 말을 하는 것이 아닙니다. 타락과 악과 소란과 아우성도 생각하며 이 말을 하는 것입니다. 그러나 이런 것도 진짜 지옥에는 비할 수가 없습니다! 지금 세상의 모습은 장차 보게 될 지옥의 아주 흐릿한 그림에 불과합니다. 이 메시지를 거절하는 사람은 하나님 없는 삶의 불경함과 불결함이 가득 찬 그곳에서 영원히 지내는 것, 영원토록 그 고통을 겪는 것 외에 더 기대하거나 바랄 일이 없습니다. 이것이 그가 말씀하신 내용입니다.

이 말을 들어 보십시오. 여기 여러분에게 주시는 최종적인 말씀이 있습니다.

"나는 빛으로 세상에 왔나니 무릇 나를 믿는 자로 어둠에 거하지 않게 하려 함이로라. 사람이 내 말을 듣고 지키지 아니할지라도 내가 그를 심판하지 아니하노라. 내가 온 것은 세상을 심판하려 함이 아니요 세상을 구원하려 함이로라. 나를 저버리고 내 말을 받지 아니하는 자를 심판할 이가 있으니 곧 내가 한 그 말이 마지막 날에 그를 심판하리라"요 12:46-48.

우리가 왜 그의 말을 들어야 합니까? 왜 그의 말에 귀를 기울여야 합니까? 그 답을 말씀드리겠습니다. 우리 모두에게 이 모든 영광스러운 죄사함과 새롭게 하심과 하나님의 아들됨과 영원한 복의 상속자됨을 제안하시는 그의 말씀, 그 모든 말씀이 우리를 대적하는 증거로 제시될 것이기 때문입니다. 우리는 죄를 사해 주겠다는 제안, 죄와 사탄과 세상과 육신과 마귀에게서 구원해 주겠다는 제안, 영생의 확신을 주겠다는 제안을 받았습니다. 값없이 그것을 얻으라는 제안을 받았습니다. 그는 "내게 나아"오라고 눅 6:47, "나를 믿"으라고 요 12:46 하십니다. 훌륭한 사람들뿐 아니라 최악의 사람들-세리, 가장 악한 죄인, 살인자들-도 오라고 하십니다. 나아오라! 들으라! 회개하라! 여러분은 초청받고 있습니다. 누구든지 "그를 믿는 자마다 멸망하지 않고 영생을 얻게 하려 하심이니라"요 3:16.

그의 말을 들었습니까? 그가 지금 여러분에게 말씀하고 계십니다. "수고하고 무거운 짐진 자들아, 다 내게로 오라. 내가 너희를 쉬게 하리라"마 11:28. 그가 여러분에게 말씀하시는 바를 알겠습니까? "내게 오는 자는-비록 그가 누더기와 넝마를 걸치고 온다 해도, 지옥처럼 시커먼 모습으로 온다 해도-내가 결코 내쫓지 아니하리라"요 6:37. 그의 말을 들었습니까? 자, 그렇다면 그에게 아뢰십시오. 그를 의지하며 아뢰십시오.

내 주의 보혈은
정하고 정하다.
내 죄를 정케 하신 주
날 오라 하신다.

내가 주께로
지금 가오니
골고다의 보혈로
날 씻어 주소서.[1]
−루이스 하트사우 Lewis Hartsough

그에게 이렇게 아뢰십시오. 그러면 이 찬송이 과연 사실임을 확신시
켜 주실 것입니다.

263 **1** 찬송가 254장 1절.

13

불신앙의 본질

우리 조상들이 모세에게 복종하지 아니하고자 하여 거절하며 그 마음이 도리어 애굽으로 향하여 아론더러 이르되 우리를 인도할 신들을 우리를 위하여 만들라. 애굽 땅에서 우리를 인도하던 이 모세는 어떻게 되었는지 알지 못하노라 하고.

사도행전 7:39-41

이제 우리는 스데반의 연설에서 일종의 전환점을 이루는 부분에 도달하게 되었습니다. 지금까지는 자신이 활용하고자 하는 사실들을 일반적으로 다루어 왔다면, 여기서부터는 그 내용을 산헤드린 공회원들에게 적용하고 있습니다. 역사를 상세히 되짚어 보는 것에 만족하지 않고 그것과 현실의 연관성을 밝히는 것입니다. 그는 자신이 지적한 요점, 즉 산헤드린 공회원들이 모세를 우러러보며 존경한다고 떠들지만 사실은 그를 거절했던 조상들과 똑같이 불신앙의 죄를 범하고 있음을 분명하게 밝히고 있습니다. 이렇게 요점을 각인시키면서 불신앙의 특징을 보여주고 있습니다. 그들 스스로는 깨닫지 못하니까 스데반 자신이 이스라엘의 역사를 상기시키고 그들이 무의식중에 과거와 똑같은 근본적 오류에 빠져 조상들처럼 곤경을 자초하고 있음을 보여줌으로써 깨우치려 하는 것입니다.

어떤 이는 말할 것입니다. "다 좋은데, 그게 나와 무슨 상관이지요? 세상의 현 상태—베트남은 전쟁 중이고 중동과 세계 곳곳에서도 언제 무슨 일이 터질지 모르는 상태—와 관련하여 우리에게 해줄 좀 더 나은 말은 없습니까? 문명의 종말을 불러올 수도 있는 3차 세계대전이 언제 일어날지 아무도 모르지 않습니까? 이런 상황에서 그 옛날 1세기에 일어났던 일에 대한 케케묵은 이야기보다 더 나은 이야기를 해줄 수 없단 말입니까?" 그 비판가는 말합니다. "당신은 확실히 시대에 발맞추기 위해 노력할 필요가 있습니다. 우리가 살고 있는 시대나 우리가 겪고 있는 재난과 관련 있는 말을 하기 위해 노력해야 합니다. 모든 것이 평화로워 보였던 100년 전, **팍스 브리태니카**Pax Britannica가 영원히 계속될 것 같았던 100년 전에나 어울렸을 법한 이런 설교 말고 더 나은 것은 없습니까?"

자, 누군가는 이런 생각을 하고 있을 것이 분명합니다. 좋습니다. 저는 이것이 아주 정당한 반응이라고 생각합니다. 저는 이러한 비판을 마주할 준비가 되어 있습니다. 제가 이 문제에 여러분의 주의를 환기시키는 이유를 정확하게 말씀드리겠습니다. 그 이유는 바로 이것입니다. 우리는 본문에서 첫번째 순교자 스데반이 인류가 겪고 있는 모든 불행의 진정한 원인을 어떻게 명백하게 밝히는지 보게 됩니다. 제가 이 이야기에 주의를 환기시키는 것은 현 상황이 염려되기 때문입니다. 여기에는 지금도 여전히 작용하는 중대한 원리가 나오고 있습니다. 스데반은 인간이 하나님의 음성과 말씀을 거부하기 때문에 항상 곤경에 처한다는 사실을 보여주려 합니다. 새로울 게 하나도 없습니다. 어떤 곤경이든 원인은 항상 똑같습니다. 그렇기 때문에 스데반의 말보다 더 현 상황과 관련 있는 말은 없습니다.

기독교의 관점에서 볼 때 오늘날 세상의 문제는 남베트남과 북베트남의 미묘한 논쟁으로 해결되는 것도 아니고, 아랍인과 유대인 간의 복잡한 논쟁으로 해결되는 것도 아닙니다. 우리가 해야 할 훨씬 더 중요한 일은 사람들 사이에 충돌이 발생하는 원인을 찾아내는 것입니다. 실제로 두 개인 간에 갈등이 생기는 원인, 남편과 아내·형제·자매·친척·친구·동료 간에 갈등이 생기는 원인을 찾아내는 것입니다.

한 단계 더 나아가 봅시다. 우리는 우리 속에 있는 갈등의 원인을 찾을 필요가 있습니다. 각 사람의 속에서 전쟁이 계속되고 있기 때문입니다. 산다는 것 자체가 투쟁이고 싸움입니다. 우리 안에서 이 세력과 저 세력이 다투고 있습니다. 그래서 우리가 이 문제들에 관심을 기울여야 하는 것입니다. 아시다시피 우리는 정치적인 차원보다 더 깊은 차원에서 이 문제들을 바라보고 있습니다. 제가 베트남과 중동을 비롯하여 세계 각지에서 일어나는 일들에 대해 사견을 밝히는 것은 여러분과 여러분의 지성을 모욕하는 일이며 시간을 소모시키는 일입니다. 제 역할은 그것이 아닙니다. 거듭 말하건대 제가 맡은 역할은 그보다 무한히 더 중요한 것입니다. 저는 이런 일이 발생하는 이유와 세상이 이 모양이 된 이유, 각 개인이 태어날 때부터 이런 모습이 된 이유를 밝혀야 합니다. 우리가 이 자리에서 다루려는 주제가 바로 이것입니다. 스데반은 이 주제를 더할 나위 없이 간결하면서도 명백하게 짚어 주고 있습니다.

세상은 이 점을 이해하지 못하기 때문에 끊임없이 주의를 환기시킬 필요가 있습니다. 이 문제는 하나도 새로울 것이 없습니다. 20세기나 다른 세기나 하나도 다를 것이 없습니다. 전에도 자주 말했지만, 사람들이 잘 납득하지 못하는 것 같으니 한번 더 반복해서 말씀드리겠습니다. 사람들은 말합니다. "그건 말도 안 돼요. 최근까지는 원자를 분할하지 못했다고요. 20세기 이전에는 제트기도 못 만들었고……." 좋습니다. 저도 다 압니다. 하지만 그게 뭐가 중요합니까?

이런 이의에 대한 답변은 이것입니다. 이같은 발견과 진보로 바뀐 것은 오로지 행동의 방식밖에 없습니다. 이제는 싸울 때 로켓과 폭탄과 비행기와 그 밖의 다양한 기계들을 동원해서 싸웁니다. 우리는 이것이 아주 새로운 변화인 것처럼 말하며 인간에게 새로운 문제가 생긴 것처럼 말하는데, 그렇지 않습니다! 중요한 것은 싸움의 방식이 아니라 사람은 항상 싸운다는 사실 그 자체입니다. 인간은 시대와 상관없이 내내 싸워 왔습니다. 주먹으로 싸우나 폭탄으로 싸우나 그 원리는 다르지 않습니다. 하나도 다르지 않습니다. 둘 다 싸우는 것입니다. 싸움의 도구-주먹, 몽둥이, 활과 화살, 창, 화약, 대포 등등에서부터 현재의 가공할 무기인 폭탄에 이르기까지-만 계속 바뀌어 왔을 뿐입니다. 세상은 어느 때나 항상 똑같습니다. 갈등도 똑같습니다. 부부간의 갈등, 경제적인 갈등, 산업 현장의 갈등, 노사 간의 갈등, 다 똑같습니다. 우리는 얼마나 우둔한지, 옷차림이 달라지면 사람들도 달라진 것처럼 생각합니다. 그러나 그렇지 않습니다. 사람은 늘 똑같습니다. "해 아래에는 새것이 없나니"전 1:9.

그렇기 때문에 이 오래된 치료법, 문제의 핵심과 중심을 참으로 다루는 유일한 치료법이 지금 무엇보다 절실하게 필요한 것입니다. 제가 이것을 유일한 치료법이라고 말하는 것은 오직 이것만이 문제를 깊이 있게 다루기 때문입니다. 그 밖의 것들은 아주 피상적으로 다룹니다. 똑똑해 보이는 저자들이나 정치평론가들이 정치적인 차원 밑에 숨은 것들은 아예 들추어 볼 생각도 하지 못하는 것을 보십시오. 그들에게는 그럴 능력이 없습니다. 그 똑똑하다는 사람들이 진정한 문제가 있는 곳까지 내려가지를 못합니다. "이건 이러저러한 문제일 뿐"이라는 말로 넘어가 버립니다. 그들은 정치적인 생각밖에 하지 못하며, 그 때문에 핵심을 놓쳐 버립니다. 문제가 얼마나 깊은 곳에 있는지 참으로 보여주는 메시지는 복음밖에 없습니다. 이 사실은 중요합니다. 왜냐하면 사람들이 복음을 거절하는 주된 이유가 바로 이것-인간의 문제가 얼마나 깊은 곳에 있는지 한번도 본 적이 없다는 것-이기 때문입니다. 이것을 알았다면 지금보다는 더 이 메시지를 들을 마음이 생겼을 것입니다. 그들은 바로 이것을 보지 못하기 때문에 계속해서 복음을 거절하고 있습니다.

이처럼 복음을 거절하는 것과 세상의 현 상태는 서로 긴밀하게 얽혀 있다는 것이 저의 기본적인 주장입니다. 세상이 이 모양인 것은 하나님의 음성을 듣지 않는 탓입니다. 스데반이 지적하는 요점이 바로 이것입니다. 그는 유대인으로서 유대인들을 향해 이 말을 하고 있습니다. 유다 나라는 주님을 거절할 것이며 그로 인해 그들도 거절당하고 무서운 재난을 겪을 것이라는 주님의 예언을 스데반은 알고 있었습니다. 주님은 주후 70년에 예루살렘이 멸망할 것을 예언하셨습니다. 마태복음 24장이나 누가복음 21장, 마가복음 13장을 읽으면 예루살렘 멸망에 대한 구체적인 묘사를 볼 수 있습니다. 주님은 "네가 이 큰 건물들을 보느냐. 돌 하나도 돌 위에 남지 않고 다 무너뜨려지리라"라고 말씀하셨습니다.막 13:2 주님은 이처럼 예루살렘의 멸망을 예언하셨고, 그 예언은 그대로 이루어졌습니다.

주님은 이런 멸망이 닥치는 이유도 말씀해 주셨습니다. 그들은 주님을 거절하고 그의 메시지를 거절했기 때문에 멸망할 것입니다. 주님은 예루살렘 성을 마지막으로 내려다보시면서 이렇게 탄식하셨습니다. "예루살렘아, 예루살렘아, 선지자들을 죽이고 네게 파송된 자들을 돌로 치는 자여, 암탉이 그 새끼를 날개 아래에 모음같이 내가 네 자녀를 모으려 한 일이 몇 번이더냐. 그러나 너희가 원하지 아니하였도다"마 23:37. 이것이 멸망의 전적인 원인이었습니다.

스데반도 정확히 같은 요점을 지적하고 있습니다. 그는 말합니다. "너희는 나를 신성모독으로 고소하고 있다. 그러나 너희야말로 신성모독의 죄를 짓고 있음을 모르겠느냐? 너희 조상들이 하나님께서 그의 종 모세를 통해 주신 메시지를 거절했던 것처럼, 너희도 하나님께서 그 아들 예수 그리스도를 통해 주신 메시지를 거절하고 있다."

제가 이 주제 전반에 여러분의 주의를 환기시키는 것은 오늘날 세상도 똑같은 짓을 하고 있기 때문입니다. 저는 세계의 강대국들과 여러 나라들과 전 세계적인 재난의 가능성이라는 측면에서만 이 주제에 관심을 갖는 것이 아닙니다. 제가 이 주제에 관심을 갖는 더 큰 이유는 이 주제가 지금 제 말을 듣는 각 사람에게 끼칠 영향 때문입니다. 이 세상과 관련해서는 위로해 드릴 말이 없습니다. 세상은 하나님의 진노 아래 있습니다. 나중에 또 다루겠지만, 어쨌든 세상이 진노 아래 있다는 것은 의문의 여지 없는 사실입니다. 그러나 감사하게도 세상에 닥칠 일과는 별개로, 여러분의 모든 필요를 채워 주는 메시지를 저는 가지고 있습니다. 이 세상의 삶과 세상에서 일어날 수 있는 모든 일에 유용한 무언가, 죽을 때와 죽은 후에 찾아올 영원한 세계에서도 우리와 함께해 줄 무언가에 대해 알려 주는 메시지를 저는 가지고 있습니다.

이 산헤드린 공회원들은 바로 이런 메시지를 거절하며 내치고 있는 것입니다. 스데반은 그 눈을 열어 그들이 하고 있는 짓의 실상을 보여주고자 합니다. 저도 지금까지 이러한 스데반의 생각들을 분석하며 일목요연하게 정리해 드리고자 애써 왔는데, 그 생각은 특히 이 두 구절에 잘 나와 있습니다. 저의 첫번째 요점, 절대적으로 중요한 요점은 이 문제가 얼마나 깊은 차원의 것이냐 하는 점입니다.

다음과 같은 방식으로 살펴봅시다. 여기 산헤드린 공회원들이 있습니다. 그들은 바보가 아닙니다. 지적이고 유능한 나라의 지도자들입니다. 그런데 왜 복음을 거절할까요? 세상은 왜 지금도 복음을 거절하고 있을까요? 사람들은 왜 여전히 그들처럼 행동하는 것일까요? 우리는 이 문제를 진지하게 생각해 보아야 합니다. 시대가 우리를 이렇게 만드는 것이 아니라면, 대체 무엇이 이렇게 만드는 것일까요? 우리가 파악해야 할 첫번째 사실은 이것이 피상적인 문제가 아니라는 것입니다. 이것은 모든 문제 중에 가장 깊은 문제입니다. 단순히 지식이 부족해서 발생하는 문제가 아니며, 좀더 가르치고 권면하거나 서로 사랑하라고 호소하기만 하면 해결되는 문제가 아닙니다. 그런 일이라면 지금까지 질리고 물릴 정도로 많이 해 왔습니다. 그러나 아무 소득이 없었습니다. 상황은 조금도 달라지지 않았습니다. 이 문제는 그만큼 깊은 것입니다. 사람들에게 전면적인 영향을 끼치는 것입니다. 사람들은 부분적으로만 잘못된 것이 아니라 전적으로 다 잘못되어 있습니다. 감히 말하건대, 이렇게 말하는 가르침이 또 있는지 찾아보십시오. 이것은 확실히 근본적인 문제입니다. 성경의 중대한 메시지는 인간이 하나님께 불순종하고 타락했기 때문에 세상이 이 모양이 되었다는 것입니다. 그 타락은 전적인 것이었습니다. 정신적인 기능과 신체적인 기능이 모두 타락했고 존재 구석구석이 전부 타락했습니다. 인간은 원래 이런 모습이 아니었습니다. 인간의 모든 부분이 타락의 해악을 입었습니다.

제가 이 점을 강조하면서 먼저 언급하는 이유는, 복음이 너무 허황해서 거절한다고 말하는 사람들이 세상에도 많고 이 나라에도-더 멀리 나갈 것도 없이-많기 때문입니다. 예수 그리스도가 하나님의 아들이라는 개념, 성육신의 개념, 성자 하나님이 하늘에서 내려와 인간으로 태어나서 이 세상에 살면서 기적을 행했다는 개념, 어째서 그렇게 되는지는 모르겠지만 어쨌든 그의 십자가 죽음으로 우리가 구원을 받는다는 개념, 너와 나는 "거듭나야" 한다는 개념, 이 모든 개념이 너무나 쓸데없고 허황해서 못 믿겠다는 것입니다. 그렇습니다. 사람들에게는 교훈과 교육과 문화만 있으면 된다는 것입니다. 강사들을 파견하여 음주와 폭탄과 전쟁의 무서움을 보여줌으로써 계몽하기만 하면 된다는 것입니다. 그들을 텔레비전에 내보내서 가르치기만 하면 온 나라가 그 말을 듣고 바뀌리라는 것입니다. 굳이 하나님을 끌어들이고 성육신과 대속의 죽음과 기적과 '거듭남'을 끌어들일 필요가 없다는 것입니다.

사람들이 저마다 이렇게 말하는 것은 이 문제의 깊이를 모르는 탓입니다. 진단이 피상적이니 해결책도 쉽게 나올 수밖에 없습니다. 물론 일관성은 있습니다. 그러나 그들은 두 가지 면에서 잘못되었는데, 역사가 그것을 입증해 주고 있습니다. 19세기의 낙관론자들, 정치인들과 시인들과 철학자들—그들 전부—보다 더 우스운 이들은 없습니다. 그들이 얼마나 눈먼 맹인들이었는지! 제가 이른바 "위대한 빅토리아인"에 대해 조심스럽게 말하기가 다소 어려운 이유가 여기 있습니다. 생각건대 빅토리아시대의 지도자들은 어느 시대 지도자들보다 눈먼 자들이었습니다. 어찌나 어리석었던지 자신들이 거의 완벽한 수준에 이르렀고 진화의 정점에 도달했다고 생각했습니다. 오, 빅토리아인들의 맹목이여! 반복하지만, 그들이 이 초자연적인 복음과 기적적인 구원의 필요성을 보지 못하고 하나님의 유일무이한 개입이 필요하다는 점을 보지 못한 것은 문제의 깊이를 깨닫지 못한 탓입니다. 이 두 가지는 함께 가게 되어 있습니다.

일반적인 원리를 제시했으니 이제 다음과 같이 설명해 보겠습니다. 스데반이 여기에서 불신앙의 본질에 대해 가르쳐 주고 있는 내용이 무엇입니까? 산헤드린 공회원들이 이런 짓을 했던 것이나 이스라엘 자손이 모세와 절연했던 것이나 요즘 사람들이 여전히 같은 짓을 하고 있는 것에서 볼 수 있듯이, 사람들로 하여금 복음을 거절하게 만드는 이 문제의 특징이 무엇입니까?

자, 스데반은 이렇게 이야기하고 있습니다. 일차적으로, 복음을 거절하는 이러한 불신앙은 마음의 상태에서 비롯되는 것입니다. "우리 조상들이 모세에게 복종하지 아니하고자 하여 거절하며 그 마음이 도리어 애굽으로 향하여……." 사람들의 진정한 문제점, 불신앙의 원인은 그들의 마음에 있습니다. 성경에서 말하는 '마음'은 일반적으로 인격의 중심 그 자체를 의미합니다. 특히 욕망이 일어나는 자리를 의미합니다. 사람들의 진짜 바람은 마음에서 결정됩니다.

여러분도 알아챘겠지만 불신앙은 머리에 있는 것이 아닙니다. 이 세대가 특히 배워야 할 첫번째 사실이 이것입니다. 오늘날 사람들은 어리석게도 자신들의 대단한 머리와 지각 때문에, 특히 현대에 이르러 얻게 된 모든 놀라운 지식 때문에 그리스도인이 될 수 없다고 생각합니다. 그들은 바로 이 점에서 잘못되었습니다. 그들의 문제점은 일차적으로 머리에 있는 것이 아니라 마음에 있는 것입니다. 마음은 머리보다 더 깊은 곳에 있습니다.

저는 이 점을 아주 쉽게 증명해 보일 수 있습니다. 능력 면에서 거의 똑같은 두 사람이 있다고 합시다. 학교에서도 항상 번갈아 가며 1, 2등을 차지합니다. 그들을 가르친 선생님들에게 누가 더 낫느냐고 물어보면 "정말이지 뭐라고 말할 수가 없네요. 이 학생이 나을 때도 있고 저 학생이 나을 때도 있지요"라고 대답합니다. 똑같은 재능과 능력과 성향을 거의 동일한 모습으로 타고난 것 같습니다. 좋습니다! 그런데 한 사람은 그리스도인이고 한 사람은 아닙니다. 그 이유가 무엇일까요? 지적으로는 차이가 없다는 데 동의했으니 지성의 문제일 리는 없습니다. 거의 동일한 재능을 가진 두 형제도 한 명은 그리스도인이고 한 명은 아닐 수가 있습니다.

기독교가 지성의 문제라면, 지적인 사람은 그리스도인이 될 수 없다는 결론이 나올 것입니다. 그러나 그것은 사실이 아닙니다. 세상에서 가장 지적인 사람들 중에도 가장 위대한 그리스도인들이 있으니 말입니다.

훨씬 더 나은 논거도 있습니다. 한 인물, 다소의 사울이라는 천재를 예로 들어 봅시다. 그는 지적인 거인이었습니다. 그의 인생에는 예수 그리스도를 신성모독자로 여기고 아무 두려움 없이 그렇게 주장했던 시절이 있었습니다. 그 이야기는 나중에 살펴보겠습니다. 그는 놀라운 재능과 율법 지식을 갖춘 사람이었습니다. 훌륭한 선생이자 천재적인 종교인으로서, 그 대단한 두뇌로 나사렛 예수는 신성모독자이며 그리스도인들도 신성모독자라고 주장했습니다. 그는 산헤드린의 의견에 전적으로 동의했습니다.

그러나 여러분과 저는 이 사람을 생각할 때, 신성모독자요 복음의 배척자였던 다소의 사울이 아닌 기독신앙의 위대한 설교자요 반포자였던 강력한 사도 바울을 떠올립니다. 사울이나 바울이나 지성과 지각과 지식과 모든 면에서 똑같은 동일인이었습니다. 그런데 완전히 바뀌어 버렸습니다. 무엇이 바뀌었습니까? 지성이 아닙니다! 그는 예전에 그리스도와 그의 복음을 대적하는 데 파괴력을 발휘했던 동일한 지성으로 에베소서와 로마서를 기록했습니다. 재능은 똑같은데 사람만 바뀐 것입니다. 그렇습니다. 문제점은 일차적으로 머리에 있는 것이 아니라 마음에 있는 것입니다. 히브리서 3장이 말하는 바가 이것입니다. "형제들아, 너희는 삼가 혹 너희 중에 누가 믿지 아니하는 악한 마음을 품고 살아계신 하나님에게서 떨어질까 조심할 것이요"히 3:12.

무슨 뜻입니까? 자, 지금 우리가 빠져 있는 모든 곤경의 근원으로 거슬러 올라가 봅시다. 창세기 3장에 그 이야기가 나오고 있습니다. 현대의 세련된 사람들에게는 우습게 들릴 줄 압니다만, 그래도 저는 이 말밖에 할 것이 없습니다. 다르게 설명할 길이 있다면 말씀해 보십시오. 여기 나오는 설명이 온전한 설명입니다. 아담과 하와는 완벽한 모습으로 창조되어 낙원의 삶을 누리며 살았습니다. 세상이 이 모양이 된 것은 사람의 마음 때문입니다. 마귀는 마음이 열쇠라는 것을 알았습니다. 그래서 하와를 유혹할 때 지성이 아닌 마음에 호소했습니다. 마귀는 하와의 자존심에 호소하며 "하나님이 참으로 그렇게 말하더냐?"라고 물었습니다. "하나님이 정말 그러면 안 된다고 하더냐? 그 이유가 뭔지 아느냐? 너희가 자신처럼 되는 게 싫은 것이다. 너희를 저급한 수준에 붙잡아 놓으려는 것이다."

마귀는 하와의 약점을 정확히 알고 있었습니다. 하와는 넘어졌고, 아담도 따라서 넘어졌습니다. 그러면서 그들의 자손들도 전부 함께 추락해 버렸습니다. 이것이 '원죄'입니다. 원죄는 사람들의 마음속에 자리 잡고 있습니다. 성경은 하와가 "그 나무를 본즉 먹음직도 하고 보암직도" 했다고 말합니다창 3:6. 그 나무를 보니 틀림없이 맛있을 것 같았습니다. 그 점이 하와의 마음을 움직였습니다. 그리고 그 마음이 행동을 지배했습니다.

구약성경에 나오는 이스라엘 자손의 이야기를 읽어 보면, 스데반이 여기에서 설명하고 있는 진리를 거듭 확인할 수 있습니다. 그들은 마음으로 자주 다른 것을 갈망했으며, 다른 신과 여자를 갈망했습니다. 그들은 항상 무언가를 갈망했습니다. 이것이 비극의 전적인 원인이 되었습니다. 저에게 절대 권력이 있다면 구약성경에 나오는 유대인들의 이야기를 만인에게 읽힐 것 같습니다. 거기에는 매번 마음의 지배를 받아 어리석게 행동했던 자들이 나오기 때문입니다.

실제로 주님은 이 점을 훨씬 더 분명하고 명확하게 지적해 주셨습니다. "마음에서 나오는 것은 악한 생각과 살인과 간음과 음란과 도둑질과 거짓 증언과 비방이니"마 15:19. 이 모든 것이 마음에서 나옵니다. "입으로 들어가는 것이 사람을 더럽게 하는 것이 아니라 입에서 나오는 그것이 사람을 더럽게 하는 것이니라"마 15:11. 주변에서 우리에게 영향을 주는 것들이 문제가 아닙니다. 그것들은 이미 우리 속에 있는 것들을 자극하는 것에 불과합니다. "깨끗한 자들에게는 모든 것이 깨끗하나"딛 1:15. 그러나 깨끗하지 않은 사람에게는 모든 것이 깨끗하지 않습니다. 악한 것은 사람의 마음입니다.

이처럼 세상은 빛과 지식이 없어서 곤경에 빠지는 것이 아닙니다. 전쟁의 광기와 삶을 파괴시키는 여러 행동의 해악을 다룬 책들, 봇물 같이 쏟아져 나오는 책들을 보십시오. 빛과 지식은 전혀 부족하지 않습니다. 하나님의 아들 안에서 최고의 빛이 비추어졌습니다. 그 모든 내용이 산상설교에 나와 있습니다. 그런데도 왜 나라들이 서로 싸웁니까? 왜 자꾸 무장합니까? 왜 이 순간에도 나락의 언저리에서 떠나지 못합니까? 여기 주님의 대답이 있습니다. "그 정죄는 이것이니 곧 빛이 세상에 왔으되-그런데도 왜 모든 사람이 그 빛으로 나아가 그 앞에 굴복하지 않는 것일까요? 왜 우리는 모두 그 빛 안에서 살지 못하는 것일까요? 그 답이 이제 나옵니다-사람들이 자기 행위가 악하므로 빛보다 어둠을 더 사랑한 것이니라"요 3:19.

사람들이 복음을 거절하는 이유가 바로 이것입니다. 악을 사랑하기 때문인 것입니다. 그들은 자기가 하는 짓을 즐기고 있습니다. 마음에 지배당하고 있습니다. 사도 바울은 자신이 늘 하는 방식대로 에베소서에서 이 점을 요약해 주고 있습니다.

"그는 허물과 죄로 죽었던 너희를 살리셨도다. 그때에 너희는 그 가운데서 행하여 이 세상 풍조를 따르고 공중의 권세 잡은 자를 따랐으니 곧 지금 불순종의 아들들 가운데서 역사하는 영이라. 전에는-그때는 어떤 삶을 살았습니까?-우리도 다 그 가운데서 우리 육체의 욕심을 따라 지내며 육체와 마음의 원하는 것을 하여-육신의 욕심, 곧 몸과 마음의 욕심대로 했다는 뜻입니다-다른 이들과 같이 본질상 진노의 자녀이었더니"엡 2:1-3.

저는 지금 세상의 모습에 대해 이야기하고 있는 중입니다. 야고보의 말을 들어 보십시오.

"너희 중에 싸움이 어디로부터 다툼이 어디로부터 나느냐. 너희 지체 중에서 싸우는 정욕으로부터 나는 것이 아니냐. 너희는 욕심을 내어도 얻지 못하여 살인하며 시기하여도 능히 취하지 못하므로 다투고 싸우는도다. 너희가 얻지 못함은 구하지 아니하기 때문이요"약 4:1-2.

어느 나라의 역사든 이 말로 전부 설명할 수 있지 않습니까? 영국도 권력을 탐하여 세상 이곳저곳을 빼앗는 죄를 지었습니다. 남들이 우리 것을 빼앗는 것은 싫어하면서 우리는 남의 것을 빼앗은 것입니다. 어느 나라든 마찬가지입니다. 서로 "내 거야", "아니, 내 거야" 하고 다툽니다. 욕심! 욕망! 이것이 세상을 곤경에 빠뜨리는 원인입니다. 사람들은 이성이 아닌 욕심과 정욕에 지배당하여 빛을 밀어내 버립니다. 이것이 신약성경 전체의 가르침입니다.

사도 요한도 정확히 같은 말을 하고 있는데, 한번 인용해 보겠습니다.

"이 세상이나 세상에 있는 것들을 사랑하지 말라. 누구든지 세상을 사랑하면 아버지의 사랑이 그 안에 있지 아니하니 이는 세상에 있는 모든 것이 육신의 정욕과 안목의 정욕과 이생의 자랑이니 다 아버지께로부터 온 것이 아니요 세상으로부터 온 것이라. 이 세상도, 그 정욕도 지나가되 오직 하나님의 뜻을 행하는 자는 영원히 거하느니라"요일 2:15-17.

스데반은 산헤드린에게 그 조상들의 "마음이 도리어 애굽으로" 향했다고 말하고 있습니다.

그러나 우리의 문제점은 전체적인 것입니다. 마음에만 국한되어 있지 않습니다. 의지도 관련되어 있습니다. 사도행전 7장에 나오는 이 말씀은 뛰어난 것입니다. 성경이 얼마나 정확한지! 스데반은 "우리 조상들이 모세에게 복종하지 아니하고자" 했다고 말합니다. 아담이 타락했을 때 마음만 타락한 것이 아니라 의지도 타락했습니다. 기대하건대, 10월에 우리는 마르틴 루터가 비텐베르크 성당 문에 95개 조항의 반박문을 내건 중대하고도 기념비적인 날인 1517년 10월 31일을 기념할 것입니다. 루터가 발견한 사실이 무엇입니까? 아주 많은 면에서 전환점 역할을 한 것으로 드러난 사실이 무엇입니까? 자, 루터는 "의지의 속박"을 깨달았습니다. 로마 교회는 그것을 믿지 않았고 지금도 여전히 믿지 않고 있습니다. 그러나 루터는 성경에서 그것을 발견했습니다.

이것은 성경 전체의 기본적인 가르침입니다. "복종하지 아니하고자 하여." 지금 모든 사람의 문제점도 이것입니다. 사람들은 이런 삶을 살고 싶어 하지 않습니다. 구원받고 싶어 하지 않습니다. 자기 방식대로 밀고 나가고 싶어 합니다. 우리 모두 이것을 증명할 수 있으며, 경험으로 이것을 알고 있습니다. 진리가 죄를 드러내고 설복하는데도 여전히 저항하면서 복종치 않는 자신의 모습, 진리를 명확히 아는데도 어찌 된 일인지 의지가 꼼짝을 하지 않아 행동으로 옮기지 못하는 자신의 모습을 보지 않았습니까? 우리의 의지도 마음만큼이나 타락해 있습니다. 우리의 의지는 매여 있고 속박되어 있습니다. 우리는 이 세상의 신, "공중의 권세 잡은 자", "지금 불순종의 아들들 가운데서 역사하는 영"의 지배를 받고 있습니다엡 2:2.

여러분은 물을 것입니다. "그렇다면 정신은 상관이 없습니까?"

오, 그렇습니다. 정신도 상관이 있습니다. 세번째로 상관이 있습니다. 정신도 영향을 받았습니다. 모든 것이 타락의 영향을 받았고, 정신도 의지와 마음만큼이나 그 영향을 받았습니다. 인간의 정신은 왜곡되어서 바르게 사고할 수 없으며 온전한 판단을 내릴 수 없습니다.

스데반이 언급하는 이야기를 보거나 그가 인용하는 구약성경 구절들을 보면 놀랍지 않습니까? 그는 출애굽기 32장에 나오는 아주 놀랍고 비범한 사건을 언급하고 있습니다. 그 사건은 죄에 빠진 인간의 행동에 나타나는 아주 놀랄 만한 특징을 보여주고 있습니다. 이스라엘의 모습을 보십시오. "우리 조상들이 모세에게 복종하지 아니하고자 하여 거절하며 그 마음이 도리어 애굽으로 향하여." 이것은 거의 믿어지지 않는 일입니다. 그들은 애굽에서 어떤 민족도 겪지 못한 속박과 종살이에 시달렸습니다. 완전히 노예가 되어 학대를 받았고-스데반은 이미 그 역사를 산헤드린에게 개괄해 준 바 있습니다-감독들에게 매질을 당했으며 합당한 재료도 제공받지 못한 채 강제로 벽돌을 만들어야 했습니다. 그들은 고통에 몸부림쳤습니다. 자식들도 죽임을 당했습니다. 그러다 최근에야 하나님이 그 종 모세를 통해 기적적으로 끌어내 주셔서 이 자리까지 오게 된 것입니다. 그들은 홍해를 건너 약속의 땅을 향해 나아가는 중입니다. 그런데 사소한 문제가 하나 생겼다고 해서 이런 사태가 벌어진 것입니다. "거절하며 그 마음이 도리어 애굽으로 향하여."

반복하지만 이것은 거의 믿어지지 않는 일입니다. 그런데도 복음을 거절하는 죄인을 지적인 사람이라고 주장하겠습니까? 그렇게 무서운 종살이에서 구원받은 사람이 자유를 누리며 살다가 한 가지 사소한 문제가 생겼다고 해서 "아, 애굽에서 나오지 말걸! 애굽으로 돌아갔으면 좋겠다!"라고 말하는 것이 과연 지적인 행동입니까? 구약성경을 읽어 보십시오. 그들은 애굽과 애굽의 진미를 갈망했습니다출 16:3. 이것이 지성의 표징입니까? 아닙니다. 이것은 정신의 타락을 보여주는 가장 극명한 증거입니다. 사람들은 바보가 되었습니다. 제대로 된 사고를 하지 못합니다. 애굽으로, 그 종살이로 돌아가겠다니요?

그런데도 인간은 이렇게 주장하고 있습니다. 이것은 불합리한 태도입니다. 이성적인 태도가 아닙니다.

복음을 거절하게 만드는 이 무서운 죄는 추론 능력에만 영향을 끼치는 것이 아니라 기억력에도 영향을 끼칩니다. 애굽의 고통을 이렇게 금세 잊을 수가 있습니까? 전에도 자주 인용했던 독일의 철학자 헤겔Friedrich Hegel의 말이 있습니다. "역사는 아무것도 가르치지 못한다는 것을 가르친다." 평화가 찾아왔던 1945년 당시, 1967년에 또다시 3차 세계대전의 문턱에 서게 될 것을 그 누가 예견했겠습니까? 1918년 11월 11일 당시, 1939년 9월 3일에 2차 세계대전이 발발할 것을 그 누가 예언했겠습니까? 대체 무엇이 잘못된 것일까요? 저는 인간이 기억력을 잃어버렸다고 주장하는 바입니다. 인간은 바보입니다! 인간이 무슨 짓을 하고 있으며 무엇을 비축하고 있고 무엇에 대비하고 있는지 보십시오. 다들 과거를 잊은 것이 아닙니까? 물론 잊었습니다! 바로 이것이 인간의 큰 문제점입니다.

그렇다면 사람들은 왜 이렇게 금세 잊어버리는 것일까요? 현실을 직시하지 않기 때문입니다. 항상 자신을 속이기 때문입니다. 물론 곤경에 처했을 때에는 원조를 청합니다. 이스라엘 자손도 그렇게 했습니다. 애굽에서 속박당하고 있었을 때 하나님께 부르짖으며 구원을 요청했고 자신들을 이 모든 속박에서 끌어내 줄 사람을 세워 주실 것을 요청했습니다. 아, 그렇습니다. 고통을 겪을 때에는 부르짖었습니다. 그러나 그 고통에서 벗어나기가 무섭게 까맣게 잊고 자신들을 끌어 준 사람을 거역했습니다.

세상도 똑같은 짓을 하고 있습니다. 전쟁이 일어나고 어려움이 닥칠 때, 오, 그때는 온 나라가 종교의 가면을 쓰고 기도합니다. 가족 중에 누가 치명적인 병에 걸리거나 자신이 앓아눕게 되면 갑자기 선량한 사람이 되어 열심히 기도를 드리면서 앞으로는 전과 다르게 살겠다고 약속합니다. 그러나 얼마나 금세 그 약속을 잊어버립니까! 대체 무엇이 잘못된 것일까요? 오, 우리의 문제점은 문제를 직시하지 않는다는 것입니다. 제가 볼 때 오늘날 전쟁과 그 밖의 것들에 반대하는 많은 이들도 문제를 직시하지 않습니다. 그들은 대부분 무신론자로서 문제 그 자체가 아닌 아픔에만 관심을 갖습니다. 이렇게 하는 한, 우리는 고통에서 벗어날 수 없습니다. 아픔에만 관심을 가지는 사람은 아픔이 사라지는 즉시 그 문제를 잊게 마련입니다. 오늘 아침에 머리가 깨질 듯한 두통을 느끼면서 일어난 많은 이들이 "내가 다시는 술을 마시나 봐라"라고 다짐했을 것입니다. 그러나 다음 주 토요일만 되면 다 잊게 되어 있습니다.

정치인, 철학자, 시인, 사회학자는 아픔에 관심을 보입니다. 그들은 우리에게 편안한 삶을 주고 싶어 합니다. 그러나 "나라로 영화롭게" 하는 것은 다른 것이 아니라 "공의"입니다^{잠 14:34}. 성경이 알려 주는 진정한 문제로 돌아가 그것을 직시하지 않는 한, 우리에게는 소망이 없습니다. 이처럼 타락은 인간의 정신에 영향을 끼쳤습니다. 인간은 바르게 사고할 수 없을 뿐 아니라 제대로 기억하지도 못합니다.

또한 인간은 얼마나 어리석은지 이보다 더 눈먼 짓도 합니다. 이스라엘 자손은 말했습니다. "우리를 인도할 신들을 우리를 위하여 만들라. 애굽 땅에서 우리를 인도하던 이 모세는 어떻게 되었는지 알지 못하노라"^{행 7:40}. 그들은 스스로 똑똑한 자들이라고 생각했습니다! 그러면서도 과거사를 전부 잊은 채 "새 신을 만들어 달라. 이제부터는 우리 식대로 하겠다"라고 말했습니다.

바로 이것입니다. 인간은 하나님을 거절합니다. 과거에 있었던 일들은 전부 잊은 채 새로운 가르침, 새로운 종교, 새로운 철학, 원자 시대와 20세기의 위대한 인간들에게 걸맞은 복음을 발전시킵니다. "새 신을 만들라!" 우리는 그 신들을 만드느라 한 세기가 넘도록 아주 바쁘게 지냈습니다. 그런데 그 신들이 우리를 무엇으로 인도했습니까? 무모함입니다.

바로 이 지점에서 지성이 세번째로 개입됩니다. 죄에 빠진 타락한 인간이 지성을 사용하는 방법은 이것입니다. 즉, 마음이 시키는 일을 포장하고 정당화하는 데 사용하는 것입니다. 우리는 우리가 원하는 대로 하도록 허용해 주는 복음을 원합니다. 이스라엘 자손의 고민은 하나님의 메시지 안에 십계명과 도덕법이 들어 있다는 것이었습니다. 그 법은 세상과 구별될 것을 요구하는 엄격한 법이었습니다. 그들은 그 법이 싫었습니다. 여기에서 그들이 하고 있는 말은 요컨대 "우리가 원하는 대로 하도록 허용해 줄 신들을 만들자. 우리의 욕심이나 욕망과 양립할 수 있는 신들을 만들자"라는 것이었습니다.

똑똑한 사람들이 지금도 하고 있는 일이 바로 이것입니다. 그들은 자신들을 위한 신, 생명도 없고 존재감도 없는 신, 위로가 절실할 때 위로해 주지 못하며 이 땅에서든 영원한 세상에서든 아무 해답을 주지 못하는 신들을 만드는 일에 자신들의 하찮은 지성을 사용합니다. 이것이 기독교의 첫번째 순교자 스데반이 설명하고 분석한 불신앙의 특징입니다.

마지막으로 불신앙이 어떤 일을 하는지 간략하게 보여드리겠습니다. 스데반은 이렇게 말합니다. "우리 조상들이 모세에게 복종하지 아니하고자 하여 거절하며 ─ 그들은 거절했습니다! ─ 그 마음이 도리어 애굽으로 향하여 아론더러 이르되 우리를 인도할 신들을 우리를 위하여 만들라. 애굽 땅에서 우리를 인도하던 이 모세는……" 그들은 이 위대한 인물에 대해 이런 식으로 ─ 비웃음과 냉소와 조롱으로 ─ 말했습니다. 그를 무시해 버렸습니다. 불신앙은 항상 이런 짓을 하게 만듭니다. 하나님의 사자들을 거절하게 만드는 것입니다. 이것이 스데반이 말한 내용의 전체적인 요점입니다. 하나님이 지도자들을 계속 세워 주십니다. 그런데 사람들은 어떻게 합니까? 그들을 "거절"합니다! 요셉의 형들이 요셉에게 어떻게 했는지 기억합니까? 애굽으로 가는 장사치들에게 팔아 버렸습니다. 그들은 요셉을 제거하고 싶었습니다. 세상은 가장 위대한 사람들에게 항상 같은 짓을 해 왔습니다. 이것이 인간의 비극입니다. 그런데도 자신의 지성을 자랑하다니! "거절하며!" 스데반은 산헤드린 공회원들에게 말합니다. "하나님이 보내신 사자들을 거절했던 이스라엘 백성의 비극, 그 옛날의 잘못을 너희가 그대로 되풀이하며 지속시키고 있음을 모르겠느냐? 너희는 하나님의 마지막 사자인 그 아들을 거절했다."

불신앙은 우리로 하여금 이런 짓을 하게 만듭니다. 하나님과 그의 길에 등을 돌리게 만듭니다. 바로 이런 것이 원죄라는 사실은 이미 일깨워 드렸습니다. 아담과 하와는 하나님의 형상을 따라 지음받고 하나님과 교제하며 살았습니다. 그런데 지식과 권위와 능력을 탐하는 자신들의 욕심과 마귀의 사주로 인해 무슨 짓을 저질렀습니까? 고의적으로 하나님께 등을 돌려 버렸습니다.

이것은 무모한 짓이며 불합리하기 짝이 없는 짓입니다. 인간의 광기입니다. 이것이 인간의 곤경에 대한 온전한 설명입니다. 세상이 이 모양이 된 것은 바로 이 때문입니다. 오직 이 때문입니다. 인간은 시대를 막론하고 이런 짓을 계속해 왔습니다. 이것은 전혀 새로운 일이 아닙니다. 복음을 거절하는 것을 새로운 일처럼 여기는 무모한 짓을 하지 마십시오. 그렇지 않다는 것을 입증해 주는 책은 오직 이 책뿐입니다. 여러분은 시대를 막론하고 인간이 해 왔던 짓을 그대로 반복하고 있습니다.

시편 14:1은 이렇게 기록하고 있습니다. "어리석은 자는 그의 마음에 이르기를 하나님이 없다 하는도다." 여러분은 자신들이 20세기 인간이기 때문에 이런 말을 한다고 생각할 것입니다! 그러나 어리석은 자들은 항상 이렇게 말해 왔습니다! 여러분이 최초로 이런 말을 한 것이 아닙니다. 여러분은 어리석은 자들이 항상 말해 왔던 내용을 녹음기처럼 되풀이하고 있는 노예에 불과합니다. 어리석은 자의 어디에서 이런 말이 나오는지 아시겠습니까? 머리가 아닌 '마음'입니다. 어리석은 자는 하나님을 원치 않습니다. "하나님이 없어야 내 인생이 훨씬 더 편해진다. 내가 원하는 걸 원하는 만큼 할 수 있고 즐겁게 지낼 수 있다"라고 말합니다. 탕자도 옛적에 그렇게 주장했습니다. "아버지한테서 벗어나기만 하면……."

어리석은 자들은 시대를 막론하고 늘 그렇게 주장해 왔습니다. 바울은 말합니다. "육신의 생각은 하나님과 원수가 되나니 이는 하나님의 법에 굴복하지 아니할 뿐 아니라 할 수도 없음이라"롬 8:7. 우리는 모두 하나님께 등을 돌렸습니다. 그와 원수가 되었습니다. 그 결과 스스로 신이 되어 버렸습니다. 금을 그어 놓은 이쪽에서는 내가 신으로 군림하고, 저쪽에서는 다른 사람이 신으로 군림합니다. 나는 나대로, 그는 그대로 더 큰 신이 되려 하다가 결국 싸움이 벌어집니다. 그 이유가 무엇입니까? 둘 다 참되고 살아계신 한분 하나님 앞에 무릎을 꿇고 그를 경배하지 않기 때문입니다. 그것이 이 싸움에 대한 유일한 설명입니다. 온 세상이 하나님만 경배하고 그의 법에 귀를 기울인다면 지금 우리를 위협하고 괴롭히는 문제들은 전부 사라질 것입니다.

이것을 최고로 잘 보여주는 예는 세상이 하나님의 아들에게 한 짓입니다. "하나님이 세상을 이처럼 사랑하사 독생자를 주셨으니." 그는 자신의 아들을 세상에 보내 주셨습니다. 그런데 사람들이 무슨 짓을 했습니까? 모세를 거절했던 자들처럼 그를 거절해 버렸습니다. "없이 하소서"라고 소리쳤습니다. 눈앞에서 치워 달라고 했습니다. "없이하소서. 그를 십자가에 못박게 하소서." 그들이 하나님의 아들 대신 택한 사람이 누구입니까? 강도입니다!

그래서 세상이 이 모양이 된 것입니다. 세상이 이처럼 계속해서 하나님의 아들을 거절하는 한, 어떤 정치인도 안정을 가져다 주지 못할 것입니다. "난리와 난리의 소문"이 계속될 것입니다 막 13:7. 세상이 예수 그리스도보다 강도들을 더 선호하는 한, 지금과 같은 결과들이 계속 나타날 것입니다. 이것은 아주 당연한 일입니다. 하나님을 거절하면 이렇게 됩니다. 그리스도를 거절하면 이렇게 됩니다!

스데반은 매우 전형적이고 완벽한 표현을 사용하고 있습니다. "거절하며 그 마음이 도리어 애굽으로 향하여." 불신앙은 이런 짓을 하게 만듭니다. 항상 돌이키게 만듭니다. 무엇에서 돌이키게 만듭니까? 자, 태초에는 하나님이 원래 의도하셨던 모습에서 돌이키게 만들었습니다. 인간은 원래 아주 완벽한 존재였습니다. 하나님의 형상과 모양을 따라 지음받고 의의 원형을 부여받은 눈부신 존재였습니다. 굉장한 피조물이었습니다. 얼마나 존귀했는지 모릅니다! 그는 땅 위에서 하나님을 대변하는 존재였고 피조세계의 주인이었습니다. 이것이 하나님이 만드신 인간의 원래 모습이었습니다. 그런데 불신앙이 어떻게 만들었습니까? 그 모습에서 돌이키게 만들었습니다. 돌이켜 어디로 나아가게 했습니까? 자, 지금 우리가 보는 이런 모습으로 나아가게 했습니다. 이것이 타락입니다. 신과 같은 영광스러운 모습에서 수치와 치욕과 불행과 전쟁과 불행과 비참함으로 떨어지는 것입니다.

그렇습니다. 하나님과 그리스도를 거절하는 인간은 항상 돌아서게 되어 있습니다! 해방과 자유에서 돌이켜 종살이로 나아가게 되어 있고, 영광에서 돌이켜 노예생활로 나아가게 되어 있습니다. 아직도 모르겠습니까? 하나님은 세상을 완벽하게 만드셨습니다. 그런데 이 모양이 된 것은 인간이 하나님에게서 돌이켜 아래로 떨어져 버렸기 때문입니다. 이것이 타락입니다. 타락은 항상 이런 것입니다. 아래로 떨어지는 것입니다. 그런데도 인간은 무모하게 예수 그리스도와 그의 복음 거절하는 것을 대단한 일로 여기며 자랑하고 있습니다.

이것은 마지막 요점으로 연결되는데, 그것은 불신앙이 아주 배은 망덕하다는 것입니다. 이 형편없는 백성들의 말을 들어 보십시오. "우리를 인도할 신들을 우리를 위하여 만들라. 애굽 땅에서 우리를 인도하던 이 모세는 어떻게 되었는지 알지 못하노라." 이것이 사람들의 전형적인 태도입니다. 사람들은 위대한 지도자들을 이런 식으로 대접합니다. 영국에도 이런 일이 있었습니다. 그들이 필요할 때는 이용하다가 필요치 않으면 폐기해 버립니다. 신경도 쓰지 않습니다! 우리가 신경 쓰는 것은 오직 자신의 쾌락과 편안함과 즐거움뿐입니다. 그것을 위해서라면 누구라도 희생시키며 거절하려 듭니다. "이 모세는……."

"이 모세는"이라니요? 그는 애굽 공주의 아들로 자라나 누구보다 장래가 촉망되던 사람이었습니다. 그런데 그들과 함께하기 위해 그 모든 가능성을 포기했습니다. 영광스러운 미래를 포기했을 뿐 아니라 목숨의 위험까지 무릅썼습니다. 그리고 목자로 살았습니다. 그는 백성들과 함께 이 길을 걸어오면서 모든 괴로운 일과 두려운 일을 함께 겪었습니다. 그들을 구원하고 해방시키기 위해 자신을 완전히, 철저하게 내놓았습니다. 그런데 그런 사람을 공격하면서 "이 모세는 어떻게 되었는지 알지 못하노라"라고 말한 것입니다. 이 말에는 냉소와 경멸이 섞여 있습니다!

자, 하나님과 우리 주요 구주되신 예수 그리스도에 대해서는 어떻게 하고 있습니까? 사람들이 주님의 이름을 사용하는 것은 맹세할 때나 욕할 때뿐입니다. "이런 망할 예수!"라든지 "이런 망할 그리스도!", "이런 망할 십자가!", "이런 망할 피!"라고 말하는 것입니다. 이런 말에 묻어 있는 것은 냉소와 비웃음과 조롱입니다. 그들은 하나님뿐 아니라 그가 행하신 가장 큰 일까지 모독합니다. 하나님이 하신 일을 그 면전에 집어 던지면서 심하게 비웃고 조롱하며 무시해 버립니다.

여러분도 그 죄를 지었습니까? 자, 아직 그리스도인이 되지 않았다면 그 죄를 지은 것입니다! 과학 이야기는 꺼내지 마십시오. 저도 여러분만큼이나 잘 알고 있습니다! 그것은 핑계가 되지 못합니다. 여러분이 그 이야기를 꺼내는 것은 자신의 욕심과 정욕과 욕망을 위장하기 위해서입니다. 여러분의 지성 때문에 믿지 않는다는 것은 저를 모욕하는 말입니다. 결국 저는 바보라서 믿는다는 뜻이 되기 때문입니다. 그러나 여러분이 원한다면 언제든지 과학적인 근거를 가지고 응할 준비가 되어 있습니다. 현실을 직시하십시오. 자신의 모습을 직시하십시오. 오늘날 세상의 모습을 직시하십시오. 역사를 읽으십시오. 역사가 바로 이러한 불신앙과 무모함의 이야기이고, 이성과 진리보다 욕심과 욕망의 지배를 받아 온 이야기임을 알게 될 것입니다. 불신앙은 하나님을 거절하는 것입니다. 사랑이신 하나님의 얼굴에 침을 뱉는 것이며, 그의 가장 영광스러운 제안을 거절하는 것입니다. 그는 거저 용서해 주겠다고 하십니다. 자신과 화목하게 해주겠다고, 새 마음과 새 생명과 새 본질을 주겠다고 하십니다. 죽음의 두려움을 없애주시고, 장차 임할 상상할 수 없는 영광을 보여주겠다고 하십니다. 이 모든 것을 아무 대가 없이 주겠다고 하십니다. 그것을 전부 거절하는 것이 과연 현명한 짓이라고 할 수 있습니까? 이것은 여러분 개인의 문제와 각 나라의 문제를 풀 수 있는 유일한 해결책입니다. 온 세상의 문제를 풀 수 있는 유일한 해결책입니다.

하나님이 우리에게 들을 귀를 주시기를! 그 옛날 스데반이 산헤드린 공회원들에게 주장했던 이 내용에 귀를 기울이게 해주시기를, 그것을 자기 자신에게 적용하는 은혜를 주시며, 회개하지 않는 한 재 앙과 멸망 밖에는 기다릴 것이 없다는 사실과 그것이 지극히 합당한 보응이라는 사실을 깨닫는 은혜를 주시기를 소원합니다. 너무 늦기 전에 우리 모두 하나님께 귀를 기울이며 그분께 굴복합시다.

14

인간의 어리석음

우리 조상들이 모세에게 복종하지 아니하고지 히어 거절하며 그 마음이 도리어 애굽으로 향하여 아론더러 이르되 우리를 인도할 신들을 우리를 위하여 만들라. 애굽 땅에서 우리를 인도하던 이 모세는 어떻게 되었는지 알지 못하노라 하고 그때에 그들이 송아지를 만들어 그 우상 앞에 제사하며 자기 손으로 만든 것을 기뻐하더니 하나님이 외면하사 그들을 그 하늘의 군대 섬기는 일에 버려두셨으니 이는 선지자의 책에 기록된 바 이스라엘의 집이여, 너희가 광야에서 사십 년간 희생과 제물을 내게 드린 일이 있었느냐. 몰록의 장막과 신 레판의 별을 받들었음이여, 이것은 너희가 절하고자 하여 만든 형상이로다. 내가 너희를 바벨론 밖으로 옮기리라 함과 같으니라.

사도행전 7:39-43

지금껏 살펴보았듯이 성경의 전적인 주장은 세상이 하나님의 말씀을 거절했기 때문에 이 모양이 되었다는 것입니다. 이것은 과거 어느 때보다 이 시대에 해당되는 말입니다. 여러분은 세상의 현 모습을 본 사람이라면 누구나 기꺼이 복음을 들을 것이라고 생각할지 모릅니다. 인간으로서 할 수 있는 일이 더 이상 없기 때문에 본능적으로 하나님께로 돌이켜서 복음을 들을 것이라고 생각할지 모릅니다. 그러나 사람들은 그렇게 하고 있지 않습니다. 오히려 복음을 거절하고 있습니다.

왜 그럴까요? 여러 가지 이유가 있지만, 저는 특별히 두 가지에 주목하고 싶습니다. 첫째는 메시지 자체를 오해하고 있다는 것입니다. 지성을 자랑하는 산헤드린 공회원들을 보십시오. 그들은 세상의 구주되신 하나님의 아들에 대한 메시지를 고의적으로 거절하고 있으며, 그 메시지를 전했다는 이유로 한 사람을 죽이려 하고 있습니다. 그들의 문제가 무엇입니까? 자, 분명한 것은 그들이 이 메시지를 완전히 오해했다는 것입니다. 지금도 사람들은 이 메시지를 오해하고 있으며, 그 때문에 고집스럽게 거절하고 있습니다.

이러한 오해를 이루고 있는 주된 요소가 두 가지 있습니다. 첫째로, 사람들은 복음이 우리의 모든 어려움을 처리하고 해결해 주며 세상의 질서를 잡아 줄 것을 약속한다는 이상한 개념을 가지고 있습니다. 이것이 기독교 메시지에 대한 일반인들의 생각입니다. 사람들은 기독교가 전쟁을 종식시키고 인간의 모든 문제를 해결함으로써 만인이 죽는 날까지 행복하게 살 수 있게 해줄 것이라고 생각합니다. 이것이 오해의 한 가지 요소입니다. 둘째로, 사람들은 이 메시지가 우리에게 살아가는 법을 가르쳐 주며, 무엇이 그른 일이고 무엇이 옳은 일인지 알려 주고, 그 기준에 따라 행동할 것을 촉구함으로써 바람직한 상태로 나아가게 해준다는 잘못된 관점을 가지고 있습니다.

이 두 가지 생각을 살펴봅시다. 첫번째 생각에 대한 답변은 복음─주님이 친히 가르치셨으며 그 뒤를 따른 모든 이들이 반복해서 전한 복음─은 세상을 개혁하고 질서를 잡아 줄 것을 약속한 적이 없다는 것입니다. 단 한 번도 없다는 것입니다! 오히려 주님은 이와 정반대되는 내용을 설교하고 가르치셨는데, 저는 그 증거를 얼마든지 제시할 수 있습니다. 주님은 "세상에서는 너희가 환난을 당하나"라고 말씀하셨습니다요 16:33. 그는 전쟁을 추방하고 모든 나라가 서로 사랑하게 해 줄 것을 약속치 않으셨습니다. 절대 약속치 않으셨습니다. 오히려 "난리와 난리 소문"을 들을 것이라고 말씀하셨습니다마 24:6. 지난주와 같은 그런 때가 올 것이라고 말씀하신 것입니다.[1] 다음과 같은 말씀을 하신 분은 바로 주님입니다. "노아의 때에 된 것과 같이 인자의 때에도 그러하리라. 노아가 방주에 들어가던 날까지 사람들이 먹고 마시고 장가들고 시집가더니 홍수가 나서 그들을 다 멸망시켰으며 또 롯의 때와 같으리니……"눅 17:26-28. 아무 염려 없이 태평스럽게 먹고 마시고 장가들고 시집가고 심고 세우고 팔고……. 그들은 재앙이 닥칠 때까지 아무 생각도 하지 않았습니다. 그리고 재앙이 닥쳤을 때에는 이미 생각하기에 늦어 버렸습니다. 이것이 주님의 가르침입니다. 주님은 세상의 질서를 잡아 주겠다고 약속하신 적이 없습니다.

복음은 실패작으로 판명 났다며 거부하는 사람들이 많다는 점에서 이것은 중요한 사실입니다. 그들은 "당신네 복음이 평화를 주고 전쟁을 추방하며 세상의 질서를 잡아 주겠다고 약속했지만, 지금 세상의 꼴을 보십시오! 거의 2000년 동안 복음이 전파되었는데도 세상이 어떤지 현실을 보란 말입니다. 당신네 기독교는 실패작으로 드러났습니다"라고 말합니다. 이런 태도는 전부 기독교가 세상의 질서를 잡아 줄 것을 약속했다고 생각하는 오류에서 비롯된 것입니다.

그렇다면 복음이 말하는 바는 무엇입니까? 복음은 세상이 하나님

---

1 1967년 6월에 일어난 6일 전쟁을 가리키는 말이다.

의 심판 아래 있으며 최후의 멸망으로 나아가고 있다고, 그러나 하나님의 음성을 듣는 자, 특히 하나님 아들의 복음을 듣는 자는 누구나 세상에서 구원받을 수 있으며 "사랑의 아들의 나라로" 옮겨져서 장차 임할 영광을 기다릴 것이라고 말합니다골 1:13. 장차 큰 날이 임하면 이 물질적인 세상 위에도 그 영광이 확연히 나타날 것이라고 말합니다. 이것이 기독교의 메시지입니다. 이 메시지는 세상의 개혁을 다루고 있는 것이 아니라, 세상에서 구원받아 하나님 나라로 옮겨지는 일을 다루고 있습니다. 이것이 첫번째 오해에 대한 답변입니다.

둘째로, 복음은 사실상 하나의 가르침에 불과하다는 생각, 이상적이고 윤리적인 위대한 가르침에 불과하기에 사람들에게 가르치고 선전해서 "그래, 우리가 원하는 것이 바로 저것이다. 이제 나가서 저대로 실천해야 한다. 법률이나 양심의 호소를 통해 하나님 나라를 실현해야 한다. 사람들을 설득해서 그리스도를 본받아 새로운 세상을 만들게 해야 한다"라고 말하게 하자는 생각을 살펴봅시다.

이 신조는 사람들에게 인기를 끌었습니다. 고故 조지 웰스H. G. Wells를 비롯한 여러 사람들, 빅토리아시대 말기와 특히 에드워드시대에 활발하게 활동하던 사람들은 다 이렇게 가르쳤습니다. 세상은 지식이 부족해서 현재와 같이 행동한다는 것이 그들의 전반적인 생각이었는데, 지금 보면 얼마나 공허한 생각인지 모릅니다. 그들은 다음과 같이 말했습니다. "인간이 싸우고 전쟁을 일으키는 것은 무지하기 때문이다. 생각만 하고 두뇌만 사용한다면 그런 일은 곧 중단될 것이다. 그러므로 모든 곤경의 해결책은 교육이다. 교육받은 사람은 전쟁을 벌일 리가 없다. 생각이라는 것을 하는 순간 전쟁이 얼마나 기괴하고 우스운 일인지 깨달을 것이며, 그 결과 전쟁을 추방할 것이다. 우리는 교육을 신뢰하면서 사람들에게 지식과 정보를 주고 전쟁의 실상을 보여주어야 한다. 그러면 더 이상 싸우지 않을 것이다." 20세기에만도 이런 가르침을 선전하는 데 얼마나 엄청난 에너지를 쏟아부었는지 모릅니다. 그러나 이것은 복음과 아무 관계가 없는 가르침입니다. 복음은 오히려 정반대의 말을 하고 있습니다. 인간은 하나님의 가르침을 좋아해서 거기에 반응하고 실천에 옮기기는커녕 하나님과 그의 가르침을 미워하며 전혀 상관하려 들지 않는다고 말하는 것입니다. 복음은 거기에서도 좀더 나아가 설사 인간이 지적으로는 이 가르침을 좋아한다 해도 그것을 실천할 능력은 없다고 말합니다. 이것이 복음의 명백한 진술입니다. 사람들에게 훌륭한 가르침을 주면서 그것을 실천함으로써 완벽한 세상을 만들 것을 권하기만 하면 된다는 생각은 복음의 핵심적인 본질을 완전히 부정하는 것입니다.

그렇다면 사람들은 왜 복음의 가르침에 순종할 수가 없을까요? 스데반은 이 점을 아주 명백하고 분명하게 지적하고 있습니다. 타락 이후 인간에게는 불신앙이 들어왔고, 그 불신앙이 하나님의 말씀을 고집스럽게 거절하도록 만들고 있습니다. 그 원인이 무엇입니까? 지성이 아닌 마음에 문제가 있다는 것은 이미 살펴보았습니다. 그러나 이것은 전적인 원인이 아닌 일반적인 원인입니다. 스데반은 분석을 계속해 나가고 있습니다. 여러분 자신의 상태가 걱정된다면, 세상의 상태가 걱정된다면, 세상이 어떻게 이렇게까지 무모해질 수 있으며 인간이 어떻게 지난주 같은 일을 벌임으로써 문제를 해결할 수 있다고 생각할 수 있는지 혼란스럽다면, 그 답을 알고 싶다면, 이 메시지를 들어 보시기 바랍니다. 이것이 유일한 설명입니다. 신문이나 텔레비전에 나오는 똑똑한 사람들의 인터뷰를 아무리 열심히 들어 봐야 이에 대한 설명은 나오지 않습니다. 그들은 문제를 건드리지 못합니다. 이 문제에 대해 아는 바가 없기 때문입니다. 원인은 정치적인 데 있는 것이 아니라 영적인 데 있습니다. 스데반은 이 문제를 능숙하게 분석하고 폭로함으로써 오늘날 세상이 이 모양이 된 이유를 보여주고 있습니다.

거듭 말하지만, 우리의 문제점은 하나님께 반역했다는 데 있습니다. 사람들이 왜 이런 식으로 행동할까요? 스데반의 대답은─이것이 우리가 파악해야 할 첫번째 요점인데─사람들이 아주 고의적으로 이렇게 한다는 것입니다. 다시 말해서 사람들의 문제는 무지에 있는 것도 아니고 정보의 부족에 있는 것도 아닙니다. 우리도 지금은 이것이 전쟁의 문제나 세상의 곤경에 대한 설명이 되지 못한다는 것을 알고 있습니다. 사람들은 지식이 있으면서도 항상 고의적으로 하나님의 길을 거부하는 쪽을 선택해 왔으며, 그것도 조롱과 냉소로 그쪽을 선택해 왔습니다.

세상에서 가장 오래된 책에 속하는 이 책, 성경을 보십시오. 인간은 수백 년 동안 이 책을 마주해 왔습니다. 1938년, 우리는 잉글랜드 국민들에게 성경이 개방된 지 400년이 되는 해를 기념했습니다. 400년 동안이나 성경은 우리에게 열려 있었습니다. 그러니 무지는 핑계가 될 수 없습니다. 여러분의 병폐를 분석하고 폭로해 주는 책이 여기 있습니다. 그 병폐에 대한 치료법, 유일하게 효력이 있는 치료법이 여기 제시되어 있습니다. 이 말씀은 계속해서 전파되어 왔습니다. 그 메시지는 거의 2000년 동안이나 세상에 전해져 왔습니다. 또한 우리는 신앙 때문에 박해받은 자들과 순교한 자들의 위대한 이야기도 알고 있습니다. 그 모든 내용을 다 알고 있습니다.

그런데 무엇이 문제입니까? 왜 여전히 복음을 거절하고 있습니까? 복음에 대한 오해에 그 한 가지 원인이 있다는 점은 이미 살펴보았습니다. 좀더 근본적인 두번째 이유가 있습니다. 그들이 기독교 메시지를 거절하는 것은 어리석은 자이기 때문입니다. 죄송합니다. 저 자신부터가 어리석은 자이기 때문에 솔직한 표현을 쓸 수밖에 없습니다. 저는 원래 어리석은 자였습니다. 모든 인간은 원래 어리석은 자입니다. 성경을 읽다 보면 인간의 교만과 어리석음 중에 어느 것이 더 심각한 요소인지 골라내기가 아주 어렵습니다. 저는 어리석음이 더 심각하다고 생각하는데, 어리석음에서 교만이 나오기 때문입니다. 어리석지 않으면 교만해지지 않습니다. 사람들은 자신이 무슨 짓을 하고 있는지 모르기 때문에, 자신이 무슨 말을 하고 있는지 모르기 때문에 교만해집니다. 그러므로 인간이 처한 곤경의 궁극적인 원인은 어리석음에 있습니다. 성경이 죄인을 다룰 때 빈번히 하는 말이 바로 이것임을 여러분도 알 것입니다.

성경은 죄를 여러 가지로 정의하고 있습니다. 죄는 '과녁에서 벗어나는 것'입니다. 죄는 표적을 맞추려 하다가 못 맞추는 것과 같습니다. 또한 죄는 위반하는 것이며 불순종하는 것입니다. 그러나 죄인과 관련된 가장 궁극적인 사실은 하나님께 불순종하는 사람은 어리석다는 것입니다. "어리석은 자는 그의 마음에 이르기를 하나님이 없다 하는도다"시 14:1. 주님은 어리석은 부자의 비유를 들려주십니다. 농부였던 그 부자는 자축하고 있었습니다. 곡간이 모자랄 정도로 추수가 잘되었기 때문입니다. 그는 기존 곡간을 허물고 더 넓은 곡간을 지을 계획을 세웠습니다. 그리고 즐거운 마음으로 말했습니다. "영혼아, 여러 해 쓸 물건을 많이 쌓아 두었으니 평안히 쉬고 먹고 마시고 즐거워하자." 그러나 그날 밤, 하나님은 그에게 말씀하셨습니다. "어리석은 자여, 오늘 밤에 네 영혼을 도로 찾으리니 그러면 네 준비한 것이 누구의 것이 되겠느냐"눅 12:16-20. 어리석은 자! 죄에 빠져 하나님께 반역하는 인간을 성경이 가장 일반적으로 비난할 때 쓰는 표현이 바로 이것입니다.

이런 어리석음은 어떤 식으로 드러날까요? 주로 자신을 속이고 기만하는 것으로 드러납니다. 이것이야말로 무엇보다 비극적인 일입니다. 남을 속이는 것도 나쁜 일이지만 자신을 속이는 것은 정말 큰 비극이 아닐 수 없습니다. 인간은 태초에 하나님을 처음 거역하고 반역한 이래 계속해서 이런 짓을 해 왔습니다. 원죄—하나님을 대적하는 마귀의 제안에 귀를 기울이며 그의 거짓말을 믿은 것—는 인간이 지금까지 저지른 어리석은 행동 중에서도 가장 어리석은 행동이었습니다. 무모한 행동이었습니다!

이제 자기기만의 본질이 무엇인지 보여드리고자 하는데, 그것은 스데반이 이스라엘 자손에 대해 언급한 내용에 아주 명확하게 나와 있습니다. 애굽에서 그들을 이끌어 낸 모세는 하나님께 율법을 받기 위해 시내산에 올라가 있었습니다. 스데반은 말합니다. "우리 조상들이 모세에게 복종하지 아니하고자 하여 거절하며 그 마음이 도리어 애굽으로 향하여 아론더러 이르되 우리를 인도할 신들을 우리를 위하여 만들라……그때에 그들이 송아지를 만들어 그 우상 앞에 제사하며 자기 손으로 만든 것을 기뻐하더니."

이것은 인간의 엄청난 어리석음을 완벽하게 보여주는 그림입니다. "신들을 우리를 위하여 만들라.……자기 손으로 만든 것을!" 무슨 뜻입니까? 자, 늘 그렇듯이 바울은 이에 대해 결정적인 발언을 하고 있습니다. 그는 로마서 1:22에서 인간에 대한 진술 중에 가장 통렬한 진술을 하는데, 그것은 과거 어느 시대보다 이 시대에 명확히 들어맞는 말입니다. "스스로 지혜 있다 하나 어리석게 되어." 이것이야말로 20세기 사람들에 대한 완벽한 묘사임을 알아채지 못한다면, 여러분은 삶에 대해 아는 바가 거의 없다고 해야 할 것입니다.

"스스로 지혜 있다 하나 어리석게 되어." 무슨 뜻입니까? 자, 자신감이 넘친다는 것입니다. 사람들의 자신감에는 끝이 없습니다. 그들은 인간이 할 수 없는 일은 아무것도 없다고 생각합니다. 어쨌든 인간은 원자를 분할했고 중력의 법칙을 무너뜨렸고 사람을 우주에 보냈으니 말입니다. 과연 그들을 가로막을 것이 있겠습니까? 당연히 없습니다! 인간이 우주의 중심입니다. 인간의 두뇌가 우주에서 가장 위대합니다. 인간의 능력에는 한계가 없습니다. 그들이 내세우는 첫번째 주장은 자신들이 하나님도 만들어 낼 수 있다는 것입니다. 그러나 이러한 '현대인'의 태도는 새삼스러운 것이 아닙니다. 조상들도 정확히 같은 짓을 했습니다. 시내산 밑에서 아론을 찾아가 "신들을 우리를 위하여 만들라"라고 했습니다.

스데반은 말합니다. "그때에 그들이 송아지를 만들어 그 우상 앞에 제사하며 자기 손으로 만든 것을 기뻐하더니." 그들은 신을 원했고, 신을 만들었습니다. 그들에게는 그럴 만한 역량이 있었습니다. 스스로 그럴 만한 역량이 있다고 확신해 마지않았습니다. 그래서 금으로 멋지게 신을 만들어 냈고, 나아가 그 신을 경배했습니다. 물론 이런 짓을 하는 데 아무 주저도 없었습니다. 인간은 신을 만들 때 주저해 본 적이 없습니다. 인간은 만신전을 만들었습니다. 머큐리니 마르스니 주피터니 하면서, 신들마다 이름을 붙여 주었습니다.

지금도 사람들은 같은 짓을 하고 있습니다. 지난 100여 년간 가장 분명하고 두드러지게 나타난 활동은 당연히 이것이었습니다. 사람들은 그 똑똑한 머리로 새 신을 만들어 세웠습니다. 그리고 거기에 성경 고등비평이라는 이름을 붙여 주었습니다. 성경에 대한 이러한 접근은 독일에서 처음 비롯된 것으로서, 독일의 다른 많은 사상들과 마찬가지로 인간, 위대한 인간에 대한 엄청난 믿음과 하나님 믿는 것을 인간에 대한 모욕으로 여기는 사상에 그 출발점을 두고 있습니다.

성경에 이렇게 접근하는 사람들은 스스로 성경을 판단하면서 "물론 성경에도 옳은 말들이 있기는 하지만, 허황하고 쓸데없는 이야기도 엄청나게 많이 있다. 성경이 하나님에 대해 하는 말 중에 네 마음에 들지 않는 것이 있다면, 그 말은 틀린 것이다. 진리가 아니니 내던져 버려라"라고 말합니다. 하나님을 규정짓는 주체가 누구입니까? 인간입니다! 사람들은 100년간 이런 짓을 해 왔습니다. 신, 새로운 신을 세워 온 것입니다. 이 신에게는 진노도 없고 공평함도 없고 의로움도 없습니다. 이 하나님은 벌을 주지 않습니다. 오직 사랑만 있을 뿐 다른 요소는 하나도 없습니다. 사람들은 아무 주저 없이 이런 짓을 해 왔습니다. 새로운 성부, 새로운 성자, 새로운 성령—성령을 믿기나 한다면—을 만들었고, 아무 주저 없이 인간이 성경 계시를 판단할 수 있다고 주장했으며, 하나님을 규정짓고 묘사하며 서술할 수 있다고 말했습니다. 이에 따르면 자신의 생각에 부합되지 않는 하나님일수록 나쁜 하나님입니다.

저는 지금 사실만을 말하고 있습니다. 혹시 여러분도 이런 죄를 지은 적이 있습니까? 스스로 점검해 보십시오. 자신의 왜소한 지성을 최종적인 권위의 주체로 내세우면서 아무 주저 없이 하나님에 대한 견해를—"이러이러하게 한다면 하나님이 틀린 거지. 하나님은 왜 저러저러하게 하지 않는 거야?" 하면서—밝혔습니까? 여러분도 이런 말들을 했습니까? 그렇다면 여러분은 하나님을 판단하고 있는 것입니다. 자기를 위하여 신을 만들고 있는 것입니다. 자신감에 빠져 스스로 신을 만들 수 있으며 창조할 수 있다고 주장하고 있는 것입니다.

첫번째 요점에 자연히 따라오는 두번째 요점은 사람들이 자신에 대한 진실을 안다고 자신해 마지않는다는 것입니다. 그들은 성경의 인간관을 좋아하지 않습니다. 맨 처음 유혹도 그것이 아니었습니까? "하나님이 참으로 너희에게……먹지 말라 하시더냐"창 3:1. 하나님의 명령은 옳지 않고, 공정하지 않고, 공평하지 않다는 것입니다! 다시 말해서 아담과 하와는 하나님의 인간관에 맞서는 자신들의 인간관을 세운 것입니다. 그들은 하나님의 견해를 거부하고 마귀의 견해를 받아들였습니다.

구약과 신약에 계속해서 이 이야기가 나오고 있습니다. 사람들은 자기 자신을 알며 이해하고 있다고 믿는데, 이 부분에서도 역시 과거 어느 때보다 20세기 사람들이 더 열심히 그렇게 믿고 있습니다. 오늘날 사람들은 성경의 인간관을 받아들이지 않습니다. 그것을 인간에 대한 모욕으로 간주합니다. 그러면 그들이 가지고 있는 인간관은 무엇입니까? 자, 거기에는 여러 가지가 있습니다. 어떤 이들은 인간을 순전히 경제적인 단위로 간주합니다. 자본과 노동의 상호작용이 낳은 결과물에 불과하다고 믿는 것입니다. 이것이 변증법적 유물론—여러분이 부르고 싶은 대로 부르십시오—입니다. 생물학적 인간관 내지는 스스로 과학적이라고 생각하는 인간관을 내세우는 이들이 있는가 하면, 이른바 심리적인 인간관을 내세우는 이들도 있습니다. 어떤 경우든지 사람들은 자신들에게 인간을 규정할 만한 역량이 있다고 주장합니다. 스스로 인간을 이해하고 있다고 생각하며 그 밖의 관점은 전부 거절해 버립니다.

셋째로, 이것은 이 세상에서 살아가는 법과 세상을 운영하는 법, 세상의 질서를 잡는 법을 안다는 대단한 자신감으로 연결됩니다. 이스라엘 자손도 그러했습니다. 그들은 하나님께 등을 돌리고 "자, 이제 우리가 원하는 걸 하자"라고 말했습니다. 왕도 그런 식으로 요구했습니다. 이스라엘은 원래 왕이 필요 없는 나라였음에도 "다른 나라에는 다 왕이 있는데 왜 우리만 없지? 이건 공평치 않다. 우리도 왕을 세우자"라고 말한 것입니다. 그들은 하나님의 백성이었고 이스라엘은 신정국가였습니다. 그러나 그에 만족하지 않고 다른 왕국 같은 왕국을 이루고자 했습니다. 그들은 항상 하나님보다 좋은 것을 갖고 싶어 했습니다. 그 이야기가 이스라엘의 전 역사를 채우고 있습니다. 그들이 왕을 구했을 때 하나님이 주신 답변은 요컨대 이런 것입니다. "좋다. 왕을 주겠다. 그러나 왕이 생기면 이러이러한 일들이 벌어질 것이다" 삼상 8장. 그럼에도 왕을 세웠을 때 과연 하나님이 말씀하신 일들이 전부 벌어졌습니다.

지금도 마찬가지입니다. 사람들은 스스로 살아가는 법과 세상을 운영하는 법을 안다고 생각합니다. 오, 지난 100년간 사람들이 철학과 정치학을 얼마나 신뢰했는지! 그들은 법률로 완벽한 세상을 만들 수 있으며 전쟁을 추방할 수 있다고 믿었습니다. 믿는 척했던 것이 아니라 정말로 그렇게 믿었습니다. 거만한 착각, 과대망상은 그만큼 어리석은 것입니다. 그들은 정치학과 교육과 사회학과 철학과 과학을 비롯한 모든 것으로 세상을 완벽하게 만들 수 있다고 진심으로 믿었습니다. 그리고 지금도 그렇게 믿고 있습니다! 실로 경악할 일이 아닐 수 없습니다.

스데반은 이것이야말로 산헤드린이 주 예수 그리스도와 그의 구원을 거절하는 이유에 대한 유일한 설명이라고 말합니다. 저는 지금 그 설명을 짚어 나가고 있는 중입니다. 그 설명은 오늘날에도 여전히 해당됩니다. 사람들이 성경 계시를 거절하는 이유가 무엇입니까? 이 책의 정당성이 날마다 입증되고 있는데도, 성경의 경고가 사실이며 다른 말들은 전부 거짓임을 세상이 증명해 주고 있는데도 그렇게 더디 믿는 이유가 무엇입니까? 성경은 20세기가 모든 시대 중에 가장 위대한 시대가 되리라고 말하지 않습니다. 그렇습니다. 이미 보여드렸듯이 성경은 오히려 정반대의 말을 하고 있습니다. 성경을 부인하면서 그런 말을 떠든 것은 인간입니다. 그들은 거짓된 낙관론자들입니다. 그러나 성경에서는 거짓된 낙관론을 찾아볼 수 없습니다.

그렇다면 사람들은 왜 우리에게 주어진 이 계시, 이 가르침에 분개하는 것일까요? 자신들에게 재능과 능력이 있다고 믿기 때문입니다. 그렇습니다. 그들은 연구자들입니다. 원자도 분할했으니 세상에 못할 것이 없다는 것입니다! 그들은 아이 취급 받는 것을 싫어합니다. 위대한 연구에 착수하고 위대한 노력을 기울이기만 하면 궁극적인 진리, 절대적인 실재에 반드시 도달할 것이라고 진심으로 믿습니다. 그렇기 때문에 주님의 표현대로라면 "너희가 돌이켜 어린아이들과 같이 되지 아니하면 결단코 천국에 들어가지 못하리라"라고 말하는 복음을 대면할 때 모욕감을 느끼는 것입니다마 18:3. 인간은 얼마나 어리석고 얼마나 큰 과대망상에 빠져 있으며 스스로 속고 있는지, 하나님이 친히 말씀하시는데도 그 말씀을 거절하고 있습니다.

"신들을 우리를 위하여 만들라"라고 말하며 자기 손으로 만든 물건을 숭배하는 엄청난 어리석음의 첫번째 큰 발로가 바로 이것입니다. 스데반이 분석하고 있듯이 이 어리석음의 첫번째 큰 요소는 자기기만, 즉 자신의 능력과 역량에 대한 인간의 끝없는 자신감입니다. 스데반은 요컨대 "너희 조상들이 하던 짓을 너희가 그대로 따라하고 있음을 모르겠느냐?"라고 묻고 있습니다. 미약하나마 제가 지금 하고 있는 말도 똑같은 것입니다. 여러분은 자신의 역량과 지각을 믿는 이 치명적인 자신감을 여전히 가지고 있습니까? 여러분은 세상을 온전히 이해하고 있습니까? 자기 자신을 온전히 이해하고 있습니까? 하나님에 대해 참으로 알고 있습니까? 현실을 직시하십시오!

둘째로, 사람들의 어리석음을 증명해 보겠습니다. 성경은 단지 주장만 하는 것이 아니라 증거도 제시하고 있습니다. 스데반이 여기에서 제시하는 모습보다 더 충격적인-어느 정도는 문자적인 의미에서-모습은 없습니다. 저는 지금 제 주변 세상에도 같은 모습이 나타나고 있는 것을 무섭고도 충격적인 마음으로 바라보고 있습니다. 무슨 뜻인지 말씀드리겠습니다. 불쌍한 한 남자를 생각해 보십시오. 그는 누구하고라도 맞붙을 준비가 되어 있으며 어떤 경쟁에라도 뛰어들 준비가 되어 있습니다. 그가 못할 일은 하나도 없습니다. 그런데 문제가 무엇입니까? 그가 취했다는 것입니다! 그의 자신감은 취한 데서 나온 것인데, 정작 본인은 그것을 모르고 있습니다. 작금의 세상이 그와 같습니다. 자신의 어리석음을 모르고 있습니다. 상황이 지금과 같은데도 스스로 속아서 실상을 보지 못하고 있습니다. 이것이 전체적인 난관입니다. 그래서 세상이 지금도 문제의 본질을 파악하지 못하는 것입니다.

제 말이 의심스럽다면 실례를 들어 인간의 어리석음을 증명하되, 반박의 여지가 없도록 증명해 보이겠습니다. 첫째로, 사람들이 거부하는 것에 상반되는 대체물로 무엇을 만들어 냈는지 보면 그 어리석음을 알 수 있습니다. 스데반은 출애굽기 32장을 인용하여 이 점을 부각시키고 있습니다. 이스라엘 자손은 **거절했고, 만들었습니다.** 무엇을 거절했습니까? 하나님입니다. 무엇을 만들었습니까? 송아지입니다! 이보다 더 명확할 수가 있습니까? 그들은 하나님을 거절했습니다. "우리 조상들이 모세에게 복종하지 아니하고자 하여 거절하며 그 마음이 도리어 애굽으로 향하여 아론더러 이르되 우리를 인도할 신들을 우리를 위하여 만들라. 애굽 땅에서 우리를 인도하던 이 모세는 어떻게 되었는지 알지 못하노라 하고 그때에 그들이 송아지를 만들어-그들은 신을 만들었고, 하나님을 거절했습니다-그 우상 앞에 제사하며." 무슨 말을 더 하겠습니까? 이것이 바로 현재 인간의 모습입니다. 사도 바울은 로마서 1장 후반부에서 이렇게 말하고 있습니다. "이는 하나님을 알 만한 것이 그들 속에 보임이라. 하나님께서 이를 그들에게 보이셨느니라. 창세로부터 그의 보이지 아니하는 것들 곧 그의 영원하신 능력과 신성이 그가 만드신 만물에 분명히 보여 알려졌나니 그러므로 그들이 핑계하지 못할지니라. 하나님을 알되 하나님을 영화롭게도 아니하며 감사하지도 아니하고 오히려 그 생각이 허망하여지며 미련한 마음이 어두워졌나니 스스로 지혜 있다 하나 어리석게 되어 썩어지지 아니하는 하나님의 영광을 썩어질 사람과 새와 짐승과 기어다니는 동물 모양의 우상으로 바꾸었느니라"롬 1:19-23.

이것이 과거에 사람들이 했던 짓이며, 지금도 여전히 하고 있는 짓입니다. 그들은 하나님-창조자 하나님, 온 우주를 지탱하시는 하나님, 만물의 명령자이신 하나님, 섭리의 하나님, 역사의 하나님, 거룩하신 하나님, 영광의 하나님-을 거절합니다. 오, 이스라엘 자손이 거절한 하나님이 어떤 분인지 말씀드리겠습니다. 하나님은 금송아지 사건 직후에 모세에게 자신에 대해 이렇게 말씀하셨습니다.

"여호와께서 구름 가운데에 강림하사 그와 함께 거기 서서 여호와의 이름을 선포하실새 여호와께서 그의 앞으로 지나시며 선포하시되 여호와라. 여호와라. 자비롭고 은혜롭고 노하기를 더디하고 인자와 진실이 많은 하나님이라. 인자를 천 대까지 베풀며 악과 과실과 죄를 용서하리라. 그러나 벌을 면제하지는 아니하고 아버지의 악행을 자손 삼사 대까지 보응하리라"출 34:5-7.

하나님은 이런 분입니다! 영존하시며 영원하신 분입니다!

썩지 아니하시고 보이지 아니하시고 홀로 지혜로우신 하나님,
우리 눈 닿지 못할 빛 가운데 거하시며
지극히 복되시고 지극히 영화로우시고 옛적부터 계신
전능한 승리자시니, 당신의 큰 이름을 우리가 찬양하나이다.
—월터 차머즈 스미스Walter Chalmers Smith

바울은 디모데에게 이렇게 썼습니다. "오직 그에게만 죽지 아니함이 있고 가까이 가지 못할 빛에 거하시고"딤전 6:16. 영존하시는 하나님을 본 자는 아무도 없으며, 그 하나님을 볼 수 있는 자도 아무도 없습니다. 우리는 영광의 하나님을 도저히 묘사할 수 없습니다. 그럼에도 그는 우리가 기도할 수 있는 하나님이며, 우리 기도를 기꺼이 들으시는 하나님입니다. 살아계신 하나님이고, 능하신 하나님이며, 행동하시는 하나님입니다.

성 삼위일체 우리 주로다.²
—레지널드 히버

299   **2**   찬송가 8장 4절.

사람들이 외면하는 하나님은 바로 이런 분입니다.

그렇게 하나님을 외면하고 좇는 것이 무엇입니까? 만드는 것이 무엇입니까? 송아지입니다! 사람들은 항상 이런 짓을 한다는 것을 알아챘습니까? 물론 금으로 만들기는 합니다. 그러나 이것은 그들의 어리석음을 더 드러내 줄 뿐입니다. 사람들은 금으로 송아지를 만드는 것과 나무로 만드는 것은 다르다고 생각합니다. 금으로 만들든 나무로 만들든 결국 송아지라는 사실을 보지 못합니다. 금이기 때문에 더 놀랍고 값진 것처럼 착각합니다. 그래서 '역시 금송아지야!'라고 생각합니다. 그리고 그 앞에 절을 합니다. 바울이 로마서 1장에서 말하고 있듯이 송아지만 만드는 것이 아닙니다. "기어다니는 동물"이나 다른 것들도 만듭니다.

20세기 사람들 중 90퍼센트 이상이 자신들은 너무 지적이어서 더 이상 하나님을 못 믿겠다고 말합니다. 그래서 믿는 것이 무엇입니까? 영국 사자입니다![3] 그 사자의 심사가 최근에는 별로 편치 않았습니다. 그렇지 않습니까? 하지만 여러분도 알다시피 사자도 동물입니다. 러시아 곰! 독일 독수리! 다 마찬가지입니다. 우리의 실상이 얼마나 노골적으로 드러나고 있는지! 우리는 정말 어리석은 자들입니다. 하나님 대신 조국을 믿습니다. 많은 이들이 조국을 숭배합니다. 아시다시피 이것이 지난주에 일어난 전쟁의 일부 원인입니다. 국가주의! 이것은 결국 나라를 숭배하는 것입니다. 자기 속에 흐르는 핏줄을 숭배하는 것이며, 더 크게 말해서 자기 자신을 숭배하는 것입니다.

또 돈을 숭배하는 모습도 보십시오! 오, 우리는 지적인 사람들이라 하나님을 믿지 못한다고 하면서, 축구 내기에 온통 정신을 빼앗기고 있습니다. 돈과 먹을 것과 마실 것, 여행과 오락에 정신을 빼앗기고 있습니다. "하나님은 도저히 믿을 수가 없다"라고 하면서 돈은 문자 그대로 숭배하고 있습니다. 제가 아는 이들 중에는 집을 숭배하는 사람들도 있고—이것은 확실합니다—차를 숭배하는 사람들도 있습니

---

3 영국을 나타내는 상징.

다. 또 저는 자식을 숭배하는 사람들도 많이 알고 있습니다. 그런 사람들은 자식을 위해서라면 일고의 여지도 없이 하나님을 희생시켜 버립니다. 세상에 '올라타게' 하기 위해 신앙생활을 하지 못하도록 막아섭니다. 바울이 상기시키듯이, 이것은 전부 자신을 숭배하는 것입니다. 인간! 사람들은 "새와 짐승과 기어다니는 동물 모양"뿐 아니라 인간을 섬기고 있습니다. 20세기의 하나님은 인간입니다. 위대한 인간! 과학적인 인간! "성년이 된" 인간! 그러나 인간은 바보입니다! 그들은 송아지를 섬기고 있습니다! 동물을 섬기고 있습니다! 하나님에게서 돌이켜 한낱 짐승을 숭배하고 있습니다.

이것이 인간이 가지고 있는 어리석음의 한 가지 발로이자 증거입니다. 이제 두번째 증거를 살펴봅시다. 사람들은 율법에서 방종으로 돌이켰습니다. 이스라엘 자손은 하나님의 율법, 자신들의 마음속에 있던 율법, 십계명을 통해 주신 율법, 도덕법을 비롯한 모든 가르침에서 돌이켰습니다. 이 교리, 이 율법—하나님을 예배하는 것—이 얼마나 좋습니까! 하나님의 날을 지키는 것은 이레 중에 하루를 구별하여 쉬게 해주는 훌륭한 원리입니다. 오, 십계명에 담긴 지혜여!

율법의 두번째 돌판에 이르면 "살인하지 말라. 간음하지 말라. 도둑질하지 말라. 네 이웃에 대하여 거짓 증거하지 말라" 등의 계명이 나옵니다. 온 세상이 십계명만 지킨다면 대부분의 문제가 해결될 것이라는 말은 이 강단에서도 이미 여러 번 했습니다. 예를 들어 지난주에 일어난 일과 같은 비극도 일어나지 않을 것입니다. 이에 더하여 주님이 산상설교를 하시면서 십계명을 해석하신 내용을 보십시오. 온 세상이 성경의 도덕적·윤리적 가르침만 따라서 산다면, 전쟁도 없고 이혼도 없고 폭력도 없고 범죄도 없을 것입니다. 마약을 복용하는 일도 없을 것입니다. 얼마나 존귀한 법입니까! 얼마나 훌륭한 삶의 모범입니까!

그러나 사람들이 그 똑똑한 머리로 이것을 외면하고 좇아가는 것이 무엇입니까? 술 마시고 춤추고……. 모세가 내려왔을 때 이스라엘 자손이 시내산 밑에서 했던 바로 그런 일입니다. 그들은 술에 취해서 벌거벗고 춤을 추었습니다. 세상은 이런 곤경과 비극을 겪으면서도 여전히 같은 짓을 하고 있습니다. 술과 마약, 춤, 섹스, 혼란, 소동, 혼음, 질병, 광란! 사람들이 만들어 낸 것은 바로 이런 것들입니다. 하나님의 거룩한 법에서 돌이킨 인간은 항상 이런 것들을 만들어 내게 되어 있습니다.

세번째 형태를 제시해 보겠습니다. 저는 지금 인간의 어리석음을 폭로하고 있는 중입니다. 구원받아 자유와 기쁨을 누리는 상태에서 돌이킨 인간은 어김없이 두려워하며 종살이하는 상태에 빠지게 되어 있습니다. 이 또한 하나님에게서 돌이킬 때 항상 일어나는 일입니다. 이스라엘 자손이 하는 말을 들어 보십시오. 그들은 금송아지를 만들고 "이스라엘아, 이는 너희를 애굽 땅에서 인도하여 낸 너희의 신이로다"라고 말했습니다출 32:4. 그것은 뻔뻔한 거짓말이었습니다. 그들도 그것을 알고 있었습니다. 그러면서도 그렇게 말했습니다. 그들은 자신들을 애굽의 구속과 속박에서 구원해 준 공로를 금송아지에게 돌렸습니다! 우리는 얼마나 쉽게 잊어버리는 사람들인지! 그들은 종살이의 비참함과 감독들의 매질과 무력하기 짝이 없었던 자신들의 실상을 잊어버렸습니다. 하나님은 그의 종 모세를 보내 주셨고, 그에게 기적을 행할 능력을 주셨습니다. 출애굽기 앞부분의 이야기를 직접 읽어 보십시오. 그들을 이끌어 내신 분은 하나님, 오직 하나님 한분뿐이었습니다. 하나님이 그들 앞에서 홍해를 갈라 주셨습니다. 하나님이 광야에서 그들을 인도해 주셨습니다. 하나님이 그들에게 만나를 먹여 주셨습니다. 하나님이 반석에서 물을 내주셨습니다. 하나님이 이 모든 일을 해주셨습니다.

이것은 그 아들 예수 그리스도 안에서 이루어 주실 훨씬 더 크고 위대하고 영광스러운 해방, 그 아들을 세상에 보내심으로써 허락해 주실 구원을 미리 보여주는 하나의 그림이자 예시에 불과합니다. 하나님은 아들의 죽음을 대가로 치름으로써 여러분과 저를 용서하시고 죄의 구속과 속박에서 해방시켜 자녀로 삼아 주셨으며 영원하고 영존하는 복의 상속자로 세워 주셨습니다. 그런데 사람들은 바로 이런 것을 거절하고 있습니다.

그리고 좇아가는 것이 무엇입니까? 이 옛이야기는 그것을 아주 분명하게 보여주는데, 스데반이 그 내용을 여기에서 분석하고 있습니다. 이스라엘 자손은 송아지만 만든 것이 아닙니다. 지금 사람들처럼 우상을 만들어 놓고 그 앞에 절만 했던 것이 아닙니다. "몰록의 장막과 신 레판의 별을 받들었음이여"라는 구절을 읽었습니까? 하나님은 그들에게서 돌이켜 하늘의 군대 섬기는 일에 버려두셨습니다. 이것은 그들이 하나님께 등을 돌리고 일월성신을 섬기기 시작했다는 뜻입니다. 다시 말해서 점성술과 강신술에 빠져 버린 것입니다. 사람들은 지금도 같은 짓을 하고 있습니다.

현대인들은 너무 지적이라 하나님을 믿지 못한다고 하면서 점성술과 강신술은 믿고 있습니다. 왜 그렇습니까? 그 대답은 간단합니다. 하나님에게서 돌이키면, 구원과 자유와 기쁨에서 돌이키면 구속과 속박과 종살이에 빠지게 되어 있으며 삶과 죽음에 대한 두려움에 빠지게 되어 있기 때문입니다. 그는 자신이 어디 있는지 알지 못합니다. 삶이 무엇인지도 이해하지 못합니다. 그래서 별을 찾고 날마다 신문을 들여다보면서 별 전문가들의 글을 읽습니다. 그러면서 "오늘은 나한테 무슨 일이 일어날까?" 하고 묻습니다. 이것은 완전한 종살이입니다. 비극입니다! 인간이 별을 숭배하다니! 운명을 숭배하다니! 비술秘術을 찾다니! 강신술을 의지하다니!

지금처럼 사람들이 삶을 두려워하며 무력감을 느낀 적은 없습니다. 사람들은 자신이 어디에 있는지, 무엇을 해야 하는지 알지 못합니다. 그렇다고 송아지한테, 사자한테, 사람한테 기도할 수는 없는 노릇입니다! 그런 것들은 여러분을 도와줄 수가 없습니다. 우상은 말도 못하고 힘도 없습니다. 시편기자들은 그런 우상들을 한껏 비웃습니다. "너희 우상을 보라, 너희 신을 보라"라고 말합니다. "입이 있어도 말하지 못하며 눈이 있어도 보지 못하며……손이 있어도 만지지 못하며 발이 있어도 걷지 못하며"시 115:5-7. 자신이 신을 만들고 자신이 그 신을 옮겨 주어야 합니다. 그 신 혼자서는 움직이지 못합니다. 그 신은 힘이 없습니다. 그렇기 때문에 괴로울 때나 곤경에 빠졌을 때, 가장 절박한 순간에, 외부의 도움이 필요한 순간에 의지할 수도 없고 기도할 수도 없습니다. 우상은 아무 신경도 쓰지 않습니다. 귀도 먹었고 말도 할 줄 모릅니다. 위로나 위안의 말 한마디 하지 못하며, 해야 할 일도 일러 주지 못합니다. 철저히 입을 다문 채 여러분을 방치해 버립니다. 하나님에게서 돌이킨 자들은 이런 형편에 처하게 됩니다.

사람들이 점성술과 강신술에 빠지는 이유가 여기 있습니다. 그들은 무엇에든-도움이 될 만한 것이라면 무엇에든-매달리려 합니다. 그들은 광야에서 살고 있습니다. 눈앞에 닥친 일 때문에 떨고 있습니다. 또 장차 무슨 일이 생길지 모르기 때문에 벌써부터 미래를 두려워하고 있습니다. 장차 무슨 일이 일어날지 어떻게 알겠습니까? 그들은 어떻게 살아야 하는지도 모르고 어떻게 죽어야 하는지도 모릅니다. 죽음 너머에 무엇이 있는지도 모릅니다. 그래서 조금이라도 알 수 있을까 싶어서 어둠 속을 더듬거립니다. 이 모든 것이 하나님의 율법, 말씀을 거부했기 때문에 일어나는 일입니다.

마지막으로, 궁극적인 어리석음은 다음과 같이 나타납니다. "그때에 그들이 송아지를 만들어 그 우상 앞에 제사하며 자기 손으로 만든 것을 기뻐하더니." 기뻐하더니! 모세와 여호수아가 산에서 내려왔을 때 시끄러운 소리가 들리자 아무것도 모르는 여호수아가 말했습니다. "진중에서 싸우는 소리가 나나이다"출 32:17. 그러나 모세는 "아니, 싸우는 소리가 아니다. 노래하는 소리다"라고 말했습니다.

지적인 백성, 더욱이 애굽의 구속과 사로잡힘에서 이제 막 구원받은 백성, 홍해가 갈라지는 기사와 기적을 목격한 백성이 이런 짓을 한다는 것이 상상이나 됩니까? 그런 백성이 자기들을 위해 금송아지 신을 만들어 놓고 기뻐하며 춤을 추고 노래하고 즐거워하며 술을 마셨다는 사실이 믿어집니까? 그들은 경이로운 체험을 했습니다. 스스로 무언가 영광스러운 일을 한 것 같은 생각이 들었습니다. 그래서 모세를 무시했습니다. "이 모세는 어떻게 되었는지 알지 못하노라." 그들은 크게 발전했습니다. 하나님의 종도 무시하고 하나님도 무시하고 나니 정말 기분이 좋았습니다. 그래서 그것을 자축했습니다. 그것을 진보로 여겼습니다.

현대세계도 마찬가지입니다. 현대세계는 사람이 하나님의 형상을 따라 지어진 존재가 아니라 원시 점균류에서 진화한 존재이며 고도로 발달한 유인원에 불과하다는 사실을 자랑합니다! 그런 것을 자랑하며 경이롭게 여깁니다. 하나님을 부인하는 일, 그리고 인간이나 다른 피조물, 다른 우상들을 숭배하는 일을 경이롭게 여깁니다. 자신이 하나님의 형상을 따라 바르고 의롭게 지어진 존재가 아니라 한낱 지적인 동물에 불과하다는 생각을 경이롭게 여깁니다. 그런 것들을 자랑하면서 하나님의 아들과 그의 영광스러운 복음은 마구 비웃습니다. 그런 사람들에게 해줄 수 있는 말은 한 가지뿐입니다. 그들은 무모한 자들입니다. 말할 수 없는 바보들입니다. 그들은 취했습니다. 중독되었습니다. 정신을 못 차리고 있습니다. 생각하지도 못하고 보지도 못합니다. 그들의 세상은 닫혀 있습니다. 하나님의 이름으로 간곡히 권하건대, 깨어나십시오! 지난주에 일어난 사건에 귀를 기울이십시오. 역사에 귀를 기울이십시오. 이스라엘 자손의 역사를 요약하고 있는 이 말씀에 귀를 기울이십시오. 깨어서 무엇이 의로운 것인지 보십시오! 정신을 차리십시오.

그 순간 여러분은 호세아처럼 말하게 될 것입니다. "내가 다시 우상과 무슨 상관이 있으리요"호 14:8. "말도 안 돼! 내가 새긴 형상에, 우상에, 송아지에, 한낱 짐승에 절을 했다고? 믿을 수가 없어"라고 말하게 될 것입니다. 탕자가 "먼 나라"에서 드디어 정신을 차리고 했던 말도 읽어 보시기 바랍니다. 그의 말은 요컨대 이런 것이었습니다. "내가 지금 이 꼴로 뭘 하고 있는 거지? 왜 그리 어리석었을까! 내 아버지 집에는 나보다 낫게 지내는 종들이나 품꾼들이 얼마나 많은데. 내가 미쳤어! 내가 바보야! 일어나 아버지한테 가야지"눅 15:17-18.

여러분도 집을 떠나고 하나님을 떠나 먼 나라까지 와서 돼지와 동물들과 네 발 짐승들에게 둘러싸여 돼지나 먹는 쥐엄 열매를 먹고 있는 것을 알았다면, 자신이 그런 형편에 있는 것을 깨달았다면, 이것이

어리석은 일임을 깨달았다면, 자신이 하나님을 위해 지음받은 존재이
며 원래 하나님과 교제하게 되어 있는 존재임을 깨달았다면, 이제 말
씀드리는데 일어나십시오! 집으로 가십시오! 아버지께 돌아가십시오.
그 복되고 거룩한 이름을 걸고 말합니다. 그러면 여러분을 기다리고
계시는 아버지를 만나게 될 것입니다. 그가 달려 나와 여러분을 맞아
주실 것이며 끌어안아 주실 것입니다. 그리고 말씀해 주실 것입니다.
"아들아, 딸아, 네 죄는 사함받았다. 참으로 사랑하는 내 아들, 내 독생
자 안에서 네가 받아야 할 벌을 이미 다 처리했다. 그러니 어서 오너
라! 어서 들어오너라! 우리 함께 기뻐하고 즐거워하자."

15

하나님이 포기하셨다

하나님이 외면하사 그들을 그 하늘의 군대 섬기는 일에 버려두셨으니 이는 선지자의 책에 기록된 바 이스라엘의 집이여, 너희가 광야에서 사십 년간 희생과 제물을 내게 드린 일이 있었느냐. 몰록의 장막과 신 레판의 별을 받들었음이여, 이것은 너희가 절하고자 하여 만든 형상이로다. 내가 너희를 바벨론 밖으로 옮기리라 함과 같으니라.

사도행전 7:42-43

우리가 이스라엘 자손에 대한 스데반의 이야기에 관심을 갖는 것은, 이들과 이들의 행동과 이들에게 일어난 일이 인류 전체와 하나님의 관계에 대해 중요하고도 객관적인 교훈을 주기 때문입니다. 스데반이 이론을 다루거나 자신의 한 가지 태도 내지는 관점을 표명하는 것이 아니라 역사를 다루고 있다는 점을 아는 것이 아주 중요합니다. 7장만 읽어도 그 점을 상당히 명확하게 알아챌 수가 있습니다.

이보다 훨씬 더 중요한 점이 있는데, 그것은 스데반이 이미 일어난 역사만 다루는 것이 아니라 미리 예고된 역사도 다룬다는 것입니다. 성경에 나오는 역사는 앞서 예언된 역사일 뿐 아니라 그 역사 자체가 곧 예언이기도 합니다. 이것은 구약시대에 이스라엘 자손이 했던 대로, 또는 산헤드린이 했던 대로 따라하기를 고집할 때 어떤 결과가 나오는지 알려 줍니다. 그러므로 저는 스데반이 여기에서 가르치고 있는 원리들을 이해할 때에만 인류의 과거 역사를 이해할 수 있다고, 아니 현재 세상에서 살고 있는 우리의 상황을 이해할 수 있다고 주장하는 바입니다.

세상의 상태를 보십시오. 지금 일어나고 있는 일들과 바로 전에 일어난 일들을 보십시오. 20세기를 보고, 두 차례의 세계대전을 보십시오. 저 앞에 불안하게 다가오고 있는 그림자를 보십시오. 이 모든 것을 이해할 수 있는 방법은 한 가지뿐입니다. 기독교의 첫번째 순교자 스데반이 이스라엘 역사를 개관하고, 거기에서 하나의 역사 철학—저는 대담하게 이렇게 부르겠습니다—을 끌어내면서 가르치고 있는 원리들을 파악해야 하는 것입니다.

우리가 사회의 구성원이자 한 개인으로서 국내외적으로 이런 상황에 처하게 된 이유가 무엇입니까? 세상이 이 모양이 된 이유가 무엇입니까? 물론 이 문제를 살피는 많은 이들은 하나님 탓을 하면서, 바로 이것이 자신들이 하나님을 믿지 않는 큰 이유라고 말합니다. 그들은 "하나님이 왜 이런 일을 허용하시는가?"라고 묻습니다. "정말 사랑의 하나님이고 전능하신 하나님이라면 왜 이런 일들이 일어나도록 내버려두는 것인가? 왜 막지 않는 것인가?" 이것은 여러분도 익히 아는 주장일 텐데, 말이 난 김에 한 가지를 지적하고 넘어가겠습니다. 그들의 추론은 얼마나 모순되는지 모릅니다. 그들은 자유와 자유의지를 믿습니다. 자신의 삶과 미래를 결정지을 수 있는 인간의 자유를 믿으며, 그것을 하나님을 반대하는 주된 이유로 내세웁니다. 그들이 볼때 하나님은 자유의 훼방꾼입니다. 이처럼 보통 사람들은 마치 하나님이 자신들을 억누르는 것 같은 느낌 때문에 그를 거절합니다. 그러면서도 곤경이 닥치면 마치 기계를 다루듯 자신들을 다루어 주기 바라는 것입니다. 그들은 "하나님이 왜 막아 주지 않지?"라고 묻습니다. 자유를 그토록 자랑하면서도, 막상 하나님이 자신들을 행동과 그 결과에 책임을 지는 자유로운 개인으로 계속해서 대접하시면 불평을 터뜨리는 것입니다.

세상이 왜 이 모양인가 하는 질문에 대해 본문이 제시하는 충분하면서도 적극적인 대답을 알려 드리겠습니다. 스데반은 사람들이 하나님과 그의 거룩한 율법에서 돌이켰기 때문에 세상이 이런 상태에 빠졌다고 아주 명확하게 밝히고 있습니다. 우리는 이 점을 살펴보면서, 사람들이 어리석고 자신감에 차 있기 때문에 여기에서 돌이킨다는 사실을 알게 되었습니다. 그러나 그것이 전부는 아닙니다. 스데반은 거기에서 좀더 나아가, 아주 중요한 원리를 또 한 가지 가르쳐 주고 있습니다. 그것이 지금 우리의 상황과 전혀 무관한 것이라면 알아 볼 필요조차 없을 것입니다. 그러나 저는 이것이야말로 진정한 세상의 역사 철학이라고 생각합니다.

다음과 같이 살펴봅시다. 세상의 역사를 조감할 때 발견하게 되는 사실이 무엇입니까? 일종의 이상한 주기성週期性이 인류역사의 가장 큰 특징으로 뚜렷이 드러난다는 것입니다. 상황이 점점 좋아지고 인류가 진보하며 사람들이 정말로 상승되고 향상되는 듯한 시기와 때가 있습니다. 그러나 연이어 쇠퇴하고 후퇴하는 시기가 찾아옵니다.

19세기는 상승기처럼 보였습니다. 평화가 세상을 지배했습니다. 예컨대 크림 전쟁 같은 전쟁이 여기저기에서 이따금씩 발생하기는 했지만, 나폴레옹 전쟁에 비견될 만한 큰 전쟁은 없었습니다. 19세기는 위대한 팍스 브리태니카의 시대로서, 그 평화가 영원히 지속될 것 같았습니다. 대영제국에는 해가 지는 법이 없었습니다. 과학은 크게 진보했고 지식은 늘어났습니다. 온 세계가 하늘로 솟구쳐 올라가고 있는 것이 분명했습니다. 20세기가 되면 참으로 전 문명이 고대하던 장엄한 절정에 이르리라 확신해 마지않는 이들도 있었습니다. 그러나 슬프게도 20세기는 19세기와 완전히 다른 시대로 판명이 났습니다. 재난의 세기, 재앙의 세기, 공포의 세기로 판명이 난 것입니다. 중요한 질문은 이것입니다. 왜 이렇게 되었을까요? 이러한 주기성-명백한 진보의 시기 이후에 모든 것의 종말과 심연에 맞닥뜨리는 무서운 하강기가 찾아오는 것-을 어떻게 설명하겠습니까? 이런 특징이 나타나는 이유가 대체 무엇입니까?

세상은 이런 주기성을 전혀 이해하지 못하며, 스스로도 그 사실을 인정하고 있습니다. 세상은 완전히 당황하고 있습니다. 왜냐하면 발전을 당연한 것으로 전제하고 있기 때문입니다. 세상은 진화를 믿으며, 선한 방향으로 작용하여 인류 전체를 위로 끌어올리는 '힘'-베르그송과 다른 사람들이 말하는 '생명의 약동'*élan vital*-이 있다고 주장합니다. 이처럼 세상은 진화를 아주 굳건히 믿고 있습니다. 진화를 받아들이고 하나님 믿기를 거부하고 있습니다. 그러나 진화를 믿을 경우 현재 일어나고 있는 일들은 설명할 수 없는 것이 분명합니다. 실제로 20세기는 19세기에 이루어졌던 모든 진보를 뒤엎고 있는 듯 보입니다. 이처럼 세상은 꾸준하고 필연적이며 지속적인 발전과 진화에 대한 치명적인 믿음을 가지고 있는 탓에 현 상황도 이해하지 못하고 사고력도 완전히 상실해 버렸습니다. 세상은 무슨 말을 해야 할지 모르는 채, 마약과 술과 쾌락이 주는 일시적인 위안을 좇아가고 있습니다.

세상이 이렇게 된 것은 하나님을 잊어버린 탓이고, 이 세상이 하나님의 것이라는 사실을 잊어버린 탓입니다. 사람들은 세상을 자신들과 자신들의 활동, 자신들의 노력이라는 측면에서만 생각하고 있습니다. 그들이 생각하는 역사는 인간의 투쟁이며, 인간이 태어나서 결혼하고 살다가 죽는 것이고, 전쟁과 지식의 증진이고, 과학과 과학의 발견입니다. 인간! 그들은 모든 것을 항상 자신들과 자신들의 활동이라는 측면에서만 생각합니다. 그래서 자신들이 이런 시대에 살고 있다는 사실이 당황스러운 것입니다. 스데반은 산헤드린 공회원들 앞에서 진술한 비범한 말을 통해 이 질문에 대해 유일한 답변을 해주고 있습니다. 그가 당황하고 있는 사람들에게 주는 답변은, 결국 중요한 것은 사람이 하는 일이 아닌 하나님이 하시는 일이라는 것입니다. 여러분, 사람들이 현 상황에 이처럼 당황하는 것은 바로 이 점을 파악하지 못하고 이해하지 못한 탓입니다.

이것이 성경의 주장입니다. 하나님이 세상을 만드셨고 인간을 만드셨습니다. 세상을 완벽하게 만드셨고 인간도 완벽하게 만들어 그 완벽한 세상 가운데 두셨습니다. 그런데 왜 이렇게 되어 버렸습니까? 그 대답은 인간의 타락 때문이라는 것입니다. 인간이 하나님께 불순종했고 반역했습니다. 인간이 "내가 책임지겠다"라고 하면서 주제넘게 나섰습니다. 이것이 타락입니다. 이처럼 인간이 타락했기 때문에 하나님이 벌을 주셨습니다. 인간의 반역과 타락으로 인해 바로 이 땅을 저주하신 것이 그 형벌 가운데 하나임을 기억하십시오. 지금 자연과 피조세계의 모습은 하나님이 지으신 원래의 모습이 아닙니다. 타락의 결과로 찔레와 가시와 질병이 생겨났습니다. 이런 것들은 원래 세상에 없었던 것입니다. 그런데 인간의 죄에 대한 형벌로 생겨났습니다.

물론 이보다 훨씬 더 심각한 일은 인간이 어리석음과 자만에 빠져 하나님을 반역하고 모독한 결과 마귀의 노예, 죄와 악의 노예로 붙잡힌 것입니다. 이 부분에서도 인류의 역사를 조감할 때 발견하게 되는 사실이 무엇입니까? 인류의 역사는 주로 불행의 역사—곤경과 문제·병·전쟁·지진·재난·역병·죽음의 역사—라는 것입니다. 원래는 그렇지 않았습니다. 이것은 전부 인간의 죄에 대해 하나님이 내리신 형벌의 일부입니다. 인간은 마귀의 노예로 붙잡히면서 불행해졌습니다. 마귀가 "이 세상의 신"이 되었습니다고후 4:4. 그가 사람들을 지배하고 있습니다. 사람들은 욕심과 욕망과 정욕과 악의 피조물이 되어 버렸습니다.

그러나—이것은 성경 메시지의 핵심적인 부분입니다—하나님은 그것도 통제하셨습니다. 세상을 내버리지 않으시고 죄와 악을 통제하기로 결정하셨습니다. 성경은 정부가 생긴 것도 그 방법 중에 한 가지라고 말합니다. 정부는 인간의 발명품이 아닙니다. 하나님이 도입하신 것입니다. 우리는 인간이 왕과 군주와 황제와 통치자 등을 만든 것처럼 그에 대해 떠들어 댑니다. 그러나 그것은 인간이 만든 것이 아닙니다. 하나님이 고안하신 것입니다. 바울은 이렇게 말합니다.

"각 사람은 위에 있는 권세들에게 복종하라. 권세는 하나님으로부터 나지 않음이 없나니 모든 권세는 다 하나님께서 정하신 바라—바울은 지금 정부에 대해 말하고 있습니다—그러므로 권세를 거스르는 자는 하나님의 명을 거스름이니……다스리는 자들은 선한 일에 대하여 두려움이 되지 않고 악한 일에 대하여 되나니……그[관리]가 공연히 칼을 가지지 아니하였으니 곧 하나님의 사역자가 되어 악을 행하는 자에게 진노하심을 따라 보응하는 자니라"롬 13:1-4.

이 모든 말이 뜻하는 바는 하나님이 죄 가운데 있는 인간에게 무제한의 자유와 활동범위를 허락지 않으셨다는 것입니다. 하나님은 그 모든 것을 제한하고 제어하기 위해 정부와 질서와 체제를 만드셨습니다. 이것이 성경이 핵심적으로 가르치고 있는 내용입니다. 인간이 타락하자 하나님은 이런 일들을 하셨습니다. 하나님이 내리신 벌에 따라 일정한 결과가 발생했지만, 그 모든 것을 친히 제한하시고 통제하신 것입니다.

세상은 하나님께 대들면서 말합니다. "왜 이런 문제와 고통을 허용하는 겁니까? 왜 막아 주지 않는 겁니까?"

제가 대답해 드리겠습니다. 그러나 이것은 저의 대답이 아닌 스데반의 대답입니다. 원리는 이것입니다. 하나님은 죄와 악을 통제하시며 죄와 악이 인간에게 끼치는 영향을 통제하십니다. 그 방법은 다음과 같습니다. 사람들이 하나님의 선하심을 남용할 때마다, 특별히 교만해지고 악해질 때마다 하나님은 행동을 취하시되, 특정한 방식으로 행동을 취하십니다. 저는 지금 이 시각에 하나님이 하고 계시는 일이 바로 이것임을 보여드리고 싶습니다. 이것이야말로 20세기에 일어난 일들에 대한 유일한 설명임을 보여드리고 싶습니다.

우리가 이렇게 된 것은 지난 100년간 사람들이 특별히 교만하고 악했기 때문이라고 저는 말하는 바입니다. 지난 100년간 우리는 사람들이 하나님을 조롱하고 비웃으며 희롱하고 무시하는 모습을 보아 왔습니다. 과학이 등장해서 인간의 힘으로 모든 것을 할 수 있다는 확신을 심어 주었습니다. 인간은 자신들이 우주를 통제할 수 있다고, 자신들이 할 수 없는 일은 하나도 없으며 이제 우주도 통제하기 시작했다고 말했습니다. 인간이 이렇게 행동할 때, 하나님은 어김없이 스데반이 여기에서 가르치고 있는 방식대로 행동을 취하십니다.

이것을 원리의 형태로 제시해 보겠습니다. 인간이 그렇게 행동할 때 하나님은 그들을 벌하십니다. 스데반은 그 형벌의 첫번째 요소가 그들을 외면하시는 것이라고 말하고 있습니다. "하나님이 외면하사 그들을 그 하늘의 군대 섬기는 일에 버려두셨으니"라는 말씀을 주목해서 보았습니까? 우리는 방금 전에 이스라엘 자손이 모세의 말을 들으려 하지 않았다는 말씀을 읽었습니다. "모세에게 복종하지 아니하고자 하여 거절하며 그 마음이 도리어 애굽으로 향하여." 이것은 전형적인 교만의 모습입니다. 요컨대 "모세가 어떻게 되었는지 우리는 모르겠다. 그가 누구냐? 산에 올라간 이후로 코빼기도 볼 수 없지 않느냐? 이제 우리 자신을 위해 신을 만들자"라고 말한 것입니다. 그들은 자신들이 똑똑해서 하나님을 외면한다고 생각했습니다. 그래서 받은 벌이 이것입니다. 하나님도 그들을 외면하신 것입니다! 제가 생각할 수 있는 가장 무서운 벌이 바로 이것입니다. 인간이 특별히 교만해질 때 하나님은 이렇게 외면하십니다.

오, 우리는 하나님을 얼마나 모르고 있는지, 얼마나 이해하지 못하고 있는지! 사람들이 하나님께 죄를 지었을 때에도 그는 사람들을 외면하지 않으셨습니다. 사회와 가족과 가정을 비롯한 모든 영역에 권세와 정부와 관리와 왕과 질서를 들여오셨습니다. 이것은 죄를 일정한 한계 안에 가두시고 통제하시는 하나님의 방법입니다. 그뿐만이 아닙니다. "하나님이 그 해를 악인과 선인에게 비추시며 비를 의로운 자와 불의한 자에게 내려주심이라"마 5:45. 하나님이 우리를 얼마나 선하고 인자하게 대해 주시는지 모릅니다. 그는 여전히 우리에게서 눈길을 거두시지 않습니다. 그런데 그런 하나님도 외면하시는 때가 있습니다. 사람들이 교만하게 그를 외면하며, 그것을 오히려 경이롭고 놀라운 일로 생각할 때가 바로 그때입니다. 그들은 하나님도 자신들을 외면하실 수 있다는 사실을 잊어버립니다. 20세기를 이해하는 첫번째 열쇠가 여기 있다고 저는 말씀드리고 싶습니다. 20세기는 하나님이 사람들을 외면하고 계시는 시기, 의도적으로 외면하고 계시는 시기입니다.

한 가지를 분명히 짚고 넘어갑시다. 하나님은 외면하시기 전에 반드시 먼저 사람들을 축복하시며 모든 기회와 가능성을 주십니다. 오, 하나님이 인간에게 얼마나 큰 복을 주셨는지! 하나님은 이스라엘 자손을 축복해 주셨습니다. 불과 얼마 전에 애굽의 사로잡힘과 구속에서 그들을 끌어내 주셨고, 기적으로 홍해를 건너게 해주셨습니다. 그런데도 이렇게 교만해지자 그들에게서 돌이켜 버리셨습니다.

좀더 말할 것이 있습니다. 하나님은 외면하시기 전에 반드시 먼저 경고를 주십니다. 이스라엘 자손의 이야기를 읽을 때―스데반은 여기에서 그 이야기를 요약해 주고 있습니다―발견하는 것이 이것입니다. 하나님은 그들에게 말씀하실 때마다 "너희의 하나님 여호와의 명령을 들으면 복이 될 것"이라고 하셨습니다. 그러나 "너희의 하나님 여호와의 명령을 듣지 아니하고 본래 알지 못하던 다른 신들을 따르면 저주를 받으리라"라는 말을 항상 거기에 덧붙이셨습니다신 11:27-28. 아담과 하와를 만드신 태초부터 그렇게 하셨습니다. 하나님은 그들을 자기 형상대로 만드신 후에 그들이 원할 만한 모든 것 한복판에 두셨습니다. 그곳은 낙원이었습니다. 그러나 하나님은 그들에게 경고도 하셨습니다. 한 나무의 실과만큼은 절대 먹어서는 안 된다고 말씀하신 것입니다. "네가 먹는 날에는 반드시 죽으리라"^{창 2:17}. 이처럼 그들은 미리 경고를 받았습니다. 하나님은 외면하시기 전에 반드시 불순종에 따르는 결과를 경고해 주십니다. 여기에는 예외가 없습니다. 태초부터 지금까지 하나님은 사람들이 그의 선하심을 무시하고 그 경고를 우습게 여길 때 외면하셨습니다.

이것은 무서운 일입니다. 여러분과 제가 살고 있는 이 시기와 비슷한 시기에 살았던 선지자 아모스는 이 벌을 자신만의 생생한 방식으로 설명하고 있습니다. 하나님이 아모스를 통해 백성에게 주신 메시지는 다음과 같습니다. "주 여호와의 말씀이니라. 보라, 날이 이를지라. 내가 기근을 땅에 보내리니 양식이 없어 주림이 아니며 물이 없어 갈함이 아니요 여호와의 말씀을 듣지 못한 기갈이라"^{암 8:11}. 이보다 더 끔찍한 일은 없습니다. 인본주의자들과 조롱꾼들과 불신자들과 그들이 내세우는 지혜만 남습니다. 오직 그것만 남습니다. 그런 세상, 하나님이 아무 말씀도 하지 않으시고 우리를 떠나시는 세상이 과연 어떨지 상상할 수 있습니까? "하나님이 외면하사." 이것은 하나님이 인간의 특별한 교만과 악함에 내리시는 한 가지 형벌입니다.

그러나 기다려 보십시오. 이것이 전부는 아닙니다. 그다음으로 읽게 되는 말씀은 이것입니다. "하나님이 외면하사 그들을 그 하늘의 군대 섬기는 일에 버려두셨으니." 버려두셨으니! 바울은 세 번이나 이 말을 하고 있습니다. "마음의 정욕대로 더러움에" 내버려두시고, 이러한 것에 내버려두시며, 저러한 것에 내버려두신다고 말하는 것입니다^{롬 1:24, 26, 28}. 무슨 뜻입니까? 이미 말씀드렸듯이 인간의 타락과 함께 인간과 세상에 재난이 닥쳤습니다. 그러나 하나님은 곧바로 그들을 팽개치면서 "그래, 이제 너희와는 끝이다. 계속 그렇게 살아라"라고 하시지 않았습니다. 결코 그러지 않으셨습니다. 하나님은 그 큰 인자하심으로 죄를 제한하시고 억제하셨습니다. 우리는 그것을 '일반은총'이라고 부릅니다. 하나님이 인간의 특별한 교만을 벌하시는 두번째 방법은 이러한 통제를 거두어들이시는 것입니다. "버려두셨으니." 하나님은 사람들이 제멋대로 하도록 내버려두시며 그동안 억제하고 있던 힘을 전부 거두어들이십니다. 이것은 엄청난 일입니다! 이 사실을 몰랐다면 저도 현 상황을 보며 당황했을 것입니다. 이것이 현 상황을 이해하는 온전한 열쇠입니다.

다음과 같이 설명해 보겠습니다. 사람들은 오늘날 세상에서 일어나고 있는 일들과 20세기에 이미 일어난 일들—두 차례의 세계대전, 벨젠과 부헨발트를 비롯한 모든 집단수용소—의 책임과 비난을 하나님께 돌리고 있습니다. 이러한 비난에 대한 답변은 이것입니다. 그 모든 일은 사람들이 제멋대로 하도록 하나님이 허용하신 결과에 지나지 않습니다. 평상시에는 허용치 않고 제한하십니다. 거듭나지 않은 사람들도 일종의 체면을 지키게 하시며, 법과 법률과 일반적인 도덕적 가르침을 통해 악을 억제해 주십니다. 그러나 평상적인 수준을 뛰어넘는 특별한 교만과 악이 드러날 때, 그 억제력을 거두어들이시고 사람들이 원하는 대로 하도록 허용하십니다.

바로 그 일이 지금 우리가 살고 있는 현대세계에서 일어나고 있습니다. 사람들은 하나님께 등을 돌렸습니다. "우리는 당신이 필요 없습니다. 당신은 불필요한 존재입니다. 우리도 다 할 수 있습니다"라고 말했습니다.

하나님은 "좋다. 어디 너희 마음대로 한번 해봐라! 너희가 무엇을 만들어 내는지 보자. 어떤 결과를 가져오는지 보자"라고 하십니다.

하나님은 아주 의도적으로 이렇게 하십니다. 사람들이 의도적으로 하나님을 외면할 때, 하나님도 의도적으로 그들을 외면하십니다. 지금 여러분은 하나님이 억제하시지 않는 세상의 모습을 보고 있습니다. 하나님은 더 이상 악을 억누르지 않으시고, 실컷 활개를 치며 활동하도록 허용하고 계십니다. "버려두셨으니." 하나님은 인간을 "마음의 정욕대로 더러움에 내버려두"셨고, 그에 따르는 모든 결과에 내버려두셨습니다. 이것이 두번째 원리입니다.

세번째는 이것입니다. "내가 너희를 바벨론 밖으로 옮기리라." 이것은 그들을 외면하시고 웃는 얼굴을 보이지 않으실 뿐 아니라, 억제하고 통제하는 힘을 거두어들이실 뿐 아니라 적극적으로 벌하신다는 뜻입니다. 이것이 성경 전체의 가르침입니다. 하나님은 유다 백성을 바벨론으로 보내셨습니다. 다시 말해서 원수들에게 정복당하여 그들의 다스림을 받도록 허용하신 것입니다. 이스라엘 자손의 이야기를 읽을 때마다 발견하게 되는 것이 이것입니다. 하나님께 순종하면 어떤 원수가 쳐들어오든지 정복할 수 있었고 매번 승리할 수 있었습니다. 그러나 하나님께 등을 돌리고 장수들이나 자기 힘이나 무기나 기술을 의지할 때에는 어김없이 패배했습니다. 하나님은 그들을 방치하셨습니다. 갈대아인들이 대군을 일으켰을 때에도 그렇게 하셨습니다. 그들에게 패배하도록 허용하셨습니다. 자신의 힘과 도움을 전부 거두어들이셨습니다. 그래서 그들은 바벨론의 포로가 되어 잡혀갔습니다. 그것은 하나님이 의도적으로 주신 형벌이었습니다.

이스라엘 자손이 바벨론으로 잡혀간 일은 인류 전체에 닥칠 일을 보여주는 그림에 불과합니다. 하나님은 죄를 벌하십니다. 이 사실에 마음껏 도전해 보십시오. 이 사실을 비웃고 하나님의 율법을 조롱하면서 "상관없어. 난 그런 헛소리는 안 믿어. 난 이러저러하게 할 거야"라고 말하십시오. 좋습니다. 원하는 대로 하십시오. 그러나 그렇게 할 때 닥칠 결과를 미리 알려 드리겠습니다. 여러분은 고통을 당하게 될 것입니다. "내 하나님의 말씀에 악인에게는 평강이 없다 하셨느니라" 사 57:21. 여러분도 이 말이 사실임을 알고 있지 않습니까? 여러분이 악하게 살았던 때가 있습니다. 하나님을 믿지 않고 자기 식대로 살겠다고 했던 때가 있습니다. 그때 평강이 있었습니까? 당연히 없었을 것입니다. 그런 사람에게는 평강이 허락되지 않습니다. 하나님이 평강을 주지 않으십니다. 이것이 한 가지 형벌입니다.

물론 소설이나 영화를 보면 이런 생각이 들지 않을 것입니다. 그렇지 않습니까? 그러나 현실의 삶은 어떻게 끝나는지 확인해 보십시오. 죄인은 항상 적발되게 되어 있습니다. "너희 죄가 반드시 너희를 찾아낼 줄 알라"민 32:23. "사악한 자의 길은 험하니라"잠 13:15. 여러분은 비참해질 것이고 불행해질 것이며 고통에 몸부림칠 것이고 회한에 빠질 것입니다. 하나님께 죄를 지으면 이런 대가를 치르게 되어 있습니다. 저는 엄연한 사실을 말하고 있습니다. 역사가 그렇습니다. 하나님이 의도적으로 그렇게 하십니다. 그는 이 사실을 이미 밝혀 놓으셨습니다. 미리 경고하셨기 때문에 아무도 변명할 수가 없습니다.

스데반의 설명에 따르면, 이스라엘 자손이 완강하게 저항하며 모세를 거절하고 그의 율법을 거절했을 때에도 하나님은 이렇게 하셨습니다. 스데반은 말합니다. "산헤드린 공회원들아, 너희는 하나님의 아들을-종도 아닌 아들을-거절하고 있다. 그러므로 너희에게도 이런 일이 일어날 것이다. 내 말을 들어라!"

이제 마지막 원리를 다룰 차례입니다. 그 원리는 이것입니다. 여러분은 하나님이 왜 이런 식으로 행동하신다고 생각합니까? 하나님은 이스라엘 자손을 버려두셨습니다. 그들을 내주셨습니다. 내버리셨습니다. 바벨론에 포로로 잡혀가게 두심으로써 벌하셨습니다. 하나님이 이렇게 하시는 이유가 무엇입니까? 제가 이 방식의 정당성을 입증할 수 있을까요? 당연히 할 수 있습니다. 전혀 어렵지 않습니다. 성경전체가 그 정당성을 입증하고 있기 때문입니다. 제 대답은 이것입니다. 하나님이 이렇게 하시는 것은 사람들의 참된 상태와 형편을 드러내시기 위해서입니다. 제 말뜻은 이런 것입니다. 지난 100년간 사람들은 하나님을 믿는 믿음을 비웃어 왔습니다. 하나님은 불필요한 존재이고 인간은 완벽하다고 주장해 왔습니다. 인간은 놀라운 존재로서 놀라운 세상을 만들어 낼 수 있다고 했습니다. 하나님을 믿지 않는 자들이 일반적으로 하는 말은 "우리는 인간의 존엄과 역량을 믿는다"라는 것입니다. 여러분은 이 말을 똑바로 살펴보아야 합니다. 여러분이 하나님을 거부할 때 곧바로 제공되는 주장이 이것이기 때문입니다. 그러나 그 실상은 무엇입니까? 바울은 로마서 1장에서 인간에 대해 이렇게 묘사하고 있습니다.

"그러므로 하나님께서 그들을 마음의 정욕대로 더러움에 내버려 두사 그들의 몸을 서로 욕되게 하게 하셨으니—이런데도 인간의 존엄을 말하다니요! 인간의 역량을 말하다니요!—이는 그들이 하나님의 진리를 거짓 것으로 바꾸어 피조물을 조물주보다 더 경배하고 섬김이라. 주는 곧 영원히 찬송할 이시로다. 아멘. 이 때문에 하나님께서 그들을 부끄러운 욕심에 내버려두셨으니 곧 그들의 여자들도 순리대로 쓸 것을 바꾸어 역리로 쓰며"롬 1:24-26.

이것이 인간의 존엄한 모습입니다! 이것이 역량 있는 자들이 자신과 삶과 세상 전체를 통제하는 방식입니다! 인간의 존엄과 역량! 그 실상이 무엇입니까? 지금 여러분이 보고 있는 현대세계입니다. 성도착과 마약과 음주와 좀도둑질과 부정직함과 삶의 비루함입니다.

우리는 똑똑한 머리로 하나님 믿기를 거부했습니다. 우리는 지식이 넘치는 과학적인 사람들이기 때문에 하나님을 믿지 못하는 것이 당연하다고 말했습니다! 좋습니다. 그 말은 우리에게 우주를 운영할 역량이 있다는 뜻입니다. 당연히 그렇다는 뜻입니다! 넉넉한 역량이 있다는 뜻입니다. 그렇다면 지금 현대세계에 일어나고 있는 이런 일들은 다 무엇입니까?

하나님이 지금 무슨 일을 하고 계시는지 알겠습니까? 하나님은 인간이 자유를 손에 넣었을 때 자신과 세상을 어떻게 만들어 버리는지 보여주고 계십니다. 오늘날 여러분은 하나님이 억제하고 통제하는 힘을 거두어들이실 때 삶이 어떻게 되는지 목격하고 있습니다. "버려두셨으니." 하나님은 그들을 내주셨습니다. 내버리셨습니다. "좋다. 너희 멋대로 하도록 내버려두겠다. 너희를 내버려두어 달라고 했지. 나를 믿지 않는다고 했지. 혼자 설 수 있다고 했지. 좋다. 나란 존재가 없는 것처럼 가만히 있을 테니 너희 마음대로 한번 해봐라!"라고 하십니다.

여러분은 지금 인간이 하고 있는 짓들을 보고 있습니다. 문명은 얄팍한 가리개에 불과합니다. 사람들은 자신들이 존엄과 역량이라고 내세우는 것으로 만들어 낸 결과물을 보고 있습니다. 그것이 자랑할 만한 것입니까? 하나님은 지금 이런 일을 하고 계십니다. 하나님은 우리에게 인간 본질의 악함과 부패함을 보여주기 원하십니다. 부헨발트를 만들어 낸 것이 무엇입니까? 인간의 본질입니다. 그 본질이 부정^{不貞}과 이혼과 강간을 빚어내고 있습니다! 하나님께 반역하고 타락하여 죄에 빠진 인간의 본질이 그런 것들을 만들어 내고 있습니다. 사람들이 '인간의 존엄'이라고 내세우는 것이 바로 이런 것입니다. 그 실상이 오늘날 우리 눈앞에 드러나고 있습니다. 신문들이 날마다 공표하고 있는 바대로, 하나님을 거부하는 세상 자체가 하나님이 옳다는 것을-인간의 본질은 부패했고 악하며 썩은 내가 난다는 것을-증명해 보이고 있습니다. 하나님은 의도적으로 우리를 외면하시고 내버려두시며 버려두심으로써 우리 자신에 대한 진실을 가르치고자 하십니다.

두번째는 이것입니다. 하나님이 이렇게 하시는 것은 자신이 죄를 미워하는 거룩하신 분임을 보여주시기 위해서입니다. 하나님은 죄를 벌하시는 것이 정당한 처사임을 밝히기 위해 이렇게 하십니다. 그는 십계명과 도덕법과 산상설교를 주신 이유를 깨우치고자 하십니다. 순종하라고 하시는 이유를 깨우치고자 하십니다. 순종하지 않으면 이런 결과가 나오기 때문임을 깨우치고자 하십니다. 그는 자신이 죄를 미워하고 혐오하는 거룩하신 분임을 선포하십니다.

그 외에 하시는 일이 무엇입니까? 이 모든 것들을 통해, 세상은 원래 하나님의 소유이기 때문에 정상적인 상태에서는 친히 통제하신다는 것을 가르쳐 주십니다. 그는 때로 세상을 내버려두심으로써 그 통제권이 자신에게 있음을 주장하십니다. 잠시 우리를 버려두시고 내주심으로써 정신을 차리게 하시고 죄를 깨닫게 하시며 우리가 완전히 무력하고 소망이 없는 악한 존재이자 아무것도 할 수 없는 극히 무능한 존재임을 보게 하십니다. 그렇게 하시는 가운데 자신의 거룩하심을 주장하십니다. "너희가 내 길로 오지 않으면 어디로 가게 되는지 보여주겠다. 나는 거룩한 하나님이다"라고 말씀하십니다. "내가 거룩하니 너희도 거룩할지어다"^{벧전 1:16}.

또 무슨 목적이 있을까요? 하나님은 궁극적이고 최종적인 심판을 경고하시려고 이렇게 하십니다. 역사를 살펴보면 하나님이 특별하게 심판하신 사례들이 있습니다. 그것은 전부 최종적인 마지막 심판을 예고하는 사건들입니다. 하나님이 특별하게 심판하십니다. 그 결과, 사람들은 자신들이 어리석은 길을 갔던 것을 깨닫고 하나님께로 돌이 킵니다. 그렇게 좋은 시기를 보내다가 또다시 예전 길로 돌아갑니다. 그러면 또 다른 심판이 임합니다. 이같은 심판이 계속 이어집니다. 대홍수, 바벨탑, 애굽과 바벨론 유수^{幽囚}, 주후 70년의 예루살렘 멸망이 다 그런 심판들입니다. 우리는 그 모든 이야기를 알고 있습니다. 왜 그런 심판이 임했을까요? 하나님이 그렇게 하겠다고 말씀하셨기 때문입니다. 하나님은 유다 백성들이 순종하지 않을 때 그 땅에서 쫓겨날 것이며 그들의 성도 무너질 것이라고 미리 경고하셨습니다. 수백년 전에 그 모든 것을 예언해 놓으셨습니다. 그래서 그들의 죄에 대한 형벌로 심판이 임하고 예언이 성취된 것입니다.

오, 그러나 이 모든 것도 최후의 심판 때 일어날 일에 비하면 아무것도 아닙니다. 복되신 주님은 주후 70년에 있을 예루살렘 멸망을 예언하시면서, 최후의 심판 때 세상을 심판하기 위해 다시 세상에 오실것을 분명하게 예언하셨습니다. 종말의 날, 하나님의 아들이 온 우주를 심판하러 다시 오실 날이 다가오고 있습니다. 그때 하나님은 계속해서 반역한 자들에게 최종적으로 등을 돌리시고, 그들을 멸망의 바다에 내던지실 것입니다. 다시는 그들을 쳐다보지 않으실 것입니다. 다시는 웃는 얼굴을 보여주지 않으실 것입니다. 다시는 자비를 베풀지 않으실 것입니다. 그들은 죽지 않는 지옥에서 영원히, 영원히, 영원히 살아갈 것입니다. 자신들이 바란다고 했던 세상에서 살아갈 것이며, 다시는 거기에서 빠져나오지 못할 것입니다. 그것이 지옥입니다!

이처럼 하나님은 크고 무서운 심판의 날이 온다는 것을 경고하시기 위해 우리를 내주십니다. 그때가 얼마나 가까이 다가왔는지 저는 모릅니다. 그러나 그날이 다가오고 있다는 것은 압니다. 그 심판이 저

부헨발트를 비롯한 온갖 참사나 오늘날 우리가 살고 있는 삶, 불쌍한 마약중독자, 또 다른 아픔과 질병의 희생자, 모든 불행함과 비참함의 천 배, 만 배가 되리라는 것을 알며, 그런 상태가 영원히, 영원히, 영원히 계속되리라는 것을 압니다. 하나님은 사람들을 영원히 죄 가운데 버리실 것이며, 어떤 소망이나 면죄의 여지도 주지 않으실 것입니다.

하나님이 사람들을 내주시는 이유가 여기 있습니다. 이 모든 목적이 사랑에 있음을 모르겠습니까? 하나님은 자신이 하시는 일을 사람들에게 보여주기를 원하십니다. 그들을 깨우기 위해 애쓰십니다. 인간은 복음을 듣기는커녕 비웃으며 조롱하고 있습니다. 예수 그리스도를 농담거리로 삼고, 갈보리 십자가의 거룩한 피흘림을 모독하고 있습니다. 그러나 하나님은 "세상을 이처럼 사랑하사" 세상이 지금 어떤 지옥을 만들고 있는지 눈을 떠서 보게 하시고자 일하십니다. 이것이 사람들을 회개로 부르시는 하나님의 방법입니다. 바울이 로마서 2:4에서 표현하고 있는 그대로입니다. "하나님의 인자하심이 너를 인도하여 회개하게 하심을 알지 못하여."

또는 베드로가 두번째 서신 3장에서 말하고 있는 그대로입니다. "먼저 이것을 알지니 말세에 조롱하는 자들이 와서 자기의 정욕을 따라 행하며 조롱하여 이르되 주께서 강림하신다는 약속이 어디 있느냐. 조상들이 잔 후로부터 만물이 처음 창조될 때와 같이 그냥 있다 하니"벧후 3:3-4. 베드로는 대답을 알고 있습니다. 하나님이 왜 이런 세상을 묵인하실까요? 왜 진작에 멸망시키지 않으셨을까요? 그 대답은 이것입니다. "주의 약속은 어떤 이들이 더디다고 생각하는 것같이 더딘 것이 아니라. 오직 주께서는 너희를 대하여 오래 참으사 아무도 멸망하지 아니하고 다 회개하기에 이르기를 원하시느니라"벧후 3:9. 사람들이 그 어리석음의 결과물을 거두도록 허용하심으로써, 이같은 현대판 지옥을 허용하심으로써 열심히 우리를 깨우고 계신다는 것, 우리의 비참함과 부패함과 악함과 소망 없음과 극심한 무력함을 보여주려 하신다는 것을 모르겠습니까? 그는 너무 늦기 전에 회개하라고 우리를 부르고 계십니다. 하나님이 이런 일들을 허용하시는 것은 사랑 때문입니다. 우리가 그의 호소에 귀를 기울이지 않기 때문에 다른 방법을 시도하시는 것입니다. 이것은 전부 사랑에서 나온 일입니다.

마지막으로 가장 영광스러운 형태로 설명해 보겠습니다. 이런 일들이 일어나도록 하나님이 허용하시는 이유가 무엇입니까? 인간이 자기 방식과 자기 의도대로 살도록 버려두시며 그 결과물을 거두도록 버려두시는 이유가 무엇입니까? 우리를 회개로 부르실 뿐 아니라 그 아들 예수 그리스도 안에 있는 놀라운 구원의 제안을 선포하시기 위해서입니다. 자, 지금 제 앞에는 떡과 포도주가 차려진 상이 있습니다. 이 상이 우리에게 상기시키는 사건이 무엇입니까? 갈보리 십자가와 하나님 아들의 죽음입니다. 십자가 위에서 무슨 일이 일어났습니까? 그것은 인간이 한 짓에 불과합니까? 세상은 당연히 그렇다고 말합니다. 그렇지 않습니까? 그들은 하나님 아들의 죽음까지도 인간의 행동이라는 측면에서 설명합니다. 예수 그리스도를 사람들의 몰이해 때문에 죽은 선인-선인들은 늘 이해받지 못하게 마련이니까-이자 평화주의자로 생각하는 것입니다. 그들은 그의 죽음이 큰 비극이었다고 말합니다. 너무나 안타까운 일이었다고 말합니다.

얼마나 터무니없는 생각입니까! 여러분은 갈보리 십자가 위에서 무슨 일이 일어났는지 알고 있습니까? 그 일을 한 장본인은 인간이 아니라 하나님입니다! 베드로가 오순절 설교에서 말한 바가 그것입니다. "그가 하나님께서 정하신 뜻과 미리 아신 대로 내준 바-버려진 바-되었거늘"행 2:23. 하나님은 세상의 기초를 놓기 전부터 십자가 죽음을 계획해 놓으셨습니다. 십자가 사건을 일으키신 분은 거룩하신 하나님입니다. 하나님의 아들, 복되신 예수 그리스도를 보십시오. 그를 보십시오. 그의 고통을 보십시오. 무엇이 문제였습니까? 하나님이 그를 외면하신 것이 문제였습니다. 앞에서 살펴보았듯이 스데반은 하나님이 이스라엘 자손을 외면하셨다고 말했습니다. 그런데 바로 그렇게 아들을 외면하신 것입니다. 하나님이 그 얼굴을 피하시는 일이 십자가 위에서 일어났습니다. 하나님이 자기 아들을 외면하셨습니다! 왜 그렇게 하셨습니까? 아들이 죄인들을 짊어지셨기 때문입니다. 인간들의 죄를 짊어지셨기 때문입니다.

그뿐만이 아닙니다. 하나님은 그를 내주셨습니다. 여기에는 단계가 있습니다. 하나님은 먼저 외면하셨습니다. "버려두셨으니." "그 상실한 마음대로 내버려두사"롬 1:28. 이것이 놀라운 점입니다. 로마서 8:32에도 이 말이 나오고 있습니다. "자기 아들을 아끼지 아니하시고 우리 모든 사람을 위하여 내주신 이가." 이것은 사도행전 7장 본문에 나오는 단어와 정확히 같은 단어입니다. 하나님이 그 독생자, 지극히 사랑하는 아들을 버려두셨습니다. 그를 내버리셨습니다. 무엇을 위해 그렇게 하셨습니까? 오, 죄에 대한 모든 진노를 그에게 쏟아붓기 위해 그렇게 하셨습니다. 하나님은 자기 아들을 아끼지 않으셨습니다. "자기 아들을 아끼지 아니하시고 우리 모든 사람을 위하여 내주신 이가 어찌 그 아들과 함께 모든 것을 우리에게 주시지 아니하겠느냐."

하나님이 무슨 말씀을 하고 계시는지 모르겠습니까? 그는 지금 우리를 외면하고 계십니다. 우리를 "그 상실한 마음대로 내버려"두고 계십니다. 현대판 바벨론에서 살도록 적극적으로 벌하고 계십니다. 지극히 사랑하시는 아들에게 일어난 일을 바라보고 살펴보며 생각하도록 부르기 위해 그렇게 하고 계십니다. 그는 우리를 대신하여 아들을 죄로 삼으셨습니다. 그래서 그를 바라보지 못하시고 그를 외면하셨습니다. 하나님은 그를 버려두셨습니다. 그를 아끼지 않으셨습니다. 그를 방치하셨습니다! 그래서 아들은 고통으로 몸부림치며 소리쳤습니다. "나의 하나님, 나의 하나님, 어찌하여 나를 버리셨나이까?"마 27:46 "왜 나를 버려두십니까? 왜 나를 외면하십니까? 당신이 보이지 않습니다"라고 외치신 것입니다.

하나님은 우리의 죄 때문에 그를 벌하셨습니다. 죄에 대해 항상 하시는 세 가지 일을 십자가 위에서 그에게 행하셨습니다. 그가 단번에 이 일을 행하신 것은 여러분에게로 다시 돌이켜 이렇게 말씀하시기 위해서입니다. "너희가 나에게 반역했다는 것을 깨닫는다면, 내가 너희를 영원토록 외면하고 너희를 내버리고 버려두고 방치하며 지옥에 던져서 벌하는 것이 지극히 합당한 처사임을 깨닫는다면, 그것을 깨닫고 내게로 돌이켜 너희 죄를 인정하고 고백하며 회개한다면, 너희에게 이 말을 해주겠다. 나는 너희에게 줄 형벌을 내 독생자, 지극히 사랑하는 내 아들에게 전부 주었다. 모든 형벌을 다 주었다. 너희가 그 형벌을 받지 않도록 내 아들이 남김없이 다 받게 했다. 그러니 내게로 나오라! 나를 앙망하라! 나는 지금 너희에게로 돌이키고 있다. 너희도 내게로 돌이키라." "땅의 모든 끝이여, 내게로 돌이켜 구원을 받으라. 나는 하나님이라. 다른 이가 없느니라"사 45:22.

저는 순교자 스데반이 학식 높은 산헤드린 공회원들에게 가르친 역사 철학이 바로 이것이라고 생각합니다. 그들은 눈이 멀어 이것을 보지 못하고 스데반을 죽여 버렸습니다. 친애하는 여러분, 여러분은 시대의 표적을 읽고 있습니까? 현대세계에서 하나님이 하고 계시는 일을 보고 있습니까? 전쟁과 경종을 울리는 무서운 사건들을 통해 여러분에게 말씀하시는 소리를 듣고 있습니까? 하나님은 너무 늦기 전에 회개하도록 여러분을 부르고 계십니다. 아직은 늦지 않았습니다. 아직은 은혜의 문이 열려 있고, 아직은 은혜의 때가 이어지고 있습니다. 왜 망하려 합니까? 회개하십시오! 세상의 구주, 예수 그리스도에 대한 하나님의 말씀을 믿으십시오.

16

경건

하나님이 외면하사 그들을 그 하늘의 군대 섬기는 일에 버려두셨으니 이는 선지자의 책에 기록된 바 이스라엘의 집이여, 너희가 광야에서 사십 년간 희생과 제물을 내게 드린 일이 있었느냐. 몰록의 장막과 신 레판의 별을 받들었음이여, 이것은 너희가 절하고자 하여 만든 형상이로다. 내가 너희를 바벨론 밖으로 옮기리라 함과 같으니라. 광야에서 우리 조상들에게 증거의 장막이 있었으니 이것은 모세에게 말씀하신 이가 명하사 그가 본 그 양식대로 만들게 하신 것이라. 우리 조상들이 그것을 받아 하나님이 그들 앞에서 쫓아내신 이방인의 땅을 점령할 때에 여호수아와 함께 가지고 들어가서 다윗 때까지 이르니라. 다윗이 하나님 앞에서 은혜를 받아 야곱의 집을 위하여 하나님의 처소를 준비하게 하여 달라고 하더니 솔로몬이 그를 위하여 집을 지었느니라. 그러나 지극히 높으신 이는 손으로 지은 곳에 계시지 아니하시나니 선지자가 말한 바 주께서 이르시되 하늘은 나의 보좌요 땅은 나의 발등상이니 너희가 나를 위하여 무슨 집을 짓겠으며 나의 안식할 처소가 어디냐. 이 모든 것이 다 내 손으로 지은 것이 아니냐 함과 같으니라.

사도행전 7:42-50

여러 가지 면에서 볼 때, 산헤드린 공회원들 앞에서 전개해 온 스데 반의 반대 진술은 확실히 이 본문에서 절정에 도달하고 있습니다. 그 는 이스라엘의 역사를 죽 상기시켜 오다가 우리가 살펴볼 이 지점에 서부터 적용하기 시작합니다. 그는 세 가지 방향-모세, 율법, 성전- 에서 역사의 교훈을 적용하는데, 오늘은 특히 성전과 관련된 전반적 인 문제를 다루고자 합니다. 이번에도 이 모든 내용이 우리와 무슨 상 관이 있는지 의아해하는 이들에게 하고 싶은 말은, 이것이야말로 오 늘날 세상에 일어나고 있는 일과 참으로 상관있는 내용이라는 것입니 다. 복음 메시지를 떠나서는 역사를 이해할 수가 없습니다. 과거의 역 사도, 현재의 일도, 미래도 이해할 수가 없습니다. 역사를 이해하려면 여기 나오는 스데반의 가르침과 그의 분석을 보아야 합니다. 그의 가 르침은 성경 전체의 가르침, 특히 신약성경 전체의 가르침을 대표하 고 있습니다. 여기 나오는 원리들을 파악할 때 비로소 현 상황이 이해 되기 시작할 것입니다.

　　이 가르침은 세상의 상황에만 적용되는 것이 아니라-세상의 상 황도 아주 놀랍게 조명해 주기는 하지만-여러분이 처한 특별한 상황 에 더욱더 적용됩니다. 제가 이 가르침에 주의를 환기시키는 것은 오 직 이것만이 여러분의 개인적인 문제에 빛을 비추어 줄 것이기 때문 입니다. 세계적인 규모의 일이든 개인에게 일어나는 일이든 다를 것 이 없습니다. 우리는 얼마나 어리석은지 모릅니다. 나라 간의 싸움이 든 두 남자나 두 여자 간의 싸움이든 원리는 전혀 다르지 않다는 것 을 알지 못합니다. 워싱턴과 뉴욕에 있는 두 거물 정치인들도 마찬가 지입니다. 한 사람은 "뉴욕에 가지 않겠다"라고 하고, 다른 사람은 "워 싱턴에 가지 않겠다"라고 합니다. 그래서 중간 지점에서 만납니다.

이것은 어린아이들이나 하는 짓 아닙니까? "난 양보하지 않을 거야. 네가 양보해. 난 꼼짝하지 않을 거야. 네가 이쪽으로 와." 각 사람은 일종의 소우주를 이루고 있습니다. 개인이 하는 일을 세상도 똑같이 합니다. 이런 점에서 복음은 세상과 개인을 모두 포괄하고 있습니다. 우리가 개인의 문제부터 다루어야 하는 이유가 여기 있습니다. 나라가 해야 할 일에 대해 떠들어 봐야 소용이 없습니다. 나라를 구성하고 있는 것은 개인입니다. 나라는 다수의 지배를 받기 때문에 정치인들은 숫자에만 관심을 갖습니다. 그들이 그리스도인들에게 귀를 기울이는 것은 그리스도인들이 그럴 만한 위치에 있을 때뿐입니다. 그러므로 우리는 개인을 먼저 다루려 합니다. 사도행전은 우리 각자의 위치를 볼 수 있는 혜안을 주며, 자유와 해방과 치유로 나아가는 유일한 길을 볼 수 있는 혜안을 줍니다.

인간이 무지하고 눈먼 바보라는 점은 이미 살펴보았습니다. 그러나 인간의 궁극적인 문제점은 예배와 하나님에 대해 완전히 잘못된 개념을 가지고 있다는 것입니다. 인간은 예배할 때 최고로 고귀한 모습을 보인다는 점에서 이것은 가장 중요한 요인입니다. 경건religion은 인간이 할 수 있는 표현 중에 최고의 표현입니다. 그렇기 때문에 이 부분에서 잘못되는 것이야말로 무엇보다 큰 비극인 것입니다. 산헤드린의 비극이 바로 여기 있었습니다.

그러므로 우리는 신약성경의 가르침 중에서도 여기 나오는 이 가르침에 아주 큰 관심을 기울여야 합니다. 저는 바리새인들의 본질적인 문제점이 무엇이었는지 보여드리고자 하는데, 왜냐하면 바리새인과 사두개인들이 결국 공회의 지도자 역할을 했기 때문입니다. 사복음서를 읽다 보면 주님이 바리새인과 서기관 및 사두개인들과 논쟁하고 토론하는 데 주의를 기울이시고 많은 시간을 쓰신 데 주목하게 됩니다. 주님은 그들과 크게 충돌하셨으며, 복음서의 상당 부분이 그 이야기에 할애되고 있습니다. 그들은 스스로 하나님을 섬긴다고 믿었고 그 사실을 자랑스러워했지만 정작 메시아는 거절해 버렸습니다.

유대인들이 고대세계에서 가장 위대한 나라가 될 수 있었던 것은 오직 그들만이 참되고 살아계신 한분 하나님을 아는 지식을 가졌기 때문임을 잊지 맙시다. 그리스 철학이나 로마의 법률 및 문명을 들먹거릴 수도 있겠지만, 로마인들과 그리스인들은 다신론자였습니다. 그들은 유일하신 한분 하나님을 아는 지식에 이르지 못했습니다. 그 지식은 유다를 유일무이한 나라, 뛰어난 나라로 만든 요소인 동시에 가장 큰 비극—역사상 가장 큰 비극—을 빚어낸 요소이기도 합니다. 이방 백성들이 아닌 바로 이 백성이 하나님의 가장 위대한 행동을 거절해 버렸기 때문입니다. 이를테면 신앙의 수호자요 관리자로 세움받은 백성이 자신들의 메시아를 거절해 버린 것입니다.

스데반이 여기에서 다루고 있는 내용이 바로 이것입니다. 주님도 이 점을 다루셨고, 유대인이자 바리새인이었던 사도 바울도 자신만의 노련한 방식으로 이 점을 다루었습니다. 스데반은 여기에서 그 핵심 원리를 전부 제시해 주고 있습니다. 여러분과 제가 이 원리들을 검토해야 하는 것은 거짓 경건이야말로 참된 기독교에 치명적인 해악이 되기 때문입니다. 일반적으로 기독신앙의 가장 큰 원수 노릇을 한 것은 바로 기독교회였습니다. 교회 자체가 메시지를 오해하고 왜곡했으며, 산헤드린 공회원들이 했던 짓을 그대로 따라 했습니다.

이것은 비극적인 일이지만, 그럼에도 반드시 짚고 넘어가야 합니다. 제가 이 자리에 서 있는 것은 기독교 왕국을 전하기 위함이 아닙니다. 교회나 종교를 전하기 위함도 아닙니다. 하나님의 아들이요 구주되신 주 예수 그리스도 안에 있는 구원, 그를 통해 주시는 구원을 전하기 위함입니다.

그러므로 스데반의 논증을 함께 따라가 봅시다. 그는 여기에서 완벽한 논증을 전개하고 있습니다. 그가 무엇보다 먼저 보여주는 것은 거짓 경건의 특징입니다. 그 특징이 무엇입니까? 오, 하나님이 우리 자신을 점검하는 은혜를 주시기를! 여러분은 스스로 그리스도인이라고 생각하고 있습니까? 그렇다면 그 사실을 즐거워하고 있습니까? 그 사실을 행복하게 느끼고 있습니까? 그 사실을 기뻐하고 있습니까? 여러분은 신약성경에 나오는 이 그리스도인들을 좋아합니까? 그들에게서 삶의 능력을 얻습니까? 그렇지 않다면 여러분 속에 있는 것이 참된 경건인지 거짓 경건인지 의심해 보아야 하지 않겠습니까? 기독신앙의 가장 큰 원수는 거짓 경건입니다. 그러니 그 특징들을 한번 살펴봅시다.

스데반이 주목하는 첫번째 특징은 **위선**입니다. 그는 위선을 이렇게 설명하고 있습니다. "하나님이 외면하사 그들을 그 하늘의 군대 섬기는 일에 버려두셨으니 이는 선지자의 책에 기록된 바 이스라엘의 집이여, 너희가 광야에서 사십 년간 희생과 제물을—이제 나오는 말에 주목하십시오—내게 드린 일이 있었느냐." 이스라엘 자손은 "광야에서" "희생과 제물을" 바쳤습니다. 그러나 하나님이 그들에게 물으시는 것은 "그것이 진정 나를 위한 것이었느냐?"라는 것입니다. 그들은 제물을 바쳤습니다. 오, 맞습니다. 하나님은 지금 그것을 의심하시는 것이 아닙니다. 위선자는 언행이 일치합니다. 그렇지 않다면 굳이 비판할 필요도 없을 것입니다. 우리는 사실을 부인해서는 안 됩니다. 사람들은 바리새인들을 살펴볼 때 종종 이런 잘못을 저지르곤 합니다. 바리새인이 "나는 이레에 두번씩 금식하고 또 소득의 십일조를 드리나이다"라고 말했던 것을 알 것입니다 눅 18:12. 사람들은 그가 거짓말을 했다고 생각하는데, 그것은 거짓말이 아닙니다. 말 그대로의 진실입니다. 그러나 하나님이 그들에게 물으시는 것은 이것입니다. "그것이 나를 위한 것이었느냐?"

이것은 아주 엄중한 질문이며, 우리 모두가 직시해야 하는 가장 중요한 질문입니다. 이스라엘 백성들이 정말 하나님을 믿었을까요? 희생과 제물을 바친 그들의 행동에는 어떤 가치가 있었을까요? 백성들이 이런 일들을 했다는 사실 자체가 그들이 진정으로 하나님을 예배했다는 증거는 되지 못합니다. 오히려 그것은 하나님께 드리는 예배의 대체물일 수도 있습니다. 스데반은 여기에서 그 진실을 드러내고 있습니다. 구약성경도 이 점을 거듭 언급하고 있습니다. 열왕기하에는 "이 여러 민족이 여호와를 경외하고 또 그 아로새긴 우상을 섬기니"라는 말씀이 나옵니다. 아, 그렇습니다. 그들은 여호와를 두려워했습니다. 그들에게는 그럴 만한 이유가 있었습니다. 이 말씀이 나오기 바로 직전에 하나님은 그들에게 패배라는 조치를 취하셨습니다. "이 여러 민족이 여호와를 경외하고 또 그 아로새긴 우상을 섬기니 그들의 자자손손이 그들의 조상들이 행하던 대로 그들도 오늘까지 행하니라"왕하 17:41.

다시 말해서 이스라엘 자손은 예배의 외형은 지키고 있었지만, 그렇다고 정말로 하나님을 예배한 것은 아니었습니다. 그들이 예배한 것은 자신들의 신이었습니다. 스데반이 여기에서 산헤드린 공회원들에게 하고 있는 말이 바로 그것입니다. 요컨대 "너희는 신앙적인 사람들로서 너희들만 신앙이 있다고 주장하며 나를 신성모독의 상징처럼 취급하고 있다. 너희는 스스로 하나님을 예배한다고 말한다. 그러나 정말 하나님을 예배하느냐?" 여러분과 저도 이 엄중한 질문에 대답해야 합니다.

이 위선적인 거짓 경건의 한 가지 특징은 실제와는 다른 모습을 자신의 모습인 척한다는 것, 외형에만 신경을 쓴다는 것, 기본적으로 정직하지 못하다는 것, 마음으로는 사실상 믿지 않는 일을 하면서 일종의 이중적인 행동—하나님을 두려워하면서도 다른 것을 섬기는—을 한다는 것입니다. 좀더 간단히 설명하자면, 자신이 살면서 저지르는 잘못이나 악행을 선행으로 벌충할 수 있다고 생각하는 것이 문제입니다. 여러분도 이것을 잘 알고 있지 않습니까? 우리는 모두 이런 일을 해보았습니다. 약간의 선행으로 어떤 식으로든 다른 것을 벌충할 수 있다는 것이 우리의 생각입니다. 우리는 회계 전문가들입니다. 대차대조표를 얼마나 잘 맞추는지 모릅니다! 아, 이쪽 항목에 우리에게 불리한 내용이 많이 있습니다. 좋습니다. 그렇다면 이곳에 가서 약간의 선행을 하고 저곳에 가서 한번 기부하면서 약간의 친절을 베풀면 됩니다. 이것이 거짓 경건의 본질—순전한 위선—입니다.

이보다 훨씬 더 나쁜 특징, 사람들의 말할 수 없는 어리석음을 드러내 주는 특징이 있습니다. 이스라엘 자손이 왜 40년간 광야에서 희생과 제물을 바쳤을까요? 왜 그 일을 계속했을까요? 하나님을 매수할 수 있다고 생각했기 때문입니다. 하나님을 속일 수 있고 우롱할 수 있다고 생각했기 때문입니다. 그들은 말했습니다. "올라가서 희생과 제물만 바치면 하나님도 아무 문제를 삼지 않으실 것이다. 그렇게만 하면 하나님을 달랠 수 있고, 잠자코 계시게 할 수 있다. 하나님과 계산을 맞출 수가 있다." 그들은 진심으로 이것이 똑똑한 처사이며 잘 먹히는 방법이라고 확신했습니다. 그래서 하나님이 "그 희생을 **내게** 바쳤느냐?"라고 물으시는 것입니다. "너희의 관심이 정말로 **내게** 제물을 바치는 데 있었느냐?"라고 물으시는 것입니다.

다시 말해서 경건에 대해 잘못된 개념을 가지고 있는 사람들의 문제점은 하나님에 대한 진실도 모르고 자신에 대한 진실도 모른다는 것입니다. 하나님은 시편기자의 입을 통해 그런 자들에게 말씀하십니다. "네가 나를 너와 같은 줄로 생각하였도다"시 50:21. 우리도 그렇게 생각하고 있지 않습니까? 우리는 모든 것을 덮어 가며 대차를 맞춥니다. 서로 속이기도 하고 자신을 속이기도 합니다. 그래서 하나님도 우리 같을 것이라고 생각합니다. 우리가 정말 똑똑하다고—똑똑해서 이를테면 하나님과 '재무관계를 청산할 수 있고', 하나님을 달랠 수 있다고—생각합니다. 하나님도 다른 사람 대하듯이 대하면 된다고 생각합니다. 이것이 의미하는 바는 한 가지뿐입니다. 즉, 우리는 하나님에 대해 하나도 모르고 있는 것입니다. 하나님에 대한 무지가 이 모든 곤경과 이 모든 비극의 원인입니다.

그렇습니다. 두려움과 이기심으로 하는 일은 아무 소용이 없습니다. 중요한 질문은 이것입니다. 하나님을 알고 그를 높이며 그에게 순종하고 그를 섬기려는 순전한 소원이 우리에게 있습니까? 절반의 마음으로는 하나님과 일할 수 없습니다. 그가 원하시는 것은 전적인 충성입니다. "네 마음을 다하고 목숨을 다하고 뜻을 다하고 힘을 다하여 주 너의 하나님을 사랑하라"막 12:30. 그는 전부를 원하십니다. 주님은 이에 대해 결정적인 말씀을 하셨습니다. "이 백성이 입술로는 나를 공경하되 마음은 내게서 멀도다"막 7:6. 하나님께도 입에 발린 말만 하면 되는 듯 착각하는 것은 비극적인 일입니다. 그런 사람은 하나님을 전혀 모르는 것입니다.

마태복음 23장을 보십시오. 주님이 바리새인들의 위선을 결정적으로 폭로하시는 내용이 나옵니다. "잔과 대접의 겉은 깨끗이 하되 그 안에는 탐욕과 방탕-다른 성경에는 "탐욕과 악"으로 번역되어 있습니다-으로 가득하게 하는도다"25절. 이것이야말로 사람들의 전형적인 특징이며 그들이 드리는 예배의 전형적인 특징입니다. 선량한 척하며 잔과 대접의 겉은 깨끗이 하지만, 속은 더럽고 썩어 있습니다. 이것이 위선의 본질입니다. 세상 앞에서는 선량한 척하고 어떤 부분에서는 자신을 바꾸기도 하지만, 그 속은 어떻습니까? 그 마음은 어떻습니까? 그 중심의 상태는 어떻습니까?

주님은 이에 대해서도 다음과 같은 말씀을 하셨는데, 우리의 실상을 얼마나 완벽하게 폭로하는 말씀인지 모릅니다. "너희가 박하와 회향과 근채의 십일조는 드리되-이처럼 사소한 조항들, 율법의 미미하고 세세한 조항들은 다 지켰습니다. 오, 바리새인들은 이런 것들을 꼼꼼히 따져 가면서 전부 다 지켰습니다-율법의 더 중한 바 정의와 긍휼과 믿음은 버렸도다. 그러나 이것도 행하고 저것도 버리지 말아야 할지니라"마 23:23. 우리는 본능적으로 이렇게 하기가 쉽습니다. 이런 사소한 것들에 신경을 쓰면서 "그래, 좋아. 지금까지는 잘못 살았지. 이런 것도 하지 않았고 저런 것도 하지 않았지. 이제 이것도 바로잡고 저것도 바로잡을 거야. 이건 버리고 저건 할 거야"라고 말하는 것입니다. 그러면서 하나님이 기뻐하실 것이라고 생각합니다. 그러나 그것은 "박하와 회향과 근채"입니다! 우리는 하나님의 크고 궁극적인 질문을 직시하지 않았고, 자기 자신을 직시하지 않았으며, 하나님이 알고 계시는 우리의 마음, 우리가 하나님과 맺고 있는 관계를 직시하지 않았습니다.

이 모든 것은 다음과 같이 요약될 수 있습니다. 이러한 위선적인 신앙의 특징은 그것이 항상 외적이라는 것, 외투나 웃옷을 걸치듯이 겉에만 걸친다는 것입니다. 겉치레와 겉모양만 그럴듯합니다. 잔과 대접의 겉은 깨끗하지만 속은 그렇지가 못합니다. 이것이 첫번째 요점입니다.

거짓 경건의 두번째 특징은 **제도중심주의**institutionalism라고 할 만한 것에 늘 열중한다는 것입니다. 제 말의 뜻은 이것입니다. 산헤드린 공회원들이 정말로 예배한 것은 성전이었습니다. 스데반은 여기에서 핵심을 찌르고 있습니다. 그들은 성전숭배를 기독교의 대척점에 세웠습니다. 스데반의 말은 요컨대 이런 것입니다. "너희가 나를 고소한 것은 내가 성전이 더 이상 필요 없다고 말했기 때문이며, 예수가 성전을 무너뜨리셨고 모든 희생과 번제를 종결지으셨다고 말했기 때문이고, 이제는 예수 안에 모든 것이 있다고 말했기 때문이다." 성전은 이 지도자들의 전부였습니다. 이것이 그들의 가장 큰 문제점이었습니다. 성전이 우상이 되어 버린 것입니다. 거짓 경건에는 항상 이런 특징이 나타납니다.

하나님은 사람들에게 성전 건축을 허락하셨습니다. 그러나 성경 기록에서 알 수 있듯이 그것은 하나님이 요구하신 일이 아니었습니다. 다윗이 먼저 생각해 낸 것을 솔로몬이 실행에 옮겼을 뿐입니다. 하나님이 그 모든 일을 크게 반기셨던 것은 아닙니다. 그것은 하나님이 택하신 예배방법이 아니었습니다. 사람들이 자청해서 그렇게 하겠다고 나섰을 뿐입니다. 사람들은 항상 모든 것을 제도화하고 싶어 하며 조직에 속할 때 만족해하는데, 무엇보다 교회를 제도화할 때 최고의 만족을 느낍니다. 사람들은 모든 것을 공고화하며 경직시킵니다. 정신을 돌과 건물로 바꾸어 버립니다. 이런 일을 놀랍게 여깁니다. 사람들은 자기가 만든 것을 숭배하는 경향이 있습니다.

이것이 사람들의 경향입니다. 유대 지도자들은 예루살렘에서만 예배할 수 있고 성전을 떠나서는 예배할 수 없다고 말했습니다. 유대인들은 항상 이런 태도를 고수하면서 영적이어야 할 것을 공고화했습니다. 산헤드린도 같은 태도를 보이고 있습니다. 이것은 어느 시대에나 나타났던 일입니다. 역사의 큰 교훈 한 가지가 바로 이것입니다. 이런 태도를 가진 사람은 본질보다 형식을 추구합니다. 정신보다 글자에 주목합니다. 이런 사람들은 '거룩한 장소', 성별된 장소를 기준으로 삼습니다. 하나님이 건물에 제한된다고 믿으며, 일정한 건물 안에서만 참으로 예배할 수 있다고 믿습니다.

주님이 이른바 '사마리아 여인'을 만나 토론하신 이야기가 나오는 요한복음 4장에서 아주 좋은 실례를 볼 수 있습니다. 여인의 말에는 전형적인 예배관이 나타나 있습니다. 여인은 무서운 죄 가운데 살면서도 경건한 외양을 가지고 있었습니다. 그는 대차를 맞추었습니다. 노련하게 경건을 이용하여 간음을 벌충했습니다. 여인이 한 말은 이런 것입니다. "선생님, 당신이 선지자라는 걸 알겠네요. 우리 조상들은 이 산에서 예배를 드렸는데, 당신들은 예루살렘에서만 예배를 드려야 한다고 말하더군요."19-20절.

여인이 무엇을 주장했는지 알 것입니다. 사마리아 사람이었던 이 여인은 "하나님은 이 산에서 예배받으셔야 한다. 여기에서만 하나님을 찾을 수 있다"라고 말했습니다.

그에 대해 유대인들은 "아니다. 거기에서는 하나님을 찾을 수 없다. 예루살렘 성전에서 찾아야 한다"라고 말했습니다.

그들은 하나님을 장소에 제한시켜 놓고, 각자 자기의 특정한 장소-메카일 수도 있고 로마일 수도 있고 캔터베리일 수도 있습니다-를 옹호하며, 그것을 공고화하고 제도화했습니다. 그렇기 때문에 성전이 무너지는 것은 곧 예배가 끝장나는 것을 의미했습니다.

이런 태도는 항상 겉으로 드러나게 되어 있습니다. 우리는 이것을 기준으로 자신을 검증해 볼 수 있습니다. 반복하건대 거짓 경건의 특징은 항상 건물이 예배를 통제한다는 것입니다. 우리 예배당 같은 예배당에 들어설 때에는 평범한 건물에 들어서듯이 할 수 있습니다. 그런데 대성당에 들어설 때에는 걸음도 살금살금 걷고 목소리도 작게 낮춥니다. 왜 그렇습니까? 오, 사람들은 하나님을 경외하기 때문이라고 말합니다! 그것이 사실일까요? 그렇다면 왜 이런 예배당이나 그 밖의 곳에서는 하나님을 경외하지 않는 것입니까? 그것이 얼마나 우스운 행동인지 여러분도 알 것입니다! 대성당 안에서는 예절과 질서와 위엄과 예배에 그토록 신경을 쓰는 사람들이 일반 강당에서는 완전히 딴판으로 행동합니다. 두 경우 다 동일하신 하나님을 예배한다고 주장하면서 왜 딴판으로 행동하는 것일까요? 성령이 아닌 건물이 예배를 지배하기 때문입니다. 이런 것이 제도중심주의입니다. 성전숭배입니다. 그런 자들은 하나님이 성전 안에만 계신다고 느낍니다. 그들은 사람들이나 성직자의 위계나 대제사장, 제사장, 아랫사람, 보조하는 사람 등 모든 중요한 직책에 대해서도 당연히 똑같은 개념을 가지고 있습니다. 그런 직책이 곧 교회이고 예배입니다. 그런 것이 없으면 참된 예배를 드릴 수 없다고 생각합니다.

올해는 마르틴 루터가 95개조의 반박문을 비텐부르크 성당 문에 내건 위대한 날로부터 450년이 되는 해입니다.[1] 그때부터 종교개혁이 시작되었습니다. 이것은 루터가 싸워야 했던 싸움의 일부였습니다. 로마 가톨릭은 실제로 예배를 일정한 건물뿐 아니라 일정한 사람들에게 국한시켜 왔습니다. 사제가 없으면 예배를 드릴 수 없습니다. 사제가 꼭 있어야 합니다. 사제가 없으면 하나님을 찾을 수 없습니다. 성례전도 있어야 하고 동정녀 마리아나 성인들 같은 중재자도 있어야 합니다. 교회 건물이나 조직도 필수적으로 있어야 합니다. 스데반이 산헤드린 공회원들을 비판하는 점이 바로 이 점입니다. 그는 말합니다. "너희는 성전을 예배하고 있다. 성전을 절대 필요한 요소로 여기고 있으며, 그럼으로써 하나님이 이 영역에서 계시하신 것을 대적하고 있다."

여기에 당연히 추가되는 것이 **전통**, 인간의 전통입니다. 주님께서 바리새인들에게 하신 말씀은 요컨대 "너희는 인간의 전통 때문에 율법과 하나님의 가르침, 하나님의 계명을 폐하고 있다"라는 것이었습니다.[마 15:3-6]. 바리새인들은 항상 "위대한 권위자들이 무엇이라고 말했는가?"를 물었습니다. 권위자들의 말을 인용하고 그들이 쓴 책을 내놓으면서 "이 책에서는 이러이러하게 말하고 있다"라고 했습니다. 인간의 전통을 내세운 것입니다. 교회도 그들과 똑같이 사람의 전통과

---

1 이 설교는 1967년 6월에 전해졌다.

교회의 전통을 인용하며 그것을 권위의 주체로 삼아 왔습니다. 그들이 믿는 내용들은 대부분 어디에 근거하고 있습니까? 사람이 창안해 낸 것들에 근거하고 있습니다. 그런 장애물이 버티고 있기 때문에, 이를테면 동정녀 마리아 없이는 하나님께 나아가지 못한다는 주장이 나오는 것입니다. 사람들은 이런 식으로 수세기 동안 하나님과 그의 법을 부인하면서도 그를 섬긴다고 믿어 왔습니다.

거짓 경건에 언제나 나타나는 마지막 특징은 **자기의**입니다. 성경은 바리새인들이 "자기를 의롭다고" 믿었다고 말합니다. 사도 바울이 상한 심령으로 진술하고 있는 부분과롬 9:2-4 빌립보서—바리새인으로 자신이 유대인이라는 사실을 자랑스러워했던 과거를 묘사하고 있는—에 그 모든 내용이 나와 있습니다. "나는 팔 일 만에 할례를 받고 이스라엘 족속이요 베냐민 지파요 히브리인 중의 히브리인이요 율법으로는 바리새인이요……"빌 3:5-6. 그는 그 사실을 의지하면서 살았습니다. 우리를 그리스도인 되게 하는 것이 무엇입니까? 사람들은 선행과 선한 사업, 친절한 행동, 이런저런 행동은 하지 않고 반대되는 행동은 하는 것이라고 생각합니다. 이것은 비극입니다. 유대인들의 문제점도 여기 있었습니다.

주님은 성전에 기도하러 올라간 세리와 바리새인의 비유를 통해 이 점 또한 철저하게, 결정적으로 다루어 주셨습니다. 그가 묘사하신 장면은 다음과 같습니다.

"두 사람이 기도하러 성전에 올라가니 하나는 바리새인이요 하나는 세리라. 바리새인은 서서 따로 기도하여 이르되 하나님이여, 나는 다른 사람들 곧 토색, 불의, 간음을 하는 자들과 같지 아니하고 이 세리와도 같지 아니함을 감사하나이다. 나는 이레에 두 번씩 금식하고 또 소득의 십일조를 드리나이다"눅 18:10-12. 이것이 바리새주의입니다. 자신의 선한 삶과 선한 사업, 선한 행동, 기도, 금식, 고행, 묵주기도, 자신이 행하는 모든 선한 일을 의지하는 것입니다. 이것은 거짓 경건입니다.

그렇다면 참된 경건은 무엇일까요? 이 모든 것과 정확히 반대되는 것입니다. 주님은 이런 믿음의 실상을 폭로하신 탓에 죽임을 당하셨고, 여기 나오는 스데반도 자기 방식으로 그것을 폭로한 탓에 심문을 받고 죽임을 당할 위험에 처했습니다. 참된 경건의 특징이 무엇입니까? 큰 항목만 제시해 드리겠습니다.

첫째는 이것입니다. 참된 경건은 **전적으로 하나님의 계시와 가르침에만 토대를 두고 있습니다.** 44절은 아주 중요한 말씀입니다. "광야에서 우리 조상들에게 증거의 장막이 있었으니 이것은 모세에게 말씀하신 이[하나님]가 명하사 그가 본 그 양식대로 만들게 하신 것이라." 하나님이 모세를 산으로 불러 올려 증거의 장막에 대한 정확한 세부사항과 명세서와 설계서를 주셨습니다. 그러고 나서 마지막에 "너는 삼가 이 산에서 네게 보인 양식대로 할지니라"라고 말씀하셨습니다^{출 25:40}. 스데반은 바로 이 명령을 반복하고 있습니다.

이것이 기독교의 시작입니다. 그리스도인이 된다는 것이 무엇입니까? 우리가 어떻게 하나님을 발견할 수 있습니까? 어떻게 죄사함받은 것을 알 수 있습니까? 참된 예배란 무엇입니까? 어떻게 그것이참된 예배임을 알 수 있습니까? 첫번째 기본원리는 이것입니다. 여러분은 성경이라는 이 책에 담겨 있는 계시에 완전하고도 온전하게, 철저하게 승복해야 합니다. 그렇지 않으면 잘못된 길로 가게 됩니다. 이것이 출발점입니다. **우리의** 모든 예배관은 완전히 틀린 것입니다.

이스라엘 자손은 바로 이 지점에서 계속 어긋난 길을 갔습니다. 고라의 반역이라고 불리는 반역이 있습니다. 고라와 다단과 아비람은이스라엘의 족장으로서, 능력 있고 출중한 사람들이었습니다. 어느날 오후에 세 사람이 모여서 이야기를 하기 시작했습니다. 그들이 서로 나눈 말은 이것입니다. "왜 우리가 모세와 그 형 아론의 지도와 명령에 승복해야 하지? 그들이 뭐라고? 그들이 무슨 권위자라도 되나?"

세 사람은 하나님이 모세와 아론을 택하셨고 모세에게 계시를 주셨다는 사실을 잊어버렸습니다. "우리도 그들만큼 훌륭한 사람들이야. 우리 생각에는 일을 이런 식으로 해서는 안 돼. 이런 건 필요치 않아"라고 말했습니다. 그래서 집회를 열었습니다. 대부분의 집회가 그렇듯이 그 집회도 당연히 인기가 높았습니다. 박수갈채 속에 모세와 아론을 밀어내고, 고라와 다단과 아비람이 제시한 새 방법을 따르기로 했습니다민 16장. 그 이야기를 읽어 보십시오. 하나님이 그 반역 사건을 아주 무섭게 다루셨다는 사실과, 결국 그 사건의 기념물로 아론의 싹 난 지팡이를 이스라엘 자손에게 주셨다는 사실을 알게 될 것입니다. 그 사건이 보여주는 원리는 이것입니다. 예배방법을 정하시는 분은 하나님입니다. 현대의 철학자들이나 종교 지도자들이나 과학자들에게 예배에 대한 가르침을 얻고자 한다면, 하나님의 이름으로 말하건대 여러분은 틀린 것이며 산헤드린의 위치에 서 있는 것으로서 그에 합당한 벌을 받게 될 것입니다. 이것은 전적으로 하나님께 속한 일입니다. 하나님이 그 양식을 "산에서 네게" 보이셨습니다출 25:40.

잘 알려진 대로 니고데모가 밤에 찾아왔을 때 주님이 지적하신 점도 이것이었습니다. 니고데모는 말했습니다. "랍비[선생님]이여, 우리가 당신은 하나님께로부터 오신 선생인 줄 아나이다. 하나님이 함께 하시지 아니하시면 당신이 행하시는 이 표적을 아무도 할 수 없음이니이다"요 3:2. 주님의 이야기를 듣고 호기심과 큰 관심이 생겼다는 것입니다. 자신도 선생이기는 하지만 주님께는 무언가 더 특별한 것이 있다는 것입니다. 그것이 대체 무엇이냐는 것입니다.

주님은 그를 바라보시더니, 그의 말을 끊고 이렇게 말씀하셨습니다. "진실로 진실로 네게 이르노니 사람이 거듭나지 아니하면 하나님의 나라를 볼 수 없느니라"요 3:3. 니고데모가 선생이라는 점은 하등 중요치 않다는 것입니다. 그가 신앙적인 사람이라는 점도 중요치 않고 대단한 인물이라는 점도 중요치 않다는 것입니다. 그런 것은 아무 가치도 없다는 것입니다. "거듭나야 하겠다." 그는 아무것도 모르고 있었습니다.

사마리아 여인에게도 주님은 같은 말씀을 하셨습니다. "너희는 알지 못하는 것을 예배하고 우리는 아는 것을 예배하노니 이는 구원이 유대인에게서 남이라"요 4:22. 이 또한 니고데모에게 설명하신 내용과 같습니다. "하늘에서 내려온 자 곧 인자 외에는 하늘에 올라간 자가 없느니라"요 3:13. "진실로 진실로 네게 이르노니 우리는 아는 것을 말하고 본 것을 증언하노라"요 3:11. 우리는 그리스도를 통해서, 오직 그리스도 안에서만 하나님을 예배할 수 있습니다. 그의 말을 들어야만 합니다. 참된 예배란 바로 그리스도의 방법을 따르는 것입니다. 다른 방법은 없습니다. "나보다 먼저 온 자는 다 절도요 강도니"라고 그는 말씀하셨습니다요 10:8. 무엇보다 "내가 곧 길이요 진리요 생명이니 나로 말미암지 않고는 아버지께로 올 자가 없느니라"라고 말씀하셨습니다요 14:6.

"너는 삼가 이 산에서 네게 보인 양식대로 할지니라"출 25:40. 하나님을 어떻게 예배할지 정하는 주체는 여러분도 아니고 저도 아닙니다. 사람들은 각자 현대적인 생각들을 가지고 있습니다. 어떤 이는 "편안한 의자에 앉아 긴장을 풀고 하나님께 말씀을 드리고 그분께 귀를 기울여라"라고 말합니다. 아니, 그렇지 않습니다. 그것은 틀린 말입니다. 거짓말입니다! 세상의 여타 종교들도 이런저런 말들을 하지만, 그것도 다 거짓말입니다. 맞는 말이 아닙니다. 방법은 오직 하나뿐입니다. 여러분은 그 방법을 하나님께 받아야 합니다. 여러분의 생각대로 해서도 안 되고 명세서를 변경해서도 안 됩니다. 모든 것을 세세한 부분까지 정확하게 지켜야 합니다. 구약성경의 책들이 모든 내용을 세세하게 지시하는 이유가 여기 있습니다.

참된 경건의 두번째 요소는 **정직함과 순전함**입니다. 다윗은 이것을 깨달았습니다. 다윗도 우리처럼 경건한 사람이었습니다. 그런데 욕심과 정욕이 들어와서 간음과 살인을 저질렀습니다. 그러면서도 아주 만족해했습니다. 자기가 바라던 대로 되었기 때문입니다. 물론 하나님을 예배하는 일도 여전히 계속했습니다. 여러분도 자기가 원하는 일을 한다고 해서 예배를 그만두지는 않습니다. 이것은 대차를 맞추려는 속임수입니다. 하나님께 계속 경의를 표하고 예배에 참석하는 동시에 자기가 원하는 것을 하면서 아무 문제가 없다고 생각하는 것입니다. 오, 그러나 하나님은 그것을 기뻐하지 않으십니다. 다윗은 고통하며 부르짖었습니다. "주께서는 중심이 진실함을 원하시오니"시

51:6. 또 다른 시편에서 그는 말하고 있습니다. "내가 나의 마음에 죄악을 품었더라면 주께서 듣지 아니하시리라"시 66:18. 자신이 아주 좋아하는 죄를 끌어안고서 "그래, 하나님이 원하시는 건 다 할 거야. 하지만 이건 안 돼"라고 말하는 것은 마음에 죄악을 품는 일이며, 죄를 쓰다듬고 감추는 일이라는 것입니다.

그런 예배는 아무 소용이 없습니다. 하나님은 그런 예배를 받지 않으십니다. 그런 기도를 듣지 않으십니다. 방법을 정하는 주체는 여러분이 아니라 하나님입니다. 그런데 하나님은 철저하게 정직할 것을 요구하십니다. 바리새인들을 향한 주님의 통렬한 지적을 들어 보십시오. "너희는 사람 앞에서 스스로 옳다 하는 자들이나 너희 마음을 하나님께서 아시나니 사람 중에 높임을 받는 그것은 하나님 앞에 미움을 받는 것이니라"눅 16:15. 하나님은 마음을 보시며 참뜻과 정직함과 순전함과 전심을 요구하십니다. 시편기자는 "일심으로 주의 이름을 경외하게 하소서"라고 외칩니다시 86:11.

그다음으로 참된 경건은 당연히 **"율법 조문으로 하지 아니하고 오직 영으로" 하는 것입니다**고후 3:6. 주님은 사마리아 여인에게 그 점을 이렇게 설명하고 계십니다. 여자는 이 산에서 예배드려야 하느냐 예루살렘에서 예배드려야 하느냐를 물었지만, 그것은 틀린 질문입니다. "하나님은 영이시니 예배하는 자가 영과 진리로 예배할지니라"요 4:24.

저는 스데반이 산헤드린 공회원들에게 "우리 조상들에게 증거의 장막이 있었으니"라고 말하면서 이 점을 아주 놀랍게 부각시키고 있다고 생각합니다. 하나님은 성전을 원치 않으셨습니다. 하나님이 명하신 것은 장막, 이동이 가능한 장막이었을 뿐입니다. 그런데 사람이 "오, 아닙니다. 장막은 하나님께 합당치 않습니다. 큰 성전을 지어서 화려하게 꾸며야 합니다. 금과 은과 귀금속으로 장식해야 합니다. 어느 정도 높이도 있어야만 합니다"라고 말하는 것입니다. 그러나 하나님은 "아니다! 내가 명한 것은 장막이다"라고 말씀하십니다.

감사하게도 하나님은 장막을 명하셨습니다. 이처럼 제도중심주의의 반대편에 성령의 자유가 있고 이동 가능한 장막이 있습니다. 하나님은 이 산에서만 예배받으시는 것도 아니고 예루살렘 성전에서만 예배받으시는 것도 아닙니다. 이것은 세상에서 가장 놀라운 사실입니다. 진심으로 하나님을 구하는 곳에서는 어디서나 예배를 받으십니다. 장소는 중요치 않습니다. 굳이 로마까지 가서 성 베드로 대성당을 찾지 않아도 되고, 런던까지 와서 성 바울 성당을 찾지 않아도 됩니다. 지금 우리가 예배드리고 있는 이 예배당으로 오지 않아도 됩니다. 어디서든지 마음으로 하나님을 갈망하고 사모하며 부르짖으면 거기에 임하여 만나 주십니다. **그는 장막에 거하시는 분입니다!** 붙박이가 아닙니다. 고착화되지 않으시며 제도화되지 않으십니다. 예배에서 중요한 것은 형식이 아니라 자유입니다. 사도 바울은 아덴의 학식 높은 철학자들, 스토아 학파와 에피쿠로스 학파 철학자들에게도 같은 것을 가르쳤습니다. 이것은 과거 모든 시대에 필요했던 메시지였고, 지금도 필요한 메시지입니다. 우리는 율법 조문이 아닌 영으로 하나님을 예배해야 합니다. 그는 마음을 원하시며 자유를 원하십니다. 성전이 아니라 장막입니다! 제도중심주의가 아니라 성령의 자유입니다.

이것은 참된 경건의 마지막 특징이자 가장 중요한 특징인 **진리 그 자체**로 연결됩니다. 여러분, 하나님은 그의 방법대로 예배받으셔야 하며, 그의 방법대로만 예배받으실 수 있습니다. 그 방법이 무엇입니까? 자, 신약성경이 그 방법을 아주 분명하게 알려 주고 있습니다. 베드로는 스데반보다 앞서 그 방법을 알려 주었습니다. "다른 이로써는 구원을 받을 수 없나니 천하 사람 중에 구원을 받을 만한 다른 이름을 우리에게 주신 일이 없음이라"행 4:12. "하나님께서 그리스도 안에 계시사 세상을 자기와 화목하게 하시며"고후 5:19. 이것이 하나님의 방법입니다.

여러분은 말할 것입니다. "하지만 그 방법 말고 다른 방법으로도 하나님께 갈 수 있잖아요. 나는 피흘림과 속죄에 대한 가르침은 믿지 않습니다. 교리와 교조에는 관심이 없어요. 그저 예수 그리스도를 만나고 싶을 뿐입니다. 그를 만나기만 하면 다 괜찮을 겁니다."

아니, 그렇지 않습니다. 그것은 여러분의 방법이지 하나님의 방법이 아닙니다. 하나님은 십자가를 통해서만 나오라고 말씀하십니다.

다른 방법은 없습니다. 우리의 방법으로 하나님의 방법을 대체해 버리면 안 됩니다. "이 예수를 하나님이 그의 피로써 믿음으로 말미암는 화목제물로 세우셨으니"롬 3:25. 이 복음이 하나님의 구원 방법입니다. 다른 방법은 없습니다.

"옛적에 선지자들을 통하여 여러 부분과 여러 모양으로 우리 조상들에게 말씀하신 하나님이 이 모든 날 마지막에는 아들을 통하여 우리에게 말씀하셨으니 이 아들을 만유의 상속자로 세우시고 또 그로 말미암아 모든 세계를 지으셨느니라. 이는 하나님의 영광의 광채시요 그 본체의 형상이시라. 그의 능력의 말씀으로 만물을 붙드시며 죄를 정결하게 하는 일을 하시고 높은 곳에 계신 지극히 크신 이의 우편에 앉으셨느니라"히 1:1-3.

이것이 복음입니다. 다른 복음은 없습니다. "그러므로 형제들아, 우리가 예수의 피를 힘입어-바로 이 방법으로-성소에 들어갈 담력을 얻었나니"히 10:19.

현대인들은 예수의 피에 관심이 없다고, 그것을 부도덕하게 여기며 대속의 죽음을 받아들이지 못한다고 말할 수 있습니다. 산헤드린 공회원들도 마찬가지였습니다. 이 사실을 잊지 마십시오! 여러분이 복음을 거절하는 것은 현대인이기 때문이 아니라 산헤드린 공회원들과 같은 자들이기 때문입니다. 그들도 복음을 반대했습니다. 세상은 언제나 복음을 반대했습니다. 이미 증명해 보였듯이, 이런 태도는 여러분의 학식과 아무 상관이 없습니다. 여러분은 눈먼 것입니다. 마음이 완악한 것입니다. 하나님의 거룩하심을 모르는 것이며, 자신이 악한 자이고 잃어버린 자임을 모르는 것입니다.

하나님을 발견할 수 있는 방법은 한 가지뿐입니다. "예수 그리스도와 그가 십자가에 못박히심"을 통해서 나아가야 하는 것입니다고전 2:2. "예수의 피"를 힘입어야 합니다. 오직 이 방법으로만 하나님의 임재 안에 들어갈 수 있습니다. 이것이 하나님이 정하신 방법으로, 여러분과 저는 이 방법을 받아들여야 합니다. "너는 삼가 이 산에서 네게 보인 양식대로 할지니라." 이 방법에 반대할 수도 있습니다. 이 방법을 거부할 수도 있습니다. 좋습니다. 그럴 때 어떻게 되는지 알려 드리겠습니다. 여러분은 계속 죄 가운데 거하게 될 것입니다. 지금처럼 계속 실패자로 살아갈 것입니다. 삶을 두려워하고, 죽음을 두려워하고, 전쟁을 두려워하고, 심판을 두려워하며 살아갈 것입니다. 십자가 밖에 방법이 없습니다. 이것이 하나님이 정하신 방법입니다.

이제 강조하고자 하는 마지막 원리는 **구원은 전적으로 하나님이 거저 주시는 선물**이라는 것입니다. 스데반이 이 점을 어떻게 표현하고 있는지 들어 보십시오. "우리 조상들이 그것-장막-을 받아 하나님이 그들 앞에서 쫓아내신 이방인의 땅을 점령할 때에 예수[여호수아]와 함께 가지고 들어가서 다윗 때까지 이르니라." 이것은 그림입니다. 이스라엘 자손이 어떻게 블레셋 땅, 가나안 땅을 차지했습니까? 자신들의 용맹이나 능력이나 우월한 군사력으로 획득했습니까? 그렇지 않습니다. 그 땅은 "젖과 꿀이 흐르는 땅"이었습니다. 맞습니다. 그러나 이방인들, 거인들, 아낙 자손들이 이미 자리를 잡고 있었습니다. 그런데 이 보잘것없는 백성이 어떻게 그 땅을 차지했을까요? 답은 한 가지뿐입니다. 하나님이 그 거인들을 쫓아내시고 땅을 주신 것입니다.

이것도 원리입니다. 여러분의 선과 의는 아무 가치도 없습니다. 그것은 다 더러운 옷이고, 배설물이고, 찌꺼기이고, 해로운 것입니다. "너희는 그 은혜에 의하여 믿음으로 말미암아 구원을 받았으니 이것은 너희에게서 난 것이 아니요 하나님의 선물이라"엡 2:8. 하나님이 여러분 대신 그리스도 안에서 율법을 성취하십니다. 마귀와 그의 모든 권세를 정복하십니다. 여러분의 원수들을 쫓아내십니다. 땅을 주십니다. 구원은 하나님이 은혜로 거저 주시는 선물입니다. 하나님은 지금 여러분의 죄를 사해 주겠다고 말씀하십니다. 지옥 입구에 이를 정도로 큰 죄를 지었더라도 바로 이 순간 거저 용서해 주시고 사해 주겠다고 말씀하십니다. 그는 새로운 생명과 새로운 출생과 새로운 시작과 새로운 본성과 새로운 모든 것을 주실 것입니다. 모든 원수를 이길 능력을 가지신 성령을 주어서 넉넉히 이기게 해주실 것입니다.

이것이 하나님의 방법입니다. 여러분과 저의 도덕성이나 지적인 이해력이나 과거 모든 세대보다 이 세대가 우월하다는 사실로는 구원받지 못합니다. 절대 구원받지 못합니다! 구원은 전적으로 하나님이 거저 주시는 선물이며, 오직 그의 사랑하시는 복된 아들 안에서만 주시는 선물입니다. 하나님은 우리의 허물을 그에게 지우시고 단번에 그 안에서 벌하셨습니다.

그렇다면 복음이 우리에게 요청하는 일은 무엇일까요? 오직 회개하라는 것입니다. 다시 생각하라는 것입니다. 하나님의 거룩하심을 깨닫고 "탐욕과 방탕이 가득"한 우리의 악한 마음을 깨달으라는 것입니다. 회개하십시오! 죄를 인정하십시오. 고백하십시오. 여러분은 아무것도 할 수 없음을 깨달으십시오. "어린아이"가 되십시오. "진실로 너희에게 이르노니 너희가 돌이켜 어린아이들과 같이 되지 아니하면 결단코 천국에 들어가지 못하리라"마 18:3. 자신은 철학책을 읽거나 과학을 아는 성인이므로 이해가 되기 전에는 믿지 못하겠다고 생각한다면, 여러분은 여전히 밖에 머물 수밖에 없습니다. 다른 모든 이들처럼 여러분도 어린아이가 되어야 합니다. 회개하십시오! 복음을 믿으십시오! 성전은 여러분을 구원해 주지 못합니다. 성직자의 위계도 여러분을 구원해 주지 못하며, 율법도 여러분을 구원해 주지 못합니다. "세상 죄를 지고 가는 하나님의 어린양" 외에 여러분을 구원해 줄 수 있는 것은 아무것도 없습니다요 1:29.

여러분은 그를 믿고 있습니까? 아니면 산헤드린 공회원들처럼 하고 있습니까? 여러분의 **경건**이 영원한 멸망의 원인이 되지 않기를 소원합니다.

17

마음과 귀에 할례를 받지 못한 사람들

목이 곧고 마음과 귀에 할례를 받지 못한 사람들아, 너
희도 너희 조상과 같이 항상 성령을 거스르는도다. 너희
조상들이 선지자들 중의 누구를 박해하지 아니하였느
냐. 의인이 오시리라 예고한 자들을 그들이 죽였고 이제
너희는 그 의인을 잡아 준 자요 살인한 자가 되나니 너
희는 천사가 전한 율법을 받고도 지키지 아니하였도다
하니라. 그들이 이 말을 듣고 마음에 찔려 그를 향하여
이를 갈거늘……그들이 큰 소리를 지르며 귀를 막고 일
제히 그에게 달려들어 성 밖으로 내치고 돌로 칠새 증인
들이 옷을 벗어 사울이라 하는 청년의 발 앞에 두니라.
그들이 돌로 스데반을 치니…….

사도행전 7:51-54, 57-59

스데반은 진정한 기독교 설교자입니다. 그는 산헤드린 공회원들이 율법과 성전을 오해하고 있으며, 그토록 자랑해 마지않는 인물 모세도 심각하게 오해하고 있을 뿐 아니라 구약성경의 중요한 메시지도 완전히 오해하고 있음을 보여주었습니다.

사도행전 7장에서 이러한 요점들을 역사적인 방식으로 하나씩 다루고, 명백한 사실들에 대해 논증하고 진술하며, 산헤드린의 현 위치까지 설명하며 밝히고 난 스데반은 이제 적용으로 나아가―진리를 적용하지 않는 설교는 아무 가치가 없습니다―"목이 곧고 마음과 귀에 할례를 받지 못한 사람들아, 너희도 너희 조상과 같이 항상 성령을 거스르는도다"라고 말하면서 이야기를 이어가고 있습니다. 우리는 연이어 유대 지도자들의 폭력적인 반응을 보게 됩니다. 그들은 결국 스데반을 돌로 쳐서 죽여 버립니다. 이제 우리가 살펴볼 것은 기독교의 첫 번째 순교자 스데반이 산헤드린 앞에서 연설한 유명한 장면의 결말부입니다. 이것은 주목할 만한 그림으로서, 아주 극명한 대조를 보여주고 있습니다. 한쪽에는 산헤드린 공회원들이 있습니다. 그리고 그 앞에는 스데반이 서 있습니다. 본문은 불신앙과 신앙의 차이를 완벽하면서도 극적으로 묘사해 주고 있습니다. 비그리스도인과 그리스도인이 어떻게 본질적으로 대조되는지 보여주고 있습니다. 양쪽 다 똑같은 사실을 알고 있지만, 그에 대한 태도는 완전히 상반됩니다. 스데반에게는 이 진리들이야말로 세상에서 유일하게 중요한 것입니다. 그러나 산헤드린은 그 진리들 때문에 분노에 휩싸여 이를 갈고 있으며 마음에 찔림을 받고 있습니다.

거듭 말하지만, 옛 역사는 그 자체로 흥미로운 것임에도 우리는 단순히 역사에 관심을 가질 것이 아니라 그 역사가 전하는 바에 관심을 가져야 합니다. 세상은 지금도 이 사건들이 벌어진 그때와 똑같은 위치에 있습니다. 지금도 그리스도인의 정체성에 대해 큰 혼란을 겪고 있습니다. 우리가 지금 살펴보고 있는 본문은 불신앙의 핵심적인 본질을 훌륭하게 묘사해 주고 있습니다. 저는 바로 이 부분을 여러분과 함께 고찰하고자 합니다.

여기 중대한 질문이 한 가지 있습니다. 산헤드린 공회원들은 왜 나사렛 예수를 거부했을까요? 이것은 오늘날에도 여전히 중요한 질문이며 중요한 문제입니다. 세상이 이 모양인데도 사람들은 왜 구주와 복음을 계속 거절하는 것일까요? 7장을 죽 살펴 오면서 여러 차례 말했듯이, 저는 이것이 온갖 문제 중에서도 가장 중요한 문제라고 생각합니다. 온 세상이 이 복음과 이 책의 가르침에 따라 살기만 한다면 지금 세상의 문제나 여러분 개인의 문제는 전부 사라져 버릴 것입니다. 그런데도 세상은 들으려 하지 않습니다. 다른 가르침은 거의 다신뢰하면서도 유독 이 복음만 조롱하며 거절합니다.

그 이유를 오늘 본문은 정확하게 알려 주고 있습니다. 산헤드린 공회원들의 전체적인 정신 상태와 행동을 분석해 보면-스데반이 여기에서 그 일을 하고 있는데-불신앙의 본질에 대한 완벽한 진술을 얻을 수가 있습니다. 다음과 같이 설명해 보겠습니다. 어떤 이는 "아, 그래요. 하지만 스데반의 사례는 극단적인 것이지요. 이것이 모든 불신자들에게도 해당된다고 말할 수 있습니까?"라고 물을 것입니다. 제대답은 아주 간단합니다. 산헤드린 공회원들은 학식이 아주 높은 거물들이었고 나라의 지도자들이었습니다. 무지몽매한 자들이 아니었습니다. 그들 중에는 율법 교육을 받은 자들이 많았고, 제사장 교육을 받은 자들도 있었으며, 책임 있는 자리를 맡은 자들도 있었습니다. 그런데도 이렇게 행동했습니다! 이것이 여러 가지 면에서 극단적인 사례인 것은 맞지만, 그럼에도 여기에서 가르치고 있는 원리들은 보편적으로 타당한 것입니다. 불신앙에는 늘 이런 특징들이 나타납니다.

물론 우리는 각기 다른 성향을 가지고 있습니다. 일을 폭력적으로 처리하는 사람도 있고, 조용히 처리하는 사람도 있습니다. 실제로 평소에는 무척 조용해 보이는 사람이 주님과 복음에 대해서는 아주 폭력적이고 악의적으로 반응하는 경우도 종종 보게 됩니다. 그러나 중요한 것은 여기에서 가르치고 있는 원리, 불신앙의 본질에 관한 원리입니다. 복음을 믿는 일과 믿지 않는 일에 대해 이상한 생각들을 가지고 있는 이런 시대에는 이 원리들이 더욱더 중요합니다.

그리스도인과 비그리스도인의 차이가 무엇입니까? 어떤 이들은 단지 행위의 문제로 생각합니다. 자, 행위나 행동도 다르기는 합니다. 그러나 여러 가지 면에서 그것은 중요한 측면이라고 할 수 없습니다. 또 불신자는 단지 믿지 않는 쪽을 선택한 사람이고, 반대로 신자는 믿는 쪽을 선택한 사람이라고 보는 이들도 있습니다. 어느 쪽이든 선택이 가능하다고, 신앙은 선택의 문제라고 생각하는 것입니다. 그러나 이것은 신앙과 불신앙을 이해하기에 턱없이 모자란 생각으로서, 이 문제를 이렇게 피상적으로 바라보는 것이야말로 현대의 비극입니다.

그렇다면 불신앙의 핵심적인 본질은 무엇일까요? 불신앙은 단순히 사람의 행동에 관련된 것이 아니라 하나님 및 진리와 맺는 관계 전반에 관련된 것입니다. 그리스도인과 비그리스도인을 구분하는 기준 중에 이보다 더 크고 깊은 것은 없습니다. 이것이 가장 중요한 기준입니다. 신약성경에서 주님이 친히 사용하시고 사도들과 그 밖의 사람들이 사용한 용어는 '새로운 출생', '중생'입니다. 그리스도인이 된다는 것은 새로운 존재가 된다는 것을 뜻합니다. 이것은 근본적인 일이며 아주 깊은 차원의 일입니다.

성경이 가르치는 바는 이것입니다. 처음에 인간이 하나님께 반역함으로써 불신앙이 시작되었습니다. 그 반역으로 인간은 깊은 구렁에 떨어져 버렸습니다. 타락은 인간의 존재 전반에 영향을 끼쳤고, 근본적인 변화를 일으켰습니다. 인간은 원래와 완전히 다른 존재가 되었습니다. 첫 반역의 결과로 일어난 일들이 무엇인지 보여드리겠습니다. 스데반의 가르침에 대한 산헤드린 공회원들의 반응은 타락의 완벽한 예를 보여주고 있습니다. 거듭 묻겠습니다. 이보다 더 중요한 것이 있습니까? 여러분은 세상 사람들의 진정한 문제가 무엇인지 알고 있습니까? 사람들이 복음을 믿지 않는 이유가 무엇입니까? 산헤드린처럼 문제의 해결책을 계속해서 무시하는 이유가 무엇입니까? 그 대답은 그들이 죄인이기 때문이라는 것, 죄를 지어 마귀의 노예가 되었기 때문이라는 것입니다. 그들은 노예로 사로잡혀 있고, 그 사실이 그들의 존재 전반에 영향을 끼치고 있습니다. 정신과 의지와 마음에 영향을 끼치고 있습니다.

스데반의 설명을 들어 보십시오. 먼저 정신부터 다루어 봅시다. 그는 이렇게 표현하고 있습니다. "목이 곧고 마음과 귀에 할례를 받지 못한 사람들아, 너희도 너희 조상과 같이 항상 성령을 거스르는도다." 지금 그는 유대인들, 경건한 유대인들, 성전과 모세와 율법과 하나님께 드리는 예배에 관심을 갖고 있는 자들에게 말하고 있습니다. 그런 자들을 향해 "마음과 귀에 할례를 받지 못한 사람들아"라고 말하고 있는 것입니다. 이것은 놀라운 발언입니다. 산헤드린이 명목상으로만 유대인일 뿐 실제로는 이방인이라고 말한 것이나 다름없습니다.

유대인은 할례를 받고 이방인은 할례를 받지 않는다는 점에서 다른데, 스데반은 요컨대 "너희는 유대인이지만 생각은 할례를 받지 못했다. 너희는 이방인처럼 생각하고 있다. 육에 속한 자들, 불신자들, 하나님의 백성이 아닌 자들처럼 생각하며 행동하고 있다. 너희는 하나님의 백성이라고 자랑하지만 실상은 그렇지 못하다"라고 말하고 있습니다.

다시 말해서 할례로 대표되는 과정을 거쳐야 비로소 이 진리를 받아들일 수 있다는 것입니다. 귀에 할례를 받아야 하며 마음에 할례를 받아야 합니다. 근본적인 수술을 받아야 합니다. 여기에서 말하는 원리는 인간이 타락하고 죄를 지은 결과, 태어날 때부터 하나님의 진리를 받아들이지 못하게 되었다는 것입니다. 이것은 아주 심각한 문제입니다. 산헤드린 공회원들이 그리스도의 복음을 거절하는 이유가 무엇입니까? 그 상태에서는 거절할 수밖에 없기 때문입니다. 그들은 복음을 믿을 수가 없습니다. 귀도 할례를 받지 못했고 마음도 할례를 받지 못했습니다.

결국 요점은 이것입니다. 사람은 태어날 때부터 복음을 제대로 들을 수가 없습니다. 그들은 진리와 아무 상관이 없습니다. 진리를 알아볼 수가 없습니다. 이것은 제 말이 아닙니다. 스데반이 여기에서 이렇게 말하고 있고, 위대한 사도 바울도 고린도전서 2장에서 훨씬 더 명확하고 분명하게 말하고 있습니다. 사도는 이것을 하나의 주장으로 내세우고 있습니다. 그의 중심적인 진술은 이것입니다. "육에 속한 사람은 하나님의 성령의 일들을 받지 아니하나니—왜 받지 않습니까?—이는 그것들이 그에게는 어리석게 보임이요, 또 그는 그것들을 알 수도 없나니—왜 알 수 없습니까?—그러한 일은 영적으로 분별되기 때문이라"고전 2:14. 바울이 "이 지혜는 이 세대의 통치자들이 한 사람도 알지 못하였나니—하나님의 아들이 코앞에 나타나셨는데도 알지 못했습니다—만일 알았더라면 영광의 주를 십자가에 못박지 아니하였으리라"라고 말하는 이유가 여기 있습니다고전 2:8. 그들은 그를 알 만한 능력 자체가 없습니다.

이것은 우리가 파악해야 할 요점 중에서도 가장 심각한 요점입니다. 주님도 이 모든 것을 이미 말씀해 주셨습니다. "그러므로 너희가 어떻게 들을까 스스로 삼가라"눅 8:18. 어떤 이들은 "보아도 보지 못하며 들어도 듣지 못하며 깨닫지" 못합니다마 13:13. 다시 말해서 하나님의 아들 앞에 앉아 그 입에서 나오는 진리를 들으면서도, 그의 직접적인 말씀을 들으면서도 그것이 무엇인지 알아듣지 못하고 깨닫지 못하는 것입니다. 주님이 사셨던 시대와 세대에도 그런 자들이 많았습니다. 스데반은 산헤드린 공회원들의 문제점도 그것이라고 말합니다. 어떤 것을 보기는 하지만, 사실상 **눈으로만** 볼 뿐 **참으로** 보지 못하는 것입니다.

우리는 이것을 하나의 원리로 이해해야 합니다. 스데반이 산헤드린에 대해 하는 말, 바울이 모든 육에 속한 사람에 대해 하는 말은, 그들의 상태 그대로는 이 메시지를 들을 수 없다는 것입니다. 왜 그렇습니까? 영적인 이해력 자체가 없기 때문입니다. 바울은 고린도전서 2:12-13에서 이렇게 말하고 있습니다.

"우리가 세상의 영을 받지 아니하고 오직 하나님으로부터 온 영을 받았으니 이는 우리로 하여금 하나님께서 우리에게 은혜로 주신 것들을 알게 하려 하심이라. 우리가 이것을 말하거니와 사람의 지혜가 가르친 말로 아니하고 오직 성령께서 가르치신 것으로 하니 영적인 일은 영적인 것으로 분별하느니라."

제 말뜻을 설명해 줄 수 있는 실례를 하나 들겠습니다. 이것은 하나의 실례에 불과하다는 것을 기억하시기 바랍니다. 그러나 도움은 될 것입니다. 한 사람이 청중에게 시를 읽어 줍니다. 어떤 이들은 그것을 듣고 지금껏 들은 시 중에 가장 감동적인 시라고 생각합니다. 그런데 다른 이들은 아무 의미 없는 헛소리로 여깁니다. 이런 일이 자주 있지 않습니까? 아니면 위대한 그림을 감상하는 경우를 생각해 볼 수도 있습니다. 어떤 이들은 그 그림을 격찬하는데, 다른 이들은 거기에서 아무것도 보지 못할 수 있습니다. 음악도 마찬가지입니다! 위대한 작품을 연주해 보십시오. 오, 어떤 이들은 듣고 즐거워하지만, 다른 이들은 한낱 소음으로 여길 것입니다. 반대로 단순한 소음에 불과한 것을 음악으로 여기는 이들도 있습니다! 위대한 시인이면서도 과학은 뭐가 뭔지 몰라서 아예 알아볼 생각을 못하는 경우도 있습니다. 이처럼 사람들은 같은 것을 보고 들으면서도 각기 다른 반응을 나타냅니다. 그 반응을 좌우하는 것은 자신이 듣고 보는 것과 소통할 수 있는 무언가가 속에 있는가, 그것과 소통할 능력이 속에 있는가 하는 것입니다.

이것은 저의 예증이 아니라 바울의 예증입니다. 스데반과 바울 모두 영적인 능력이 있어야 영적인 일들을 이해한다고 말했습니다. 바울의 말처럼 "영적인 일은 영적인 것으로 분별"되기 때문입니다. 그러므로 소통할 영이 없는 사람은 영적인 일을 이해하지 못합니다. 그저 어리석게만 여길 뿐입니다. 타고난 상태 그대로는 하나님의 성령이 하시는 일들을 이해할 수가 없습니다. 여러분의 본성은 비틀려 있고 왜곡되어 있고 타락해 있습니다. 여러분은 "마음과 귀에 할례를 받지 못한 사람들"입니다. 여러분은 믿음을 가질 수가 없습니다!

이 사실을 기억하는 것이 아주 중요합니다. 이것은 지금 제 말을 듣고 있을지도 모르는 불신자들에게 몹시 중요한 말입니다. 여러분은 이 사실을 알고 있습니까? 원하면 믿을 수도 있지만 자신은 믿지 않기로 결정했다고 말할지도 모릅니다. 그러나 분명히 말씀드리는데, 여러분의 문제점은 **스스로 믿을 수 없다는 것**입니다. 여러분은 "허물과 죄로 죽었"습니다^{엡 2:1}. 여러분은 자신의 상태를 알고 있습니까? 하나님의 아들에 대한 복음과 그가 행하신 일을 들으면서도 그저 덤덤하게 앉아 있게 됩니까? 그렇다면 아주 무서운 상태에 빠져 있는 것입니다! 여러분은 이 사실을 알고 있습니까?

이번에는 신자들에게 적용해 보겠습니다. 위대한 철학자들과 과학자들이 복음을 반대하는 것이 현재의 일반적인 추세라고 해서 몹시 불안해하고 심란해하는 그리스도인들이 많다는 것을 압니다. 그 결과 많은 그리스도인들이 지적이지 못하다거나 반계몽적이라든가 일종의 심리적인 변화를 겪은 것에 불과하다거나 하는 비난을 들을까 봐 두려워하고 있습니다. 그러나 그런 것 때문에 염려할 필요가 없습니다. 그렇게 비난하는 자들에게 해줄 말은 한 가지뿐입니다. 그들은 "마음과 귀에 할례를 받지 못한 사람들"입니다. "육에 속한 사람"으로서, 그렇기 때문에 아무리 뛰어난 두뇌를 가졌다 하더라도 이 메시지를 들을 엄두를 낼 수가 없습니다. 듣는다는 것 자체가 아예 불가능합니다.

불신자들은 스스로 속이고 있습니다. 그들은 복음을 비판합니다. 도무지 이해가 안 된다고 말합니다. 매번 질문을 던지면서 이의를 제기합니다. 왜 그렇습니까? 자신들이 전반적으로 어떤 상태에 있는지 모르기 때문입니다. 이 위대하고 영광스러운 복음을 믿을 수 있는 본질적인 기능과 능력 자체가 그들에게는 없습니다. "육에 속한 사람은 하나님의 성령의 일들을 받지 아니하나니 이는 그것들이 그에게는 어리석게 보임이요, 또 그는 그것들을 알 수도 없나니 그러한 일은 영적으로 분별되기 때문이라"^{고전 2:14}. 그들은 "마음과 귀에 할례를 받지 못한 사람"입니다. 타락이 얼마나 파괴적인 것인지! 타락은 사람들의 정신에 영향을 끼쳐, 하나님께 속한 것과 하나님께 관련된 모든 것을 전혀 이해하지 못하게 만듭니다. 첫 창조 때에는 이런 것들이 아담과 하와에게 가장 중요한 의미를 가지고 있었습니다. 그들은 하나님의 형상을 따라 하나님의 모양대로 지음을 받았습니다. 그들은 하나님과 사귀고 교제했습니다. 이런 것들이 너무나 그들의 마음을 기쁘게 했습니다. 그러나 타락과 함께 전부 다 잃고 말았습니다. 하나님과 하나님의 일들을 이해하는 능력을 잃고 만 것입니다.

그뿐만이 아닙니다. 이것은 맹목으로 연결됩니다. 이 점에 대해서도 스데반은 다음과 같이 말하고 있습니다. "너희 조상들이 선지자들 중의 누구를 박해하지 아니하였느냐. 의인이 오시리라 예고한 자들을 그들이 죽였고 이제 너희는 그 의인을 잡아 준 자요 살인한 자가 되나니." 스데반은 중생하지 못한 자들의 맹목과 불신자들의 무능함, 바로 앞에 주어진 진리도 보지 못하는 실상을 이렇게 지적하고 있습니다. 진리가 눈앞에 있어도 보지 못한다는 것입니다.

이 점에 대해서도 사도 바울은 고린도후서에서 명백하게 이야기해 주고 있습니다. 여러분은 스스로 자유롭다고 생각합니다. 그러나 바울은 말합니다. "만일 우리의 복음이 가리었으면 망하는 자들에게 가리어진 것이라. 그중에 이 세상의 신이 믿지 아니하는 자들의 마음을 혼미하게 하여 그리스도의 영광의 복음의 광채가 비치지 못하게 함이니 그리스도는 하나님의 형상이니라"고후 4:3-4. 불신자들이 노예라는 것을 알겠습니까? 그들에게는 믿는 일이 **허락되어 있지 않습니다.**

이제 스데반이 어떻게 이런 결론을 이끌어 내고 있는지 들어 보시기 바랍니다. 그의 말은 요컨대 이런 것입니다. "너희 조상들도 방문을 받았다. 하나님이 놀라운 인물들, 선지자들을 연이어 세워 주셨고, 그들에게 계시를 주셨다. 그 계시를 기록할 수 있는 능력과 말로 전할 수 있는 능력을 주셨다. 나라의 상태를 설명하고 백성들에게 의를 촉구하며 율법을 설명할 능력을 주셨고, 장래 일-하나님이 능한 자들을 계속 보내 주시리라는 것-을 예언할 능력을 주셨다. 그러나 너희 조상들은 그들을 싫어하고 핍박했다."

이것이 구약성경의 이야기입니다. 이스라엘 자손은 대체로 거짓 선지자들을 더 좋아했고 참 선지자들은 핍박했습니다. 왜 그랬을까요? 자, 거짓 선지자들은 항상 듣기 좋은 예언을 해주었습니다. 가볍고 쉬운 말만 해주었습니다. 예레미야는 거짓 선지자들에 대해 이렇게 말한 바 있습니다. "그들이 내 백성의 상처를 가볍게 여기면서 말하기를 평강하다, 평강하다 하나 평강이 없도다"렘 6:14. 거짓 선지자들은 아주 쉽게 말했습니다. 그것이 너무 좋아서 백성들은 기꺼이 믿을 준비를 했습니다. 그러나 참 선지자는 자신들을 탐색하고 분석하고 정죄하면서 실상을 폭로했기 때문에 미워하고 핍박했습니다. 온 나라가 하나님의 사자들이 전하는 메시지를 보지 못했고, 매번 그 메시지에 저항했습니다. 그들의 진정한 문제점은 이 메시지를 보려야 볼 수가 없었다는 것입니다. 괜히 그렇게 행동한 것이 아닙니다. 눈이 멀었기 때문에 그렇게 행동한 것입니다.

스데반은 계속해서 산헤드린의 경우가 엄청나게 더 심각한 이유를 지적하고 있습니다. "너희는 과거에 조상들이 했던 짓을 그대로 따라하고 있다. 그들과 똑같은 짓을 너희도 하고 있다. 너희는 나사렛 예수에게 일어난 일이야말로 위대한 선지자들이 전한 모든 예언의 성취임을 보지 못하고 있다. '의인이 오시리라 예고한 자들을 그들이 죽였고.' 너희는 경건에 관심을 가지고 있다. 너희는 경건한 지도자들이다. 선지자들의 글에 관심을 가지고 있는 자들이다. 이런 예언의 글이 있다는 이유로 이스라엘이 다른 모든 나라보다 뛰어나다고 말하는 자들이다. 그런데 정말 선지서들을 읽어 보았느냐? 선지자들이 장차 '의인'이 오시리라 예고했다는 것을 알고 있느냐? 선지자들 중에는 그 의인이 태어날 곳과 그가 자라날 환경, 그가 겪을 가난 등에 대해 예언한 자들도 있다. 선지자들은 너희가 거절하고 살해하고 죽인 바로 이 예수의 오심을 예언했다."

이상하지 않습니까? 이들은 과거 선지자들의 기록을 가지고 있는 학식 있고 경건한 자들입니다. 그 기록을 연구하고 그 기록에 관심을 기울이는 자들입니다. 그런데도 정작 그 기록이 전하고 있는 메시지는 전혀 간파하지 못한 것입니다. 우리는 이 현상을 인정해야 합니다.

눈으로 메시지를 보면서도 사실은 보지 못하는 것, 귀로 메시지를 들으면서도 사실은 듣지 못하는 것이야말로 불신앙의 핵심적인 본질입니다. 놀랍게도 산헤드린은 나사렛 예수가 선지자들이 전한 모든 예언의 성취라는 사실을 완전히 놓쳐 버렸습니다.

그뿐만이 아닙니다. 산헤드린 공회원들은 실제로 그를 보고 그의 말을 듣고 그가 행하신 기적을 보았으면서도 그를 알아보지 못했습니다. 요한은 다음과 같이 말할 수 있었습니다. "말씀이 육신이 되어 우리 가운데 거하시매 우리가 그의 영광을 보니 아버지의 독생자의 영광이요 은혜와 진리가 충만하더라"요 1:14. 그런데 이 사람들, 이 경건한 당국자들은 하나님 아들의 얼굴을 보고 그 눈에 담긴 영원한 사랑의 깊이를 들여다보았으면서도 "이 사람, 이 목수"밖에 보지 못한 것입니다.

여러분도 이러한 불신앙의 본질을 직시해야 합니다. 바로 눈앞에 있는 것을 알아보지 못하게 만드는 이것이 무엇입니까? 이것이 대체 무엇입니까? 불신앙이 과연 단순한 지성의 문제일까요? 가볍고 피상적인 문제, 인간의 통제 범위 안에 있는 문제일까요? 확실히 그보다 더 깊은 문제라는 것이 이제 보이지 않습니까? 유대 지도자들은 그 위격의 영광을 알아채지 못했고, 그 삶이 보여주는 완벽함과 경이로움과 놀라움을 알아채지 못했습니다. 기적을 보았지만 일시적으로만 놀라고 말았을 뿐, 금세 무시하고 안식일에 그런 기적을 행해야 하느냐 말아야 하느냐, 누가 그런 일을 할 권한과 권리를 주었느냐 하는 율법 논쟁에 빠져 버렸습니다. 핵심을 놓쳐 버린 것입니다!

이렇게 행동하게 만드는 것이 대체 무엇일까요? 그들은 주님이 하나님에 대해 가르치시는 말씀을 들었습니다. 어떤 하속들은 "그 사람이 말하는 것처럼 말한 사람은 이때까지 없었나이다"라고 말하기도 했습니다요 7:46. 그런데도 당국자들은 그 사실을 깨닫지 못했습니다. 산상설교에 기록된 것처럼 주님이 율법을 해설하시는 말씀을 들었으면서도 그 사실을 깨닫지 못한 것입니다! 자신들의 기준에 따르면 주님께 이런 말을 할 권리가 없다는 단순한 이유 때문에 오히려 불쾌하게 여겼습니다.

정식으로 임명받은 선생으로서의 예의범절과 위엄에 신경을 쓰는 그들이 볼 때 주님은 갑자기 등장한 풋내기에 불과했습니다. 그들은 그가 말씀하시는 내용을 듣지 않았습니다. 이를테면 학위나 자격이나 환경-누가 그를 임명했는지, 그가 누구인지-에만 관심을 가졌습니다. 그래서 그가 전하는 메시지는 전혀 듣지 않았습니다. 불신앙은 본질상 이런 것입니다.

주님은 자신이 세상에 오신 목적을 알려 주셨습니다. "인자가 온 것은 잃어버린 자를 찾아 구원하려 함이니라"눅 19:10. 그는 세리와 죄인들의 친구가 되셨습니다. 낙담한 사람, 짓밟힌 사람, 희망을 잃은 사람, 악한 사람, 사회의 쓰레기 같은 사람들에게 소망을 주셨습니다. 그들의 죄를 거저 사해 주겠다는 놀라운 제안을 하셨습니다. "작은 자야, 안심하라. 네 죄사함을 받았느니라"마 9:2. 그런데 이 모든 말씀이 그들에게는 아무 의미도 없었던 것입니다.

무엇보다 스데반이 말하는 것은 이것입니다. "너희는 나와 함께 지내는 이 사람들, 사도라고 불리는 이 사람들에게 일어난 일을 전혀 모르느냐? 너희는 오순절 날 무슨 일이 일어났는지 알고 있다. 그후에 일어난 기적들도 보았고, 그들의 전한 설교도 들었다. 왜, 도대체 왜 이런 일이 일어났겠느냐? 그 의미가 보이지 않느냐? 이것을 너희 식으로 설명할 수 있겠느냐? 너희는 분명한 사실을 보고 있다. 그런데 정말로 그것이 너희 눈에 들어오느냐? 사실 너희는 볼 수가 없다. 너희 조상들처럼 너희도 눈이 멀었기 때문이다. 이 모든 일이 너희 눈앞에서 일어나고 있는데도 그 안에 담긴 것을 전혀 보지 못한다. 나를 보아라! 내가 누구냐? 내가 과연 이런 일들을 할 만한 사람이냐? 이래도 모르겠느냐? 타락해서 죄에 빠진 인간은 보고 듣고 이해할 능력이 없을 뿐 아니라 "이 세상의 신" 때문에 눈이 멀어 있다"고후 4:4. 이상과 같은 것이 정신의 측면에서 복음을 거절하는 태도에 대한 설명입니다.

이번에는 의지의 측면에서 설명해 봅시다. 스데반은 "목이 곧고 마음과 귀에 할례를 받지 못한 사람들아"라고 말합니다. 인간이 죄를 지은 결과, 정신의 영역에 심각한 문제가 생겨 하나님과 그의 진리 및

이 세상에 일어났던 가장 영광스러운 일들을 이해할 능력을 잃었을 뿐 아니라, 의지의 영역에도 심각한 문제가 생겼습니다. 그들은 목이 뻣뻣합니다! 완고합니다! 불신자들의 문제점은 그들에게 들을 능력이 없을 뿐 아니라 들을 마음도 없다는 것입니다. 그들은 스스로 듣는 것을 허락지 않습니다. 처음부터 적대적인 태도로, 아예 저항할 작정을 하고 접근합니다.

오, 여러분은 죄의 심연을 본 적이 있습니까? 사람들이 주 예수 그리스도를 믿지 않는 이유에 대한 유일한 설명은, 그들이 전적으로 타락한 나머지 죄의 심연과 문제를 제대로 보지 못한다는 것입니다. 하나님의 아들이 하늘에서 내려와 죽었다가 부활하시는 기적적인 행동이 있어야만 구원이 가능할 정도로 심각한 문제임을 모르고 있습니다. 의지의 영역에서 인간이 처한 위치가 바로 이런 것입니다. 오, 사람들이 다음과 같이 생각하기를 좋아한다는 것은 저도 압니다. 그들은 편하게 앉아 복음을 들으면서 자신의 마음에 따라 받아들일 수도 있고 거절할 수도 있다고 생각합니다. 자신의 모든 반응을 스스로 통제할 수 있다고 생각합니다. 안타깝게도 설교자들까지 그에 동의하는 듯 보일 때가 가끔 있습니다. 그러나 사람들은 그런 위치에 있지 않습니다. 그들은 중립적이고 개방적인 위치에 있지 않습니다. 천성적으로 항상 진리를 대적하는 위치에 있습니다.

바울의 진술을 들어 보십시오. "육신의 생각은 하나님과 원수가 되나니-중립적이지 않다는 것입니다-이는 하나님의 법에 굴복하지 아니할 뿐 아니라 할 수도 없음이라"롬 8:7. 이것이 우리 각 사람이 타고난 모습에 대한 진실입니다. 우리는 본능적으로 하나님의 메시지에 반발하게 되어 있습니다. 우리 속에 있는 모든 것이 메시지를 대적합니다. 개방적인 마음으로 메시지를 듣지 못합니다. 우리는 복음을 거절합니다. 성경을 읽지 않습니다. 기독교와 기독교회의 역사도 전혀 알지 못합니다. 진심으로 알아보려 한 적이 없습니다. 우리는 모두 자신이 아주 똑똑하다는 생각에서 출발합니다. 청소년기나 그 비슷한 연령이 되면 "복음은 엉터리다! 기독교는 지성을 모독하는 우스꽝스러운 것이다!"라고 말하는 것을 최고로 똑똑한 일이자 어른이 된 증거로 여깁니다. 이것이 우리의 신념입니다. 그러나 그 신념의 정체는 무엇입니까? 극단적인 편견입니다. 뻣뻣함입니다! 완고함입니다.

이보다 더 심각한 증상이 있습니다. 들어 보십시오. "목이 곧고 마음과 귀에 할례를 받지 못한 사람들아, 너희도 너희 조상과 같이 항상 성령을 거스르는도다." 이것은 사람들이 수동적으로만 복음 듣기를 거부하는 것이 아니라는 뜻입니다. 그들의 거부에는 무섭고 악의적인 행동이 수반됩니다. "너희도……항상 성령을 거스르는도다"라고 스데반은 말합니다. 산헤드린 공회원들이 들은 메시지는 일종의 학문적인 진술 내지는 이론적인 진술이 아니라 성령의 능력과 나타남이 있는 설교였습니다. 성경은 "스데반이 은혜와 권능이 충만하여 큰 기사와 표적을 민간에 행하니"라고 기록하고 있습니다^{행 6:8}.

스데반의 말에 그들은 대답할 수가 없었고, 한마디도 반박할 수가 없었으며, 그가 말하는 내용에 아무런 대꾸도 할 수가 없었습니다. 그런데도 믿으려 하지 않았습니다. 그들은 백성을 선동해서 거짓 증인들을 내세웠습니다. 그럼에도 "스데반이 지혜와 성령으로 말함을 그들이 능히 당하지" 못했습니다^{행 6:10}.

베드로가 오순절 날 설교했을 때나 산헤드린 앞에서 연설했을 때에도 마찬가지였습니다. 사도행전 앞부분에 나오듯이 베드로도 요한과 함께 한 번 이상 체포되었고, 그렇게 체포되었을 때 "성령이 충만하여" 말했습니다^{행 4:8}. 베드로는 단순히 학문적이고 객관적으로 말하지 않았습니다. 오, 그렇습니다. 성령이 그의 말 가운데 역사하셨습니다. 그의 말에는 성령의 능력과 압력이 있었고, 공회원들도 어느 정도는 그것을 느낄 수 있었습니다. 누군가 성령의 능력으로 말을 하면 육에 속한 사람도 무언가 평범치 않은 것이 있음을 알게 되고, 자기 의사와 상관없이 그것을 느끼게 마련입니다. 메시지는 말로만 전달되지 않습니다. 분위기로도 전달됩니다. 그런데도 고의적으로 성령께 저항하는 것입니다.

사도행전에서 분명한 예를 한 가지 들어 보겠습니다. 사도행전 후반부에는 사도 바울이 로마 총독 벨릭스와 그 아내 드루실라 앞에서 말하는 장면이 나옵니다. 바울은 성령으로 충만하여 "의와 절제와 장차 오는 심판을 강론"했습니다. 성경은 그 말을 들은 벨릭스가 "두려워"했다고 전합니다^{행 24:25}. 무엇 때문에 두려워했을까요? 성령 때문이었습니다, 여러분! 단순히 바울 혼자 말한 것이 아닙니다. 성령이 그를 통해, 그를 사용해서 말씀하신 것입니다. 그 능력 때문에 벨릭스는 문자 그대로 두려워했습니다. 그는 바울의 말에 어떤 압력과 영향력과 논증과 불가항력이 있는 것을 느꼈습니다. 그런데도 고의적으로 설교를 중단시키고 바울을 감옥으로 돌려보냈습니다. 이런 것이 성령을 거스르는 것입니다.

이런 반응에 대해서는 우리도 잘 알고 있지 않습니까? 불신자들이여, 여러분도 가끔 이런 말씀의 능력을 느낀 적이 있지 않습니까? 무언가가 자신의 마음과 영을 뒤흔드는 것, 진리가 불가항력적으로 다가오는 것, 자신이 그 영향 아래 있는 것을 느낀 적이 있지 않습니까? 그런데 그 영향을 받고 싶지가 않아서 고개를 들고 찬송가를 집어 들어―저는 사람들이 이렇게 하는 모습을 여러 번 보았습니다―이리저리 들추어 보다가 아는 사람들을 찾아 웃음을 보내며 인사를 합니다. 고의적으로 외면해 버리는 것입니다. 왜 그렇게 할까요? 마귀의 노예로 사로잡혀 있는 여러분의 의지가 하나님께 반발하기 때문입니다.

그뿐만이 아닙니다. 이런 반발심은 하나님의 율법 자체를 고의적으로 왜곡하게 만듭니다. "너희는 천사가 전한 율법을 받고도 지키지 아니하였도다"라고 스데반은 말합니다. 바리새인들이 한 짓이 바로 이것입니다. 그들은 하나님의 율법을 회피했고, 자신들에게 맞게 비틀어 버렸습니다. 율법을 비판하는 것처럼 보이는 자들과는 달리 율법을 자랑하고 칭송하면서도 지키지는 않았습니다. 아주 고의적으로 그렇게 했습니다. 이런 것이 위선입니다!

아, 이제 마지막으로 살펴볼 것은 첫 타락과 죄가 인간의 마음에 끼친 영향입니다. 이 영향이 무엇보다 무섭고 놀랍고 경악스럽습니다. 불신앙이 얼마나 불합리한 것인지 깨달은 적이 있습니까? 유대 지도자들을 묘사하고 있는 다음의 말씀을 들어 보십시오.

"그들이 이 말을 듣고 마음에 찔려 그를 향하여 이를 갈거늘…… 그들이 큰 소리를 지르며 귀를 막고 일제히 그에게 달려들어 성 밖으로 내치고 돌로 칠새 증인들이 옷을 벗어 사울이라 하는 청년의 발앞에 두니라. 그들이 돌로 스데반을 치니 스데반이 부르짖어 이르되 주 예수여, 내 영혼을 받으시옵소서 하고 무릎을 꿇고 크게 불러 이르되 주여, 이 죄를 그들에게 돌리지 마옵소서"7:54, 57-60.

이것이 무엇입니까? 자, 이것은 죄가 마음에 어떤 영향을 끼쳤는지를 보여주는 비범한 증거입니다. 불신앙은 스스로 합리적이고 지적이라고 자랑하기 좋아하지만, 실상은 불합리하기 짝이 없는 것입니다. 불신앙은 무모합니다. 완전히 감정적입니다. 감정적인 사람은 신자들이 아닌 불신자들입니다! 불신앙이 작동하는 방식은 다음과 같습니다. 처음에 진리를 대하면 짜증 같은 것이 나면서 전체적으로 불쾌감이 생깁니다. 그래서 비웃고 조롱하면서 "기독교란!" 하고 내뱉습니다.

이렇게 비웃으며 농지거리하는 모습을 본 적이 없습니까? 텔레비전을 켜면 거의 매번 볼 수 있습니다. 신문에서도 볼 수 있습니다. 항상 복음을 웃음거리로 삼는 똑똑한 지성인들이 있습니다. 이것은 순전히 감정적으로 하는 짓입니다. 그들은 합리적인 말로 논쟁하지 않습니다. 빈정거리고, 넌지시 암시하고, 코웃음 치고, 비꼬고, 묵살합니다. 바로 이것입니다! 짜증에서 불쾌감으로, 미움으로 나아가다가 나중에는 그것이 일정한 형태나 모양의 폭력으로 귀결되는 것입니다.

여기 불신앙을 아주 생생하게 묘사해 주는 대목이 있습니다. "그들이 큰 소리를 지르며 귀를 막고." 그들은 듣고 싶어 하지 않습니다. 들을 의지가 없습니다. 한사코 듣지 않으려 합니다. 여러분도 그런 적이 있지 않습니까? 듣고 싶지 않아서 이를테면 두 손으로 귀를 틀어막은 적이 있지 않습니까? 논쟁은 더 이상 존재하지 않습니다. 이성도 없습니다. 입증도 없습니다. 지각도 없습니다. 고의적으로 폭력과 감정에 자신을 방임해 버립니다. 이것이 불신앙의 전형적인 특징입니다. 아주 지적인 체하면서 종교와 기독교에 대해 토론을 시작했다가도 여러분이 성경을 인용하고 설명하며 그들의 반대의견에 대답이라도 할라치면, 금세 자제력을 잃고 조바심을 내고 화를 내면서 "당신은 전혀 합리적이지 못하군요!" 하며 가 버리는 것을 종종 보지 않았습니까? 그들은 여러분의 말을 제대로 듣지 않고 조롱하며 비웃기만 합니다. 그렇지 않습니까?

사복음서를 읽어 보십시오. 여기 하나님의 아들, "온유하고 겸손하신 예수"가 계십니다. 그는 참으로 편하게 다가갈 수 있는 분입니다. 언제든지 귀 기울여 주시고 언제든지 도와주십니다. 그런데 바리새인과 서기관과 사두개인들이 어떻게 했는지 보십시오. 기회만 있으면 그를 잡으려 들었고, 어떻게든 넘어뜨리기 위해 머리를 썼으며, 돌을 들어 치려 했을 뿐 아니라 그를 해치기 위해 모의하다가 결국은 죽여 버렸습니다. 무엇 때문에 그런 짓을 했을까요? 그가 무슨 해를 끼쳤습니까? 무슨 잘못을 저질렀습니까? 그의 말이나 행동에 무슨 잘못이 있었습니까? 전혀 없었습니다. 이것은 불합리한 일입니다! 그들은 아무 이유 없이 그를 미워했고, 아무 혐의 없이 그를 십자가에 못박아 버렸습니다. 그런데 산헤드린 공회원들도 이 사람 스데반에게 똑같은 짓을 하고 있습니다. "사람들을 매수하여 말하게 하되"행 6:11. 그를 대적할 말이 없자, 사람들을 매수해서 기독교를 억누를 수 있는 거짓말이라면 무엇이든지 하게 했습니다. 이것이 합리적인 일입니까? 아닙니다. 이것은 순전히 감정적인 일이며 불합리한 일입니다.

또한 여기에는 불신앙의 불합리성을 훨씬 더 현저하게 보여주는 예가 나오고 있습니다. "성 밖으로 내치고 돌로 칠새 증인들이 옷을 벗어 사울이라 하는 청년의 발 앞에 두니라." 이 사람이 누구입니까? 자, 후에 강력한 사도 바울로 변모한 바로 그 사람입니다! 그러나 이 때는 불신자였습니다. 불신자가 어떤 사람인지 알고 싶습니까? 이 사람을 보십시오. 이 탁월한 천재, 명석한 지식인, 세상에서 가장 위대한 지성에 속하는 사람, 후에 사도 바울이 된 다소의 사울을 보십시오.

불신앙이 사람을 어떻게 행동하게 만드는지 들어 보시기 바랍니다.

"사울이 주의 제자들에 대하여 여전히 위협과 살기가 등등하여 대제사장에게 가서 다메섹 여러 회당에 가져갈 공문을 청하니 이는 만일 그 도를 따르는 사람을 만나면 남녀를 막론하고 결박하여 예루살렘으로 잡아 오려-죽이기 위해-함이라"행 9:1-2.

지적인 거인 바울! 그런데 여기에서는 "위협과 살기가 등등"한 모습입니다. 이것이 무엇입니까? 무모함입니다. 불합리함입니다. 이것은 지적인 태도가 아닙니다. 그는 감정에 따라 움직이고 있습니다. 격분하고 있습니다! 하나님과 그의 아들과 영원한 진리에 분노하고 있습니다.

수세기에 걸친 기독교회사를 읽어 보면 이와 똑같이 무모한 짓이 계속 반복되어 왔다는 것을 알게 됩니다. 예를 들어 종교개혁시대에 영국의 평범한 사람들은 단지 진리를 믿는다는 이유로 이런 취급을 받아야 했습니다. 그들은 아무에게도 잘못을 범하지 않았습니다. 오히려 모든 이들을 도와주면서 살았습니다. 그런데도 중상모략을 당하고 박해를 받고 죽임을 당했으며, 스미스필드에서 화형에 처해졌습니다. 청교도와 언약파, 초기 감리교도들이 어떤 취급을 당했는지도 보십시오. 그들에게 쏟아졌던 증오와 악의를 보십시오. 사람들이 그들을 그토록 미워한 이유가 무엇입니까? 그들이 전보다 훌륭한 사람이 되었기 때문입니다. 술을 끊고 욕을 하지 않았기 때문이며, 새롭고 거룩한 삶을 살면서 남을 돕고자 애썼기 때문입니다. 그래서 이런 취급을 한 것입니다. 이것이 과연 합리적인 태도입니까? 완전히 불합리한 태도입니다. 이것은 무서울 정도로 감정적인 태도에 지나지 않습니다.

전에 한번 예로 든 적이 있는 것 같은데, 한번 더 말씀드리겠습니다. 제가 아는 남자가 있습니다. 제가 그의 결혼식 주례를 맡았는데, 그것이 저의 첫번째 주례였습니다. 부부가 다 그리스도인이 아니었으니 지금 같으면 주례를 맡지 않았겠지만, 그때는 일을 잘 인식하지 못했던 터라 덜컥 주례를 맡았습니다. 그런데 결혼한 지 얼마 후에 남편이 회심했습니다. 그는 완전히 변화되었고, 그로 인해 이제는 교회 모임에 참석하는 재미로 살게 되었습니다. 월요일 밤에는 기도모임, 수요일 밤에는 교제 모임, 토요일 밤에는 남자들을 위한 신학 토론 모임에 참석했고, 주일 오전과 오후와 저녁 예배도 빠지지 않고 참석했습니다. 교회 모임은 그에게 가장 중요한 것이었습니다.

그의 아내는 아주 조용한 여자, 유달리 조용한 여자였습니다. 그런데 어느 날 그 남편이 찾아와서 해준 말을 저는 잊을 수가 없습니다. 기도모임을 마치고 집에 갔더니 아내가 화가 나서 맞이하는데, 마음뿐 아니라 얼굴에도 적의가 드러나 있더라는 것입니다. 아내는 말했습니다.

"기도모임 갔었어요?"

"그럼!"

그가 대답했습니다. 그러자 아내가 말했습니다.

"이렇게 기도모임에 다녀오는 꼴을 보느니 차라리 노동자 음주클럽에서 고주망태가 되어 실려 오는 꼴을 보는 게 낫겠어요."

왜 이런 일이 생기는 것일까요? 왜 이런 적의를 느끼는 것일까요? 왜 이런 독설이 나오는 것일까요? 왜 이렇게 이를 가는 것일까요? 왜 귀를 틀어막는 것일까요? 아내는 남편의 말을 듣고 싶어 하지 않았습니다. 감사하게도 나중에는 그 아내도 죄와 사탄의 속박에서 구원받아 그리스도인이 되었습니다. 그러나 그 당시의 모습은 이러했습니다. 그는 불신자였습니다. 남편의 말도, 다른 누구의 말도 먹히지 않았습니다. 말을 들어 보려는 마음 자체가 아예 없었습니다. 다 부질없는 헛소리로만 들렸습니다! 그는 차라리 남편이 주정뱅이가 되기를 바랐습니다. 그리스도인만 아니라면 어떻게 되어도 상관없을 것 같았습니다.

이것이 불신앙의 본질이자 특징이며, 오늘날 세상 모든 불신자들이 처해 있는 위치입니다. 불신앙은 사람들을 이런 상태로 몰고 갑니다. 정신과 의지와 마음을 노예로 사로잡아 예수 그리스도의 얼굴에 나타나 있는 하나님의 진리를 알아보지 못하게 하는 것입니다. 여기 계신 이분은 하나님의 복되신 아들로서 "근본 하나님의 본체시나 하나님과 동등됨을 취할 것으로 여기지 아니하시고 오히려 자기를 비워 종의 형체를 가지사 사람들과 같이" 되신 분입니다빌 2:6-7. 예수! 그는 영원하신 하나님의 아들입니다. 우주의 창조자입니다. 그런 분이 이 땅에 내려오셨습니다. 영원한 영광의 표지들을 버리고 스스로 가난해지셨으며 자기를 낮추셨습니다. 왜 그렇게 하셨습니까? 우리를 구원하기 위해서입니다!

십자가에서 우리 죄의 형벌을 직접 감당하신 그가 우리 앞에 서서 "내게로 돌이켜 구원을 받으라"라고 말씀하고 계십니다사 45:22. "내게로 오면 너희 죄를 도말해 주겠다. 새로운 삶과 새로운 소망을 주며, 너희에게 필요한 것을 주고, 무한히 더 많은 것을 주겠다"라고 말씀하고 계십니다. 바로 이것입니다. "내게로 오라!"는 것입니다. 그런데 이에 대한 사람들의 본능적인 반응은 "없이하소서. 없이하소서. 그를 십자가에 못박게 하소서"라는 것입니다요 19:15.

이에 대한 설명은 하나뿐입니다. 바로 이것이 타락이 야기한 인간의 상태라는 것입니다. 죄에 빠진 인간은 정죄 아래 있으며 마귀와 지옥의 지배를 받고 있습니다. 여러분은 올바로 사고할 수가 없습니다. 복음 안에서 아무것도 찾지 못하는 이유가 여기 있습니다. 여러분은 복음을 원치 않습니다. 왜 원치 않습니까? 이토록 영광스러운 복음을 왜 원치 않습니까? 여러분 속에 무언가가 비틀려 있음을 모르겠습니까? 여러분은 왜곡되어 있습니다! 그래서 순결하고 정결하며 거룩하고 사랑스럽고 신성한 것보다는 추하고 비틀린 것을 더 좋아하는 것입니다. 이것이 완전히 불합리한 태도임을 모르겠습니까? 여러분의 상태가 이렇다면 '거듭나는 것'만이 유일한 소망이라는 결론이 나오지 않습니까? 하나님께 불쌍히 여겨 달라고 외치는 것 외에 여러분이 할 수 있는 일은 아무것도 없습니다.

자신의 실상을 보았습니까? 정신의 상태, 마음의 상태, 의지의 상태를 보았습니까? 보고 나니 무섭지 않습니까? 그렇다면 하나님께 불쌍히 여겨 달라고, 자비를 베풀어 달라고 외치십시오. 그것 말고는 할 수 있는 일이 없습니다. 이 상태 그대로는 믿을 수가 없습니다. 그저 불쌍히 여겨 달라고 외치면, 과연 불쌍히 여기시고 성령을 주실 것입니다. 그래야 진리를 볼 수 있고 믿을 수 있습니다. 바울은 "받았으니"라고 말합니다. 하나님께 받아야만 이 세대의 관원들이 거부해 버린 이런 일들을 믿을 수 있습니다. 우리가 믿는 것은 "세상의 영을 받지 아니하고 오직 하나님으로부터 온 영을 받았"기 때문입니다. "이는 우리로 하여금 하나님께서 우리에게 은혜로 주신 것들을 알게 하려 하심이라"고전 2:12.

친애하는 여러분, 지금 이 순간 '오! 나도 믿을 수 있었으면' 하는 마음이 생깁니까? 자, 하나님께 여러분의 본성을 바꾸어 달라고, 새로운 정신과 새로운 마음과 새로운 의지를 달라고 구하십시오. 그러면 놀랍게도 진리가 눈에 들어올 것입니다. 여러분의 정신이 기쁘게 그것을 믿을 것이며, 여러분의 마음이 즐겁게 그 소리를 들을 것이고, 그때부터 간절한 순종의 의지가 생길 것입니다. 그분께 자신을 드리게 될 것이며, 그의 영광과 찬송을 위해 남은 삶을 살게 될 것입니다.

산헤드린 공회원들이 드러내고 있는 불신앙을 보십시오. 그런 불신앙이 여러분 속에도 있습니다. 여러분을 그 불신앙에서 끌어내시고 건져 내실 수 있는 분은 하나님뿐입니다. 주 예수 그리스도가 세상에 오셔서 하신 일이 바로 그것입니다. 그를 앙망하십시오! 불쌍히 여겨 달라고 외치십시오. 그러면 그가 친히 여러분 안에서 일하실 것이며, 새로운 삶과 그에 따르는 모든 것을 주실 것입니다.

18

주 예수

그들이 이 말을 듣고 마음에 찔려 그를 향하여 이를 갈
거늘 스데반이 성령충만하여 하늘을 우러러 주목하여
하나님의 영광과 및 예수께서 하나님 우편에 서신 것을
보고 말하되 보라, 하늘이 열리고 인자가 하나님 우편
에 서신 것을 보노라 한 대 그들이 큰 소리를 지르며 귀
를 막고 일제히 그에게 달려들어 성 밖으로 내치고 돌로
칠새 증인들이 옷을 벗어 사울이라 하는 청년의 발 앞에
두니라. 그들이 돌로 스데반을 치니 스데반이 부르짖어
이르되 주 예수여, 내 영혼을 받으시옵소서 하고 무릎을
꿇고 크게 불러 이르되 주여, 이 죄를 그들에게 돌리지
마옵소서 이 말을 하고 자니라.

사도행전 7:54-60

오늘 본문은 오랜 기간에 걸쳐 주일마다 주목했던 이 특별한 장의 결론으로 우리를 이끌어 갑니다.[1] 이제껏 살펴보았듯이 7장은 기독신앙과 기독교회를 이해하는 데 중요한 장일 뿐 아니라 반드시 필요한 장입니다. 오늘날 중요한 질문은 기독교란 무엇인가 하는 것입니다. 교회 안에도 이렇게 상이한 주장들이 많으니, 교회 밖에 있는 사람들이 이 문제를 어렵게 여기는 것도 그리 놀랄 일이 아닙니다. 교회가 앞서서 혼란을 빚어내고 있습니다. 제가 말하고 싶은 점은 기독신앙이 진정 무엇인지, 그 의미가 무엇인지 아는 것이야말로 현재 우리 각 개인과 교회 전체에 가장 절실하고 중요하게 필요한 일이라는 것입니다. 그런데 7장이 이것을 아주 명확하게 보여주고 있다고 저는 생각합니다. 이제 우리는 스데반 이야기의 절정에 도달했습니다. 본문은 기독교의 첫번째 순교자 스데반의 죽음을 이야기하고 있습니다. 그는 공정한 재판을 받지 못했습니다. 그는 살해당했습니다.

스데반은 그리스도인이었기 때문에, 교회 직분을 맡은 자였기 때문에, 말씀을 전했기 때문에, 기적을 행했기 때문에 체포되었습니다. 산헤드린은 그를 심문했고 신성모독죄로 고소했습니다. 우리가 살펴보았듯이 스스로 변호해 보라는 요구를 받은 스데반은 이스라엘 자손의 역사를 개관하면서 특별히 세 명의 인물을 골라냈습니다. 처음에는 이 경건한 지도자들이 자랑해 마지않는 조상 아브라함을 언급하면서, 사실은 그들이 아브라함의 이야기를 전혀 이해하지 못하고 있음을 밝혀냈습니다. 그다음으로는 요셉의 경우를 다루면서, 결국은 그

---

1 이 설교는 1967년 6월 9일 주일에 전해진 것이다. 로이드 존스는 1966년 10월부터 사도행전 7장을 설교했다.

형들이 했던 짓을 이 지도자들도 주 예수 그리스도께 했다는 것을 아주 쉽게 보여주었습니다. 그러고 나서 결정적으로 위대한 입법자 모세를 다루었습니다. 앞서 보여드렸듯이 스데반은 모세 이야기를 하면서 거기에 담긴 진정한 의미를 드러내 주었습니다.

마지막으로 스데반이 한 일은 자신이 전한 메시지를 산헤드린에게 적용하는 것이었습니다. 그는 말했습니다. "목이 곧고 마음과 귀에 할례를 받지 못한 사람들아, 너희도 너희 조상과 같이 항상 성령을 거스르는도다.……이제 너희는 그 의인을 잡아 준 자요 살인한 자가 되나니 너희는 천사가 전한 율법을 받고도 지키지 아니하였도다." 그후에 일어난 일은 이것입니다. "그들이 이 말을 듣고 마음에 찔려 그를 향하여 이를 갈거늘." 그들은 스데반을 성 밖으로 내친 후에 돌로 쳐서 죽여 버렸습니다.

스데반의 설명을 살펴보는 일은 이제 끝났습니다. 지금부터 우리가 살펴볼 것은 그후에 일어난 일입니다. 이것은 아주 극적인 사건이자, 기독교의 첫번째 순교자 스데반이 행한 위대한 연설의 절정을 이루는 사건입니다. 이것은 역사적으로도 잘 알아 두어야 할 중요한 사건이지만, 제가 보기에는 기독교가 진정 무엇인지에 대해 아주 놀라운 그림을 제공해 준다는 점에서 특별한 가치가 있는 사건입니다. 기독교가 무엇을 의미하며 사람들에게 무슨 일을 해주는지 알고 싶다면 바로 이 본문을 보아야 합니다. 이제 다같이 살펴보기로 합시다. 이 본문은 아주 놀라운 방식으로 그것을 우리 앞에 제시해 주고 있습니다.

저는 대조를 통해 그 내용을 밝히고자 합니다. 대조는 어떤 주제를 살펴보기에 항상 유용한 방법인데, 본문에는 이미 그 대조 작업이 다 되어 있습니다. 산헤드린 공회원들과 스데반 사이의 중대한 대조가 분명하게 나타나 있는 것입니다. 성경은 이렇게 말합니다. "그들이 이 말을 듣고 마음에 찔려 그를 향하여 이를 갈거늘 [그러나] 스데반이……." "[그러나] 스데반이!" 여기 눈에 확 띄는 놀라운 대조가 나오고 있습니다. "그러나"라는 단어 자체가 그 대조를 아주 극적으로 보여주고 있습니다.[2] 이 말을 기점으로 분위기가 완전히 달라져 버립니다.

사실 저는 이 위대한 장을 읽을 때마다 그 대조되는 모습에 충격을 받곤 합니다. 스데반은 지금까지 역사를 죽 개관하면서 내용을 분석해 왔는데, 그 역사는 불행과 실망으로 가득 찬 것이었습니다. 이스라엘의 기록이 얼마나 안타까운 것인지! 산헤드린 공회원들은 또 얼마나 비참한 사람들인지! 그런데 홀연히 가장 영광스러운 햇살이 폭풍과 구름 사이를 뚫고 들어옵니다. 그 한 줄기 빛이 모든 것을 변형시키고 변화시킵니다. 여러분은 스데반에게서 비그리스도인과 상반되는 그리스도인의 모습을 발견하고 그 차이에 깜짝 놀라게 됩니다.

이것이 제가 입증하고자 하는 첫번째 요점입니다. 이 차이는 세상에서 가장 심오한 진리 때문에 생기는 것입니다. 이보다 더 대조되는 모습은 없습니다. 기독교회가 이 모양이 된 것은 너무나 많은 이들이 이것을 깨닫지 못하고 있는 탓입니다. 오늘날에는 교회가 세상과 너무나 흡사하며 세상이 교회 깊숙한 곳까지 침투해 들어왔기 때문에 그리스도인을 식별해 내기가 아주 어렵습니다. 신앙이나 품행이나 행실이나 외양을 비롯한 모든 영역의 기준이 낮아져 버렸습니다. 세상 사람들과 똑같이 됨으로써 그들을 얻을 수 있다는 것은 얼마나 어리석은 생각인지 모릅니다! 그것은 완전히 잘못된 생각이며 복음 자체를 부인하는 생각입니다. 주 예수 그리스도보다 더 세상과 달랐던 분은 없습니다. 그런데도 "세리와 죄인들"은 그분에게 끌렸습니다. 왜 끌렸을까요? 주님이 그들과 같았기 때문일까요? 아닙니다! 오히려 엄청나게 달랐기 때문입니다. 그런데 오늘날에는 다른 점을 찾기가 너무나 어려워졌습니다. 그리스도인은 어떤 사람입니까? 이제는 아무도 그것을 모르는 것 같습니다. 기준이 낮아지면서 모든 것이 한데 뒤섞여 버렸습니다. 구분할 수 있는 선들이 사라져 버렸습니다. 그런데 이 책 사도행전을 보면 그리스도인과 비그리스도인이 놀라울 만큼 철저하게 대조되는 모습에 충격을 받게 됩니다.

---

373   **2**   우리말 개역성경에는 "그러나"가 생략되어 있다.

바울은 고린도후서 5:17에서 이렇게 말합니다. "누구든지 그리스도 안에 있으면 새로운 피조물이라." 그리스도인은 새로운 피조물입니다. 과거에 비해 조금 개선된 사람이나 새 옷을 차려입어 조금 세련되어진 사람이 아닙니다. 절대 아닙니다! 그리스도인은 '거듭난' 사람이며 '새로워진' 사람입니다. 하나님의 행동으로 인해 완전히 달라진 사람입니다. 여기에서 우리는 스데반과 산헤드린 공회원들의 대조되는 차이점을 보게 됩니다. 그 차이점은 도저히 놓치려야 놓칠 수 없을 만큼 분명합니다. 이것은 극단적인 경우가 아니냐고 할 수도 있겠지만, 그렇지 않습니다. 물론 그 차이가 극적으로 강조되는 아주 극적인 사례이기는 합니다. 그럼에도 여기에 나타나는 진리의 요소 내지는 원리는 모든 경우에 해당되는 것입니다. 그리스도인은 단순히 선량한 사람이나 남들보다 나은 사람이 아니라 '새로운' 사람입니다. 저는 이 본문을 보면서 충격을 받는데, 무엇이 충격적인지 한번 같이 살펴봅시다.

먼저 한 가지 질문을 드리겠습니다. 이 엄청난 차이를 만들어 내는 것이 무엇일까요? 그리스도인과 비그리스도인의 차이를 빚어내는 것, 그 차이를 설명해 주는 것이 무엇일까요? 이 기록이 알려 주는 정확한 답은 성령과 우리의 관계 때문이라는 것입니다. 태어날 때부터 차이가 있었던 것이 아닙니다. 처음부터 그리스도인으로 태어나는 사람은 아무도 없으며, 우연히 타고난 기질 때문에 그리스도인이 되는 사람도 아무도 없습니다. 천성적으로 선량하거나 특별한 자질이 있어서 그리스도인이 되는 것이 아닙니다. 절대 아닙니다. 그것은 완전히 잘못된 생각입니다. 그리스도인이 되는 것과 우리의 됨됨이는 아무 상관이 없습니다.

이 사실로 인해 하나님께 감사드립시다. 만약 복음이 선량한 사람들만을 위한 것이라면 저는 설교를 그만두어야 할 것입니다. 그렇습니다. 복음은 모든 사람을 위한 것입니다. 만인을 위한 것입니다. 여기에 놀라운 점이 있습니다. 제가 음악이나 다른 주제에 대해 강의를 한다면 여러분에 대해 어느 정도의 정보를 가지고 있어야 합니다. 그러나 설교자라는 신분의 영광은 제가 여러분에 대해 아무것도 모른다는 사실, 아무것도 몰라도 된다는 사실에 있습니다. 여러분이 누구이며 어떤 사람인지 개의할 필요가 없습니다. 오직 여러분이 "죄악 중에서 출생"한 사람들이라는 것시 51:5, 하나님의 성령이 다루시기 전까지는 어떤 선한 것도 나올 수 없는 사람들이라는 것, 성령은 어떤 사람이든 다 다루실 수 있다는 것만 알면 됩니다. 이것이 기독교의 입장입니다. 그리스도인이 되는 것은 우리에게 달린 일이 아닙니다. 전적으로 성령께 달린 일입니다.

들어 보십시오. 여기 대조되는 모습이 나오고 있습니다. 스데반은 산헤드린 공회원들을 보면서 이렇게 말합니다. "목이 곧고 마음과 귀에 할례를 받지 못한 사람들아, 너희도 너희 조상과 같이 항상 성령을 거스르는도다." 그들은 성령을 거슬렀기 때문에 이런 상태가 되었습니다. 그러나 스데반은 "성령이 충만"했다고 누가는 기록하고 있습니다55절. 그 차이가 보입니까? 공회원들에게는 성령이 없었습니다. 그들은 성령께 저항했습니다. 성령과 맞서 싸웠습니다. 성령이 그 안에 거하시지 않았습니다. 그들은 "육에 속한 사람"―성령 없이 타고난 모습을 그대로 가지고 있는 사람―이었습니다. 그러나 스데반―그리스도인―은 성령으로 충만했습니다. 그는 성령의 지배를 받았습니다. 성령이 그의 됨됨이 전부를 빚으셨습니다. 그는 성령의 인도와 지도와 영향을 받았습니다. 이보다 더 명백할 수가 있습니까? **그들은** 성령께 저항했고, **그는** 성령으로 충만했습니다. 이것은 완전히 기본적이고 기초적인 요소입니다. 이 요소는 우리 안에서 나오는 것이 아닙니다. 우리와 완전히 별개의 것, 우리 밖에서 오는 것, 하나님의 활동에서 비롯되는 것입니다.

사람들이 이 사실에 분개한다는 것이 저는 놀랍습니다. 오히려 기뻐해야 마땅할 텐데 말입니다. 하나님의 활동과 개입에 모든 것이 달려 있다는 것을 믿지 않는다면, 저는 여러분에게 전할 메시지가 없을 것입니다. 저의 모든 메시지는 하나님이 "그 백성을 돌보"셨다는 것입니다눅 1:68. 하나님―성부 하나님, 성자 하나님, 성령 하나님―이 활동하십니다. 그중에서도 지금 우리가 특별히 살펴볼 것은 성령의 활동입니다.

성령과 우리의 관계가 그리스도인과 비그리스도인의 차이를 만들어 낸다는 것을 알았으니, 이제 두번째 단계의 질문을 던져 봅시다. 이 차이의 본질 내지는 특징은 무엇입니까? 이 본문에 한정해서 살펴보겠습니다. 우리가 주목하게 되는 첫번째 사실―7장 전체에 아주 명백히 나타나고 있으며 이 부분에서 결정적으로 나타나고 있는 사실―은 성령이 지각을 완전히 변화시키신다는 것입니다. 이것은 무엇보다 생각하는 방식이 전적으로 달라진다는 뜻입니다.

성령이 하시는 일 중에 가장 영광스러운 일이 이것입니다. 그리스도인과 비그리스도인은 세세한 부분에서만 의견이 다르고 서로 구별이 되는 것이 아니라 생각하는 것 자체가 아예 다른데, 전자의 차이보다 후자의 차이가 훨씬 더 중요합니다. 사도는 "우리가 그리스도의 마음을 가졌느니라"라는 말로 고린도 교인들에게 이 점을 설명했습니다 고전 2:16. 바로 이것입니다! 우리는 모든 것을 다르게 바라봅니다. "이전 것은 지나갔으니 보라, 새것이 되었도다"고후 5:17. 지금도 여전히 세상 사람들처럼 생각하는 사람은 그리스도인이 아닙니다. 그리스도인은 남들과 똑같은 사실을 보면서도 똑같은 방식으로 보거나 똑같은 방식으로 생각하지 않습니다. 생각의 성격과 범위 자체가 아예 다릅니다.

성령이 우리의 지각에 일으키시는 이러한 변화는 세부적으로도 드러나게 마련인데, 이 위대한 장이 뛰어나게 보여주고 있는 것이 바로 그것입니다. 이제껏 살펴보았듯이 산헤드린 공회원들은 특별히 스스로 옳다고 자부했던 부분에서 완전히 잘못되어 있었습니다. 이것이 죄에 빠진 인간의 비극입니다. 자기 자신에게 큰 자부심을 느끼지만, 사실은 바보들입니다. 산헤드린 공회원들은 모세와 율법과 성전을 좋아하고 자랑했습니다. 그러나 스데반이 밝혔듯이 사실은 그것들을 완전히 오해하고 있었습니다. 스스로 옳다고 생각했던 영역, 자신들이 전문가라고 생각했던 영역에서 오히려 무지했고 어리석었으며 완전한 오해에 빠져 있었던 것입니다.

무슨 뜻입니까? 자, 그리스도인과 비그리스도인의 한 가지 차이는 성경을 제대로 이해하느냐 하는 데서 나타납니다. 공회원들도 성경을 가지고 있었고, 개중에는 성경의 권위자들도 있었습니다. 그들은 성경 지식을 자랑했습니다. 그럼에도 성경을 이해하지 못했습니다. 바울은 이 점에 대해서도 고린도 교인들에게 말하기를, 자신의 동족인 유대인들의 비극은 안식일마다 회당에 모여 모세의 글을 읽고 해설하면서도 마치 수건이 덮인 것처럼 이해하지 못하는 것이라고 했습니다고후 3:13-14.

스데반도 정확히 같은 점을 지적하고 있습니다. 육에 속한 사람도 성경을 읽을 수는 있습니다. 그러나 이해하지는 못합니다. 단어를 읽고 글자를 읽고 구문을 읽지만 그 의미는 파악하지 못합니다. 성경은 "영으로 분별"해야 하는데 그것이 안 되는 것입니다. 저는 지금 비판하고 있는 것이 아니라 단순히 사실을 묘사하고 있습니다. 우리는 두 가지 입장에 다 처해 본 사람이기 때문에 이 말의 뜻이 무엇인지 정확히 알고 있습니다. 육에 속한 사람에게는 성경이 세상에서 가장 지루한 책이 될 수 있습니다. 그러나 그리스도인에게는 생명의 책이요 영혼의 안내서요 구원의 교과서요 온 우주에서 가장 귀중한 책입니다.

일반적으로 이것은 성경에만 적용되는 원리가 아닙니다. 산헤드린 공회원들은 성경에 기록된 역사도 잘못 이해하고 있었습니다. 그들이 자랑하던 바로 그 역사를 완전히 오해하고 있었던 것입니다. 자신들의 조상이 아브라함이나 요셉이나 모세에게 무슨 짓을 했는지, 또 자신들이 부지중에 무슨 짓을 하고 있는지 참으로 알았다면 이처럼 자부심을 느끼지 못했을 것입니다. 그들은 역사를 이해하지 못했고 역사가 주는 가르침도 이해하지 못했습니다.

좀더 큰 맥락에서 살펴보겠습니다. 이 강단에서 여러 차례 말씀드렸지만 한번 더 말씀드리겠습니다. 성경으로 눈이 밝아지지 않은 사람은 세상 역사도 이해하지 못합니다. 역사 전문가들조차 자신들이 역사를 이해하지 못한다는 사실을 인정하는 사례가 점점 늘고 있습니다. 과학을 연구하는 인본주의자나 고전을 연구하는 인본주의자를 비롯한 여러 사람들도 자신들이 역사를 이해하지 못한다는 사실을 인정하고 있습니다. 친애하는 여러분, 그들과 달리 저는 이해하고 있다고 자랑하려고 이 말을 하는 것이 아닙니다! 제가 이 말을 하는 것은 저에게 무슨 특별한 재능이 있어서가 아니라 이 책에 모든 해결책이 들어 있기 때문입니다. 인간의 모든 이야기, 전쟁과 싸움으로 드러나는 말할 수 없는 어리석음, 술 취함, 부도덕, 악덕, 탐욕, 정욕, 지옥 같은 세상, 그 모든 것에 대한 설명이 이 책에 다 나와 있습니다. 이 책, 오직 이 책을 통해서만 여러분은 역사를 이해할 수가 있습니다.

미래에 관심이 있다면, 그 또한 이 책을 연구할수록 더 많이 알게 될 것입니다. 이 책을 읽는 사람은 국제연맹만큼이나 국제연합을 신뢰하지 않을 것입니다. 그렇습니다. 이 세상은 하나님의 심판 아래 있는 망할 세상이며 저주받은 악한 세상임을 알게 될 것입니다. 주님의 재림 외에는 세상의 질서를 바로잡을 길이 없음도 알게 될 것입니다. 그것을 알기 때문에 기독교 복음을 전한다고 자처하지만 실상은 자기 철학과 사상을 떠드는 사람들의 어리석은 이상주의에 홀려서 시간을 낭비하지 않을 것입니다.

본문은 이 점을 아주 분명하게 보여주고 있습니다. 산헤드린 공회원들은 유대인들을 향한 하나님의 목적을 완전히 오해했습니다. 물론 자신들이 유대인이라는 사실은 크게 자랑했고 자기 나라의 역사도 자랑했지만, 그것을 이해하지는 못했습니다. 만사를 물질적으로만 생각하다가 영적인 요소를 놓쳐 버렸습니다. 자신들의 역사는 온 세상에 큰 축복을 주기 위한 일시적인 계획이자 수단이자 도구에 불과함을 깨닫지 못했습니다. 스데반이 예증을 위해 가장 먼저 언급한 아브라함에게 하나님은 이렇게 말씀하셨습니다. "또 네 씨로 말미암아 천하 만민이 복을 받으리니"^{창 22:18}. 그러나 유대인들은 스데반의 말을 듣고 분개했습니다. 그들은 그 말을 이해하지 못했습니다. 다시 말해서 아브라함이라는 한 사람을 통해 나라를 세우신 하나님의 전적인 목적을 완전히 오해한 것입니다. 반대로 그리스도인은 그 목적을 이해하고 아는 사람들입니다.

역사에 대한 산헤드린의 오해는 더 깊은 오해로 이어집니다. 그들은 스데반을 신성모독죄로 고소했습니다. 그가 율법을 대적한다고 주장했습니다. "이 사람이 모세와 하나님을 모독하는 말을 하는 것을 우리가 들었노라.……이 사람이 이 거룩한 곳과 율법을 거슬러 말하기를 마지 아니하는도다"행 6:11, 13. 그들은 스스로 율법을 이해하고 있다고 생각했지만, 사실은 그렇지 않았습니다. 그리스도인과 비그리스도인의 한 가지 큰 차이는 오직 그리스도인만 율법의 의미와 목적을 이해한다는 것입니다. 비그리스도인은 결코 이해하지 못합니다. 비그리스도인은 율법을 주신 목적이 그것을 지킴으로써 스스로 구원하게 하려는 데 있다고 믿습니다. 그들은 선한 삶을 살며 일정한 도덕규범이나 행동규범을 지킴으로써 스스로 구원할 수 있다고 생각합니다. 하나님 앞에 당당하게 설 수 있다고 생각합니다.

그러나 스데반이 명명백백하게 밝히고 있듯이, 그리스도인은 우리 모든 사람을 정죄하기 위해 율법을 주셨다는 것을 압니다. "[율법은] 범법하므로 더하여진 것이라"갈 3:19. 율법은 더 죄를 짓게 만듭니다. 율법이 이를테면 덤으로 끼어든 것은-그 목적이 무엇입니까?-"죄로 심히 죄되게" 하기 위해서입니다롬 7:13. 이것이 율법의 목표입니다. 율법은 구원을 위해 주신 것이 아닙니다. 율법은 구원하지 못합니다. "율법이 육신으로 말미암아 연약하여 할 수 없는 그것을……"롬 8:3. 율법으로 구원받는다는 것은 불가능한 일입니다.

그리스도인은 이것을 이해합니다. 율법의 주된 역할과 목적은 완전히 길을 잃은 우리의 상태, 무력하고 소망 없는 우리의 상태를 보여줌으로써 그리스도께로 인도하는 것이라는 사실을 압니다. "율법이 우리를 그리스도께로 인도하는 초등교사가 되어"갈 3:24. 율법에 나오는 명령, 특히 율법에 나오는 의식, 즉 번제와 희생이 말하는 바가 무엇입니까? 선한 삶을 살며 제사와 희생을 정기적으로 바치기만 하면 구원받을 수 있다는 것입니까? 아닙니다! 그것이 말하는 바는 여러분이 무슨 짓을 해도 구원받을 수 없다는 것입니다. 율법과 의식은 하나님이 장차 어떻게 여러분을 구원하실 것인지 보여주는 그림에 불과합니다. 하나님이 친히 한 어린양을 준비하실 것입니다. 희생과 제사를 준비하실 것입니다. "그리스도는 모든 믿는 자에게 의를 이루기 위하여 율법의 마침이 되시니라"롬 10:4. 그는 "세상 죄를 지고 가는 하나님의 어린양"이었습니다요 1:29. 그리스도인은 이것을 이해합니다. 그러나 산헤드린은 깨닫지 못했습니다. 그들은 그리스도를 거절했고, 이 메시지를 전하는 스데반까지 핍박하며 심문했습니다.

지각의 영역에서 일어나는 더 큰 변화는, 오직 그리스도인만 예배의 참된 의미와 성전의 목적 및 위치, 역할을 인식한다는 것입니다. 어떤 의미에서 산헤드린 공회원들이 예배한 대상은 성전이었습니다. 그들은 오직 성전에서만 예배할 수 있다고 믿었습니다. 그래서 스데반이 자기변호를 할 때 아브라함에게까지 거슬러 올라갔던 것입니다. 그의 말은 요컨대 이런 것입니다. "너희는 너희 조상 아브라함이 어떻게 예배했다고 생각하느냐? 그때는 성전이 없었다. 그는 갈대아 우르에 살던 이방인이었다. 하나님은 성전이나 성막을 통해 그를 이방 신앙에서 불러내신 것이 아니었다. 이 사람은 하나님을 만났고 그를 알았다. '하나님의 벗'으로서 하나님을 예배했다"약 2:23.

스데반은 "지극히 높으신 이는 손으로 지은 곳에 계시지 아니하시나니"라고 말함으로써 기독교회를 제도로 간주하려는 생각 자체를 무너뜨렸으며, 예배는 건물이나 장소나 의식이나 전례나 제사장직에 달려 있는 것이 아니라 우리와 주 예수 그리스도의 관계라는 이 한 가지 요소에만 달려 있다는 것을 보여주었습니다. "하나님의 성령으로 봉사[예배]하며 그리스도 예수로 자랑하고 육체를 신뢰하지 아니하는 우리가 곧 할례파라"빌 3:3.

스데반은 이 모든 것을 알고 있었습니다. 그러나 유대 지도자들은 몰랐습니다. 성경은 스데반이 주를 불렀다고 말합니다. 흠정역에는 "스데반이 [하나님께] 부르짖어 이르되 주 예수여,……"라고 되어 있습니다. 그러나 "하나님께"는 번역자가 덧붙인 말입니다.[3] 이 구절을 문자 그대로 옮기면 이렇습니다. "스데반이 부르짖어 이르되 주 예수여, 내 영혼을 받으시옵소서." 스데반은 예수를 예배하고 있습니다. "하나님과 사람 사이에 중보자도 한분이시니 곧 사람이신 그리스도 예수"라는 결정적인 발견을 했기에 오직 그분께만 예배와 경배를 드리고 있습니다. 스데반은 "내가 곧 길이요 진리요 생명이니 나로 말미암지 않고는 아버지께로 올 자가 없느니라"라는 주님의 말씀을 믿었습니다 요 14:6. 그것을 알기에 성전을 의지하지 않았습니다. 성전이 없어도 하나님을 예배할 수 있습니다. 성전 자체를 예배하면 안 됩니다. 성전이 꼭 있어야 한다고 말하면 안 됩니다. 성전은 곧 무너지게 되어 있었습니다. 실제로 성전은 주후 70년에 무너졌습니다.

이처럼 본문은 성령이 지각의 영역에서 빚어내시는 본질적인 차이를 보여주고 있습니다.

두번째로 성령이 그리스도인의 **영**에 빚어내시는 차이에 주목하시기 바랍니다. 그리스도인은 비그리스도인과 다른 영을 가지고 있습니다. 54절과 57절, 58절을 보십시오. 이보다 더 분명할 수 있습니까? "그들이 이 말을 듣고 마음에 찔려 그를 향하여 이를 갈거늘……그들이 큰 소리를 지르며 귀를 막고 일제히 그에게 달려들어 성 밖으로 내치고 돌로 칠새." 그들의 영은 이런 것입니다. 그 끔찍하고 악한 면은 이미 다 살펴보았으니 다시 다룰 필요가 없을 것입니다. 육에 속한 사람의 영은 이런 것입니다. 하나님의 성령이 없는 자들에게는 이런 특징이 나타납니다. 이것이 그들의 마음이고 그들의 본질입니다. 얼마나 무섭고 끔찍하고 비열합니까! 산헤드린 공회원들의 행동은 극도로 부당하고 잘못된 것이며 비정하고 광포한 것입니다.

그런데 이 사람은 어떤지 보십시오. "[그러나] 스데반이 성령충만하여……." 오, 얼마나 대조가 되는 모습입니까! 그 비결이 대체 무엇입니까? 그는 겸손하며, 긍휼히 여기는 마음을 가지고 있습니다. 복되

---

381   **3** 우리말 개역성경에는 이 말이 없다.

신 주님 같은 동정심과 이해심을 가지고 있습니다. 주님은 자신과 같은 자들을 만들어 내겠다고 하셨습니다. 자신을 좇는 자들은 온전해야 한다고 하셨습니다. "그러므로 하늘에 계신 너희 아버지의 온전하심과 같이 너희도 온전하라"마 5:48. 스데반이 바로 그 예입니다. 주님은 말씀하셨습니다. "나로 말미암아 너희를 욕하고 박해하고 거짓으로 너희를 거슬러 모든 악한 말을 할 때에는 너희에게 복이 있나니"마 5:11.

"또 네 이웃을 사랑하고 네 원수를 미워하라 하였다는 것을 너희가 들었으나 나는 너희에게 이르노니 너희 원수를 사랑하며 - 원수를 사랑하라는 것입니다! - 너희를 박해하는 자를 위하여 기도하라. 이같이 한즉 하늘에 계신 너희 아버지의 아들이 되리니 이는 하나님이 그 해를 악인과 선인에게 비추시며 비를 의로운 자와 불의한 자에게 내려주심이라. 너희가 너희를 사랑하는 자를 사랑하면 무슨 상이 있으리요. 세리도 이같이 아니하느냐. 또 너희가 너희 형제에게만 문안하면 남보다 더하는 것이 무엇이냐. 이방인들도 이같이 아니하느냐. - 그 다음에 나오는 말은 이것입니다 - 그러므로 하늘에 계신 너희 아버지의 온전하심과 같이 너희도 온전하라"마 5:43-48.

들어 보십시오. 스데반은 다른 이유가 아닌 오직 그리스도인이라는 이유만으로 돌에 맞아 죽었습니다. 그는 그들뿐 아니라 다른 누구에게도 해를 끼친 적이 없었습니다. 오히려 큰 선을 행하고 기적을 행하며 사랑과 구원의 복음을 전했는데도, 이를 갈며 돌로 친 것입니다. 미워한 것입니다. 그런데 스데반은 "무릎을 꿇고 크게 불러 이르되 주여, 이 죄를 그들에게 돌리지 마옵소서"라고 기도합니다. 자신을 죽이려 하는 자들을 불쌍히 여깁니다. 그의 마음에는 자비와 긍휼이 넘치고 있습니다. 그는 그들로 인해 탄식하며, 그들을 위해 중보하고, 이 죄 때문에 그들을 벌하지 말아 달라고, 이미 지은 죄에 이 죄까지 더하지 말아 달라고 기도합니다. 모르고 하는 짓임을 알기에 그들을 불쌍히 여겨 주실 것을 하나님께 요청합니다. 아시다시피 그는 자신의 주요 선생이신 분이 십자가에서 하신 행동과 똑같은 행동을 하고 있습니다. "아버지, 저들을 사하여 주옵소서. 자기들이 하는 것을 알지 못함이니이다"눅 23:34.

여러분, 이것이 기독교입니다! 기독교는 다른 지각과 시각만 주는 것이 아니라 영과 본질 자체를 변화시킵니다. 육에 속한 사람은 "네가 날 쳤으니 나도 널 치겠다! 내 권리를 지키겠다!"라고 말합니다. 그렇습니다! 그리스도인은 더 이상 그런 식으로 살지 않습니다. 그들은 완전히 다른 관점을 가지고 있습니다. 새로운 영, 원수까지 사랑할 수 있는 영을 가지고 있습니다.

그리스도인과 비그리스도인의 큰 차이점, 세번째 차이점이자 무엇보다 중대한 차이점은 **죽음을 맞는 모습**입니다. "이 말을 하고 자니라." 스데반은 돌에 맞아 죽는데도 마치 자는 것 같았습니다. 참으로 아름다운 표현 아닙니까? 그는 잠들었습니다. 그리스도인은 이렇게 죽습니다. 사도행전 5장에는 아나니아와 삽비라의 죽음이 나옵니다. 이와는 얼마나 다른 죽음입니까? 그들은 성령을 속이고 거짓말을 했습니다. 우리가 연이어 듣게 되는 말은 이것입니다. "아나니아가 이 말을 듣고 엎드러져 혼이 떠나니"5절. 그 아내 삽비라에게도 같은 일이 일어났습니다. "곧 그가 베드로의 발 앞에 엎드러져 혼이 떠나는지라"10절. 그러나 이 사람 스데반은 고이 잠들었습니다.

분명히 짚고 넘어갈 것이 있습니다. 우리 각 사람에게 적용할 수 있는 검증방법, 우리가 가지고 있는 인생에 대한 이론들을 궁극적으로 검증할 수 있는 방법은 이것입니다. 그 이론들은 죽음을 맞는 일을 어떻게 도와줍니까? 교묘하게 빙빙 돌려서 하는 말은 죽음의 자리에 이르렀을 때 도움이 되지 못합니다. 젊고 건강하며 만사가 잘 풀릴 때에는 그런 교묘한 말도 통할 수 있습니다. 그러나 우리가 던져야 할 중요한 질문은, 우리 자신이 죽음을 맞거나 주위 사람이 죽음을 맞을 때에도 도움이 되느냐 하는 것입니다. 여기에 기독교 메시지, 기독교 신앙의 특별한 영광이 있습니다. 사람들은 기독교도 하나의 이론일 뿐이라고 생각하지만, 복음과 그리스도인의 삶보다 더 실제적인 것은 세상에 없습니다. 복음에는 사람을 살 수 있게 해주는 무언가, 죽을 수 있게 해주는 무언가가 있습니다. 인생의 큰 위기 때 가장 영광스럽고 찬란하게 빛을 발하는 무언가가 있습니다. 저는 이론에는 관심이 없습니다. 만사가 잘 풀릴 때에는 이론만 있어도 괜찮습니다. 인생에 대한 이론들을 검증하는 방법은 어려움이 닥쳤을 때, 위기가 닥치고 고통이 닥쳤을 때, 가슴이 무너지고 찢어질 때, 특별히 "맨 나중 원수" 인 죽음을 맞을 때 도움이 되는지 알아보는 것입니다. 여기 스데반이 그 답을 주고 있습니다.

그래서 역사의 가치가 있는 것 아니겠습니까? "아, 다른 그리스도 인의 죽음을 감동적으로 기록하는 일이야 어려울 게 없지요. 하지만 막상 자신들은 어떤 모습으로 죽음을 맞을까요?"라고 묻는 이가 있 을 것입니다. 그 대답이 여기 나옵니다. 여기 직접 죽음을 맞고 있는 사람이 있습니다. 이것은 말 그대로 역사입니다. 스데반은 그 첫번째 예일 뿐, 다른 예도 무수히 많다는 것을 잊지 마십시오. 그는 기독교 의 첫번째 순교자로서, 그가 보여준 모습을 다른 참된 그리스도인들 도 똑같이 보여주었습니다. 순교를 당하느냐 자기 집에서 편히 죽느 냐는 중요치 않습니다. 그리스도인은 모두 이런 모습으로 죽음을 맞 습니다. 이것은 완벽한 그림입니다. 마치 하나님이 애초에 중요한 견 본, 중요한 본보기를 주신 것 같습니다. 오, 얼마나 많은 이들이 그 뒤 를 좇았는지! "순교자의 귀한 군대"가 그 뒤를 따랐습니다! 수세기에 걸쳐 각기 다른 방식, 다른 모양으로 스데반의 죽음을 그대로 되풀이 했습니다.

여기에서 발견하게 되는 것이 무엇입니까? 자, 전체적인 핵심은 이것입니다. 이들의 죽음에는 두려움도 없고 공포도 없고 놀람도 없 습니다. 스데반은 흥분하거나 광분하면서 어쩔 줄 몰라 하지 않았습 니다. 전혀 그렇지 않았습니다! 오, 그가 얼마나 침착했는지! 이를 갈 고 격분하는 불쌍한 산헤드린 공회원들과 달리 얼마나 차분했는지 모 릅니다! 무엇이 그리스도인을 이렇게 죽게 하는 것일까요? 자, 본문 이 아주 간명하게 말해 주고 있습니다.

그리스도인은 영혼과 육신을 구분할 줄 알기 때문에 스데반처럼 죽음을 맞을 수 있습니다. 스데반은 돌이 날아올 때 "부르짖어 이르되 주 예수여, 내 영혼을 받으시옵소서"라고 기도했습니다. 이것은 스데반의 삶을 이루고 있는 가장 기본적인 요소 중 하나입니다. 비그리스도인, 즉 육에 속한 사람의 전적인 비극은 자기 자신을 사실상 육신에 불과한 존재로 여긴다는 것입니다. 그러니까 육신이 소멸되면 당연히 다른 것들도 전부 사라지게 됩니다. 아무것도 남지 않습니다. 그렇습니다. 죽음과 함께 모든 것을 잃습니다. 죽으면서 모든 것이 끝나 버립니다. 그래서 초조해합니다. 겁을 냅니다. 걱정을 합니다. 오, 죽음보다 더 무서운 것이 없습니다. 죽음은 끔찍한 것, 서서히 다가오는 망령 같은 것입니다. 세상은 이러한 죽음의 공포를 떨쳐 버리고자 안간힘을 쓰고 있습니다.

그러나 그리스도인은 육신을 전부로 보는 이런 생각이 오류이고 잘못임을 압니다. 육신이 죽어도 존속하는 것-영-이 있음을 압니다. 그들은 "주 예수여, 내 육신을 받으시옵소서"라고 말하는 것이 아니라 "내 **영혼**을 받으시옵소서"라고 말합니다. 세상에서 가장 큰 발견은 이처럼 영원히 소멸되지 않고 존속되는 혼-영-이 있다는 사실을 아는 것, 이것이야말로 자신의 가장 귀하고 소중하고 영광스러운 특징임을 깨닫는 것입니다.

이처럼 스데반은 주님이 육신에 계실 때 가르쳐 주신 것을 믿었으며, 그 믿음을 삶으로 분명하게 보여주었습니다. 주님이 하신 말씀-제자들을 전도하러 보내면서 하신 말씀-은 이것입니다. "내가 내 친구 너희에게 말하노니 몸을 죽이고 그후에는 능히 더 못하는 자들을 두려워하지 말라. 마땅히 두려워할 자를 내가 너희에게 보이리니 곧 죽인 후에 또한 지옥에 던져 넣는 권세 있는 그를 두려워하라. 내가 참으로 너희에게 이르노니 그를 두려워하라"눅 12:4-5. 고작해야 육신만 죽일 수 있는 사람들을 두려워하지 마십시오. 여러분의 육신은 죽일 수 있지만, 그 이상은 하지 못합니다. 영도 건드리지 못하고, 혼도 건드리지 못하며, 영원한 것도 건드리지 못합니다. 그들을 두려워하지 마십시오. 그들이 할 수 있는 일에는 한도가 있습니다. 여러분이 두려워할 분은 오직 한분, 여러분의 혼과 영의 상태를 영원히 결정지으실 수 있는 그분뿐입니다.

그리스도인은 바로 이 사실에서 출발합니다. 이것이 그들의 사고 전체에 영향을 끼칩니다. 자신의 가장 중요한 특징이 훌륭한 육신과 훌륭한 두뇌에 있는 것이 아니라 영혼에 있음을 그들은 압니다. 육신은 사람이 멸할 수 있지만—폭탄으로 멸하든 다른 것으로 멸하든 방법은 중요치 않습니다—혼에는 아무 영향도 주지 못합니다.

그렇기 때문에 그리스도인은 당연히 세상의 삶을 완전히 다른 관점으로 바라봅니다. 비그리스도인에게 세상은 유일한 것이자 모든 것입니다. 세상을 떠난다는 것은 곧 모든 것의 종말을 의미하기 때문에 당연히 무서워할 수밖에 없습니다. 그러나 그리스도인은 세상이 죄에 빠진 타락한 곳이라는 것과 잠시 지나갈 곳이라는 것을 압니다. 그리스도인의 정신은 비그리스도인의 정신과 큰 대조를 이루는데, 바울은 그 대조를 아주 빈번하게 활용하고 있습니다. 그는 "지금"과 "그때"를 비교합니다. "우리가 지금은 거울로 보는 것같이 희미하나 그때에는 얼굴과 얼굴을 대하여 볼 것이요"고전 13:12. 그리스도인은 이 세상을 잠시 지나갈 곳으로 여깁니다. "우리가 여기에는 영구한 도성이 없으므로 장차 올 것을 찾나니"히 13:14. 이것이 아브라함의 비결이었고, 요셉의 비결이었으며, 모세의 비결이었습니다. 믿음으로 살았던 모든 인물들의 비결이었습니다. 모세가 애굽에서 펼쳐질 찬란한 미래를 포기하고 이 비참하고 불쌍한 백성과 함께한 이유가 무엇입니까? 아, "상주심"을 볼 줄 아는 눈이 있었기 때문입니다히 11:26. "보이지 아니하는 자를 보는 것같이 하여 참았으며"히 11:27. 이들은 모두 "하나님이 계획하시고 지으실 터가 있는 성을 바랐"습니다히 11:10. 세상의 삶을 순간적이고 덧없는 것으로, 일종의 예비학교로 여겼습니다. 단지 그 정도로만 생각했습니다.

훨씬 더 놀라운 사실은 이것입니다. "스데반이 성령충만하여 하늘을 우러러 주목하여." 그리스도인들은 다 이렇게 할 수 있습니다. 하늘을 우러러볼 수 있습니다. 그들은 세상만 보는 것이 아니라 또 다른 차원, 또 다른 영역, 보이지 않는 영적인 영역이 있다는 사실을 압니다. 그리스도인은 "우러러"봅니다. 그리고 말합니다. "보라, 하늘이 열리고……." 오직 그리스도인만 이것을 압니다. 믿음으로 이것을 압니다. 스데반은 전부터 알고 있었던 사실을 죽음의 자리에서 명확히 확인하고 있습니다. 그리스도인은 이 세상에서 살면서도 앞을 내다보며 이렇게 말할 수 있습니다.

하늘 새벽이 열리면 땅의 헛된 그림자는 도망가네.
오, 주여, 살 때와 죽을 때 저와 함께하소서.[4]
－헨리 프랜시스 라이트 Henry Francis Lyte

그리스도인들은 또 다른 세계가 있다는 것을 압니다.

불멸의 성도들이 다스리는
순전한 기쁨의 땅이 있도다.
－아이작 와츠

그들은 "온전하게 된 의인의 영들"이 성부와 성자와 성령과 영화로운 천사들과 더불어 거하는 세계가 있음을 압니다 히 12:23. 그 세계가 실재한다는 것과 자신들이 그곳을 향해, 그곳에서 기다리는 영광을 향해 나아가고 있음을 압니다. "스데반이 성령충만하여 하늘을 우러러 주목하여 하나님의 영광……을 보고." 오, 세상 사람들과 얼마나 다른 죽음입니까! 하나님의 영광이 눈앞에 보이는데 죽는 것이 대수겠습니까? 인간의 악의나 날아오는 돌이 대수겠습니까? 무슨 일인들 대수겠습니까? 영원하신 하나님의 영광이 보이고 있습니다! 스데반은 자신이 그곳으로 갈 것을 압니다. 그 영광을 충만하게 보고 영원토록 누리게 될 것을 압니다.

여러분도 기억하겠지만, 이에 더하여 성경이 말해 주는 사실이 한

4 찬송가 481장 4절.

가지 더 있습니다. "스데반이 성령충만하여 하늘을 우러러 주목하여 하나님의 영광과 및 **예수께서 하나님 우편에 서신 것을 보고**." 저는 이 사실에 주목하는 모든 옛 주석가들의 의견에 동의합니다. 주님은 성경이 일반적으로 말하는 대로 "하나님 우편에 앉아" 계신 것이 아니라 서 계십니다. 주석가들은 이 구절을 복되신 주님이 이를테면 고통받는 자기 종을 보시고 그를 영접하시기 위해 자리에서 일어나셨다는 뜻으로 해석합니다. 주님의 긍휼을 아주 잘 표현해 놓은 찬송이 하나 있습니다. 한번 인용해 보겠습니다.

높은 곳에 오르셨지만
형제의 눈으로 땅을 굽어보시네.
인간의 이름을 나누어 가지셨기에
우리 연약한 체질을 알아주시네.

우리와 함께 고난받으신 분
지금도 우리 아픔 느끼시고,
땅에서 겪으신 눈물과 고통과 외침
하늘에서도 기억하고 계시네.

가슴이 찢어지는 모든 아픔
함께 나누신 슬픔의 사람,
우리의 비통함을 동정하시고
고통받는 자들을 위로하시네.
–마이클 브루스Michael Bruce

다시 말해서 스데반은 주님이 신실한 제자들에게 주신 마지막 약속 중 한 가지가 성취되는 모습을 보고 있는 것입니다. 요한복음 14장 서두에서 주님은 이렇게 말씀하셨습니다.

"너희는 마음에 근심하지 말라. 하나님을 믿으니 또 나를 믿으라.

내 아버지 집에 거할 곳이 많도다. 그렇지 않으면 너희에게 일렀으리라. 내가 너희를 위하여 거처를 예비하러 가노니 가서 너희를 위하여 거처를 예비하면 내가 다시 와서 너희를 내게로 영접하여 나 있는 곳에 너희도 있게 하리라"요 14:1-3.

주님은 그 발자취를 영광스럽게 좇으면서, 죽음 가운데서도 원수를 위해 기도하고 자기 혼을 주님의 안전하고 영광스러운 손에 맡긴 이 복된 종 스데반을 영접하기 위해 서서 기다리고 계십니다.

성령은 이같은 차이를 우리에게 만들어 내십니다. 다른 지각과 다른 영을 주실 뿐 아니라 삶 전체에 대한 태도를 변화시키고 특히 죽음에 대한 태도를 변화시키십니다. 죽음을 죄와 수치와 악과 슬픔으로 가득 찬 세상과 하나님의 백성들을 기다리는 저 영광스러운 땅 사이에 흐르는 작은 시내로 보게 하십니다.

마지막 요점을 말씀드리겠습니다. 이것이야말로 무엇보다 크고 영광스러운 요점입니다. 지금까지 그리스도인과 비그리스도인의 중대한 차이를 고찰하면서 첫번째로 알게 된 사실은 바로 성령이 이 차이를 만들어 내신다는 것입니다. 우리가 두번째로 살펴본 것은 이 차이의 본질 내지는 특징이었습니다. 그리고 이제 세번째이자 마지막으로 이 차이에 대한 설명 내지는 비결을 알아보겠습니다.

그 비결이 무엇일까요? 자, 스데반은 바로 그 비결 때문에 심문을 받았습니다. 주 예수 그리스도와 관련하여 믿고 있는 진리들 때문에 산헤드린 앞에 섰습니다. 성령-육에 속한 사람은 그에게 저항하고 스데반 같은 그리스도인은 그에게 굴복하는-이 하시는 일이 무엇입니까? 지각을 주시는 것입니까? 맞습니다! 어떤 지각을 주십니까? 삶과 역사와 성경을 이해하는 지각을 주십니다. 무엇보다 주 예수 그리스도를 이해하는 지각을 주십니다. 주님도 친히 성령께서 자신을 영화롭게 할 것이라고 말씀하시지 않았습니까? "그가 스스로 말하지 않고……내 영광을 나타내리니"요 16:13-14. 성령이 하시는 최고의 일은 주 예수 그리스도를 우리에게 나타내시고 보여주시며 알려 주시는 것입니다.

스데반에게 일어난 일이 바로 이것입니다. 그가 이런 모습으로 죽음을 맞을 수 있었던 이유가 여기 있습니다. 이 경이로운 이야기는 성령이 하신 일들로 가득 차 있습니다. "스데반이 성령충만하여 하늘을 우러러 주목하여 하나님의 영광과—그는 그 영광에 압도될 수도 있었습니다—예수께서 하나님 우편에 서신 것을 보고—그러나 그는 예수를 보았습니다!—말하되 보라, 하늘이 열리고 인자가 하나님 우편에 서신 것을 보노라 한 대." 오, 이것은 지극히 놀라운 일입니다! 그는 예수를 보았습니다!

사도행전 기자가 여기에서 주님을 "예수"라고 칭하는 이유가 무엇일까요? 영광의 주님이시면서도 사람—예수—이 되셨기 때문입니다. "이름을 예수라 하라"마 1:21. 스데반이 여기에서 보고 있는 분은 베들레헴 말구유에 작고 무력한 아기로 누워 있던 그분입니다. 예수! 나이 서른에 공적인 사역을 시작하신 분. 그후 계속해서 자신을 "인자"라고 부르셨던 분. 그는 자신을 이렇게 부르셨는데, 스데반은 바로 그 "인자"를 보고 있습니다.

무슨 뜻입니까? 자, 스데반은 지금 인류를 대표하는 인간의 모습을 보고 있는 것입니다. 인간! 만유를 대표하는 인간, 모든 인간을 대표하는 인간, 자신을 "인자"라 부르기를 기뻐했던 인간을 보고 있는 것입니다. 그는 권위와 능력을 가지고 계신 분입니다. 그 손에 모든 인간사를 쥐고 계신 분입니다. 그러면서도 그는 '인간'입니다. 오, 이 사실을 아는 것이 얼마나 위로가 되고 위안이 되는지! 이것은 우리가 방치되지 않는다는 뜻입니다. "우리에게 있는 대제사장은 우리의 연약함을 동정하지" 못하시는 분이 아닙니다. 왜냐하면 "모든 일에 우리와 똑같이 시험을 받으신 이로되 죄는 없으시"기 때문입니다히 4:15. 스데반은 영광 중에 이 예수, 이 인자를 보았습니다. 그를 보는 순간, 지금껏 자신이 그에 대해 믿었던 모든 것이 사실이었다는 확증을 얻었습니다. 어떻게 얻었습니까? 그가 하나님 우편에 서신 것을 봄으로써 얻었습니다.

이것이 무슨 뜻일까요? 자, 스데반은 대부분의 예루살렘 사람들처럼 예수-나사렛 예수, 선지자, 설교자, 체포된 죄수, 골고다로 비틀비틀 올라가던 죄수, 나무에 못박힌 채 두 도적 사이에서 죽은 죄수-를 여러 차례 보았을 것입니다. 예수! 사람들이 시신을 내려 무덤에 두고 돌을 굴려 입구를 막았던······예수! 그렇습니다. 그런데 지금 그를 또 다시 보고 있는 것입니다! 이것이 얼마나 의미 있는 장면인지! 오, 그는 죽은 자 가운데서 일어나셨습니다. 죽음과 무덤을 정복하시고 높은 곳에 올라 하나님 앞에서도 가장 높은 영광의 자리, 하나님 우편에서 계십니다! 그것은 스데반의 모든 믿음에 대한 놀라운 확증이었습니다! 여러분과 저는 이런 복된 확증을 얻지 못할 수도 있습니다. 그러나 우리도 스데반과 똑같은 믿음을 가지고 있습니다. 스데반도 죽음의 순간이 오기 전까지는 이런 확증을 얻지 못했습니다. 그럼에도 믿었고 그 믿음의 힘으로 계속 나아갔습니다. 그 믿음으로 자기 목숨을 수중에 쥐고 있는 자들을 감히 쳐다보면서 "목이 곧고 마음과 귀에 할례를 받지 못한 사람들아"라고 말할 수 있었습니다. 그 말이 그들을 격분시키리라는 것을 그는 알고 있었습니다. 그러나 그것은 아무 문제가 되지 않았습니다. 그는 이 진리들을 알고 있었고, 이제 죽음의 자리에서 그 확증을 얻고 있습니다.

우리 각 사람도 장차 이런 확증을 얻을 것입니다. 죽음의 고통 속에 방치되지 않을 것입니다. 친애하는 여러분, 한 가지 이야기를 해드리겠습니다. 77세에 회심한 사람의 죽음을 곁에서 지켜 본 적이 있습니다. 그는 세상에서 가장 어둡고 악한 삶을 살아온 사람이었습니다. 술에 절어 살았고 바람을 피웠으며 아내를 두들겨 팼습니다. 아마 살인도 저질렀을 것입니다. 이처럼 그는 죄악의 삶을 살았습니다. 저는 그가 77세에 회심하는 것을 보았습니다. 그런데 바로 그 사람이 죽어가는 침상 곁에서 너무나 놀라운 모습을 목격하게 되었습니다. 그는 스데반처럼 세상을 떠났습니다. 저는 그 모습을 잊을 수가 없습니다! 과거에 치고 박고 싸우며 다투느라 생긴 상처로 가득한 가련한 얼굴이 변하기 시작했습니다. 하늘의 영광으로 빛나기 시작했습니다. 그리고 막 세상을 떠날 때-그 모습을 결코 잊지 못할 것입니다-기쁨에 넘치는 천사 같은 미소가 얼굴 가득 떠오르더니, 팔이 축 늘어졌습니다. 무슨 일이 일어난 것일까요? 저는 주저 없이 대답할 수 있습니다. 그는 자신을 영접하시려고 두 손을 내밀고 기다리고 계시는 예수를 본 것입니다.

바로 이것입니다! 예수가 "하나님 우편에" 계십니다. 스데반은 "주 예수여"라고 부르면서 기도하고 있습니다. 그는 예수입니다. 인자입니다. 하나님 우편에 계신 "주"입니다. 이것은 그가 모든 원수를 정복하셨다는 뜻입니다. 그는 사탄과 그의 모든 권세를 정복하셨습니다. "맨 나중 원수"인 죽음도 정복하셨습니다. 죽음을 패배시키셨습니다. 죽음을 이기시고 그 쏘는 것을 제하셨습니다. 그리고 이제 이렇게 말씀하십니다. "하늘과 땅의 모든 권세를 내게 주셨으니"마 28:18. 그가 지금 하나님 우편에 계십니다.

거기서 무엇을 하십니까? "자기 원수들을 자기 발등상이 되게 하실 때까지 기다리"십니다히 10:13. 그는 역사의 주인입니다. 모든 것이 그의 손안에 들어 있습니다. "안팎으로" 봉해진 책을 펼 수 있을 만큼 크고 강한 분은 그분밖에 없습니다. 오직 그분만 봉인을 뗄 수 있습니다. 그는 인간과 하나님의 모든 원수를 이기신 "유대 지파의 사자"로서계 5:1, 5, 하늘의 가장 높은 곳에 계신 분입니다. 오늘날 세상에 무슨 일을 허용하시든지─그는 간혹 우리가 이해할 수 없는 일을 허용하기도 하시며 독재자들이 일어나는 것을 허용하기도 하십니다─항상 선을 그어 놓고 그 선을 넘지 못하도록 막으십니다. 히틀러 같은 독재자들은 계속 승승장구할 수가 없습니다. 역사상 큰 독재자들은 전부 무너졌고, 앞으로도 무너질 것입니다. 오직 그분만 왕으로서 온 우주를 통치하실 것입니다.

그는 장차 오실 왕입니다. 세상사를 끝맺으시고 악과 죄를 지옥에 던지시며 지옥 자체를 멸하러 다시 오실 왕입니다. 또한 그는 "만유의 주"입니다행 10:36. 이 땅에 와서 자신을 낮추셨기 때문에, "죽기까지 복종"하여 "십자가에" 죽으셨기 때문에, 바로 그 때문에 "하나님이 그를 지극히 높여 모든 이름 위에 뛰어난 이름을 주사 하늘에 있는 자들과 땅에 있는 자들과 땅 아래에 있는 자들로 모든 무릎을 예수의 이름에 꿇게 하시고 모든 입으로 예수 그리스도를 주라 시인하여 하나님 아버지께 영광을 돌리게" 하셨습니다빌 2:8-11.

스데반은 그를 보고 잠들었습니다.

주 예수 그리스도에 관한 이 메시지를 믿는 자들은 죽음을 두려워하지 않습니다. 사도 바울처럼 "내게 사는 것이 그리스도니 죽는 것도 유익함이라"라고 말할 수 있습니다빌 1:21. 오, 그렇습니다. 바울은 이렇게 말하고 있습니다. 그는 예수를 잘 알았기 때문에 나이가 들고 인생의 종말이 다가왔을 때, 다음과 같이 죽음을 맞을 수 있었습니다.

"나는 선한 싸움을 싸우고 나의 달려갈 길을 마치고 믿음을 지켰으니 이제 후로는 나를 위하여 의의 면류관이 예비되었으므로 주 곧 의로우신 재판장이 그날에 내게 주실 것이며 내게만 아니라 주의 나타나심을 사모하는 모든 자에게도니라"딤후 4:7-8.

특별한 성자들과 순교자들에게만 면류관이 예비되어 있는 것이 아닙니다. 존 웨슬리는 "우리 교인들은 잘 죽을 것"이라고 자부하곤 했습니다. 이것이 그리스도인들을 구별 짓는 표시입니다. 그들은 압니다. "거울로 보는 것같이 희미"하게 보기는 하지만, 그것만으로도 충분합니다! 지금은 그를 거울로 보는 것같이 희미하게 보아도 장차 "얼굴과 얼굴을 대하여" 보게 될 것과고전 13:12 하나님의 영광스러운 임재 속에서 영원히 살게 될 것을 알기 때문입니다.

친애하는 여러분, 장차 닥칠 죽음에 어떻게 대비하고 있습니까? 여러분은 죽을 준비가 되어 있습니까? 둘 중에 어느 쪽입니까? 이쪽인지 저쪽인지 본인은 알 것입니다. 하나님의 성령께 저항하고 있든지 자기 속에 모시고 있든지 둘 중에 하나입니다. 여러분은 어느 쪽입니까? 여러분은 이런 것들을 이해하는 지각을 가지고 있습니까? 여러분은 어떤 영을 가지고 있습니까? 죽음, 장차 닥칠 죽음에 어떻게 대비하고 있습니까? 당장 오늘 밤에 죽으면 어떻게 하겠습니까? 언제 죽을지 아는 사람은 아무도 없습니다. 세상은 아주 불확실한 곳입니다. 사고를 당할 수도 있고 병에 걸릴 수도 있습니다. 여러분은 그 준비가 되어 있습니까?

다음과 같이 설명해 보겠습니다. 스데반은 아브라함으로부터 시작되는 큰 역사를 죽 개관했습니다. 여러분도 토마스 올리버스Thomas Olivers처럼 말할 수 있습니까? (이것은 떠돌이 주정뱅이가 회심하고 쓴 것임을 기억하시기 바랍니다.)

아브라함의 하나님을 찬양하라.
영원한 옛적부터
하늘 보좌에 앉아 통치하시는
사랑의 하나님,
"스스로 계신"크신 여호와!
나 하늘과 땅을 걸고 고백하리라.
그 앞에 절하며 그 거룩한 이름,
영원히 복된 이름을 송축하겠다고.

좋습니다! 여러분도 이렇게 말할 수 있습니까? 여기 여러분 자신을 검증해 볼 방법이 있습니다.

아브라함의 하나님을 찬양하라.
최고의 명령을 받은 나
땅에서 몸을 일으켜
그의 오른손에 있는 기쁨을 구하네.
땅 위의 것은 전부–
그 지혜와 명성과 권세까지–버리고
그분만 나의 기업으로 삼으리라.
나의 방패와 망대로 삼으리라.

여러분도 이렇게 말할 수 있습니까?

394

자신을 걸고 맹세하셨으니
그 맹세만 의지하리라.
독수리 날개에 업혀
하늘까지 올라가리라.
그 얼굴 뵙고
그 능력 경배하며
그 놀라운 은혜 노래하리라,
영원토록.

여러분도 이렇게 말할 수 있습니까? 다음과 같은 고백에 동참할 수 있습니까?

승리한 온 군대가
높으신 하나님께 감사를 올리네.
"만세! 성부, 성자, 성령이여,"
영원히 외치네.
만세! 아브라함의 하나님―나의 하나님!

여러분도 이렇게 말할 수 있습니까? 그는 여러분의 하나님입니까? 이제 그분께 저항하기를 포기했습니까? 성령께 자신을 내드렸습니까? "만세! 아브라함의 하나님―나의 하나님!"이라고 말할 수 있습니까?

만세! 아브라함의 하나님―나의 하나님!
나, 하늘의 노래에 동참하네.
모든 권세와 위엄과
한없는 찬양을 주께 돌리나이다.

사랑하는 여러분, 아브라함의 하나님이 곧 여러분의 하나님입니까? 요셉의 하나님이 곧 여러분의 하나님입니까? 여러분은 이들의 말에 귀를 기울였습니까? 이들은 모두 그의 오실 것을 예언했으며, 과연 그 예언대로 그가 오셨습니다. 여러분은 예수를 하나님의 아들로 인정했습니까? 여러분의 죄를 짊어지신 하나님의 어린양이신 것을 깨달았습니까? 여러분 자신과 여러분의 삶을 그분께 내드렸습니까? 그를 모든 것의 목적으로 삼고 그만 전적으로 의지하고 있습니까? 그렇다면 여러분에게는 새로운 지각이 생긴 것이며, 새로운 본질과 영이 생긴 것입니다. 이제 죽음을 두려워할 필요가 없습니다. 자신이 "독수리 날개에 업혀" 그의 영광스러운 임재가 있는 곳으로 올라갈 것을 알기 때문입니다. 이제 여러분은 하늘의 노래에 동참하여 이렇게 말할 준비가 된 것입니다.

만세! 아브라함의 하나님 – 나의 하나님!

전에 이렇게 한 적이 없다면 지금 이렇게 하십시오. 지금 이렇게 아뢰십시오. 그러면 살아있을 때와 죽을 때 구원받을 것이며, 영원토록 구원받을 것입니다.